合作学习模式教学改革系列教材
应用型本科规划教材

Auditing
Text and Cases

审 计 学

教程与案例

（第二版）

主　编　孙伟龙

副主编　谷石玫　梁海林　张洋海　赵彩虹

ZHEJIANG UNIVERSITY PRESS
浙江大学出版社

图书在版编目（CIP）数据

审计学教程与案例 / 孙伟龙主编. —2 版.—杭州：
浙江大学出版社，2018.3（2025.8 重印）
ISBN 978-7-308-17467-1

Ⅰ.①审… Ⅱ.①孙… Ⅲ.①审计学—教材②审计学
—案例 Ⅳ.①F239.0

中国版本图书馆 CIP 数据核字（2017）第 240015 号

审计学教程与案例（第二版）

孙伟龙　主编

责任编辑	王　波	
责任校对	高士吟	
封面设计	刘依群	
出版发行	浙江大学出版社	
	（杭州市天目山路 148 号　邮政编码 310007）	
	（网址：http：//www.zjupress.com）	
排　　版	大千时代（杭州）文化传媒有限公司	
印　　刷	浙江新华数码印务有限公司	
开　　本	787mm×1092mm　1/16	
印　　张	24.75	
字　　数	602 千	
版 印 次	2018 年 3 月第 2 版　2025 年 8 月第 4 次印刷	
书　　号	ISBN 978-7-308-17467-1	
定　　价	59.00 元	

FOREWORD 前 言

　　审计学是会计学和财务管理专业的核心课程之一，同时，也是审计理论研究人员、审计实务工作人员及企业各级管理人员必须掌握的知识。通过审计学课程的学习，可以使我们正确认识审计工作环境，了解国内外审计学科的现状和发展趋势，熟悉审计法律、法规和制度，系统地掌握现代审计的基本原理与基本方法，具备开展审计工作应有的基本技能和基本素质。

　　审计学是一门理论性、实践性都很强的课程。在会计学科中，审计学的理论体系特别抽象，而实务操作面临的问题又是特别复杂。常见的现象是，审计学课程修完了，然而对于审计实务操作，学生依然会感到无从下手。审计学"难教、难学、难考"几乎是审计学教师和学生以及其他所有学习审计人员的同感。作为审计课教师，作者在 20 多年的审计教学经历中也经常强烈地感受到，传统的审计学课程教学让学生存在很多的疑惑，而学生又是多么渴求把知识和理论转化为能力和素质。因此，如何改变审计教学和学习中这一尴尬的现状，如何把既抽象又复杂的审计理论体系和实务操作在一定的学时内有效地传授给学生以满足学生把知识和理论转化为能力与素质的需求已成为审计学界迫切需要解决的重要问题。

　　不断深化审计教学改革，努力完善和提高审计教学效率与效果，是作者从事审计课教学工作以来一贯坚持的孜孜以求的一项实践探索活动和目标追求。2001 年，作者主持了审计学重点课程申报，审计学被列为学校重点课程建设项目，得到学校资助。通过两年建设，课程建设取得预期的效果，并且该项目的教学改革成果被评为学校教学成果三等奖。2010年，作者再次主持了审计学精品课程申报，审计学又被确定为校级精品课程建设项目，建设期为两年。根据计划要求，主要在教学内容、教学方法、教材、以及教学条件上进行完善，并在师资队伍建设、教学内容、教学方法和手段、教学条件方面取得实质性的成效，使教师水平、教学质量得到明显的提高。经过两年的建设，预期至少在教学资料、学生学习的效果、教师与学生的联系等方面取得一定的成效。实行"大班授课，小班讨论"的教学方式，加强与学生的互动效果，同时网上联系更加紧密，教师对学生的提问内容，也通过网上回答，满足学生对知识的学习要求，突破书本知识，注重实务操作技能和素质的培养。

　　教学改革包括教材的改革。课程的内容和体系都体现在教材当中，除师资外，教材应该是教学改革的关键。因此，我们审计课教学团队在教材建设上花大力气进行了精心的创作。

这本教材就是我们审计学课程建设的阶段性成果。在教材编写过程中,我们本着"以学生为中心"的理念,坚持理论与实务相结合,引导学生把理论知识运用于实际问题,强调对学生分析问题和解决问题能力的培养。一方面,在教材整体上,将审计理论与审计实践有机地结合起来,融合审计案例,并由浅入深,系统地阐述审计理论和审计实务;另一方面,在每章中,通过案例引入理论、通过案例分析和项目实训检验理论,最后通过章末的阅读资料再把实践升华为理论,其目的是全面提升学生的能力和素质。教材具有下述特点:

(1)以注册会计师审计为主线,注重将审计的基本原理、基本方法与审计实务有机地结合起来。在审计知识的阐述上,我们尽可能做到理论联系实际,既全面论述审计的基本理论,又详细阐明审计的具体实务。

(2)内容安排上循序渐进,通俗易懂。本书从系统地阐述审计的基本理论知识入手,进而系统地阐述审计的基本方法和基本技能,内容结构安排由浅入深,由一般到具体,循序渐进,便于理解学习。

(3)采用国际通行的教材编写方法,版式新颖,生动。书中插有与教学内容相关的学习目标、引入案例、例题、相关案例、小资料、小思考等,每章都有小结,增强了教材的生动性。这有利于学生对审计的理解,也有利于学生在课外阅读参考书时对不同版本教材的理解。

(4)内容丰富,知识全面,章节安排紧凑,每章附有大量思考题、案例分析题、实训项目、阅读书目及阅读资料。这有利于教学的组织,方便任课教师采用多种教学方式组织教学活动。

(5)尽可能吸收当代审计理论与实务的发展成果,突出审计的时代特征。

本书是我们在对以往自编教材进行不断修改完善的基础上完成的。为确保教材成熟起见,本教材在正式出版之前,已在校内试用了4轮,在此基础上我们对教材的内容又做了一些修改,特别是按照审计环境的变化和最新的审计法规调整了教学内容,以体现审计环境变化的要求和审计法规的最新变化。例如,根据审计准则国际趋同的需要,2006年,我国发布了新的注册会计师执业准则体系,2010年又发布了经修订后的新注册会计师执业准则,并自2012年1月1日起施行,又如2016年12月23日我国发布了《中国注册会计师审计准则第1504号——在审计报告中沟通关键审计事项》等12项准则,我们把这些变化要求都贯穿在教材中,以保证教材在成熟性的基础上又有一定的前沿性。今后我们仍会定期修改教材内容,力求反映学科发展的前沿。

为了便于教学,本书还准备了案例分析题的解析和实训项目的讨论提示,以及配套各章的客观题(单选题、多选题、判断题)练习及参考答案,由于篇幅所限,没有将其纳入书中,以本书作为教材的教师可与出版社联系,免费获得这些资料。相关配套资料,请登录浙江大学出版社(www.zjupress.com)注册下载。

本书是由浙江省四所高校联合编写,由浙江万里学院孙伟龙拟定编写大纲并担任主编;浙江大学宁波理工学院谷石玫、丽水学院梁海林、台州学院张洋海、浙江万里学院赵彩虹担任副主编。各章编写分工如下:第1、2、3、4、5、9、11、12章由孙伟龙编写;第6章由赵彩虹编写;第7章由谷石玫编写;第8章由梁海林编写;第10章由张洋海编写。全书最后由孙伟龙进行统稿、修改、定稿。

在本书编写中我们参考了大量的审计学专著、教材、论文和有关文献,在此致以深切的谢忱;还要感谢支持本课程建设的浙江万里学院及其商学院各级领导;感谢参与本课程合作学习模式教学的各位老师。限于作者水平,书中可能存在疏漏、错误和表述不当之处,还请同行专家和读者批评指正,并将意见与建议反馈给我,以便修正、改进。邮箱:weilongs@yeah.net。

孙伟龙

2017 年 11 月

目　录

Contents

第一章

审计导论

学习目标

通过本章学习,你应能够:

1. 了解早期的一些审计历史和审计产生的基础。
2. 了解在国际化背景下审计的基本定义。
3. 掌握审计的特征、目标、对象、职能与作用。
4. 区别不同类型的审计。
5. 了解什么是注册会计师和会计师事务所的组织形式。
6. 熟悉注册会计师审计业务范围。

引入案例

注册会计师是干什么的?

小张手上有一笔闲散资金计人民币 10 万元。听说最近股票市场回报率比银行存款利率高得多,于是,他决定运用这笔资金去购买股票。他翻开证券报后,看到那么多的上市公司,不知购买哪一家公司的股票为好。于是,他请教了几个朋友。朋友小王告诉他,这很简单,你查一下上市公司公布的利润表,挑一家盈利最好的公司股票作投资,决不会有错。于是,他准备购买 A 公司的股票,因为,A 公司每股盈利是最高的。而另一位朋友小李提醒他,最好再看看 A 公司公布的审计报告,看看注册会计师是怎样说的。小张查到了 A 公司该年度的审计报告。审计报告说,他们对 A 公司的财务报表持保留意见。小张不懂这是什么意思,再回头来问问小李。于是,小李告诉他,这家公司的财务报表有一些问题,最好不要立即购买这家公司的股票。果然,没有多久,A 公司股票的价格就开始大跌。小张感到庆幸之余,就向小李请教:注册会计师究竟是干什么的? 审计又是什么?

——资料来源:《审计学——案例与教学》,李若山、刘大贤主编,经济科学出版社,2000.

注册会计师承担着重要的社会责任,尤其是在执行上市公司审计时,他(她)不仅要鉴证一个公司是否遵循了法律、法规和制度,而且要判定其会计报表是否遵循了真实性、公允性原则,并出具审计报告。这一审计报告,不仅政府和企业管理者关注,而且股东、债权人等利益相关者也关注。截至 2017 年 2 月,中国有 3110 家上市公司,其中上交所 1212 家,深交所 1898 家,这些公司的年度财务报表都要经过审计。许多非上市公司为了各种不同的目的,也需要接受财务报表审计。在成熟的市场经济条件下,真实可靠的财务信息不仅是为了保护投资人、债权人等利益相关者的权益,而且是为了促进和提高企业管理者加强管理、提高经济效益、促进经济的发展。

第一节　审计的产生和发展

审计按审计主体(执行审计者)可以分为政府审计、内部审计和注册会计师审计三种。从审计起源来看,最早产生的是政府审计,然后是内部审计,再后来是注册会计师审计。

一、政府审计的产生和发展

政府审计是指由政府审计机关执行的审计,也称为国家审计。

政府审计的主要职能就是经济监督,其主要对象就是国家的财政收支,即封建时期的王室财产、资本主义时期的政府收支、社会主义时期的国有财产。

(一)国外(西方)政府审计的发展

在国外,早在奴隶制度下的古埃及、古希腊和古罗马时代,就出现了对掌管国家财物和赋税的官吏进行审查考核这一具有审计性质的经济监督工作。

古埃及于公元前 3000 多年,就设有监督官,负责财政监察、行政监督、记录及谷物监督,是一种综合性的监督活动,标志着审计的萌芽。古希腊在公元前 2000 多年,也设有审计官对官员离任的经济责任实行审计检查。至中世纪,随古罗马在公元前 400 多年,就由元老院及其所属的监督官对国库和地方的财政收支进行监督,标志着专司审计的监督官的产生。着社会经济的发展,西欧国家的政府审计有所加强。例如:英国王室于 11 世纪在财政部门内部设立上院和下院,上院为收支监督机构,对下院编制的会计账簿进行检查监督。法国王室于 13 世纪设置审计厅,对国库和地方财政收支进行检查监督。步入近代社会后,西方国家的政府审计也有较大发展。美国在独立战争时期,即有负责审计工作的专任委员。在第一次世界大战之后的 1921 年,美国正式设立了隶属于国会的联邦总审计署(GAO),这种政府审计体制一直延续到现在。英国在 1866 年颁布《国库和审计部法案》之后,也成立了独立于政府之外的国家审计机构,对国库的收支进行审计监督。

(二)我国政府(官厅)审计的产生和发展

我国的审计历史源远流长,从古至今可以划分为 6 个阶段:

西周时期:政府(官厅)审计初步形成。根据《周礼》记载,早在西周时期(公元前 11 世纪—前 771 年),西周设有审计职能官员——宰夫,标志着我国政府审计的萌芽。《周礼》记载:"宰夫岁终,则令群吏正岁会。月终,则令正月要。旬终,则令正日成。而考其治,治以不时举者，以告而诛之。"即年终、月终、旬终，宰夫都要命令各部门官吏将其财务收支情况进行汇总整理并上报，由宰夫进行审核，如果发现违法乱纪者，就要向皇上汇报，加以处罚。可见，在西周时期，我国的官厅审计制度已经初步形成。

秦汉时期：政府（官厅）审计确立。秦汉均设"御史大夫"一职，仅次于相，权威性提高。御史大夫为"三公"之一，掌管全国的民政、财政以及财物审计事项，直接辅佐皇帝，行使对国家的政治、军事监察和财物审计大权。

隋唐及宋时期：政府（官厅）审计日臻健全。隋、唐两代均设"比部"，负责国家财经各领域的审计工作。"比部"是独立的审计组织，独立于财政部门之外，行使司法审计监察权，专管"钩稽天下财富"。"比部"是我国最早的独立于财政机关以外的审计监督机关。其审查范围极广，项目众多，而且具有很强的独立性和较高的权威性。宋代，专门设置"审计司"隶属于太府寺。南宋时还曾设过"审计院"。宋代审计司（院）的建立，是我国"审计"的正式命名，从此，"审计"一词便成为财政监督的专用名词。

元明清时期：政府（官厅）审计停滞不前。元代取消了"比部"，"户部"兼管会计报告的审核，独立的审计机构宣告消亡。明朝初期设"比部"，不久即取消，后设"都察院"，审查中央财计。清朝秉承明制，也设置"都察院"。这一时期由于取消了独立的审计组织，其财计监督和政府审计职能严重削弱，与唐代相比，后退了一大步。

中华民国时期：政府（官厅）审计不断演进。辛亥革命推翻封建王朝，成立中华民国，1912年在国务院下设审计处，1914年北洋政府改为审计院，同年颁布了《审计法》。1920年南京的国民政府设立审计院，后改为隶属于监察院的审计部，各省也设立审计处，直属中央的企事业单位等也设审计办事处，对财政、财务收支实行审计监督。1928年国民党政府也颁布过《审计法》和实施细则，1929年还颁布了《审计组织法》，审计人员有审计、协审、稽查等职称。民国时期，审计的一个最重要的特点是：审计法规的完备达到空前的程度。一方面，它突破了历代将审计内容附于其他刑事法规之内的习惯做法，公布了大量的专门的审计法规；另一方面，所颁布的审计法规涉及审计的各个方面，形成了审计法规的体系。

新中国时期：政府（官厅）审计得到振兴。第二次国内革命战争时期，1932年成立中央苏区审计委员会，1934年颁布《审计法》，在山东、陕甘宁等革命根据地，也设有审计组织，实行革命监督制度。中华人民共和国成立之后，在较长一段时期内未设立独立的审计机构，对财政、财务收支的经济监督是由财政、税务、银行等部门通过其业务在一定范围内进行。1982年在修改的《宪法》中正式明确了实行审计监督制度，1983年9月正式成立审计署，隶属于国务院，随后又在县以上各级政府设置了各级审计机关。1985年8月发布了《国务院关于审计工作的暂行规定》，1988年11月颁布了《中华人民共和国审计条例》，1994年8月颁布《中华人民共和国审计法》，2000年1月又颁布《中华人民共和国国家审计基本准则》，随后几年又陆续发布了一系列的国家审计具体准则。2006年2月颁布了《中华人民共和国审计法》（2006年修正），对原《中华人民共和国审计法》作了大量修订，自2006年6月1日起施行。2010年9月又发布《中华人民共和国国家审计准则》，自2011年1月1日起施行（审计署以前发布的审计准则和规定同时废止）。这些都标志着新中国政府审计的迅速发展和完善。

☞ **小资料**

世界各国的国家审计组织管理模式

从世界范围来看,按照审计机构的隶属关系,可以将国家审计组织管理模式分成四种类型:立法型、司法型、行政型和独立型。

立法模式:国家审计隶属国家立法机构,审查结果向立法机构报告。这种模式主要存在于实行三权分立政治体制的国家。审计机构具有很强的独立性。英国、美国、加拿大、澳大利亚等国采用。

司法模式:国家审计在行政隶属关系上属于司法系列,审计机构以审计法院的形式存在,审计人员具有司法地位,并享有司法权力。西班牙、法国、意大利、土耳其等国采用。

行政模式:国家审计是国家行政部门的一个组成部分,对国家行政机构负责。东欧、北欧(瑞典、瑞士)、俄罗斯、菲律宾、中国等国采用。

独立模式:国家审计独立于立法、司法和行政三权之外,不属于任何国家机构,独立形成国家政权的一个分支,只对法律负责。该模式的组织形式是会计检察院或审计院。德国、日本采用。

二、内部审计的产生和发展

内部审计是指由本部门或本单位内部专职的审计机构和审计人员对本部门或本单位的财务收支、经营管理、经济效益等所实施的审计。

一般认为,内部审计是伴随政府审计而逐步形成、发展的,古代的内部审计与政府审计很难截然划分清楚。直到进入中世纪后,内部审计才具有较为完整的形态。在当时的行会、庄园及寺院中,由于内部管理职能的分工和分权控制,行会的首领、庄园的领主、寺院的长老,与经营管理者之间形成了委托与受托的关系,出于监督的需要,就出现了内部审计的雏形。

(一)国外(西方)内部审计的发展

西方国家的内部审计可以追溯到古代和中世纪。由于受托经济责任关系的产生,经济组织中的内部经济监督也就有了必要,庄园审计、宫廷审计、行会审计、寺院审计也就因此而产生。

20世纪前后,资本主义经济的发展,使生产和资本高度集中,托拉斯式的大型企业大量出现,企业内部只能采取分级、分散管理体制。这就导致了大型企业内部要设立专门的机构和人员,由最高管理当局授权,对其所属分支机构的经营业绩进行独立的内部审计监督,近代内部审计也就此而产生。20世纪40年代,第二次世界大战以后,资本主义经济得到了空前的发展,竞争更加激烈。企业为了在竞争中求生存、求发展,十分重视加强内部经济监督,实行事前预防性控制,现代内部审计随着内部控制的加强而产生和发展起来。

主要标志性事件:

第一,德国的克虏伯公司早在1875年就实行了内部审计制度。

第二,19世纪初,美国的铁道部门就开始对本系统实行内部财务审计和经营审计。

第三，1941 年是现代内部审计发展的重要里程碑。这一年发生了两件大事：第一件是维克多·布瑞克(Victor Z. Brink)出版了第一部专著——《内部审计学》，宣告了内部审计学的诞生，内部审计第一次从实践上升为理论。第二件是在约翰·瑟斯顿(John B. Thurston)的领导下，24 名有识之士联合倡导成立了"内部审计师协会"(即现在著名的国际内部审计师协会 IIA)，该协会制定了《内部审计职责条例》《内部审计实务标准》等，使内部审计得到了空前的发展。

(二)我国内部审计的发展

我国早期的皇室审计、寺院审计均属于内部审计的范畴。现代内部审计在民国时期就已诞生，特别是在铁路、银行系统，新中国成立前就有了较为健全的内部稽核制度。20 世纪 50 年代初期，我国一些大型专业公司和厂矿企业也曾设有内部审计部门，一些中型企业也设有专职的审计人员，只是到了 1953 年全面学习苏联后才被撤销。

改革开放以后，我国的内部审计开始建立。1983 年 8 月 20 日国发 130 号文件规定：我国拥有数十万个国有企业和大量的行政事业单位，审计的对象多、范围广、任务重，建立和健全部门、单位的内部审计是搞好国家审计监督的基础。对下属单位实行集中领导或下属单位较多的主管部门，以及大中型企事业单位，可根据工作需要建立内部审计机构和配备审计人员，实行内部审计监督。

根据国务院的指示精神，我国的部门和单位开始组建内部审计机构，并建立起一支良好的内部审计队伍。1985 年 8 月，国务院发布了《国务院关于审计工作的暂行规定》，对内部审计的性质、任务、职权和程序，作出了具体的规定。审计署根据该规定，发布了《审计署关于内部审计工作的若干规定》，为内部审计的发展提供了法律上的保证。

1987 年 4 月 5 日，在北京正式成立了中国内部审计学会。这是我国专门研究内部审计科学的群众性学术团体。1987 年底，学会作为团体会员加入国际内部审计师协会。

1988 年的《审计条例》使内部审计走上规范化的道路。

1994 年的《审计法》确定了内部审计在政府与国有企事业单位中的法律地位。

1998 年，中国内部审计学会与国际内部审计师协会签署了在中国开展国际注册内部审计师考试协议。这一重大举措，为提高内部审计人员素质，培养跨世纪的职业带头人起到了极大的推动作用。

1999 年的《会计法》则使对内部审计的法定要求扩展到非国有企业。

2002 年，中国内部审计学会改名为中国内部审计协会，它标志着内部审计正式走上职业化发展的道路。从此，我国内部审计迈上了历史发展的新台阶。

2003 年以来，中国内部审计协会准则委员会规范了中国内部审计准则体系，制定并颁布了《中国内部审计准则序言》《内部审计基本准则》《内部审计人员职业道德规范》和 29 个具体准则。为了适应内部审计的最新发展，更好地发挥内部审计准则在规范内部审计行为、提升内部审计质量方面的作用，中国内部审计协会对 2003 年以来发布的内部审计准则进行了全面、系统的修订，于 2013 年 8 月又发布了《中国内部审计准则》(自 2014 年 1 月 1 日起施行)。这对于统一规范全国的内部审计工作，促进内部审计的发展起到了巨大的作用。

三、注册会计师审计的产生和发展

注册会计师审计也称独立审计、社会审计、民间审计等。

注册会计师审计是指由经政府有关部门审核批准的注册会计师组成的会计师事务所进行的审计。

(一)国外(西方)注册会计师审计的产生和发展

西方国家的注册会计师审计,起源于 16 世纪的意大利。当时,地中海沿岸商品贸易已经比较繁荣,由于单个的业主难以满足投入巨额资金的需求,为了筹集所需的大量资金,合伙制企业便应运而生。合伙经营方式不仅提出了会计主体的概念,促进了复式簿记在意大利的产生与发展,也产生了对注册会计师审计的最初需求。由于部分合伙人行使企业的经营管理权,于是,出现了财产所有权与经营权的分离,出现了对经营者进行监督的必要。因而,客观上都希望有一个与任何各方均无利害关系的第三者能对合伙企业进行监督、检查和公证。这样,在 16 世纪意大利的商业城市中出现了一批具有良好的会计知识、专门从事这种查账和公证工作的专业人员,他们于 1581 年在威尼斯创立了威尼斯会计协会,这便是注册会计师审计的萌芽。

注册会计师审计虽然起源于意大利,但真正促进注册会计师审计发展的却是英国。英国工业革命(18 世纪)以后,产业规模日益扩大,以发行股票筹集资金为特征的股份公司大量涌现。公司所有权与经营权相分离的现象十分普遍,对经营管理者进行监督也成了英国社会的普遍需要,因此,现代民间审计制度便应运而生。一个特别的事件是 1721 年英国的"南海公司事件",它是注册会计师审计产生的"催产剂"。当时,查尔斯·斯奈尔受托对南海公司破产案进行审查,并编制了一份审计报告书,从此,审计正式走向了民间。

1844 年,英国颁布了《公司法》,规定股份公司必须设监察人,负责公司账目的审查;1853 年在苏格兰的爱丁堡创立了世界上第一个注册会计师职业团体——"爱丁堡会计师协会"。早期的英国注册会计师审计,没有系统的理论依据和方法体系,只是根据查错防弊的审计目的,对大量的账簿记录进行逐笔审查,即采用详细审计方法,后来人们称之为英式详细审计。其主要特点是:注册会计师的法律地位得到了法律的确认;审计的主要目的是查错防弊,保护企业资产的安全与完整;审计的方法是对会计账目进行详细审计;审计报告使用人主要为企业股东。

19 世纪后半叶,英国的巨额资本开始流入美国,促进了美国经济的发展。为了保护广大投资者和债权人的利益,英国的注册会计师远涉重洋到美国开展审计业务;同时,美国本身也很快形成了自己的注册会计师队伍。1887 年,美国公共会计师协会(The American Association of Public Accountants)成立,1916 年该协会改组为美国注册会计师协会,后来成为世界上最大的注册会计师职业团体。注册会计师审计逐步渗透到社会经济领域的不同层面。更为重要的是,在 20 世纪初期,由于金融资本对产业资本更为广泛的渗透,企业同银行间的利益关系更加紧密,银行逐渐把企业的资产负债表作为了解企业信用的主要依据。于是,在美国产生了帮助贷款人及其他债权人了解企业信用的资产负债表审计,即美国式注册会计师审计。审计方法也逐步从单纯的详细审计过渡到初期的抽样审计。在这一时期,美国注册会计师审计的主要特点是:审计对象由会计账目扩大到资产负债表;审计的主要目的是通过对资产负债表数据的检查,判断企业信用状况;审计方法从详细审计初步转向抽样审计;审计报告使用人除企业股东外,扩大到了债权人。

从 1929 年到 1933 年,资本主义世界经历了历史上最严重的经济危机,大批企业倒闭,投资者和债权人蒙受了巨大的经济损失。这在客观上促使企业利益相关者从只关心企业财务状况转变到更加关心企业盈利水平,产生了对企业损益表进行审计的客观要求。1933 年,美国《证券法》规定,在证券交易所上市的企业的会计报表必须接受注册会计师审计,向社会公众公布注册会计师出具的审计报告。从此,审计报告使用人也扩大到整个社会公众。在这一时期,注册会计师审计的主要特点是:审计对象转为以资产负债表和损益表为中心的全部会计报表及相关财务资料;审计的主要目的是对会计报表发表审计意见,以确定会计报表的可信性,查错防弊转为次要目的;审计的范围已扩大到测试相关的内部控制,并广泛采用抽样审计;审计报告使用人扩大到股东、债权人、证券交易机构、税务、金融机构及潜在投资者;审计准则开始拟订,审计工作向标准化、规范化过渡;注册会计师资格考试制度广泛推行,注册会计师专业素质普遍提高。

第二次世界大战以后,经济发达国家通过各种渠道推动本国的企业向海外拓展,跨国公司得到空前发展。国际资本的流动带动了注册会计师审计的跨国界发展,形成了一大批国际会计师事务所。随着会计师事务所规模的扩大,产生了"八大"国际会计师事务所,20 世纪 80 年代末合并为"六大",之后又合并成为"五大"。2001 年,美国出现了安然公司会计造假丑闻,为安然提供审计服务的"五大"之一——安达信会计公司因涉嫌舞弊和销毁证据而轰然倒塌,"五大"变成了"四大",它们是:普华永道(PC)、安永(EY)、毕马威(KPMG)、德勤(DTT)。

☞ 相关案例

英国南海股份有限公司审计案例

200 多年前,英国成立了南海股份有限公司。由于经营无方,公司效益一直不理想。公司董事会为了使股票达到预期价格,不惜采取散布谣言等手法,使股票价格直线上升。事情败露后,英国议会聘请了一位懂会计的人,审核了该公司的账簿,然后据此查处了该公司的主要负责人。于是,审核该公司账簿的人开创了世界注册会计师行业的先河,民间审计从此在英国拉开了序幕。

基本案情:

在 18 世纪初,随着英国殖民主义的扩张,海外贸易有了很大的发展。英国政府发行中奖债券,并用发行债券所募集到的资金,于 1710 年创立了南海股份有限公司。该公司以发展南大西洋贸易为目的,获得了专卖非洲黑奴给西班牙、美洲的 30 年垄断权,其中公司最大的特权是可以自由地从事海外贸易活动。南海公司经过近 10 年的惨淡经营,其业绩依然平平。1719 年,英国政府允许中奖债券总额的 70%,即约 1000 万英镑,可与南海公司股票进行转换。该年底,一方面,当时英国政府扫除了殖民地贸易的障碍,另一方面,公司的董事们开始对外散布各种所谓的好消息,即南海公司在年底将有大量利润可实现,并煞有其事地预计,在 1720 年的圣诞节,公司可能要按面值的 60% 支付股利。这一消息的宣布,加上公众对股价上扬的预期,促进了债券转换,进而带动了股价上升。1719 年中,南海公司股价为

114 英镑,到了 1720 年 3 月,股价劲升至 300 英镑以上。而从 1720 年 4 月起,南海公司的股票更是节节攀高,到了 1720 年 7 月,股票价格已高达 1 050 英镑。此时,南海公司老板布伦特又想出了新主意:以数倍于面额的价格,发行可分期付款的新股。同时,南海公司将获取的现金,转贷给购买股票的公众。这样,随着南海股价的扶摇直上,一场投机浪潮席卷全国。由此,170 多家新成立的股份公司股票以及原有的公司股票,都成了投机对象,股价暴涨 51 倍,从事各种职业的人,包括军人和家庭妇女都卷入了这场漩涡。美国经济学家加尔布雷斯在其《大恐慌》一书中这样描绘当时人们购买股票的情形:"政治家忘记了政治,律师忘记了法庭,贸易商放弃了买卖,医生丢弃了病人,店主关闭了铺子,教父离开了圣坛,甚至连高贵的夫人也忘了高傲和虚荣。"1720 年 6 月,为了制止各类"泡沫公司"的膨胀,英国国会通过了《泡沫公司取缔法》。自此,许多公司被解散,公众开始清醒过来,对一些公司的怀疑逐渐扩展到南海公司身上。从 7 月份开始,外国投资者首先抛出南海公司股票,撤回资金。随着投机热潮的冷却,南海公司股价一落千丈,从 1720 年 8 月 25 日到 9 月 28 日,南海公司的股票价格从 900 英镑下跌到 190 英镑,到 12 月份最终仅为 124 英镑。当年底,政府对南海公司资产进行清理,发现其实际资本已所剩无几。那些高价买进南海股票的投资者遭受了巨大损失,政府逮捕了布伦特等人,另有一些董事自杀。之后,南海公司宣布破产。

南海公司破产,犹如晴天霹雳,惊呆了正陶醉在黄金美梦中的债权人和投资者。当这些"利害关系者"证实了数百万英镑的损失将由自己承担的时候,他们一致向英国议会发出了严惩欺诈者,并赔偿损失的呼声。迫于舆论的压力,1720 年 9 月,英国议会组织了一个由 13 人参加的特别委员会,对"南海泡沫"事件进行秘密查证。在调查过程中,特别委员会发现该公司的会计记录严重失实,明显存在蓄意篡改数据的舞弊行为,于是特邀了一位名叫查尔斯·斯奈尔(Charles Snell)的资深会计师,对南海公司的分公司"索布里奇商社"的会计账目进行检查。查尔斯·斯奈尔作为伦敦市彻斯特·莱恩学校的习字和会计教师,商业审计实践经验丰富,理论基础扎实,在伦敦地区享有盛誉。

查尔斯·斯奈尔通过对南海公司账目的查询、审核,于 1721 年提交了一份名为《伦敦市彻斯特·莱恩学校的书法大师兼会计师对索布里奇商社的会计账簿进行检查的意见》。在该份报告中,查尔斯指出了公司存在舞弊行为、会计记录严重不实等问题。但没有对公司为何编制这种虚假的会计记录表明自己的看法。

议会根据这份查账报告,将南海公司董事之一的雅各希·布伦特以及他的合伙人的不动产全部予以没收。其中一位叫乔治·卡斯韦尔的爵士,被关进了著名的伦敦塔监狱。

同时英国政府颁布的《泡沫公司取缔法》对股份公司的成立进行了严格的限制,只有取得国王的御批,才能得到公司的营业执照。事实上,股份公司的形式基本上名存实亡。

直到 1828 年,英国政府在充分认识到股份有限公司利弊的基础上,通过设立民间审计的方式,将股份公司中因所有权与经营权分离所产生的不足予以制约,才完善了这一现代化的企业制度。据此,英国政府撤销了《泡沫公司取缔法》,重新恢复了股份公司这一现代企业制度的形式。

(资料来源:李若山著:《审计案例》,辽宁人民出版社,1998)

案例点评:

(1)英国南海公司的舞弊案例,在世界民间审计史上具有里程碑式的影响。尽管在 1720 年之前,就有人认为已有了民间审计这一行业。如美国审计史认为,早在 1718 年,在当时还作为英国殖民地的美国波士顿,在报纸上曾刊登这样一则开业广告,内容如下:"布罗姆·蒂姆斯先生住在波士顿南端新希里大街,店主为爱德华·奥里斯,愿为商人和店主记账。"因而,审计史编纂者下结论说,美国在1718年就有了为社会服务的民间审计员。实际上,由于无法找到蒂姆斯先生执行审计工作的任何证明材料,所以,世界上绝大多数的审计理论工作者都认为,查尔斯·斯奈尔是世界上第一位民间审计人员,他所撰写的查账报告,是世界上第一份民间审计报告。而英国南海公司的舞弊案例,也被列为世界上第一起比较正式的民间审计案例。由此可见,该案例对注册会计师行业来说,具有举足轻重的影响。

(2)英国南海公司审计案的发生进一步说明,建立在所有权与经营权相分离基础上的股份有限公司,必须要有一个了解、熟悉会计语言的第三者,站在公正、客观的立场,对表达所有者与经营者利益的财务报表,进行独立的检查,通过提高会计信息的可靠性,来协调、平衡所有者与经营者之间的经济责任关系。如果缺乏民间审计这一机制,就会像南海公司一样,使得经营者为所欲为,严重损害所有者利益,从而破坏了整个社会经济的稳定性。可见,注册会计师行业生来就是为稳定社会经济秩序而存在的。稳定社会经济秩序应该成为注册会计师行业的天职。

【例题】 下列各项有关注册会计师审计提法中,正确的有( )。
A. 注册会计师产生的直接原因是财产所有权和经营权的分离
B. 注册会计师审计要适应商品经济的发展
C. 注册会计师审计具有独立、客观、公正的特性
D. 注册会计师审计随企业管理的发展而发展
【答案】 ABC
【解析】 注册会计师审计随商品经济的发展而发展,所以B是正确的,而D是错误的。

(二)中国注册会计师审计的产生和发展

中国的注册会计师审计远远晚于西方国家。辛亥革命以后,一批爱国学者积极倡导创建中国的注册会计师审计事业。1918年,北洋政府颁布了我国第一部注册会计师审计法规——《会计师暂行章程》。同年,谢霖成为中国第一位注册会计师,并创办了第一家独立审计机构——正则会计师事务所。1925年,上海首先成立了会计师公会。经过30余年的缓慢发展,到1947年,全国已拥有注册会计师2619人,并建立了一批会计师事务所。当时的会计师事务所主要集中在沿海大城市,业务涉及为企业设立会计制度、代理申报纳税、培训会计人才等咨询服务。然而,由于政治、经济的落后,新中国成立前的独立审计业务发展缓慢,对社会影响不大。

1949年以后,在我国国民经济恢复过程中注册会计师审计曾发挥了积极作用。在社会主义改造完成以后,由于照搬苏联高度集中的计划经济模式,我国的注册会计师审计悄然退出了经济舞台,陷入了长时期的停滞状态。

改革开放以来,我国逐渐从计划经济体制转向市场经济体制,并出现了国有、集体、外资以及个体私营经济等多种所有制经济形式,股票、债券等资本市场也得到了快速发展。注册会计师审计随着经济的发展而得到了恢复,以1980年财政部发布《关于成立会计顾问处的暂行规定》为标志,注册会计师制度开始重建,主要业务是对外商投资企业进行审计并提供会计咨询服务。1986年7月,国务院颁布《中华人民共和国注册会计师条例》,确立了注册会计师行业的法律地位,1988年11月,中国注册会计师协会成立,注册会计师行业开始步

入政府监督和指导、行业协会自我管理的轨道。1993 年 10 月，第八届全国人大常委会第四次会议审议通过了《中华人民共和国注册会计师法》，自 1994 年 1 月 1 日起实施。从此，我国注册会计师行业开始得到迅速的发展。

☞ 小资料

我国注册会计师基本情况

中国注册会计师考试于 1991 年首次举办，到 2017 年已经有 26 年了。

近年来，中国注册会计师行业发展迅速，增长率在全球会计行业领先，这有效提升了我国资本市场整体信息质量。

根据中国注册会计师协会的统计，截至 2017 年 3 月 31 日，全国共有会计师事务所 8461 家，其中总所 7369 家，分所 1092 家。全国合伙制事务所（含分所）共有 3776 家；有限责任制事务所（含分所）共有 4685 家。

截至 2017 年 3 月 31 日，中国注册会计师协会非执业会员有 124819 人（其中国外及港澳台地区非执业会员 566 人），注册会计师（执业会员）102 909 人。中国注册会计师协会共有个人会员 227 728 人。

四、审计产生的客观基础

审计是因授权管理经济活动的需要而产生的，受托经济责任关系的确立才是审计产生的基础。

在生产力低下的原始社会不需要审计；在经济不发达的时候，对于小规模的经营，生产资料的占有者可以亲临管理，生产资料的所有者也是生产资料的经营者和监管者，当然也不需要第三者去审计。随着社会生产力的提高和社会经济的发展，社会财富日益增多，剩余的生产产品逐渐集中在少数人手中。当生产资料的所有者不能直接管理和经营其所拥有的财富时，就有必要授权或委托他人代为管理和经营，这就导致了生产资料所有权与经营管理权的分离，从而也就产生了委托和受托代理之间的经济责任关系，这就为以监督检查为职责的审计诞生奠定了基础。

当财产所有者和财产管理者之间的经济责任关系确立之后，负有受托经济责任的财产管理者应接受财产所有者的监督、检查。监督、检查有两种形式：一是由财产所有者自身来进行；二是由财产所有者委托或委派第三者来进行。

如果由财产所有者来进行，则因财产所有者与财产管理者之间直接存在着经济利害关系，因而财产所有者对财产管理者的监督、检查，就存在着一定的主观性、片面性和局限性。因此，对财产管理者的监督、检查，客观上要求由与财产所有者和财产管理者都无利害关系的第三者来进行。这种由第三者所进行的监督、检查就是审计工作。

当出现财产管理者之后，管理者不可能事无巨细地对所有经济活动进行管理、经营，为了有效地进行管理、经营，必然会将一部分管理权、经营权授予下级，这就形成了多层次管理、经营分权制。在这种情况下，上一级的管理机构把部分管理权、经营权授予下级的管理机构，下一级管理机构对上一级管理机构则负有受托管理或受托经营的经济责任。因此，对受托经济责任的监督、检查,也应由与他们均无利害关系的第三者来完成。这种监督、检查就是审计工作。

无论是政府审计、内部审计,还是注册会计师审计都是基于受托经济责任关系而产生的。由于受托经济责任关系内涵的不断丰富和范围的不断扩大,由此促进了政府审计、内部审计和注册会计师审计的全面快速发展。

第二节　审计的定义和特征

一、审计的定义

"审计"一词从词义上解释,"审"为审查,"计"为会计账目,审计就是审查会计账目。"审计"一词英文单词为"Audit",被注释为"查账",兼有"旁听"的含义。由此可见,早期的审计就是审查会计账目,与会计账目密切相关。

审计发展至今,早已超越了查账的范畴,涉及对各项工作的经济性、效率性和效果性的查核。随着审计的不断完善和发展,人们对审计的概念也进行了深入的研究,最具代表性的是美国会计学会(AAA)审计概念基本委员会在 1973 年的《基本审计概念说明》的公告中,把审计概念描述为:"为了确定关于经济活动与经济事项的认定和既定标准之间的符合程度,而对与这种认定有关的证据进行客观收集、评定,并将结果传达给利害关系人的系统化的过程"(见图 1-1)。

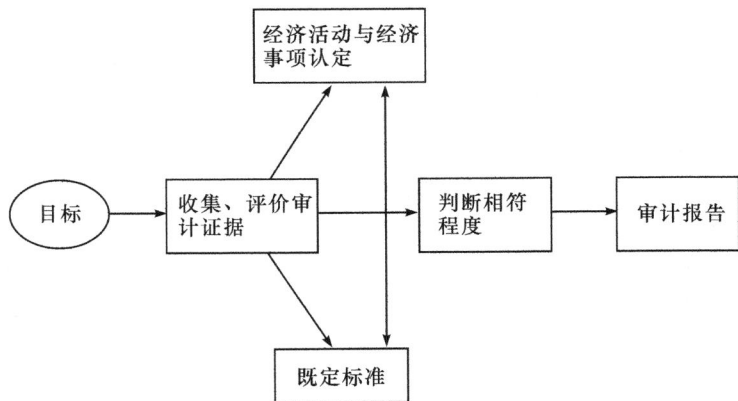

图 1-1　审计的系统过程

美国会计学会审计概念基本委员会特别指出:其有意将审计概念界定得相当广泛,从而涵盖"审计业务可能需实现的各种不同目标以及特定审计业务所需关注的多样性"。

从审计的定义以及现实中可能的审计业务来看,审计和会计之间并不存在必然的联系。事实上,任何可量化且可验证的信息都可成为审计的对象,只要审计人员与被审计主体能够就审计过程中用于确定符合程度的标准达成一致。

注册会计师审计作为审计的一种类型,其内涵具有特殊性。因此,国内外许多会计职业组织对注册会计师审计概念下了定义,其中,影响较大的是国际会计师联合会和美国注册会计师协会的定义。

国际会计师联合会(IFAC)下设的国际审计与鉴证准则理事会(IAASB)将注册会计师审计概念描述为:"财务报表审计的目标是,使审计师(有时也指其所在的会计师事务所,下同)能够对财务报表是否在所有重大方面按照确定的财务报告框架编制发表意见。"

美国注册会计师协会(AICPA)在《审计准则说明书》第1号中,对审计概念描述为:"独立注册会计师对财务报表的审计目标是,对财务报表是否按照公认会计原则在所有重大方面公允地反映财务状况、经营成果和现金流量发表意见。"

《中国注册会计师审计准则第1101号——注册会计师的总体目标和审计工作的基本要求》对审计概念描述为:"在执行财务报表审计工作时,注册会计师的总体目标是对财务报表整体是否不存在由于舞弊或错误导致的重大错报获取合理保证,使得注册会计师能够对财务报表是否在所有重大方面按照适用的财务报告编制基础编制发表审计意见;按照审计准则的规定,根据审计结果对财务报表出具审计报告,并与管理层和治理层沟通。"

二、审计的特征

审计作为一种特殊的经济监督与评价活动,与其他经济活动相比,具有以下特征:

(一)审计的独立性

审计的最本质特性是独立性。独立性是审计的灵魂。在审计业务中,通常涉及三个方面:财务报表等资料的提供者(如被审计单位的管理层)、审计机构(或人员)、经审计的会计信息使用者(如投资者、债权人、税务机关)。审计机构(或人员)接受委托(或根据授权)所进行的审查,是从独立的第三方角度对被审计单位的财务报表等资料及经济活动进行审查。一般认为,审计可以提高财务报表等信息的可信度,但是,如果审计人员与被审计单位在经济上或其他方面存在紧密联系、丧失了独立性,那么,审计人员就不可能对被审计单位的经济事项发表公正的意见,所以,独立性是审计的最本质特性。

为了充分体现审计的本质特性,在审计机构的设置和审计工作过程中必须遵循独立性原则,做到实质上独立和形式上独立,具体包括:

1.机构独立

为确保审计机构独立地行使审计监督权,对审查的事项作出客观公正的评价和鉴证,充分发挥审计的监督作用,审计机构应当独立于被审计单位之外,这样才能更有效地进行经济监督。

2.经济独立

审计机构从事审计业务活动,必须要有一定的经济收入和经费来源,以保证其生存和发展需要。经济独立指审计机构或组织的经济来源应有一定的法律法规或制度作保证,不受被审计单位的制约。即使是民间审计组织,也规定除了正常的业务收费外,不允许与被审计单位有其他经济依附关系。

3.精神独立

审计人员执行审计业务,必须按照审计范围、审计内容、审计程序进行独立思考,坚持客观公正、实事求是的精神,作出公允、合理的评价和结论,不受任何部门、单位和个人的干涉。

美国注册公共会计师协会曾指出,审计属性体现在三个方面:一是审计人员的自主性,即不受委托人的任何影响;二是精神上的独立性,即审计人员必须公正无私,不带任何偏见;三是审计人员地位的独立性,这种独立性应受到公认,为社会所接受。美国著名审计、会计学家莫兹（R. K. Mautz）和夏拉夫（H. A. Sharaf）在其合著的《审计学哲理》一书中，也从上述几个方面论述了审计的独立性。

最高审计机关国际组织（International Organization of Supreme Audit Institutions，IN-TOSAI）在《利马宣言——审计规则指南》第一章中，就审计的属性，首先提到最高审计机关的独立性，强调最高审计机关必须独立于被审计单位之外，并不受外来影响，才能客观而有效地完成其工作任务；其次提到最高审计机关成员和官员的独立性，强调最高审计机关成员的独立性应由宪法予以保证；最后提到了最高审计机关财政上的独立性。

《中华人民共和国审计法》第五条规定："审计机关依照法律规定独立行使审计监督权，不受其他行政机关、社会团体和个人的干涉。"第十一条规定："审计机关履行职责所必需的经费，应当列入财政预算，由本级人民政府予以保证。"第十五条规定："审计人员依法执行职务，受法律保护。任何组织和个人不得拒绝、阻碍审计人员依法执行职务，不得打击报复审计人员。审计机关负责人依照法定程序任免。审计机关负责人没有违法失职或者其他不符合任职条件的情况，不得随意撤换。地方各级审计机关负责人的任免，应当事先征求上一级审计机关的意见。"由此可见，我国《审计法》也对审计机关、经费来源及审计人员三方面的独立性作了明确规定。

从上述情况来看，无论是我国还是外国都承认独立的经济监督活动是审计的属性。没有具有独立性的经济监督活动，如财政、银行、税务、工商行政管理等部门所从事的经济监督活动，则不能称为审计。

（二）审计的权威性

审计的权威性是指国家法律对审计制度有明确规定，审计工作依法进行，受法律保护。一方面，各国法律对实行审计制度、建立审计组织以及审计机构的地位和权力都有明确规定。如我国《宪法》《审计法》《注册会计师法》等对政府审计机关、注册会计师审计组织的设立、职权范围都作出了明确规定。我国的内部审计机构也是根据有关法律规定设置的。各国的《公司法》《商法》《证券交易法》《破产法》等也都从法律上赋予审计在整个市场经济中的经济监督职能。同时，一些国际组织也通过协调各国的审计制度、准则以及制定统一的标准，使审计成为一项世界性的专业服务，提高了审计的权威性。另一方面，法律规定，审计人员依法执行审计业务时，任何组织和个人不得拒绝、阻碍审计人员依法执行审计业务，不得打击报复审计人员；审计人员以独立于被审计单位的第三者身份进行工作，且取得审计人员资格必须通过国家统一规定的严格考核或考试，因而他们具有较高的专业知识，这就保证了其所从事的审计工作具有准确性、科学性。正因为如此，审计人员的审计报告具有一定的社会权威性。

（三）审计的客观公正性

审计的客观公正性是指审计人员的行为和其所提供的审计报告应具有客观公正性。审计人员在依法独立地行使审计职权时，应站在客观公正的立场上，以客观事实为依据，保持公正的心态，不偏不倚地、实事求是地作出审计结论，发表审计意见。审计人员只有保持独立、客观、公正，才能获得审计委托人及社会公众的信任，才有存在的必要。

☞相关资料

审计关系人

要想完整地理解注册会计师审计的含义,先必须明确注册会计师审计三方面的关系人,他们是:(1)审计委托人,也就是委托注册会计师对被审计人进行审计的单位或个人。审计委托人将自己的财产委托被审计人管理、经营,被审计人则要承担受托经济责任。同时,审计委托人委托审计人(注册会计师)对被审计人管理、经营财产的情况进行监督、评价或鉴证。维系委托经济责任关系是审计产生和发展的基础。(2)被审计人,即财产经营管理者。他对受托经营管理的财产负有法律上的责任,必须接受审计人的审查监督。只有经过注册会计师的审查验证,才能确定或解除他承担的委托经济责任关系。(3)审计人,主要指会计师事务所和注册会计师。审计委托人出于经济监督的需要,委托审计人对被审计人履行经济责任情况进行审计,即第一关系人与第三关系人之间存在审计委托与受托的关系。审计关系人构成的审计关系如图1-2。

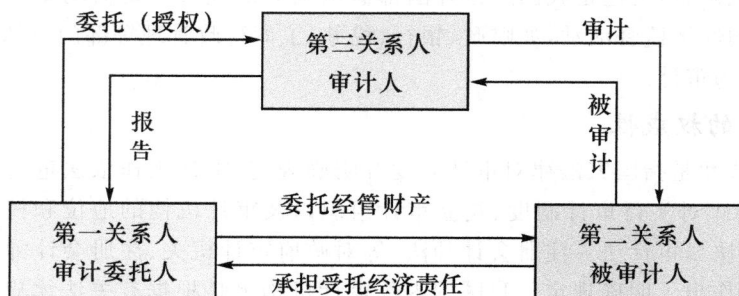

图 1-2　审计关系图

第三节　审计的目标和对象

一、审计的目标

审计的目标是指审查和评价审计对象所要达到的目的和要求,它是指导审计工作的指南。审计目标的确定,除受审计对象的制约外,还主要取决于审计的属性、审计的职能和审计委托者对审计工作的要求。不同种类的审计,其审计目标不尽相同,如财务审计的目标与经济效益的审计目标就有所不同。审计的目标概括起来,就是指审查和评价审计对象的真实性和公允性、合法性和合规性、合理性和效益性。具体包括:

(一)真实性和公允性

审计的首要目标是审查和评价反映被审计单位财务报表和其他有关资料的真实性和公允性。审查财务报表和其他有关资料的目的在于评价会计数据和其他经济数据的真实性和公允性,说明是否如实、恰当地反映了被审计单位的财务收支状况及其结果以及与其有关的其他经济活动的真相,说明其记录和计算是否准确无误,所有经济业务是否全部入账或记录,从中发现问题,纠错揭弊,并作出纠正的意见和建议。政府审计和内部审计侧重于审查真实性,民间审计侧重于审查公允性。

(二)合法性和合规性

审计的目标之一就是审查和评价被审计单位的财务收支及有关的经营管理活动的合法性和合规性。审查被审计单位的财务收支及其有关经营管理活动的目的在于评价其财务收支及其有关的经营管理活动是否符合国家的法律、法规,是否符合会计准则的规定,揭露和查处违法乱纪行为,保护资财的安全完整,正确处理国家、地方、企事业单位、个人之间的经济利益关系,促进被审计单位和整个国民经济健康、和谐地发展。

(三)合理性和效益性

审计的另一目标是审查和评价被审计单位的财务收支和经营管理活动的合理性和效益性。审查被审计单位财务收支及其有关经营管理活动的合理性的目的在于评价被审计单位的经济活动是否正常,是否符合事物发展的常理,是否符合企业经营管理的原理和原则。审查被审计单位财务收支及其有关的经营管理活动效益性的目的在于评价被审计单位的供、产、销等各项经营活动和人、财、物等资源利用是否经济、是否讲究效率,经营目标、决策、计划方案是否可行、是否讲求效果,内部控制系统是否建立、健全,经济活动有无经济效益,并找出其原因和薄弱环节,提出建设性的意见,促使其改善经营管理,提高经济效益。

二、审计的对象

审计对象是指审计监督的范围和内容。通常把审计对象概括为被审计单位的经济活动。具体地说,审计对象包括两方面内容。

(一)被审计单位财政、财务收支及其有关的经营管理活动

不论是传统审计还是现代审计,不论是政府审计还是注册会计师审计、内部审计,都要求以被审计单位客观存在的财务收支及其有关的经营管理活动为审计对象,对其是否真实、合法、合规及其效益情况进行检查和评价,以便对其所承担的受托经济责任是否得以认真履行进行鉴证。

(二)被审计单位的各种作为提供财务收支及其有关经营管理活动信息载体的会计资料以及相关资料

其中会计资料包括:记载和反映被审计单位财务收支、提供会计信息的会计凭证、账簿、报表等;相关资料包括:相关的计划、预算、经济合同、决策方案、经济活动分析资料等,以及电子计算机的磁盘、光盘和进入网络系统的会计资料等会计信息载体。

综上所述,审计对象是指被审计单位的财务收支及与其有关的经营活动,以及作为提供这些经济活动信息载体的会计资料和其他有关资料。会计资料和其他有关资料是审计对象的形式,其所反映的被审计单位的财务收支及其有关的经营管理活动是审计对象的本质。

第四节　审计的职能和作用

一、审计的职能

审计的职能是指审计本身所固有的、体现审计本质属性的内在功能。它不受人们主观意志的支配,客观地内在于审计工作之中,它是审计能够适应社会经济生活需要所必须具备的能力,并且随着社会经济发展对审计需要的变化而不断发展变化。一般而言,审计具有经济监督、经济鉴证和经济评价三种职能,其中经济监督是基本职能,经济鉴证和经济评价是以经济监督为基础而派生出的职能。审计职能随着审计的发展而不断发展和变化。

(一)经济监督

经济监督是指通过对被审计单位的财政、财务收支及有关经济活动真实性、合法性和效益性的审查,指出错弊,监督被审计单位或个人遵守财经法纪,履行经济责任,以保证被审计单位的经济活动和会计核算按规定的轨道运行的职能。它是审计最基本的职能。在审计实务中,政府审计从依法检查到依法评价,从依法作出审计处理处罚决定到监督决定的执行,都体现着审计的监督职能。

(二)经济评价

经济评价是指审计机构或审计人员在对被审计单位的财政、财务收支及其有关经济活动进行审查核实的基础上,对被审计单位经营决策、计划、预算是否确实可行,经济活动及其结果是否完成了预定目标,内部控制制度是否健全有效等进行评价,从而有针对性地提出意见和建议,以促进被审计单位改善经营管理,提高经济效益。经济效益审计最能体现审计的评价职能。

(三)经济鉴证与服务

经济鉴证是指审计机构和审计人员通过对被审计单位的会计报表和其他相关资料进行检查和验证,确定其财务状况和经营成果的公允性、合法性,并出具书面证明,以取得审计委托人或社会公众的信任。例如,注册会计师接受委托,通过对会计报表审计出具的审计报告,就体现了审计的鉴证职能。经济鉴证可以作为评价经济责任、解脱经济责任和依法处理的依据。由于审计鉴证是依法进行、客观公正的,能取信于社会,故又称审计公正。随着经济的发展,审计业务会日趋信息化、网络化、国际化,客户包括许多国际经济组织会更多地向审计提出提供各类审计服务的需求,如会计咨询服务、税务咨询服务、投资咨询服务、管理咨询服务等,因此,审计咨询服务的职能将成为审计的又一重要职能。

二、审计的作用

审计的作用系审计机构和人员在发挥审计职能、达成审计目标过程中所产生的社会效果。总结古今中外的审计实践,审计的作用主要有制约性作用和促进性作用。

(一)制约性作用

审计的制约性作用主要表现为:审计机构和人员通过审核和检查,对被审计单位的财务收支及其有关的经营管理活动进行监督和鉴证,揭露贪污舞弊、弄虚作假等违法乱纪、严重损失浪费及不经济行为，依法提请追究相关单位和人员的责任，从而纠错揭弊，保证党和国家的方针、政策、法律、法规、计划和预算的贯彻实施，维护财经纪律和各项规章制度，保证会计资料及其他资料的真实、可靠，保护国家财产的安全和完整，维护社会主义市场经济秩序，巩固社会主义民主法制。一方面，审计通过审查取证，既可以揭示核算错误，进而对其纠正，提高会计工作质量，又可以揭露贪污舞弊，进而保护财产安全，堵塞漏洞，防止损失；另一方面，审计在审查取证和揭示各种违法违规行为的基础上，通过对过失人或者犯罪者的查处，提交司法、监察部门进行处理，有助于纠正或防止违法违规行为，进而维护财经法纪。鉴于此，制约性作用可以概括为：揭示错误和舞弊，维护财经法纪。

（二）促进性作用

审计的促进性作用主要在于：审计机构和人员通过审核和检查，对被审计单位的财务收支和有关经营管理活动及其经营管理制度进行评价，既指出其合理的方面，以便继续推广，也指出其不合理方面，并提出建议，以便纠正改进，促进被审计单位加强经营管理。不仅如此，审计机构和人员对于经济活动所实现的经济效益还进行评价，指出其潜力所在，促进被审计单位挖掘潜力，不断提高经济效益和社会效益。一方面，审计通过审查取证，评价和揭示被审计单位经营管理中存在的问题和经营管理制度上的缺陷，提出改进建议，促进被审计单位改善经营管理；另一方面，审计通过审查被审计单位的财务收支及其有关的经营管理活动的效益性，评价受托经济责任的履行情况，总结经验，指出不足，提出改进意见和建议，促进被审计单位改进生产和经营管理，提高经济效益。鉴于此，促进性作用可以概括为：改善经营管理，提高经济效益。

正确认识审计的职能，充分发挥审计的作用，具有极其重要的意义。开展审计工作，既是社会化生产经营和发展社会主义市场经济的必然要求，也是提高企业经济效益、维护国家利益和严肃财经纪律的客观需要。

作为监督国家财政的有独立行使权的国家审计，理应围绕党和国家的各个时期的中心工作开展审计工作，发挥它的作用。国家审计既是"民主与法制的产物"，也是"民主与法制的工具"。同时，国家审计是"用权力监督制约权力的制度安排"，也是"国家治理的免疫系统"。推动政治文明建设，促进国家民主法制化的发展，以及反腐倡廉，保障国家经济安全，理应是国家审计的责任。近年来，我国国家审计抓住对重点领域、重点部门、重点资金和领导干部经济责任的审计，加大对重大违法违规问题和经济案件的查处力度，在经济和政治文明建设上发挥了巨大的作用。

作为以维护社会公众利益为己任的我国社会审计，在维护市场经济健康发展，促进经济体制改革和国有企业改制重组，培育发展资本市场，改善投资环境和吸收国外资本等方面发挥了重要的作用。特别在提高上市公司信息披露质量方面发挥了不可替代的作用，已成为维护证券市场秩序的一支重要力量。作为中国特色社会主义事业的建设者，注册会计师已经参与到经济建设与相关决策的方方面面，并在各级人大、政协中积极发挥参政议政作用；同时也接受国家审计机关、内部审计组织，以及各级纪检机关、法院、检察院的委托，进行经济凭证鉴别、经济案件检查和经济责任审计工作，发挥了重要的作用。更值得提出的是，我国注册会计师行业已经成为青年人才就业的重要选择，它不仅能缓和我国就业的压力，而且也为管理人才的培养开拓了新的途径。

我国内部审计的发展，不仅有利于揭露单位经营管理中的问题，提高单位信息的质量，保证财产的安全完整,而且有利于完善公司治理结构,改善内部人控制问题;有利于促进内部控制的完善和加强,以防范经营风险;有利于强化企业管理,增加管理的价值;有利于帮助管理者正确履行职责,实行组织整体目标;有利于组织资源综合利用,以提升现代企业整体水平。

西方的审计学家认为,审计是建立一个廉洁政府的有力工具,由此可见,审计监督不仅有利于我国经济制度的建设,对于社会主义政治制度建设也将会发挥更大的作用。

【例题】　审计目的的确定,主要受审计对象的制约,同时也与(　　　)密切相关。

A. 审计的本质属性

B. 委托人的具体要求

C. 审计职能

D. 审计报告的格式与内容

【答案】　ABC

第五节　审计的分类

审计可以从不同的角度作出不同的分类。对审计进行科学分类,可以帮助我们从不同的角度加深对审计的认识,以便有效地组织和运用各种类型的审计,更好地发挥审计的职能作用,不断地探索和开拓新的审计领域,建立和完善我国的审计监督体系。目前审计学界对审计的分类,大致分为基本分类和其他分类两种。

一、审计的基本分类

审计的基本分类,有按审计主体分类和按审计的内容及目的分类两种。

(一)按审计主体分类

按审计的主体分类,就是按审计的执行者来划分,可分为政府审计(国家审计)、内部审计和注册会计师审计(独立审计、社会审计、民间审计)三种。

政府审计是指由政府审计机关执行的审计,也称为国家审计。政府审计机关,包括:由国务院领导的审计署,各省、自治区、直辖市和各地、市、县地方政府领导的审计局等。

内部审计是指由本部门或本单位内部专职的审计机构和审计人员对本部门或本单位的财务收支、经营管理、经济效益等所实施的审计。

注册会计师审计也称独立审计、社会审计、民间审计等。注册会计师审计是指由经政府有关部门审核批准的注册会计师组成的会计师事务所进行的审计。

(二)按审计内容和目的分类

1. 政府审计按其内容和目的分类

(1)财政财务审计。财政财务审计也称传统审计,是指对被审计单位财政财务收支的真实性、合法性、合规性进行的审查。具体来说,财政审计又包括财政预算执行审计(即由审计机关对本级和下级政府的组织财政收入、分配财政资金的活动进行审计监督)、财政决算审计(即由审计机关对下级政府财政收支决算的真实性、合规性进行审计监督)和其他财政收支审计(即由审计机关对预算外资金的收取和使用进行审计监督)。财务审计则是指对企事业单位的资产、负债和损益的真实性、合法性、合规性进行的审查。

（2）财经法纪审计。财经法纪审计是指对被审计单位和个人严重损害国家利益、违反财经纪律的行为所进行的专案审计。对一般违反财经纪律的行为，可以通过财政财务收支审计得到纠正和处理。当发现有严重违反财经纪律的行为，则可设立专案进行审查。财经法纪审计既可以单列一类，也可以认为是财政财务审计的一个特殊类别。因为进行财经法纪审计要涉及财务问题，而进行财务审计又必然地要涉及法纪问题。

（3）绩效审计。绩效审计是指对被审计单位经营管理活动的经济性（economics）、效率性（efficiency）和效果性（effect）所进行的审计（即西方国家所称的"3E"审计）。经济性是指以最低的支出和耗费开展经营活动，尽量节约、避免浪费。效率性是指投入和产出之间的关系。效果性是指计划目标完成情况，即产出是否达到了预期的效果，是否获得了理想的效益。绩效审计没有单一定义，许多国际组织和绩效审计领先国家均对绩效审计有着不同定义。最高审计机关国际组织称绩效审计是现金价值审计、经营审计、管理审计的同义词。我国有的学者又把绩效审计称为经济效益审计。

（4）经济责任审计。经济责任审计是指对政府行政领导和企事业单位的高级管理者在任职期间履行经济责任的情况进行审查，考核其任职期间是否存在违反财经法纪的行为及实现业绩情况的监督、评价、鉴证活动。经济责任审计是介于财政财务审计和绩效审计之间的一种新的审计形式，是我国特有的一种审计类别。

2. 注册会计师审计按其内容和目的分类

（1）财务报表审计。财务报表审计是指注册会计师通过执行审计工作，对财务报表是否按照规定的标准编制发表审计意见。财务报表审计的目标是注册会计师通过执行审计工作，对财务报表的合法性和公允性发表审计意见。所谓合法性是指财务报表是否按照适用的会计准则和相关会计制度的规定编制；所谓公允性是指财务报表是否在所有重大方面公允反映被审计单位的财务状况、经营成果和现金流量。

（2）经营审计。经营审计是指注册会计师为了评价被审计单位经营活动的效率和效果，而对其经营程序和方法进行的审计。在经营审计中，审计对象不限于会计，还包括组织机构、计算机信息系统、生产方法、市场营销以及注册会计师能够胜任的其他领域。

（3）合规性审计。合规性审计是指注册会计师通过审计来确定被审计单位是否遵循了特定的法律、法规、程序或规则，或者是否遵守将影响经营或报告的合同的要求。例如：确定会计人员是否遵守了财务主管规定的手续，检查工薪率是否符合工薪法规定的最低限额，或者审查与银行签订的合同，以确信被审计单位遵守了法定要求。合规性审计的结果通常报送给被审计单位管理层或外部特定使用者。

3.内部审计按其内容和目的分类

目前，对内部审计按其内容和目的分类可以划分为哪几种还没有较为成熟的看法和表述。但是从审计实践看，常见的审计种类有：财务审计、经济责任审计、专项审计、投资项目审计、经济效益审计、内部控制审计、物资采购审计、合规审计、风险管理审计、舞弊审计、信息系统控制审计等。

二、审计的其他分类

（一）按审计范围分类

审计按其范围，可以分为全部审计、局部审计和专项审计。全部审计又称全面审计，是指对被审计单位一定期间的财政财务收支及有关经济活动的各个方面及其资料进行全面的审计;局部审计又称部分审计,是指对被审计单位一定期间的财务收支或经营管理活动的某些方面及其资料进行部分、有目的、重点的审计;专项审计又称专题审计,是指对某一特定项目所进行的审计。

(二)按审计实施时间分类

审计按其实施时间分类,可以分为事前审计、事中审计和事后审计。事前审计是指在被审计单位经济业务发生以前所进行的审计。对预算或计划的编制和对经济事项的预测及决策进行的审计,均属于事前审计;事中审计是指在被审计单位经济业务执行过程中进行的审计;事后审计是指在被审计单位经济业务完成以后所进行的审计。财务报表审计这类传统的审计均属事后审计。事后审计的适用范围十分广泛,主要是进行合法性、合规性、公允性和效益性审计。

(三)按审计执行地点分类

审计按其执行地点分类,可以分为报送审计和实地审计。报送审计又称送达审计,是指审计机构按照审计法规的规定,对被审计单位按期报送来的凭证、账簿和财务报表及有关账证等资料进行的审计;实地审计是指审计机构委派审计人员到被审计单位所在地进行的审计。

(四)按审计动机分类

审计按其动机分类,可以分为强制审计和任意审计。强制审计是指审计机构根据法律、法规规定对被审计单位行使审计监督权而进行的审计。这种审计是按照审计机关的审计计划进行的,不管被审计单位是否愿意接受审计,都应依法进行;任意审计是根据被审计单位自身的需要,要求审计组织对其进行的审计。

(五)按审计是否通知被审计单位分类

审计按其是否通知被审计单位分类,可以分为预告审计和突击审计。预告审计是指在进行审计以前,把审计的目的、主要内容和日期预先通知被审计单位的审计方式;突击审计是指在对被审计单位实施审计之前,不预先把审计的目的、内容和日期通知被审计单位而进行的审计,这种审计方式主要用于对贪污盗窃和违法乱纪行为进行的财经法纪审计。

(六)按审计使用的技术和方法分类

审计按其使用的技术和方法分类,可以分为账表导向审计、系统导向审计和风险导向审计。

账表导向审计,这种审计技术和方法是围绕着会计凭证、会计账簿和财务报表的编制过程进行的,通过对账表上的数字进行审计来判断是否存在舞弊行为和技术性错误。账表导向审计技术和方法适应评价简单的受托经济责任,是审计技术和方法发展的第一阶段,在审计技术和方法史上占有十分重要的地位。

系统导向审计,这种审计技术和方法强调对内部控制系统的评价,当评价的结果证明内部控制系统可以信赖时,在实质性程序阶段只抽取少量样本就可以得出审计结论了;当评价结果认为内部控制系统不可靠时,才根据内部控制的具体情况扩大审计范围。系统导向审计是财务审计发展的高级阶段,但是,系统导向审计仍需运用账表导向审计的很多技术方法。

　　风险导向审计,这种审计技术和方法要求审计人员从对企业环境和企业经营进行全面的风险分析出发,使用审计风险模型,积极采用分析程序,以制订与被审计单位状况相适应的多样化审计计划,以达到审计工作的效率性和效果性。风险导向审计是迎合高度风险社会的产物,是现代审计方法的最新发展。风险导向审计还可分为传统风险导向审计和经营风险导向审计。

☞ 提醒你

注册会计师审计与政府审计、内部审计的关系

　　注册会计师审计与政府审计、内部审计的联系主要表现为:(1)注册会计师审计与政府审计、内部审计共同构成审计监督体系;(2)三者既相互联系,又各自独立、各司其职,泾渭分明地在不同领域实施审计。它们各有特点,相互不能替代,更不存在主导和从属的关系。

　　注册会计师审计与政府审计、内部审计的区别主要表现为:(1)审计目标不同。注册会计师审计是注册会计师依法对被审单位会计报表的合法性、公允性进行审计。政府审计师对单位的财政收支或财务收支的真实性、合法性、效益性进行审计;内部审计人员主要对组织内部的经营活动和内部控制的适当性、合法性和有效性进行审计。(2)独立性和权威性不同。注册会计师审计和政府审计均属于外部审计,不受被审单位管理当局的领导和制约,其独立性要高于内部审计。但从独立性来看,注册会计师审计高于政府审计;从权威性来看,政府审计要高于注册会计师审计。(3)遵循的审计标准不同。注册会计师审计是注册会计师依据《中华人民共和国注册会计师法》和注册会计师审计准则进行的审计;政府审计是审计机关依据《中华人民共和国审计法》和国家审计准则进行的审计;内部审计是内部审计人员遵循内部审计准则进行的审计。(4)接受审计的自愿程度不同。注册会计师审计是以独立的第三方的身份对被审单位进行的审计,委托人可自由选择会计师事务所;政府审计和内部审计均属于强制审计。另外,三者在审计范围、法定权限等方面也存在一定的差异。

第六节　注册会计师职业

一、什么是注册会计师

　　注册会计师是依法取得注册会计师资格证书,接受委托从事审计和会计咨询、会计服务的执业人员。

　　我国于 1991 年建立了注册会计师全国统一考试制度。根据《注册会计师法》规定,具有高等专科以上学校毕业的学历,或者具有会计或者相关专业中级以上技术职称的中国公民,可以申请参加注册会计师全国统一考试;具有会计或相关专业高级技术职称的人员可以免予部分科目的考试。从 2009 年起,考试分专业和高级两个阶段进行,考生只有通过专业阶段的考试科目,才能参加高级阶段的考试;专业阶段考试科目为六科:会计、财务管理、审计、经济法、税法和公司战略与风险管理,高级阶段考综合测试一个科目。

通过注册会计师考试全科成绩合格者,均可取得注册会计师资格,申请加入注册会计师协会成为非执业会员,但不能执业。要有执业资格,还必须加入一家会计师事务所,从事审计工作两年以上,并符合其他条件,才能向省级注册会计师协会申请注册。经批准注册后,发给财政部统一印制的注册会计师证书,方可执行注册会计师业务。

二、会计师事务所组织形式

会计师事务所是注册会计师依法承办业务的机构。我国会计师事务所分为合伙会计师事务所和有限责任会计师事务所两种形式。

综观注册会计师行业在各国的发展,会计师事务所主要有独资、普通合伙、有限责任、有限责任合伙四种组织形式。

(一)独资会计师事务所

独资会计师事务所又称个人会计师事务所,由具有注册会计师执业资格的个人独立开业,承担无限责任。它的优点是,对执业人员的需求不多,容易设立,执业灵活,能够在代理记账、代理纳税等方面很好地满足小型企业对注册会计师服务的需求,虽承担无限责任,但实际发生风险的程度相对较低。缺点是无力承担大型业务,缺乏发展后劲。

(二)普通合伙会计师事务所

普通合伙会计师事务所是由两位或两位以上合伙人组成的合伙组织。合伙人以各自的财产对事务所的债务承担无限连带责任。它的优点是,在风险的牵制和共同利益的驱动下,促使事务所提高执业质量,扩大业务规模,提高控制风险的能力。缺点是,建立一个跨地区、跨国界的大型会计师事务所要经历一个漫长的过程。同时,任何一个合伙人执业中的失误或舞弊行为,都可能给整个会计师事务所带来灭顶之灾,使之一日之间土崩瓦解。

(三)有限责任会计师事务所

有限责任会计师事务所(Limited Liability Companies,LLCs)由注册会计师认购会计师事务所股份,并以其所认购股份对会计师事务所承担有限责任。会计师事务所以其全部资产对其债务承担有限责任。它的优点是,可以通过公司制形式迅速聚集一批注册会计师,组成大型会计师事务所,承办大型业务。缺点是,降低了风险责任对执业行为的高度制约,弱化了注册会计师的个人责任。

(四)有限责任合伙会计师事务所

有限责任合伙会计师事务所(Limited Liability Partnerships,LLPs)在我国又称特殊的普通合伙会计师事务所,最明显的特征是合伙人只需承担有限责任。无过失的合伙人对于其他合伙人的过失或不当执业行为以自己在事务所的财产为限承担责任,不承担无限责任,除非该合伙人参与了过失或不当执业行为。它的最大特点在于既融入了普通合伙和有限责任会计师事务所的优点,又摒弃了它们的不足。这种组织形式是为顺应经济发展对注册会计师行业的要求,于 20 世纪 90 年代初期兴起的。到 1995 年年底,原"六大"国际会计公司在美国的执业机构已完成了向有限责任合伙的转型,在其他国家和地区的执业机构的转型目前也在进行之中。同时,在它们的主导下,许多国家和地区的大中型会计师事务所也陆续开始转型。有限责任合伙会计师事务所已成为当今注册会计师职业界组织形式发展的一大趋势。

　　从国际惯例来看,会计师事务所的执业登记都由注册会计师行业主管机构统一负责。会计师事务所必须经过行业主管机关或注册会计师协会的批准登记并由注册会计师协会予以公告。独资会计师事务所和普通合伙会计师事务所经过这个程序即可开业,有限责任会计师事务所一般还应当进行公司登记。

三、注册会计师审计业务范围

　　目前,会计师事务所为客户提供的服务可以分为两大体系:一是鉴证服务;二是相关服务。

(一)鉴证服务

　　会计师事务所为客户提供鉴证服务包括:

1.财务报表审计业务

　　财务报表审计业务是注册会计师对财务报表是否在所有重大方面符合既定的财务报表框架发表意见,其目的是增强潜在报表使用者对企业历史财务报表的信任度。

2.财务报表审阅业务

　　财务报表审阅业务是注册会计师通过询问、分析程序和有限检查来获取证据对所审阅信息是否不存在重大错报提供有限保证,并以消极方式提出结论。

3.特殊目的的审计业务

　　注册会计师可能因特殊目的的报告而检查历史财务信息,如对按照其他会计方法(如客户对所得税申报的处理方法、收付实现制会计、政府立法部门对财务报告的规定)而不是按照国际会计准则或国内会计准则编制的报表报告、财务报表组成部分报告、合同遵循性报告、简要财务报表报告。

4.历史财务信息之外的其他鉴证业务

　　历史财务信息之外的其他鉴证业务包括:对预期财务报表鉴证业务、对非财务信息(如公司治理、统计、环境信息)鉴证业务、对系统和流程(如公司治理、《萨班斯—奥克斯利法案》规定的内部控制、信息系统等)的鉴证业务和对某一行为(如企业责任、人力资源等)鉴证业务。

(二)相关服务

　　并非所有的会计师事务所从事的业务都是基于鉴证框架的鉴证业务,注册会计师基于其会计和审计方面的优势,以及在审计中积累起来的对行业及其企业经营管理的了解和熟悉,逐步从过去单一从事审计鉴证服务向多元化、全方位的相关服务转变,为客户提供更多有增值价值的相关服务业务,主要有:

1.商定程序业务

　　商定程序业务是指注册会计师对特定财务数据、单一财务报表或整套财务报表等财务信息执行与特定主体商定的具有审计性质的程序,并就执行的商定程序及其结果出具报告。

2.代编财务信息业务

　　代编财务信息业务是注册会计师运用会计而非审计的专业知识和技能,代客户编制一套完整或非完整的财务报表,或代为收集、分类和汇总其他财务信息。

3.管理咨询业务

　　注册会计师基于以货币计量和评价为核心能力拓展管理咨询业务,随着市场经济的发展,会计师事务所为客户提供的各种各样的咨询服务业务越来越多,这既是会计师事务所业务的拓展,也对注册会计师的知识、专业特长和技能提出了新的挑战。

四、与注册会计师有关的组织机构

(一)国际会计师联合会(IFAC)

国际会计师界进行国际交流和国际协调始于国际会计师会议,这是一个全球性的职业会计师的代表大会,1904 年在美国圣路易斯召开第一次会议,1977 年解散。1977 年 10 月,代表 49 个国家的 63 个职业审计团体的国际会计师联合会在慕尼黑成立。国际会计师联合会的基本目标是在国际展开合作与协调,谋求在技术上、道德上和职业教育上的提高,促进会计师资格的相互认可。目前参加的会员已发展到 80 多个国家的 120 多个会计职业团体。1997 年 5 月,中国注册会计师协会成为其正式会员。

(二)中国注册会计师协会

中国注册会计师协会成立于 1988 年。1995 年 6 月与中国注册审计师协会联合后组成注册会计师的全国组织。联合后的中国注册会计师协会,依法对全国注册会计师行业实行管理,依法接受财政部的监督、指导。2000 年 9 月,与中国资产评估师协会合并,组成新的中国注册会计师协会,对行业实行统一管理。

中国注册会计师协会的职责主要是:对行业实行自律管理;制定和组织贯彻执业准则、规则;组织任职资格和执业情况的年检;接受财政部委托,草拟有关行业的法律、法规和规章;审批会计师事务所、注册会计师和资产评估机构,监督和管理其业务工作;依法对行业违法、违规行为进行处罚等。

中国注册会计师协会的最高权力机构是全国会员代表大会。执行机构为理事会。常设的办事机构由秘书长、副秘书长若干人并配备必要数量的专职人员组成,目前常设办事机构为 11 个部门。

各省、自治区、直辖市注册会计师协会是注册会计师的地方组织。省级注册会计师协会根据需要可以设立市级协会。

本章小结

1. 审计活动具有悠久的历史,在古埃及、古希腊、古罗马和古代中国都有审计活动存在。随着社会生产力和社会经济的发展,政府审计、内部审计和注册会计师都得到了很大的发展。审计是因授权管理经济活动的需要而产生的,受托经济责任关系的确立才是审计产生的基础。审计随着受托经济责任关系内涵的丰富和范围的扩大不断得到发展。

2. 审计是指为了确定关于经济活动与经济事项的认定和既定标准之间的符合程度,而对与这种认定有关的证据进行客观收集、评定,并将结果传达给利害关系人的系统化的过程。传统的审计就是审查会计账目。而现代审计早已超出了会计、财务的范围,涉及对被审计单位的财政财务收支及其他经济活动的真实性、合法性和效益性进行独立性的审查和评价。审计作为一种特殊的经济监督与评价活动,具有独立性、权威性、客观公正性等特征。

3. 审计的目标是指审查和评价审计对象所要达到的目的和要求,它是指导审计工作的指南。审计的目标概括起来,就是指审查和评价审计对象的真实性和公允性、合法性和合规性、合理性和效益性。审计对象是指审计监督的范围和内容。通常把审计对象概括为被审计单位的经济活动。

4. 审计职能是指审计本身所固有的、体现审计本质属性的内在功能。审计具有经济监督、经济鉴证和经济评价三种职能,其中经济监督是基本职能,经济鉴证和经济评价是以经济监督为基础而派生出的职能。审计的作用系审计机构和人员在发挥审计职能、达成审计目标过程中所产生的社会效果。审计的作用主要有制约性作用和促进性作用。在我国国民经济中三类审计越来越发挥着重要作用。

5. 审计可以从不同的角度作出不同的分类。对审计的分类,大致分为基本分类和其他分类两种。审计的基本分类,有按审计主体分类和按审计的内容及目的分类两种。按审计的主体分类,就是按审计的执行者来划分,可分为政府审计(国家审计)、内部审计和注册会计师审计(独立审计、社会审计、民间审计)三种。按审计内容和目的分类可分为财政财务审计、财经法纪审计、绩效审计、经济责任审计四种。在按其他分类中,审计按其范围,可以分为全部审计、局部审计和专项审计。按审计实施时间可以分事前审计、事中审计、事后审计。按审计执行地点可以分报送审计、实地审计。按审计动机可分为强制审计、任意审计。按审计是否通知被审计单位可分为预告审计、突击审计。按审计使用的技术和方法可分为账表导向审计、系统导向审计、风险导向审计。

6. 注册会计师是依法取得注册会计师资格证书,接受委托从事审计和会计咨询、会计服务的执业人员。会计师事务所是注册会计师依法承办业务的机构。我国会计师事务所分为合伙会计师事务所和有限责任会计师事务所两种形式。目前国际上会计师事务所主要有独资、普通合伙、有限责任、有限责任合伙四种组织形式。会计师事务所为客户提供的服务可以分为两大体系:一是鉴证服务;二是相关服务。鉴证服务包括:财务报表审计业务、财务报表审阅业务、特殊目的的审计业务、历史财务信息之外的其他鉴证业务。相关服务主要有:商定程序业务、代编财务信息业务、管理咨询业务。

思考题

1. 西方国家的注册会计师审计是如何产生和发展的?

2. 我国政府审计的发展经历了哪几个阶段? 各个阶段有哪些主要发展事实?

3. 我国内部审计和注册会计师审计是怎样发展起来的?

4. 什么是审计? 审计主要有哪些方面的特征?

5. 审计的目标是什么? 什么是审计的对象?

6. 审计的基本职能是什么?

7. 审计有哪些作用?

8. 审计可划分为哪些主要类别?

9. 什么是注册会计师?

10. 我国会计师事务所的组织形式有哪些?

11. 注册会计师的审计业务有哪些?

12. 中国注册会计师协会有哪些主要职责?

实训项目

【实训 1-1】

实训目的：

审计常识训练。

实训内容：

王明是一名财经院校审计专业的在校学生，他参加了学院组织的一个服务社会的咨询服务队。一次在咨询活动中，有人向他咨询了如下关于审计方面的问题：

1. 我是一名刚入校的审计专业的学生，可是我不明白审计是干什么的。于是我问同学们："什么是审计?"同学们都回答我说："审计就是查账。"对吗?

2. 我是一名在校大学生，我能否参加全国注册会计师的资格考试?

3. 我是一名刚参加工作的会计，在一个大型国有企业上班。我知道国家审计、注册会计师审计、内部审计共同构成我国审计体系。三者各负其责，都有自己的审计范围。可今天东方会计师事务所居然在没有我单位委托的情况下自行到我单位进行审计，他们还说是代表审计厅，并且不收费。这到底是怎么回事?

4. 我是一民营企业的老总，不小心得罪了一个国家审计人员。该工作人员称不久将要来审计我的公司，以此公报私仇。我该怎么办?

5. 我是一个刚成立的小公司的老板。由于我公司的业务很少，我不想专门聘请会计人员。听说有的审计机构可以代为记账，是真的吗?

实训要求：

完成王明的咨询服务任务。请代王明回答他在咨询过程中遇到的问题。

【实训 1-2】

实训目的：

了解会计师事务所为适应经济发展组织形式的变迁以及国际"四大"如何凝聚起核心竞争力，成为国际"四大"会计师事务所。

实训内容：

请查找并阅读国际"四大"会计师事务所的相关信息，重点汇总"四大"会计师事务所创立、发展中组织形式的变化以及发展的特征，回答：

1. 会计师事务所组织形式选择的经济动因是什么?

2. 国际"四大"会计师事务所组织形式发展变化中的共性和特性是什么?

3. 列举国际"四大"会计师事务所发展中遇到的问题。

4. 从国际"四大"会计师事务所发展轨迹分析中国会计师事务所发展中的问题。

5. 选择一种适合经济发展和注册会计师特征的事务所组织形式，论述其优势。

实训要求：

1. 分小组，实训小组每个成员分头查找并阅读国际"四大"会计师事务所的相关信息，重点汇总国际"四大"创立、发展中组织形式的变化以及发展的特征。

2. 实训小组在查找资料、讨论分析的基础上，对讨论的问题达成共识，并提出疑问。

3. 实训小组在讨论分析基础上，制作 ppt，推选一名同学演讲其讨论分析的问题，重点在于介绍实训小组在讨论中对会计师事务所发展形成的共识以及产生的疑问。

4.实训小组以外的其他学生提问,实训小组的其他成员补充回答问题。

5.老师点评。

阅读平台

● 阅读书目

1.中国注册会计师协会.审计[M].第一章,北京:经济科学出版社,2017.

2.[美]卡迈克尔.审计概念与方法[M].第一章,刘明辉等译,中文1版,大连:东北财经大学出版社,1999.

3.[美]阿尔文·A.阿伦斯、詹姆斯·K.洛布贝克.审计学——整合方法研究[M].第一章,石爱中等译,中文1版,北京:中国审计出版社,2001.

4.[美]C.W.尚德尔.审计理论[M].汤云为译,中文1版,第一章,北京:中国财经经济出版社,1992.

5.[美]罗伯特·K.莫茨、[埃]侯赛因·A.夏拉夫.审计理论结构[M].文硕、尚泽忠等译,中文1版,北京:中国商业出版社,1990.

6.李金华.中国审计史[M].第1、2、3卷,北京:中国经济出版社,2005.

7.刘家义.中国特色社会主义审计制度研究[M].北京:中国时代经济出版社,2016.

● 阅读资料

1.葛家澍、黄世忠.安然事件的反思——对安然公司会计审计问题的剖析[J].会计研究,2002年第2期.

2.齐思乐.为什么毕马威没有查出辉山乳业(06863.HK)造假?[EB/OL].http://money.163.com/17/0329/14/CGMVQ3S70025814U.html,2017-3-29.

3.楚楚.国际“四大”与高质量审计——来自2014年中国证券市场的经验证据[J].财经界(学术版),2016年第6期.

4.韩维芳.会计师事务所特殊普通合伙转制的影响研究——合伙人层面的分析[J].审计研究,2016年第3期.

第二章

审计准则

通过本章学习,你应能够:

1. 掌握审计准则的基本理论。
2. 明确我国注册会计师执业规范体系的构成。
3. 掌握鉴证业务基本准则的含义和基本内容。
4. 掌握质量控制准则的含义及基本内容。

引入案例

民间审计准则产生的背景
——"麦克逊·罗宾斯公司"破产案例

20世纪30年代,在美国经济发展进程中,上市公司自愿委托社会公认会计师实施审计形成风气。通过民间审计,有效帮助了投资者的决策,维护了资本市场的稳定,民间审计中的会计报表审计在美国逐渐深化。在这样的背景下,1938年美国发生了一桩令人震惊的"麦克逊·罗宾斯公司破产案",引起了全美各界人士的关注。

1938年初,麦克逊·罗宾斯药材公司(以下简称麦克逊公司)的债权人米利安·汤普森在与麦克逊公司的经济往来业务中,发现了该公司的财务资料有异常之处,其一,该公司制药原材料部门是盈利较高的经营部门,但公司经营者都直接对其重新投资,而该部门还没有资金积累;其二,公司账面制药原材料存货的保险金额较少。前任公司董事会决定减少存货余额,并要求现任经理菲利普·科斯特仍执行这一决定,但1938年末,公司存货却增加了100万美元。米利安·汤普森对上述问题产生疑惑,向公司管理人员要求提供有关制药原材料实际存货的证明,但未能取得该证据,则其拒绝承认公司300万美元的债券。尔后,美国证券交易委员会开始对麦克逊公司立案调查。

美国证券交易委员会对麦克逊公司的调查结果如下:

1. 麦克逊公司的有价证券在纽约交易所公开上市,并已依法在证券交易所注册登记。

2. 该公司及其子公司10多年来的会计报表均由美国第一流的普赖斯·沃特豪斯会计公司执行审计,对麦克逊公司财务状况及经营成果出具了无保留意见审计报告。

3. 1937年12月31日麦克逊公司的合并资产负债表中总资产8700万美元,其中2100万美元属虚假资产(存货1000万美元,销售收入900万美元,银行存款7.5万美元)。1937年度该公司合并损益表中虚假销售收入1820万美元,虚假毛利180

万美元。

4.公司现任总经理菲利普·科斯特使用化名并有诈骗犯罪前科,其3位兄弟均使用化名在公司任要职。菲利普·科斯特与其3位兄弟合并舞弊,利用公司内部控制薄弱,贪污巨款。

美国证券交易委员会核实上述事实后,召开了由执业会计师参加的听证会,宣布了这些事实。而后,美国证券交易委员会颁布了新的报告,对审计程序加以修改,增加了关于对应收账款函证,对存货实地检查,对内部控制系统详细评价的条款,同时强调了审计人员对公共持股人的责任及加强对管理部门的检查,及对发表审计意见的具体要求等规范。

美国执业会计师协会对此也作出了积极反应,建立了"审计程序委员会",并于1939年制定了《审计程序的扩展》,对审计程序的完善从以下四方面提出了更加具体的要求:(1)对存货检查,通过实地盘存确认存货数量,并将之作为必需的审计程序;(2)对应收账款检查,应积极采用函询法,对债务人直接询证;(3)对审计报告格式及内容加以规范,将其分为范围段和意见段;(4)通过董事会任命或股东大会投票选举独立注册会计师等。

1947年10月,美国执业会计师协会的审计程序委员会,颁布了《审计标准草案——公认的意见和范围》,1954年对其修改,改名为《公认审计标准——其意义和范围》。从此,民间审计有了一套公认的执业标准。

——资料来源:《审计案例分析》,杨庆才主编,首都经济贸易大学出版社,2003。

麦克逊·罗宾斯公司破产案的披露对民间审计界产生了重大影响,也提出了新的课题。首先此案件的披露对美国民间审计在社会中的声誉产生了极大的负面影响,使社会公众对处于独立地位的民间审计及审计结论的信任度急剧下降;其次,这一事件的背后隐含着十分丰富的内涵,即提出了民间审计工作质量如何保证,怎样发挥民间审计在社会经济发展中的应有作用,如何保证民间审计的生存和发展等问题。要解决上述问题,民间审计界应该围绕提高审计质量问题深刻反思,吸取教训,采取可行措施,有效规范审计行为。

该案件暴露出了承担麦克逊·罗宾斯公司审计的普赖斯·沃特豪斯公司采取的审计程序及审计方法上的诸多问题。比如:应收账款审计中未经向债务人函证即予确认问题;存货未经实地盘点即予确认问题;销售收入、银行存款未经必要核实即予确认问题;忽视内部控制制度评审问题等。最终导致公司会计报表审计总体评价失实,造成严重后果和重大社会影响。

此案件对美国民间审计准则出台具有深远意义。其一,给美国民间审计界以极具说服力的警示,引起美国证券交易委员会对规范民间审计行为的重视,促使美国证券交易委员会投入力量研究和修订有关规范,完善了审计程序;其二,案件震动了美国执业会计师协会,使其重视了对民间审计工作加以规范的问题,使其建立了制定审计规范的组织机构,出台了《审计程序的扩展》这一审计规范,对审计程序和审计方法提出了具体的规范性的要求,从而使得民间审计在执业中有章可循。

总之,麦克逊·罗宾斯公司破产案对完善民间审计规范起到了重要的推进作用,为1947年出台的《审计准则试行方案》奠定了客观基础。

第一节　审计准则概述

审计准则是长期审计实践和审计理论研究的结晶。它既是进行审计工作必须遵循的行为规范,又是社会了解和认识审计工作的纲领性文件以及监督审计工作的依据。在审计发展历史上,最早出现的审计准则就是民间审计准则,在此基础上,有些国家和组织又建立了政府审计准则和内部审计准则。

一、审计准则的产生和发展

审计准则是基于审计工作所要达到的目标即增强财务报表的可信性而产生的。审计报告使用人、政府和审计职业队伍,则是推动审计准则建立的三股主要力量。

为了达到审计目标,必须建立起审计报告使用人对审计师的信任。为此,就要求审计师必须具备一定的资格条件。17世纪末,苏格兰的法律就规定,禁止城市官员担任国家审计师。这表明在法律上首先对国家审计师的独立性作了确认。独立性是审计的本质要求,是保证审计客观、公正的前提条件。"审计人员的作用的本质就在于它的独立性"[①],这是世界各国审计的一致看法。

随着社会经济的发展,社会(民间)审计产生了。社会审计因其所要达到的目标更具有社会性,其所处的关系比国家审计更为复杂。这就使得社会对社会审计师的要求更为严格。社会审计的目标是在社会内增加财务报告的可信性,以帮助许多有特定的利害关系人作出正确的决策。这就必须使全社会充分了解并建立起审计师的普遍信任。因此,审计报告的使用人、政府和审计职业界三股力量共同推动社会审计准则的建立。1900年英国公司法修正案明确规定,被审计企业的董事或管理人员不得担任审计师,从而率先在法律上确认了社会审计师的独立性。

由于商品经济的发展,社会对财务会计信息不论是数量还是质量都提出了更高的要求,因而对社会审计工作的专业技术要求也越来越严格。英国1948年的公司法首次规定了审计师必须由合格、称职的职业会计师担任。随后,美国的法律也作了类似的规定。

在社会审计发展过程中,一些有关审计师的重大诉讼案件,也加速了审计准则的产生。1900年,在爱尔兰羊毛有限公司对泰森有限公司的诉讼案中,法官最后裁决:审计师应该对其由于玩忽职守、审计无术、无力发现舞弊行为而给企业造成的所有损失负责。1938年美国又发生了"引入案例"中讲到的麦克逊·罗宾斯公司的事件。该公司是美国证券交易所的上市公司。公司经理同其兄弟共谋,通过虚构交易,夸大资产数额(1937年12月31日的合

---

① ［加］爱德华·斯坦波和［美］莫里斯·穆尼兹合著,李天民译:《国际审计标准》第12页,中国财经出版社1983年版。

并资产负债表中共列资产 8700 万美元,其中虚构资产达 2100 万美元),从而贪污巨额款项。1938 年 12 月揭露了该公司十余年违法经营的大量事实。而 1938 年以前的十余年,承担该公司财务审计的是著名的普赖斯·华特豪斯会计师事务所,该所未能揭露麦克逊·罗宾斯公司的舞弊行为,却对公司的财务状况表示了"正确、适当"的意见。这一事件暴露了在审计手续方面的严重缺陷。

外界的压力和法律的要求,迫使审计职业界为维护自身的职业地位而寻找出路。1917 年美国注册公共会计师协会发表了"资产负债表审计";次年又修订为"关于编制资产负债表的标准手续";1934 年,该协会又提出了"股份公司会计的审计";1936 年,则提出了"财务报表的检查"。这些文件虽未构成审计准则,但在当时起到了指导审计工作的作用。

针对麦克逊·罗宾斯公司事件暴露出来的审计手续方面的缺陷,为了完善审计手续,美国注册公共会计师协会于 1939 年发表了"审计手续的扩展"的文件。对此,美国证券交易委员会认为,仅从审计手续、程序、技术方面考虑是不能奏效的,最重要的是加强审计人员的权威性,使之成为有能力、有经验的专家。他们认为,除了"一般公认的审计手续"之外,还应制定"一般公认的审计准则"。一方面,规定审计工作必须由经过专门训练并且具有专门职业技能的人实施审计手续;另一方面,规定为取得审计证据而实施的审计手续的性质和检查范围。

美国注册公共会计师协会采纳了这一意见,并于 1947 年发表了《审计准则试行方案》,共三部分九条。在该方案的序言中,强调审计手续同审计准则之间的区别,指出审计手续是必须实施的行为,而审计准则是实施该行为必须达到的质量要求和实施该行为所要达到的基本目标。美国目前的社会审计准则就是在此基础上修订而成的。1954 年在修订审计准则时,又增加了一条,所以,后来公布的《一般公认审计准则》就有十条。

由于国家审计同社会审计有很大差别,美国审计总局在 1972 年又制定了相应的国家审计准则。

内部审计产生于 20 世纪初,到 20 世纪 40 年代逐渐发展起来。由于内部审计的特殊性,导致了 1941 年美国内部审计师协会的成立。根据内部审计的特点,也需要制定相应的审计准则。1974 年国际内部审计师协会正式成立了负责制定内部审计准则的专业标准和职责委员会,至 1977 年终于完成了"内部审计专业实施标准",并于 1978 年 6 月由国际内部审计师协会正式颁发。

综上所述,审计准则是审计职业界的外部压力和内部动力的综合结果,而一些具有历史性影响的诉讼案件及其案例,加速了制定审计准则的进程。在审计界,为了提高审计工作的质量,增强审计的社会可信性,确立审计的地位,也迫切需要有一个规范审计工作的文件。所以,审计准则的制定,是社会经济发展和审计职业发展的必然产物。

二、审计准则的含义

审计准则是执行审计工作应该遵循的规范。这是对审计主体的要求,也就是对审计机构和审计人员自身素质及其工作质量的要求。它是由审计职业界遵循公认惯例分别确立的职业行为规范,并可作为衡量审计工作质量的重要依据。

在审计准则演变过程中,有关审计组织及审计学者对其定义和内涵作了充分的论述。

如美国总会计局认为:审计准则是对所进行工作的质量和充分性的总的衡量,它与审计师的专业资格有关。

英格兰和威尔士特许会计师协会认为:审计准则说明了审计过程中工作人员希望遵循的基本原则和惯例。

日本大藏省会计审议会认为:审计准则是把审计实务中一般认为公正妥善的惯例加以概括而归纳出来的原则;这些原则虽然没有法律上的强制性,但职业会计师在进行企业财务报表审计时都应随时遵守。

《蒙氏审计学》中指出:广义地说,审计准则是实施审计工作的指南。有时准则亦称为行动的戒律、准绳或指南,它规定客户和公众期望审计人员起码应达到的质量。此外,我国一些审计学者也从不同的角度对审计准则的定义加以阐述。

从审计准则的形成过程及其不同的描述中,可以发现审计准则主要包括以下含义:

(1)审计准则是出于审计自身的需要和社会公众的要求而产生和发展的;

(2)审计准则是审计实践经验的总结,它的完善程度同样反映出审计发展水平;

(3)审计准则是对审计组织、审计人员,即审计主体提出的要求,而不是对审计客体的要求,更不是衡量审计客体的尺度;

(4)审计准则规定了审计工作质量的要求,既是控制和评价审计工作质量的依据,也是控制审计风险的必要;

(5)审计准则一般应由审计组织及审计职业团体制定和颁布,才具有权威性。

三、审计准则特性

审计准则既是审计理论的重要组成部分,又直接用来指导审计实践的作业规范。研究审计准则的特性,更有利于从理论的高度去认识审计准则的内涵,把握其外延。

审计准则的特性可以概括为权威性、规范性、可接受性、可操作性和相对稳定性。

(一)审计准则的权威性

这主要是指审计准则对审计人员行为具有普遍的约束力。审计人员必须按照审计准则的规定和要求进行审计工作,如有违反就有可能承担相应的民事责任甚至刑事责任。审计准则的权威性,一是来源于审计准则的科学性,它不仅来源于审计实践,而且是整个审计职业界公认的惯例;二是来源于审计职业界权威机构或政府机构对它的审定、完善、颁布和监督实施。

(二)审计准则的规范性

这首先表现为审计准则本身就属于审计规范的范畴,它是审计规范体系中的具体规范;其次是审计准则本身必须具有统一性、条理性及准确性,否则就不可能作为审计工作的指南。统一性要求审计准则内容前后一致,相互协调;条理性要求审计准则结构严谨、条目清晰、层次分明;准确性要求审计准则用词恰当、表达确切、易于理解、方便使用。

(三)审计准则的可接受性

这主要是指审计准则应当被审计人员、审计客体和广大社会公众所乐于接受,否则就不能成为审计工作规范。对于审计主体而言,审计准则集审计工作实施规则、审计操作程序和惯例于一体,是保证审计质量的技术性指南,如不能被审计人员所接受,那就从根本上失去了制订审计准则的意义。就审计客体和广大社会公众而言,审计准则有助于他们了解审计人员应该做什么和不应该做什么，以及在什么样的情况下审计人员应承担什么样的责任。如果审计准则不能被他们所接受，既说明了审计准则没有客观地反映他们对审计工作的基本要求，也说明了他们对审计工作不能理解，最终会导致审计准则不可能成为审计人员自我保护的工具。

(四)审计准则的可操作性

这主要表现在审计准则可以直接用来指导审计实践。在审计理论和审计实践之间，审计准则起了沟通的桥梁作用。也即审计理论只有通过审计准则才能指导审计实践，而审计实践只有先归纳总结为审计准则才能上升为审计理论。要想使审计准则具有可操作性，首先要使审计准则具有鲜明的层次性，如一般准则和实施、报告准则等，并要明确每个层次的准则所要服务的目标，也即每个层次的准则要与具体的审计工作相联系；其次是审计准则的内容务必明确、可行，便于审计人员理解和遵照执行。

(五)审计准则的相对稳定性

这是指审计准则一旦确定和发布，就不能轻易改动，要保持一个相对稳定的时期。制定审计准则是一项涉及面广而又复杂的工作，同时审计准则的基本结构、主要内容及其要求变动频繁不利于审计人员接受和贯彻执行，也不利于被社会公众理解。但是，审计准则只具有相对的稳定性。因为，社会经济关系的变化、科学技术的发展和审计环境的改变，都会引起审计事项、审计方法的变化和发展，都会对审计工作提出更高的要求。作为审计工作规范的准则，也势必要作相应的调整，删除过时的、不适宜的内容，增加新的、适应需要的精神。也就是说审计准则应当随着审计事业的发展，而得到不断完善。

四、审计准则的作用

审计准则，是把审计业务中一般认为公正妥当的惯例加以归纳概括、形成原则，它虽然不具备法规的强制性，但它是审计人员从事审计时所必须遵循的指南。

(一)审计准则为审计人员提供了审计工作规范

建立了审计准则，即确立了审计工作规范，使审计人员有章可循，知道如何开展审计工作，如怎样编制审计计划，如何制订审计方案，怎样搜集与评价审计证据，如何编写审计报告，怎样表示审计意见以及在审计过程中，如何注意自己的操行职守和引起足够的注意等等。有了审计准则，审计人员没有必要再去自行摸索或纯粹凭经验检查，这样不仅有利于减少不必要的失误及重复劳动，而且还保证了审计工作质量和有利于提高审计工作效率；同时，也有助于审计信息的使用者增强对审计结论的依赖程度。

(二)审计准则为评价审计工作质量提供了衡量尺度

审计准则对审计人员的任职条件、建立审计机构的原则和执行审计业务应遵循的规范作了全面规定，包括对审计职业道德、专业胜任能力、应执行的程序和应使用的方法都作了明确而具体的规定。只要审计人员遵照审计准则的规定去执行义务，审计工作质量就有保证。审计组织的管理部门，可以通过对审计人员是否遵守审计准则的检查，进而评价审计准则工作质量。同时，审计准则对初始从事审计工作的人员更具有指导作用，不仅有利于提高他们的素质，也有利于减少他们工作中的差错。

(三)审计准则有利于维护公众和审计人员的正当权益

有了审计准则,社会公众就可多了解审计是做什么的,应该怎样做,以及要做到何种程度,应该履行什么样的义务和应负什么样责任等等,这样不仅有利于监督审计组织和审计人员正确地履行职责,也有利于明白自己应当怎样维护自身的利益。有了审计准则,当授权人或委托人与审计人发生意见分歧时,就有了裁决判别的公认标准,这样既有利于维护委托人的合法权益,也有利于保护审计人员,使他们免受不当或过分的指责。

(四)审计准则为审计教育充实了内容

审计准则是从审计实务中提炼出来的,是一种通过加工的带有规律性的认识,它既不像审计理论那样抽象和难以理解,又不像审计实务那样杂乱无章和非实践不可,故此可以用来作为审计教学的内容。事实上,西方的很多审计教科书都是围绕审计准则来组织编写的。

【例题】 审计准则的主要作用有( )。

A. 可以提供审计人员地位

B. 可以赢得社会公众的信任

C. 可以提供审计工作质量

D. 可以维护审计组织和审计人员的合法权益

E. 可以促进国际审计经验交流

【答案】 BCDE

五、审计准则的结构内容

从现行的世界各国的审计准则来看,其内容大体上包括一般准则、工作准则和报告准则三个部分。有些国家和国际组织所制定的审计准则虽然章节和标题不一,但主要内容都不外乎上述三大部分。西方国家的审计准则大都是以美国的审计准则为蓝本加以补充、修正而成的;国际组织和地区组织制定的审计准则,以国际会计师联合会的国际审计实务委员会制定的《国际审计准则》最具代表性。所以,下面主要介绍美国的民间审计准则和国际审计准则。

(一)美国的民间审计准则

美国的民间审计准则称为《一般公认审计准则》,从 1947 年就开始研究和制定,最终由美国注册会计师协会于 1972 年正式颁布。它主要适用于民间审计所从事的财务报表审计。这个准则除为美国民间审计所遵循外,对民间审计领域以外的各种审计,对其他国家乃至国际审计准则的建立,都产生了巨大的影响。

早在 1947 年 10 月,美国注册会计师协会就提出了《审计准则试行方案》。在该方案中明确指出审计准则与审计程序的区别。审计程序是必须执行的,即必须实施的行为,而审计准则仅是关于实施行为质量的衡量尺度,以及运用审计程序必须达到的目标。这一准则在1954 年进行了修订补充,形成了三部分,共 10 条。这 10 条一般公认审计准则一直沿用至今。审计准则的第一部分为一般准则,共 3 条,主要对人提出要求;第二部分为工作准则,共3 条,主要是指出实施审计行为的准则;第三部分为报告准则,共 4 条,主要是对审计报告提出要求。

一般公认审计准则的内容如下:

1.一般准则

一般准则包括:(1)审计应由经过充分技术培训并精通审计实务的人员担任;(2)审计人员在执行工作时,必须保持独立的意志和态度;(3)在执行审计工作和撰拟审计报告时,应保持职业人员应有的严谨态度。

2.工作准则

工作准则包括:(1)审计工作必须妥善地进行计划安排,如有助理人员,必须加以监督和指导;(2)应适当地研究和评价现行的内部控制系统,以确定可资信赖的程度,并以此作为决定审计程序和测试范围的依据;(3)运用检视、观察、查询、函证等方法,以获取充分而确切的证据,作为对所审核的财务报表发表意见的合理根据。

3.报告准则

报告准则包括:(1)审计报告应说明财务报表是否按照一般公认的会计准则编制;(2)审计报告应说明本期所使用的会计准则是否与上期一致;(3)除非报告中另有说明,财务报表中所提供的资料应被视为合理和充分;(4)审计报告应就整个财务报表发表意见,或断然表明不能发表意见。如属后者,应说明理由。在任何情况下,财务报表一经审计人员签署,即应在报告中明确表示审核的性质与其所负责任的程度。

美国注册会计师协会根据《一般公认审计准则》的框架,至今已发布100多个具体审计准则。

(二)国际审计准则

《国际审计准则》为国际会计师联合会所颁布。国际会计师联合会是世界上的主要民间审计组织,成立于1977年10月7日,代表澳大利亚、加拿大、法国、日本、墨西哥、荷兰、菲律宾、爱尔兰等49个国家的63个职业审计团体。该协会下设国际审计实务委员会,代表联合会的理事会负责拟订并颁布《国际审计准则》。自1980年6月开始,已先后颁布了数十项《国际审计准则》文件。这些文件可分为一般准则、工作准则和报告准则三个部分。

1.一般准则

一般准则是关于审计人员资格条件和执业行为的准则,主要包括以下几方面的内容:

(1)对审计人员应具备的技术条件所作的规定。包括:专业知识——审计人员从事审计工作必须具备的学历和职业培训;实践经验——要求具有一定年限的工作经验并通过专门考试;工作能力——审计人员应具备的分析、判断和表述能力。

(2)对审计人员应具备的身份条件所作的规定。主要是要求审计人员必须具备超然、独立的立场,在陈述与表达意见时持公正态度,等等。

(3)对审计人员应具备的职业道德条件所作的规定。

2.工作准则

工作准则是审计人员在执行财务报表审计过程中应遵守的准则,主要包括以下几方面的内容:

(1)对规划审计计划所作的规定。包括:审计计划的可行性研究;审计的工作程序;审计的人员与工作分工,等等。

(2)对确立审计范围所作的规定。包括:审计财务报表;了解、研究内部控制系统,确定扩大、深入检查或采用其他审计方法的时间和范围,等等。

(3)对获取审计证据所作的规定。包括:采用各种有效的方法以获取充分适当的证据;

充分考虑审计对象的重要性、风险程度及其他影响因素,为审计财务报表和提出公正的审计意见提供合理的依据,等等。

(4)对实施审计行为所作的规定。包括执行审计的必要条件和手续;实际执行的审计业务,等等。

在《国际审计准则》中,有关工作准则的说明和解释占了相当大的比例。工作准则涉及面广,执行起来弹性较大,因而往往需要根据不同的情况加以判断。

3.报告准则

报告准则是审计人员编制审计报告、选择表达方式和记载必要事项的准则,主要包括以下几方面的内容:(1)对审计报告应记载事项的规定;(2)对发表审计意见的规定;(3)对补充记载事项的规定;(4)对审计报告报送对象及报送时间的规定。

《国际审计准则》任何时候都可以应用于民间审计的审计进程中。这就是说,在对任何单位的财务会计资料进行独立的检查时,不论这个单位是否以营利为目的,不论其规模大小,也不论其法定组织形式,凡进行的独立检查是以发表审计意见为目的的,均适合使用《国际审计准则》。在适当的情况下,国际审计准则也可应用于审计人员的其他有关活动。

近年来,国外出现了一系列上市公司财务欺诈案,致使投资者遭受重大损失,严重动摇了社会公众对民间审计组织和人员的信任。因此,世界银行及其他国际组织极力促使国际会计师联合会更加积极地关注公共利益问题,扮演监管角色,国际会计师联合会对此给予了积极的回应。国际会计师联合会将国际审计实务委员会改组为国际审计与鉴证准则理事会(International Auditing and Assurance Standards Board,IAASB)。国际审计与鉴证准则理事会的目标主要包括:针对财务报表制定审计准则和指南,使其能够在世界范围内被注册会计师、政府、证券监管者等所接受,从而加强公众对全球审计职业的信心;针对财务信息和非财务信息制定鉴证准则;发布关于审计和鉴证业务的其他文告,促使公众了解注册会计师的作用和责任。

国际审计与鉴证准则理事会已将审计纳入鉴证业务,将注册会计师的业务分为鉴证业务和相关服务。鉴证业务的对象主要包括财务报表和财务信息、非财务信息、系统与过程、行为等。针对财务报表的鉴证业务,有财务报表审计和审阅业务;针对财务信息的鉴证业务,有财务信息审核业务。上述业务提供的保证程度有所不同,审计提供的保证程度最高。相关服务针对的对象是财务信息,包括商定程序以及信息编制业务,两者不提供鉴证意见。为了重树社会公众对注册会计师行业的信心,降低审计风险,提高审计质量,国际审计与鉴证准则理事会正在修订和起草一系列审计准则。

【例题】　制定国际审计准则的机构是(　　　)。

A.国际会计师联合会

B.国际会计标准委员会

C.国际审计实务委员会

D.国际审计标准委员会

【答案】　A

第二节 我国注册会计师审计准则

我国的审计准则作为规范注册会计师执行审计业务的权威性标准,对提高注册会计师的职业质量,降低审计风险,维护社会公众利益具有重要作用。

中国注册会计师协会于 2006 年 2 月公布了与国际审计准则趋同的注册会计师执业准则体系(共 48 项,其中,中国注册会计师协会新制定了 22 项准则,并对原来 26 项准则进行了修订和完善),并要求注册会计师行业自 2007 年 1 月 1 日起按照注册会计师执业准则体系的要求执行各项业务。由于审计环境发生了重大变化,国际审计与鉴证准则理事会开展明晰项目,对国际审计准则作出了重大修订,我国审计实务中也面临一些需要解决的新问题。为此,中国注册会计师协会于 2009 年初又进一步启动了审计准则修订工作,共涉及 38 个准则项目。修订后的新审计准则正式发布,自 2012 年 1 月 1 日起施行。2016 年 12 月 23 日财政部发布《中国注册会计师审计准则第 1504 号——在审计报告中沟通关键审计事项》等 12 项准则。

一、我国注册会计师执业准则体系

中国注册会计师执业准则体系受注册会计师职业道德守则统驭,包括注册会计师业务准则和会计师事务所质量控制准则,如图 2-1 所示。注册会计师业务准则包括鉴证业务准则和相关服务准则,如图 2-2 所示。

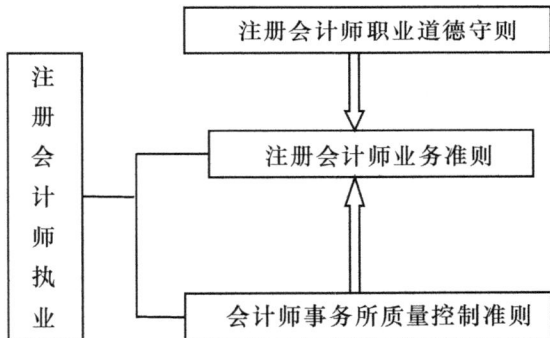

图 2-1 注册会计师执业准则体系

鉴证业务准则由鉴证业务基本准则统领,按照鉴证业务提供的保证程度和鉴证对象的不同,分为中国注册会计师审计准则、中国注册会计师审阅准则和中国注册会计师其他鉴证业务准则(分别简称审计准则、审阅准则和其他鉴证业务准则)。其中,审计准则是整个执业准则体系的核心。

审计准则用以规范注册会计师执行历史财务信息的审计业务。在提供审计服务时,注册会计师对所审计信息是否不存在重大错报提供合理保证,并以积极方式提出结论。

审阅准则用以规范注册会计师执行历史财务信息的审阅业务。在提供审阅服务时,注册会计师对所审阅信息是否不存在重大错报提供有限保证,并以消极方式提出结论。

其他鉴证业务准则用以规范注册会计师执行历史财务信息审计或审阅以外的其他鉴证业务,根据鉴证业务的性质和业务约定的要求,提供有限保证或合理保证。

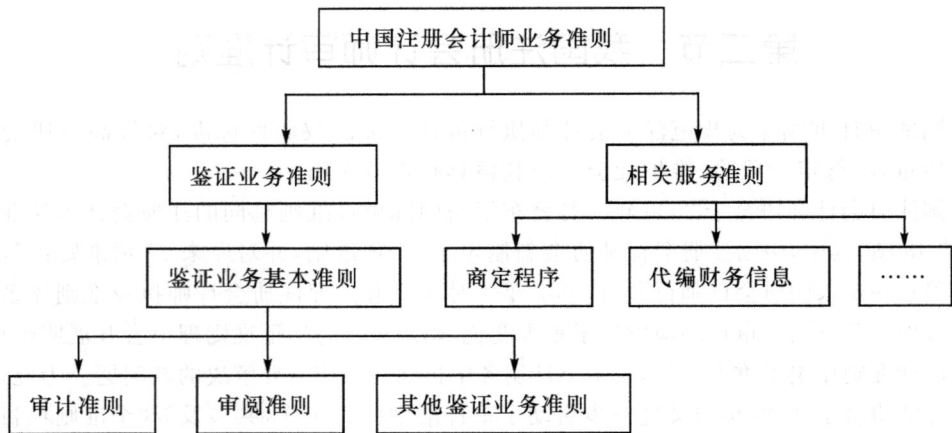

图 2-2　注册会计师业务准则体系

相关服务准则用以规范注册会计师代编财务信息、执行商定程序,提供管理咨询等其他服务。在提供相关服务时,注册会计师不提供任何程度的保证。

会计师事务所质量控制准则用以规范会计师事务所在执行各类业务时应当遵守的质量控制政策和程序,是对会计师事务所质量控制提出的制度要求。

☞提醒你

鉴证业务的内容

鉴证业务包括历史财务信息审计业务、历史财务信息审阅业务和其他鉴证业务。

(1)历史财务信息审计业务。历史财务信息审计业务包括财务报表审计、验资、特殊目的审计等内容,但是,历史财务信息审计业务的主要内容是财务报表审计。注册会计师实施财务报表审计旨在提高财务报表的可信赖程度。财务报表审计的目标是注册会计师通过执行审计工作,对财务报表的下列方面发表审计意见:财务报表是否按照适用的会计准则和相关会计制度的规定编制;财务报表是否在所有重大方面公允反映被审计单位的财务状况、经营成果和现金流量。财务报表审计属于法定审计业务。《公司法》第一百六十四条规定:"公司应当在每一会计年度终了时编制财务会计报告,并依法经会计师事务所审计。"

(2)历史财务信息审阅业务。历史财务信息审阅业务的主要内容是财务报表审阅。财务报表审阅的目标,是注册会计师在实施审阅程序的基础上,说明是否注意到某些事项,使其相信财务报表没有按照适用的会计准则和相关会计制度的规定编制,未能在所有重大方面公允反映被审阅单位的财务状况、经营成果和现金流量。

(3)其他鉴证业务。其他鉴证业务是指历史财务信息审计或审阅以外的鉴证业务,包括预测性财务信息审核、内部控制审核等内容。

非鉴证业务的内容

非鉴证业务(又称为相关服务)包括执行商定程序、代编财务信息、税务服务、管理咨询、会计制度设计等内容。非鉴证业务的一个重要特点是从客户的角度出发为其提供服务，不提供任何程度的保证，也就是说，注册会计师提供这类服务不能提高相关信息的可信度。

（1）执行商定程序。对财务信息执行商定程序是指注册会计师接受委托，对特定财务数据、某一财务报表或整套财务报表等财务信息执行与特定主体商定的程序，并就执行的商定程序及其结果出具报告。

（2）代编财务信息。代编财务信息业务的目标是注册会计师运用会计（而非审计）的专业知识和技能，代客户编制一套完整或非完整的财务报表，或代为收集、分类和汇总其他财务信息。

（3）其他非鉴证业务。其他非鉴证业务包括税务服务、管理咨询、会计制度设计等内容。与上述对财务信息执行商定程序、代编财务信息业务有所不同的是，其他非鉴证业务目前还没有相关的执业准则予以规范。

【例题】 下列各项中，属于注册会计师鉴证业务的有（　　　）。

A. 验证企业资本

B. 预测性财务信息审核

C. 代编财务信息

D. 简要财务报表审计

【答案】 ABD

【解析】 代编财务信息属于相关服务业务，而其他各项均属于鉴证业务，其中验资和简要财务报表审计属于审计业务，预测性财务信息审核属于其他鉴证业务。

二、审计准则国际化和我国注册会计师审计准则的国际趋同

第二次世界大战以后，国际经济进入一个新的发展阶段。国际商品、资金、技术、知识、劳动力、信息的交流，达到了前所未有的规模。各国在经济上相互依存、相互促进的关系日益明显。经济关系的国际化使得民间审计走出国界，参与国际市场竞争。为了使审计报告和被审计的财务报表能够取得各有关国家社会公众的信任，需要协调审计准则和实务，消除各国审计准则和实务中的分歧，所以需要一套适用于各国的审计准则。为了适应这种新形势的需要，协调各国审计组织并组织处理国际审计问题，一些国际性组织开始着手研究制定国际审计准则，目前已取得的主要成果是《国际审计准则》。

《国际审计准则》（International Standards on Auditing，ISA）是在 1991 年 7 月 10 日由过去的《国际审计指南》（International Auditing Guidelines，IAG）易名得来的。从 2002 年开始，国际审计与鉴证准则理事会制定的《国际审计准则》（ISA）、《国际审阅业务准则》（ISRE）、《国际鉴证业务准则》（ISAE）和《国际相关服务准则》（ISRS）被合称为"国际审计与鉴证准则"。图 2-3 是国际审计与鉴证准则技术公告结构图。

近年来，我国注册会计师审计准则正越来越接近于国际审计准则。虽然我国注册会计师审计准则是为我国特殊的环境制定的，但向国际审计准则靠拢，达到国际趋同也十分重要。

目前，我国注册会计师执业准则体系在体系结构、项目构成和基本内容上实现了与国际准则的趋同。

2005 年 12 月 8 日，国际审计与鉴证准则理事会与中国审计准则委员会签署联合声明，

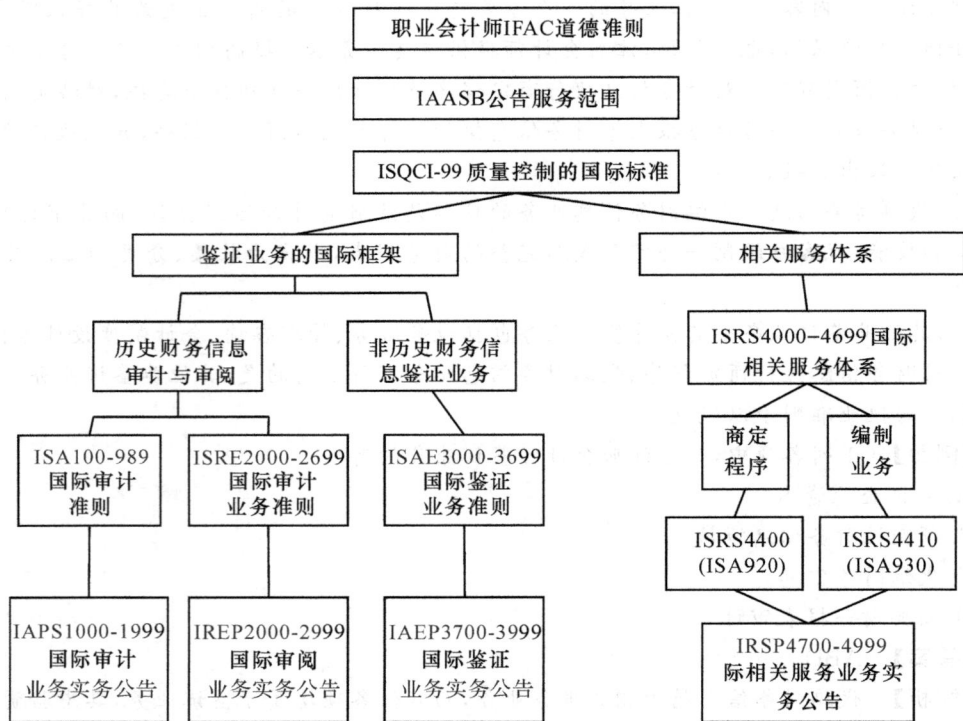

图 2-3　国际审计与鉴证准则技术公告结构

宣布我国审计准则与国际审计准则趋同;世界银行 2009 年在《中国会计和审计评估报告》中认为:中国改进会计审计准则和实务质量的战略已成为良好典范,可供其他国家效仿;中国审计准则于 2010 年修订,借鉴 IAASB 明晰项目的成果,使准则体现目标导向的制定原则、要求明确、体例结构明晰、内容简洁明了、便于理解和执行;2010 年 11 月,国际审计与鉴证准则理事会与中国审计准则委员会再次签署联合声明,宣布我国修订发布的新审计准则与明晰化后的国际审计准则实现实质性趋同。

第三节　注册会计师鉴证业务基本准则

《中国注册会计师鉴证业务基本准则》的目的在于规范注册会计师执行鉴证业务,明确鉴证业务的目标和要素,确定审计准则、审阅准则和其他业务准则适用的业务类型。

一、鉴证业务的定义、要素和目标

(一)鉴证业务的定义

鉴证业务是指注册会计师对鉴证对象信息提出结论,以增强除责任方之外的预期使用者对鉴证对象信息信任程度的业务。鉴证对象信息是按照标准对鉴证对象进行评价和计量的结果。如责任方按照会计准则和相关会计制度(标准)对其财务状况、经营成果和现金流量(鉴证对象)进行确认、计量和列报(包括披露,下同)而形成的财务报表(鉴证对象信息)。

（二）业务要素

鉴证业务要素，是指鉴证业务的三方关系、鉴证对象、标准、证据和鉴证报告。

1.三方关系

三方关系人分别是注册会计师、责任方和预期使用者。注册会计师对由责任方负责的鉴证对象或鉴证对象信息提出结论，以增强除责任方之外的预期使用者对鉴证对象信息的信任程度。

2.鉴证对象

鉴证对象具有多种不同的表现形式，如财务或非财务的业绩或状况、物理特征、系统与过程、行为等。不同的鉴证对象具有不同特征。

3.标准

标准即用来对鉴证对象进行评价或计量的基准，当涉及列报时，还包括列报的基准。

4.证据

获取充分、适当的证据是注册会计师提出鉴证结论的基础。

5.鉴证报告

注册会计师应当针对鉴证对象信息（或鉴证对象）在所有重大方面是否符合适当的标准，以书面报告的形式发表能够提供一定保证程度的结论。

（三）鉴证业务的目标

鉴证业务的保证程度分为合理保证和有限保证。

合理保证的鉴证业务的目标是注册会计师将鉴证业务风险降至该业务环境下可接受的低水平，以此作为以积极方式提出结论的基础。如在历史财务信息审计中，要求注册会计师将审计风险降至该业务环境下可接受的低水平、对审计后的历史财务信息、提供高水平保证（合理保证），在审计报告中对历史财务信息采用积极方式提出结论。这种业务属于合理保证的鉴证业务。

有限保证的鉴证业务的目标是注册会计师将鉴证业务风险降至该业务环境下可接受的水平，以此作为以消极方式提出结论的基础。如在历史财务信息审阅中，要求注册会计师将审阅风险降至该业务环境下可接受的水平（高于历史财务信息审计中可接受的低水平），对审阅后的历史财务信息提供低于高水平的保证（有限保证），在审阅报告中对历史财务信息采用消极方式提出结论。这种业务属于有限保证的鉴证业务。

☞小资料

合理保证和有限保证的区别

业务类别	目标	证据收集过程	报告
合理保证业务	将业务风险降至该业务环境下可接受的低水平，作为对经营者结论积极发表意见的基础。	收集充分适当的证据，包括：（1）获取对业务环境的了解；（2）评估风险；（3）对风险作出反应；（4）采用检查、观察、函证、重新计算、重新执行、分析程序、询问等方法针对已识别的风险实施进一步程序，包括实质性程序，以及在必要时测试控制运行的有效性；（5）评价证据的充分性和适当性。	积极方式发表意见

续　表

业务类别	目标	证据收集过程	报告
有限保证业务	将业务风险降低至该业务环境下可接受的水平,但风险水平高于合理保证业务,作为对经营者结论消极发表意见的基础。	收集充分适当的证据,包括对业务环境的了解,但程序相对合理保证业务而言是有限的。	消极方式发表意见

(资料来源:IAASB. Handbook of International Auditing,Assurance,and Ethics Pronouncements,2005 edition,197-198)

(四)基于责任方认定的业务和直接报告业务

鉴证业务分为基于责任方认定的业务和直接报告业务。

1. 基于责任方认定的业务

在基于责任方认定的业务中,责任方对鉴证对象进行评价或计量,鉴证对象信息以责任方认定的形式为预期使用者获取。如在财务报表审计中,被审计单位管理层(责任方)对财务状况、经营成果和现金流量(鉴证对象)进行确认、计量和列报(评价或计量)而形成的财务报表(鉴证对象信息)即为责任方的认定,该财务报表可为预期使用者获取,注册会计师针对财务报表出具审计报告。这种业务属于基于责任方认定的业务。

2. 直接报告业务

在直接报告业务中,注册会计师直接对鉴证对象进行评价或计量,或者从责任方获取对鉴证对象评价或计量的认定,而该认定无法为预期使用者获取,预期使用者只能通过阅读鉴证报告获取鉴证对象信息。如在内部控制鉴证业务中,注册会计师可能无法从管理层(责任方)获取其对内部控制有效性的评价报告(责任方认定),或虽然注册会计师能够获取该报告,但预期使用者无法获取该报告,注册会计师直接对内部控制的有效性(鉴证对象)进行评价并出具鉴证报告,预期使用者只能通过阅读该鉴证报告获得内部控制有效性的信息(鉴证对象信息)。这种业务属于直接报告业务。

【例题】　下列各项中,属于鉴证业务要素的是(　　　)。

A.鉴证业务的三方关系

B.鉴证业务的目标

C.鉴证对象

D.鉴证报告

【答案】　ACD

【解析】　鉴证业务要素包括:鉴证业务的三方关系、鉴证对象、标准、证据和鉴证报告。鉴证业务目标不属于鉴证业务要素。

二、业务承接

(一)初步了解业务环境

在接受委托前,注册会计师应当初步了解业务环境。业务环境包括业务约定事项、鉴证对象特征、使用的标准、预期使用者的需求、责任方及其环境的相关特征,以及可能对鉴证业务产生重大影响的事项、交易、条件和惯例等其他事项。

(二)鉴证业务的特征及区分标准

在初步了解业务环境后,注册会计师应当考虑承接该业务是否符合独立性和专业胜任能力等相关职业道德规范的要求。例如,注册会计师是否独立于该项鉴证业务的委托人和责任方,是否具备与所承接的鉴证业务相适应的专业胜任能力等。

在初步了解业务环境后,只有认为符合独立性和专业胜任能力等相关职业道德规范的要求,并且拟承接的业务具备下列所有特征,注册会计师才能将其作为鉴证业务予以承接:(1)鉴证对象适当;(2)使用的标准适当且预期使用者能够获取该标准;(3)注册会计师能够获取充分、适当的证据以支持其结论;(4)注册会计师的结论以书面报告形式表述,且表述形式与所提供的保证程度相适应;(5)该业务具有合理的目的。如果鉴证业务的工作范围受到重大限制,或者委托人试图将注册会计师的名字和鉴证对象不适当地联系在一起,则该项业务可能不具有合理的目的。

当拟承接的业务不具备上述鉴证业务的所有特征,不能将其作为鉴证业务予以承接时,注册会计师可以提请委托人将其作为非鉴证业务(如商定程序、代编财务信息、管理咨询、税务咨询等相关服务业务),以满足预期使用者的需要。

如果拟承接的鉴证业务所采用的标准不适当,注册会计师一般应当拒绝承接该项业务。但这并不是绝对的。如果某项鉴证业务采用的标准不适当,但满足下列条件之一时,注册会计师可以考虑将其作为一项新的鉴证业务:

(1)委托人能够确认鉴证对象的某个方面适用于所采用的标准,注册会计师可以针对该方面执行鉴证业务,但在鉴证报告中应当说明该报告的内容并非针对鉴证对象整体。例如,鉴证对象是企业运营情况(包括企业的内部控制),对运营情况的评价缺乏相关的标准,但可以确信的是,评价企业内部控制情况可以以权威的内部控制规范作为标准。

(2)能够选择或设计适用于鉴证对象的其他标准。例如,鉴证对象是某一都市报的运营情况,其本身可能缺乏相关的评价标准。在这种情况下,注册会计师可以选择报纸发行总量、所在城市每百户平均订阅量以及报纸的广告收入等行业协会发布的有关报社效率或效果的关键指标作为标准。

对已承接的鉴证业务,如果没有合理理由,注册会计师不应将该项业务变更为非鉴证业务,或将合理保证的鉴证业务变更为有限保证的鉴证业务。

当业务环境变化影响到预期使用者的需求,或预期使用者对该项业务的性质存在误解时,注册会计师可以应委托人的要求,考虑同意变更该项业务。如果发生变更,注册会计师不应忽视变更前获取的证据。

【例题】 下列有关鉴证业务标准不适当时的处理方式中正确的有( )。

A. 如果拟承接的鉴证业务所采用的标准不适当,注册会计师必须拒绝承接该业务

B. 如果标准不适当,但委托人能够确认鉴证对象的某个方面适用于所采用的标准,注册会计师可以针对该方面执行鉴证业务,但在鉴证报告中应当说明该报告的内容并非针对鉴证对象整体

C. 如果拟承接的鉴证业务所采用的标准不适当,但满足一定条件时,注册会计师可以考虑将其作为一项新的鉴证业务予以承接

D. 如果鉴证对象是某一都市报的运营情况,其本身缺乏相关的评价标准。此时,注册会计师可以选择报纸发行总量、所在城市每百户平均订阅量以及报纸的广告收入等

行业协会发布的有关报社效率或效果的关键指标作为标准予以承接该业务

【答案】 BCD

【解析】 选项 A 注册会计师通常是拒绝承接,不是必须拒绝承接。

三、鉴证业务的三方关系

鉴证业务涉及的三方关系人包括注册会计师、责任方和预期使用者。责任方与预期使用者可能是同一方,也可能不是同一方。

(一)注册会计师

注册会计师可以承接符合本准则第十条规定的各类鉴证业务。如果鉴证业务涉及的特殊知识和技能超出了注册会计师的能力,注册会计师可以利用专家协助执行鉴证业务。在这种情况下,注册会计师应当确信包括专家在内的项目组整体已具备执行该项鉴证业务所需的知识和技能,并充分参与该项鉴证业务和了解专家所承担的工作。

(二)责任方

责任方是指下列组织或人员:在直接报告业务中,对鉴证对象负责的组织或人员;在基于责任方认定的业务中,对鉴证对象信息负责并可能同时对鉴证对象负责的组织或人员。

责任方可能是鉴证业务的委托人,也可能不是委托人。注册会计师通常提请责任方提供书面声明,表明责任方已按照既定标准对鉴证对象进行评价或计量,无论该声明是否能为预期使用者获取。在基于责任方认定的业务中,注册会计师对责任方认定出具鉴证报告,责任方通常会提供有关该认定的书面声明。直接报告业务中,当委托人与责任方不是同一方时,注册会计师可能无法获取此类书面声明。

(三)预期使用者

预期使用者是指预期使用鉴证报告的组织或人员。责任方可能是预期使用者,但不是唯一的预期使用者。

注册会计师可能无法识别使用鉴证报告的所有组织和人员,尤其在各种可能的预期使用者对鉴证对象存在不同的利益需求时。注册会计师应当根据法律法规的规定或与委托人签订的协议识别预期使用者。

在可行的情况下,鉴证报告的收件人应当明确为所有的预期使用者。

【例题】 下列有关鉴证业务三方关系的表述中,不正确的是(　　　)。

A. 鉴证业务涉及的三方关系人包括注册会计师、责任方和预期使用者

B. 责任方与预期使用者不可能是同一方

C. 责任方可能是鉴证业务的委托人

D. 责任方不可能是预期使用者

【答案】 BD

【解析】 责任方与预期使用者可能是同一方,也可能不是同一方;责任方可能是鉴证业务的委托人,也可能不是委托人;责任方可能是预期使用者,但不是唯一的预期使用者。

四、鉴证对象

（一）鉴证对象与鉴证对象信息的形式

鉴证对象与鉴证对象信息具有多种形式,主要包括:

(1)当鉴证对象为财务业绩或状况时(如历史或预测的财务状况、经营成果和现金流量),鉴证对象信息是财务报表;

(2)当鉴证对象为非财务业绩或状况时(如企业的运营情况),鉴证对象信息可能是反映效率或效果的关键指标;

(3)当鉴证对象为物理特征时(如设备的生产能力),鉴证对象信息可能是有关鉴证对象物理特征的说明文件;

(4)当鉴证对象为某种系统和过程时(如企业的内部控制或信息技术系统),鉴证对象信息可能是关于其有效性的认定;

(5)当鉴证对象为一种行为时(如遵守法律法规的情况),鉴证对象信息可能是对法律法规遵守情况或执行效果的声明。

（二）鉴证对象特征

鉴证对象具有不同的特征,可能表现为定性或定量、客观或主观、历史或预测、时点或期间。这些特征将对下列方面产生影响:(1)按照标准对鉴证对象进行评价或计量的准确性;(2)证据的说服力。

（三）鉴证对象应当具备的条件

适当的鉴证对象应当同时具备下列条件:

(1)鉴证对象可以识别;

(2)不同的组织或人员对鉴证对象按照既定标准进行评价或计量的结果合理一致;

(3)注册会计师能够收集与鉴证对象有关的信息,获取充分、适当的证据,以支持其提出适当的鉴证结论。

五、鉴证标准

（一）标准的定义

标准是指用于评价或计量鉴证对象的基准,当涉及列报时,还包括列报的基准。

（二）标准的类型

标准可以是正式的规定,如编制财务报表所使用的会计准则和相关会计制度;也可以是某些非正式的规定,如单位内部制定的行为准则或确定的绩效水平。

（三）标准的特征

适当的标准应当具备下列所有特征:

(1)相关性:相关的标准有助于得出结论,便于预期使用者作出决策;

(2)完整性:完整的标准不应忽略业务环境中可能影响得出结论的相关因素,当涉及列报时,还包括列报的基准;

(3)可靠性:可靠的标准能够使能力相近的注册会计师在相似的业务环境中,对鉴证对象作出合理一致的评价或计量；

(4)中立性：中立的标准有助于得出无偏向的结论；

(5)可理解性：可理解的标准有助于得出清晰、易于理解、不会产生重大歧义的结论。

(四)评价标准的适当性

标准可能是由法律法规规定的，或由政府主管部门或国家认可的专业团体依照公开、适当的程序发布的，也可能是专门制定的。采用标准的类型不同，注册会计师为评价该标准对于具体鉴证业务的适用性所需执行的工作也不同。注册会计师基于自身的预期、判断和个人经验对鉴证对象进行的评价和计量，不构成适当的标准。注册会计师应当考虑运用于具体业务的标准是否具备上述的特征，以评价该标准对此项业务的适用性。在具体鉴证业务中，注册会计师评价标准各项特征的相对重要程度，需要运用职业判断。

(五)预期使用者获取标准的方式

标准应当能够为预期使用者获取，以使预期使用者了解鉴证对象的评价或计量过程。标准可以通过下列方式供预期使用者获取：①公开发布；②在陈述鉴证对象信息时以明确的方式表述；③在鉴证报告中以明确的方式表述；④常识理解，如计量时间的标准是小时或分钟。如果确定的标准仅能为特定的预期使用者获取，或仅与特定目的相关，鉴证报告的使用也应限于这些特定的预期使用者或特定目的。

六、证据

(一)总体要求

注册会计师应当以职业怀疑态度计划和执行鉴证业务，获取有关鉴证对象信息是否不存在重大错报的充分、适当的证据。注册会计师应当及时对制订的计划、实施的程序、获取的相关证据以及得出的结论作出记录。

注册会计师在计划和执行鉴证业务，尤其在确定证据收集程序的性质、时间和范围时，应当考虑重要性、鉴证业务风险以及可获取证据的数量和质量。

(二)职业怀疑态度

职业怀疑态度是指注册会计师以质疑的思维方式评价所获取证据的有效性，并对相互矛盾的证据，以及引起对文件记录或责任方提供的信息的可靠性产生怀疑的证据保持警觉。

如果在执行业务过程中识别出的情况使其认为文件记录可能是伪造的或文件记录中的某些条款已发生变动，注册会计师应当作出进一步调查，包括直接向第三方询证，或考虑利用专家的工作，以评价文件记录的真伪。

(三)证据的充分性和适当性

证据的充分性是对证据数量的衡量，主要与注册会计师确定的样本量有关。证据的适当性是对证据质量的衡量，即证据的相关性和可靠性。

所需证据的数量受鉴证对象信息重大错报风险的影响，即风险越大，可能需要的证据数量越多；所需证据的数量也受证据质量的影响，即证据质量越高，可能需要的证据数量越少。

尽管证据的充分性和适当性相关，但如果证据的质量存在缺陷，注册会计师仅靠获取更多的证据可能无法弥补其质量上的缺陷。

　　证据的可靠性受其来源和性质的影响,并取决于获取证据的具体环境。

　　注册会计师在判断证据充分性和适当性的时候,常常还会面临这样一种决策:增加成本能否给证据数量和质量带来相当的效益。由于不同来源或不同性质的证据可以证明同一项认定、因此,注册会计师可以考虑获取证据的成本与所获取信息有用性之间的关系,但不应仅以获取证据的困难和成本为由减少不可替代的程序。在评价证据的充分性和适当性以支持鉴证报告时,注册会计师应当运用职业判断,并保持职业怀疑态度。

(四)重要性

　　在确定证据收集程序的性质、时间和范围,评估鉴证对象信息是否不存在错报时,注册会计师应当考虑重要性。

　　所谓重要性,是指鉴证对象信息中存在错报的严重程度。重要性取决于在具体环境下对错报金额和性质的判断。如果一项错报单独或连同其他错报可能影响预期使用者依据鉴证对象信息作出的经济决策,则该项错报是重大的。

　　重要性概念是基于成本效益原则的要求而产生的。由于现代社会日趋复杂,注册会计师执行鉴证业务所面对的信息量日益庞大,在这种情况下,要求注册会计师去审查有关鉴证对象的全部信息,既无必要也无可能,因此只能采取选择性测试的办法。为此,注册会计师需要抓住鉴证对象信息的重要方面和重要事项加以审查,并搜集证据予以证实。

　　重要性包括数量和性质两方面的因素。注册会计师应当综合数量和性质因素考虑重要性。在具体业务中评估重要性以及数量和性质因素的相对重要程度,需要注册会计师运用职业判断(本书第四章有专门阐述)。

(五)鉴证业务风险

1.鉴证业务风险的含义

　　鉴证业务风险是指在鉴证对象信息存在重大错报的情况下,注册会计师提出不恰当结论的可能性。在直接报告业务中,鉴证对象信息仅体现在注册会计师的结论中,鉴证业务风险包括注册会计师不恰当地提出鉴证对象在所有重大方面遵守标准的结论的可能性。

2.不同类型鉴证业务可接受的鉴证业务风险水平

　　在合理保证的鉴证业务中,注册会计师应当将鉴证业务风险降至具体业务环境下可接受的低水平,以获取合理保证,作为以积极方式提出结论的基础。在有限保证的鉴证业务中,由于证据收集程序的性质、时间和范围与合理保证的鉴证业务不同,其风险水平高于合理保证的鉴证业务;但注册会计师实施的证据收集程序至少应当足以获取有意义的保证水平,作为以消极方式提出结论的基础。

　　当注册会计师获取的保证水平很有可能在一定程度上增强预期使用者对鉴证对象信息的信任时,这种保证水平是有意义的保证水平。

3.鉴证业务风险的内容

　　鉴证业务风险通常体现为重大错报风险和检查风险。重大错报风险是指鉴证对象信息在鉴证前存在重大错报的可能性。检查风险是指某一鉴证对象信息存在错报,该错报单独或连同其他错报是重大的,但注册会计师未能发现这种错报的可能性。注册会计师对重大错报风险和检查风险的考虑受具体业务环境的影响,特别受鉴证对象性质,以及所执行的是合理保证鉴证业务还是有限保证鉴证业务的影响。

（六）证据收集程序的性质、时间和范围

证据收集程序的性质、时间和范围因业务的不同而不同。注册会计师应当清楚表达证据收集程序，并以适当的形式运用于合理保证的鉴证业务和有限保证的鉴证业务。

在合理保证的鉴证业务中，为了能够以积极方式提出结论，注册会计师应当通过下列不断修正的、系统化的执业过程，获取充分、适当的证据：①了解鉴证对象及其他的业务环境事项，在适用的情况下包括了解内部控制；②在了解鉴证对象及其他的业务环境事项的基础上，评估鉴证对象信息可能存在的重大错报风险；③应对评估的风险，包括制定总体应对措施以及确定进一步程序的性质、时间和范围；④针对已识别的风险实施进一步程序，包括实施实质性程序，以及在必要时测试控制运行的有效性；⑤评价证据的充分性和适当性。

合理保证提供的保证水平低于绝对保证。由于下列因素的存在，将鉴证业务风险降至零几乎不可能，也不符合成本效益原则：①选择性测试方法的运用；②内部控制的固有局限性；③大多数证据是说服性而非结论性的；④在获取和评价证据以及由此得出结论时涉及大量判断；⑤在某些情况下鉴证对象具有特殊性。

合理保证的鉴证业务和有限保证的鉴证业务都需要运用鉴证技术和方法，收集充分、适当的证据。与合理保证的鉴证业务相比，有限保证的鉴证业务在证据收集程序的性质、时间、范围等方面是有意识地加以限制的。无论是合理保证还是有限保证的鉴证业务，如果注意到某事项可能导致对鉴证对象信息是否需要作出重大修改产生疑问，注册会计师应当执行其他足够的程序，追踪这一事项，以支持鉴证结论。

（七）可获取证据的数量和质量

可获取证据的数量和质量受下列因素的影响：（1）鉴证对象和鉴证对象信息的特征；（2）业务环境中除鉴证对象特征以外的其他事项。

对任何类型的鉴证业务，如果下列情形对注册会计师的工作范围构成重大限制，阻碍注册会计师获取所需要的证据，注册会计师提出无保留结论是不恰当的：（1）客观环境阻碍注册会计师获取所需要的证据，无法将鉴证业务风险降至适当水平；（2）责任方或委托人施加限制，阻碍注册会计师获取所需要的证据，无法将鉴证业务风险降至适当水平。

（八）记录

注册会计师应当记录重大事项，以提供证据支持鉴证报告，并证明其已按照鉴证业务准则的规定执行业务。对需要运用职业判断的所有重大事项，注册会计师应当记录推理过程和相关结论。如果对某些事项难以进行判断，注册会计师还应当记录得出结论时已知悉的有关事实。在运用职业判断确定工作底稿的编制和保存范围时，注册会计师应当考虑，使未曾接触该项鉴证业务的有经验的专业人士了解实施的鉴证程序，以及作出重大决策的依据。

【例题】　在鉴证业务中，注册会计师应当将鉴证业务风险降至具体业务环境下可接受的低水平（　　　）。

【答案】　×

【解析】　在合理保证的鉴证业务中，注册会计师应当将鉴证业务风险降至具体业务环境下可接受的低水平。

七、鉴证报告

注册会计师应当出具含有鉴证结论的书面报告,该鉴证结论应当说明注册会计师就鉴证对象信息获取的保证。注册会计师应当考虑其他报告责任,包括在适当时与治理层沟通。

(一)鉴证结论的两种表述形式

在基于责任方认定的业务中,注册会计师的鉴证结论可以采用下列两种表述形式:

(1)明确提及责任方认定,如"我们认为,责任方作出的'根据×标准,内部控制在所有重大方面是有效的'这一认定是公允的"。

(2)直接提及鉴证对象和标准,如"我们认为,根据×标准,内部控制在所有重大方面是有效的"。

(二)提出鉴证结论的积极方式和消极方式

提出鉴证结论的方式有两种——积极方式和消极方式,它们分别适用于合理保证的鉴证业务和有限保证的鉴证业务。

在合理保证的鉴证业务中,注册会计师应当以积极方式提出结论,如"我们认为,根据×标准,内部控制在所有重大方面是有效的"或"我们认为,责任方作出的'根据×标准,内部控制在所有重大方面是有效的'这一认定是公允的"。

在有限保证的鉴证业务中,注册会计师应当以消极方式提出结论,如"基于本报告所述的工作,我们没有注意到任何事项使我们相信,根据×标准,×系统在任何重大方面是无效的"或"基于本报告所述的工作,我们没有注意到任何事项使我们相信,责任方作出的'根据×标准,×系统在所有重大方面是有效的'这一认定是不公允的"。

(三)注册会计师不能出具无保留结论报告的情况

1.工作范围受到限制

工作范围受到限制可能导致注册会计师无法获取必要的证据以便将鉴证业务风险降至适当水平。对任何类型的鉴证业务,如果注册会计师的工作范围受到限制,注册会计师应当视受到限制的重大与广泛程度,出具保留结论或无法提出结论的报告。在某些情况下,注册会计师应当考虑解除业务约定。

2.责任方认定未在所有重大方面作出公允表达

如果注册会计师的结论提及责任方的认定,且该认定未在所有重大方面作出公允表达,注册会计师应当视其影响的重大与广泛程度,出具保留结论或否定结论的报告。

3.鉴证对象信息存在重大错报

如果注册会计师的结论直接提及鉴证对象和标准,且鉴证对象信息存在重大错报,注册会计师应当视其影响的重大与广泛程度,出具保留结论或否定结论的报告。

4.标准或鉴证对象不适当

标准或鉴证对象不适当可能会误导预期使用者。在承接业务后,如果发现标准或鉴证对象不适当,可能误导预期使用者,注册会计师应当视其重大与广泛程度,出具保留结论或否定结论的报告。

标准或鉴证对象不适当还可能造成注册会计师的工作范围受到限制。在承接业务后,如果发现标准或鉴证对象不适当,造成工作范围受到限制,注册会计师应当视受到限制的重大与广泛程度,出具保留结论或无法提出结论的报告。在某些情况下,注册会计师应当考虑解除业务约定。

5.注册会计师姓名的使用

当注册会计师针对鉴证对象信息出具报告,或同意将其姓名与鉴证对象联系在一起时,则注册会计师与该鉴证对象发生了关联。

如果获知他人不恰当地将其姓名与鉴证对象相关联.注册会计师应当要求其停止这种行为,并考虑采取其他必要的措施,包括将不恰当使用注册会计师姓名这一情况告知所有已知的使用者或征询法律意见。

【例题】 注册会计师在对某上市公司的 2009 年度财务报表进行审计时,发现个别重要的文件记录可能是伪造的,注册会计师应当采取直接向第三方询证或利用专家的工作等进一步调查程序,以评价这些文件记录的真伪。(　　)

【答案】 √

【解析】 如果在执行业务过程中识别出的情况使注册会计师认为文件记录可能是伪造的或文件记录中的某些条款已发生变动,注册会计师应当作出进一步调查,包括直接向第三方询证或考虑利用专家的工作,以评价这些文件记录的真伪。

☞ 相关案例

安达信对世界通信公司审计失败原因剖析

如果说公司治理和内部审计是确保会计信息真实可靠的第一道闸门,那么,独立审计就是防范重大会计差错和舞弊的最后一道防线。独立审计存在的理由是为了满足公司的高管人员和投资者等利益相关者有效利用会计信息的共同需要。高管人员和投资者等利益相关者之间存在着严重的信息不对称和潜在的利益冲突,高管人员有提供低质量甚至是不实会计信息的动机,而投资者等利益相关者又缺乏足够的资源和专业知识验证会计信息的质量和真伪,因此需要由独立的第三方即注册会计师对高管人员提供的会计信息进行鉴证,并对财务报表发表专业意见,以缓解信息劣势对利益相关者的潜在负面影响。但是,当高管人员提供的财务报表存在重大错报漏报(包括由于财务舞弊引起的错报漏报),而注册会计师在鉴证过程中未能发现这些错报漏报,仍对财务报表的整体公允性发表无保留审计意见时,审计失败就出现了。

重大审计失败的常见原因包括被审计单位内部控制失效或高管人员逾越内部控制、注册会计师与被审计单位通同舞弊、缺乏独立性、没有保持应有的职业审慎和职业怀疑。尽管世界通信公司存在前所未有的财务舞弊,其财务报表严重歪曲失实,但安达信会计公司至少从 1999 年起一直为世界通信出具无保留意见的审计报告。就目前已经披露的资料看,安达信对世界通信的财务舞弊负有不可推卸的重大过失审计责任。安达信对世界通信的审计,将是一项可载入史册的典型的重大审计失败案例。

安达信对世界通信的审计失败,主要归于以下四个方面:

一、安达信缺乏形式上的独立性

根据世界通信 2002 年 4 月 22 日提供的"征集投票权声明"(Proxy Statement),安达信

2001 年共向世界通信收取了 1680 万美元的服务费用,其中审计收费 440 万美元、税务咨询 760 万美元、非财务报表审计(主要是外包的内部财务审计)160 万美元、其他咨询服务 320 万美元。自 1989 年起,安达信一直担任世界通信的审计师,直到安然丑闻发生后,世界通信才在 2002 年 5 月 14 日辞退安达信,改聘毕马威。安达信在过去 10 多年既为世界通信提供审计服务,也向其提供咨询服务。尽管至今尚没有充分的权威证据证明同时提供审计和咨询服务可能损害会计师事务所的独立性,但 2002 年 7 月 30 日通过的"萨班斯—奥克斯利法案"对代理记账和内部审计等 9 项咨询服务所作出的禁止性规定以及对税务咨询所作出的限制性规定,至少说明社会公众和立法部门对兼做审计和咨询可能损害独立性的担忧。此外,世界通信历来是安达信密西西比杰克逊(世界通信总部所在地)分所最有价值的单一客户,这一事实不禁让人对安达信的独立性存有疑虑。杰克逊分所的设立,目的是为了"伺候"和保住世界通信这一给安达信带来不菲审计和咨询收入的客户。这种情况下,杰克逊分所的安达信合伙人难免会对世界通信不规范的会计处理予以"迁就"。对世界通信的主审合伙人而言,丢失这样一个大客户,其后果是不堪设想的。

二、安达信未能保持应有的职业审慎和职业怀疑

安达信向美国证券交易管理委员会(SEC)和司法部门提供的 1999 年至 2001 年审计工作底稿表明,安达信在这三年里一直将世界通信评估为具有最高等级审计风险的客户。在编制 1999 年至 2001 年度审计计划时,安达信对世界通信审计风险的评估如表 1 所示。

表 1　安达信对世界通信的风险评估情况

风险评估项目	风险评估级别
会计及财务报告风险	重大风险
关键管理和雇佣岗位人员配备的充分性	中等风险
对审计工作涵盖范围的态度	中等风险
对信息和人员的无限制接触	中等风险
管理当局关于舞弊防范和侦查政策的质量	中等风险
履行财务报告职能的能力	中等风险
过于激进的收入或盈利目标	重大风险
良好的会计和披露惯例	中等风险
致力于建立和保持令人满意的内部控制系统(包括对已知的控制问题作出及时和有效的反应)	中等风险
对会计和报告(包括审计调整和披露)建议的反应程度	中等风险

从表 1 可以看出,安达信的审计计划已经认识到世界通信的会计及财务报告具有重大的审计风险,这种风险主要源于世界通信制定了过于激进的收入和盈利目标。换言之,安达信已经意识到世界通信具有报表粉饰或财务舞弊的动机。尽管如此,面对如此高风险的审计客户,安达信却没有保持应有的职业审慎和职业怀疑。

根据美国公认审计准则(GAAS)的规定,应有的职业审慎要求注册会计师保持合理的职业怀疑(2002 年 11 月 AICPA 颁布的第 99 号准则《财务报表审计中对舞弊的考虑》则要求注册会计师保持怀疑一切的心态)。因此,注册会计师应当坚持诚实和正直的立场,勤勉

地搜集和客观地评价审计证据。合理的职业怀疑还意味着,注册会计师不得因为信任被审计单位管理当局的诚实而满足于获取不是完全令人信服的审计证据。尽管 GAAS 在这一方面的要求是人所共知,但安达信对世界通信的线路成本、准备金计提和转回、收入确认和商誉减值等重大事项进行审计时,几乎完全依赖于世界通信高层的管理声明书,而不是建立在获取充分适当审计证据的基础上,以至世界通信审计委员会在 2002 年 6 月向安达信通报世界通信利用冲销线路成本虚构利润时,安达信向新闻媒体的解释是世界通信高层并没有在管理当局声明书中就此事告知安达信。可见,安达信的做法严重违反了 GAAS 关于应有的职业审慎和职业怀疑的相关规定,负有重大过失责任。

事实上,如果保持应有的职业审慎和职业怀疑,安达信应当有能力通过下列种种迹象发现世界通信的财务舞弊:

1. 世界通信管理当局蓄意将财务审计排除在内部审计部的法定职责之外,只准予内部审计部从事经营绩效审计,这显然有别于大多数公司的做法。

2. 世界通信的会计记录存在着大量的高层调整(Top—Side Adjustments),即公司总部直接给子公司等分支机构下达账项调整指令,而没有提供相关的授权签字和原始凭证等书面材料。

3. 世界通信的管理当局具有提供虚假财务报告的强烈动机,包括:①首席执行官埃伯斯持有世界通信大量股票并以此作为个人贷款的质押;②世界通信迫切需要保持高股价来维持以换股方式进行收购兼并的吸引力;③世界通信需要保持较高的投资和信用等级以发行票据和债券(2000 年和 2001 年发行的票据和债券分别高达 50 亿美元和 118 亿美元)。

4. 世界通信所处电信行业发生逆转,风险居高不下,表现为竞争激烈、市场饱和、盈利下降、倒闭不断、坏账剧增。

5. 世界通信经营特征和财务状况所反映出的异常现象,如收入和盈利的高速增长所创造的现金流量不足以弥补其资本支出、世界通信面临着通过发行股票或举债来为其经营活动和资本支出筹措资金的巨大财务压力、与竞争对手相比所显出的异常盈利能力(如 AT&T 从 2001 年起因电信行业的逆转开始发生大规模亏损,而世界通信仍然报告巨额盈利)。

三、安达信编制审计计划前没有对世界通信的会计程序进行充分了解

GAAS 要求注册会计师在了解被审计单位经营业务和相关内部会计控制的基础上,恰当地编制审计计划,据以合理制定和实施能够发现导致财务报表重大错报漏报的错误与舞弊的审计程序。GAAS 特别强调注册会计师在编制审计计划前,应当了解可能对财务报表产生重大影响的交易、事项、程序和惯例。但安达信没有按照 GAAS 的要求,对世界通信的下列相关会计控制和程序进行充分了解,导致其未能合理制定和实施有助于发现财务舞弊的审计程序:

1. 世界通信会计和报告系统对结账后调整分录、准备金转回的规定和控制程序。

2. 手工会计分录和合并试算平衡表的编制和控制程序。

3. 管理当局对重组准备和其他准备金以及线路成本的估计判断及相关控制程序。

4. 世界通信的内部控制结构及其在实际执行中的效果。

5. 管理当局对资产减值的计提和转回的估计判断和相关控制程序。

6. 世界通信会计政策在不同期间运用的一贯性,特别是线路成本在 2001 年以前均作为

期间费用，而 2001 年度和 2002 年第一季度世界通信却以"预付容量"的名义将 38.52 亿美元线路成本予以资本化。

四、安达信没有获取足以支持其审计意见的直接审计证据

GAAS 明确指出，注册会计师应当获取充分适当的审计证据，作为其对财务报表发表审计意见的依据。管理当局的声明不能作为注册会计师实施必要实质性程序以获取充分适当审计证据的替代。记账凭证及其原始凭证、总账和明细账记录、成本费用归集分配表、银行存款调节表以及其他相关会计资料均构成支持财务报表的证据。如果没有获取支持财务报表的基础会计资料并对这些资料的恰当性和准确性进行测试，注册会计师就不应当对财务报表发表意见。显而易见，安达信对世界通信的审计并没有遵循 GAAS 的上述规定。

1. 安达信没有获取世界通信通过转回准备金以冲销线路成本的直接证据，而是过分依赖管理当局的声明，以至于未能发现世界通信在 2000 年第三和第四季度以及 2001 年第三季度至少将过去计提的 16.35 亿美元的准备金用于冲销线路成本的舞弊行为。现已查明，这些转回分录均属于"空白记账凭证"，无一例外地缺少相关的原始凭证或其他证明材料。具体地说，安达信没有充分考虑来自财务报告信息系统之外的会计分录（即这些分录并非来自世界通信的收入、费用、现金收入、现金支出和薪资支出等会计和报告信息系统）的有效性。尽管世界通信为了掩饰其舞弊行为，采用化整为零的方式，将 12 亿美元的转回冲销分录拆成几百笔分录，以逃避安达信的审计，但如果安达信检查了总账记录或者要求审阅结账后的调整分录，完全可以发现这些没有原始凭证作支撑的会计分录的可疑之处。此外，稍有一点审计常识的注册会计师都知道，通过转回已计提的准备金是上市公司调节利润的惯用伎俩，因此，对于准备金的借方发生额必须进行重点审计。而安达信竟然对这 16.35 亿美元的准备金转回无动于衷，确实令人费解。从重要性水平的角度看，2000 年第三和第四季度世界通信转回准备金虚增了 12.35 亿美元的利润，占当年对外报告净利润的 29.7%，2001 年通过转回无线通信部门已提取的坏账准备虚增了 4 亿美元的利润，占当年对外报告净利润的 26.6%，均远远超出约定俗成的重要性水平（通常为净利润的 5% 至 10%）。对于如此重大的事项，安达信本应进行重点审计，但令人匪夷所思的是，无线通信部门负责人斯图帕克和内部审计部负责人辛西亚都曾就世界通信总部要求无线电部门在 2001 年第三季度冲销已计提的 4 亿美元坏账准备一事向安达信的合伙人抱怨，而安达信竟然视而不见，连起码的职业敏感性都没有。

2. 安达信没有获取世界通信将 38.52 亿美元的线路成本由经营费用转入"厂场、设备和财产"（Plant，Property and Equipment）的直接证据，以至于未能发现世界通信的财务舞弊。与准备金的转回一样，这 38.52 亿美元所涉及的重分类调整分录（将经营费用重新划分为资本支出）无一例外地缺乏相关的原始凭证、签字授权等证明材料。其中有一笔分录（内部审计部摩斯先生最早发现的那笔怪异分录）的金额为 5 亿美元，缺乏原始凭证和签字授权，是一起典型的利用空白记账凭证伪造利润的案例。仅这笔分录所虚构的利润就占世界通信 2001 年利润的 33.3%。安达信以倡导风险导向审计模式著称，难道风险导向审计模式就不需要测试凭证以获取支持其审计意见的直接证据？真不明白安达信是如何确定审计重要性的，又是如何进行审计抽样以确定凭证测试样本的。此外，这 38.52 亿美元的所谓资本支出，均没有纳入世界通信的资本预算之内。安达信如果将这些由线路成本转入的资本支出与世界通信内部的资本预算进行对比分析，世界通信高管人员会计造假的破绽将暴露无遗。

事实上,世界通信内部审计部负责人辛西亚就是因为发现这些资本支出没有纳入资本预算,也没有经过董事会或股东大会的批准授权,而对世界通信会计处理的真实性产生怀疑的,并以此作为突破口,揭开了世界通信的造假。

(资料来源:黄世忠:安达信对世界通信公司审计失败原因部析,《中国注册会计师》,2003(6)

第四节　会计师事务所质量控制准则

质量控制准则旨在规范会计师事务所建立并保持有关财务报表审计和审阅、其他鉴证和相关服务业务的质量控制制度。

一、质量控制制度的目的和要素

(一)质量控制制度的目的

会计师事务所应当根据会计师事务所质量控制准则,制定质量控制制度,以合理保证业务质量。质量控制制度的目标主要在以下两个方面提出合理保证:(1)会计师事务所及其人员遵守职业准则和适用的法律法规的规定;(2)会计师事务所和项目合伙人出具适合具体情况的报告。

(二)质量控制制度的要素

会计师事务所的质量控制制度应当包括针对下列要素而制定的政策和程序:(1)对业务质量承担的领导责任;(2)职业道德规范;(3)客户关系和具体业务的接受与保持;(4)人力资源;(5)业务执行;(6)业务工作底稿;(7)监控。

为了规范质量控制政策和程序,便于质量控制政策和程序的执行,会计师事务所应当将质量控制政策和程序形成书面文件,传达到全体人员。

二、对业务质量承担的领导责任

会计师事务所应当制定政策和程序,培育以质量为导向的内部文化。这些政策和程序应当要求会计师事务所主任会计师对质量控制制度承担最终责任。在审计实务中,会计师事务所需要建立与业务规模相匹配的质量控制部门,以具体落实各项质量控制措施。质量控制措施的实施,一部分可能由专职的质量控制人员执行,一部分可能由业务人员或职能部门人员执行。主任会计师对质量控制制度承担最终责任,在制度上保证了质量控制制度的地位和执行力。

会计师事务所要培育以质量为导向的内部文化,形成和传播质量至上的氛围。会计师事务所各级管理层应当通过清晰、一致及经常的行动示范和信息传达,强调质量控制政策和程序的重要性以及下列要求:(1)按照法律法规、职业道德规范和业务准则的规定执行工作;(2)根据具体情况出具恰当的报告。

会计师事务所的领导层应当树立质量至上的意识。会计师事务所应当通过下列措施实现质量控制的目标:(1)合理确定管理责任,以避免重商业利益轻业务质量;(2)建立以质量为导向的业绩评价、薪酬及晋升的政策和程序;(3)投入足够的资源制定和执行质量控制政策和程序,并形成相关文件记录。

三、职业道德规范

(一)总体要求

会计师事务所应当制定政策和程序,以合理保证会计师事务所及其人员遵守职业道德规范。会计师事务所及其人员执行任何类型的业务,都应当遵守职业道德规范所要求的客观、公正原则,保持专业胜任能力和应有的关注,并对执业过程中获知的信息保密。

(二)遵守职业道德规范的具体措施

会计师事务所制定的政策和程序应当强调遵守职业道德规范的重要性,并通过下列途径予以强化:会计师事务所领导层的示范;教育和培训;监控;对违反职业道德规范行为的处理。

(三)满足独立性要求

会计师事务所应当制定政策和程序,以合理保证会计师事务所及其人员,包括聘用的专家和其他需要满足独立性要求的人员,保持职业道德规范要求的独立性。

会计师事务所应当要求内部不同层级人员之间相关沟通信息,以便采取行动,避免对独立性造成损害。

会计师事务所应当每年至少一次向所有受独立性要求约束的人员获取其遵守独立性政策和程序的书面确认函。书面确认函既可以是纸质的,也可以是电子形式的。

会计师事务所应当制定政策和程序,以防范同一高级人员由于长期执行某一客户的鉴证业务可能对独立性造成的威胁。

由于上市公司财务报表涉及公众利益的范围大,因此,对所有的上市公司财务报表审计,会计师事务所应当按照我国相关法律法规的规定,定期(至多5年)轮换一次项目合伙人。

四、客户关系和具体业务的接受与保持

(一)总体要求

会计师事务所应当制定有关客户关系和具体业务接受与保持的政策和程序,以合理保证只有在下列情况下,才能接受或保持客户关系和具体业务:(1)已考虑客户的诚信,没有信息表明客户缺乏诚信;(2)具有执行业务必要的素质、专业胜任能力、时间和资源;(3)能够遵守职业道德规范。

在接受新客户的业务前,或决定是否保持现有业务或考虑接受现有客户的新业务时,会计师事务所应当根据具体情况获取上述信息。

当识别出问题而又决定接受或保持客户关系或具体业务时,会计师事务所应当记录问题如何得到解决。

(二)考虑客户的诚信情况

注册会计师应当了解客户的诚信,拒绝不诚信的客户,以降低业务风险。

针对有关客户的诚信,会计师事务所应当考虑下列主要事项:(1)客户主要股东、关键管

理人员、关联方及治理层的身份和商业信誉;(2)客户的经营性质;(3)客户主要股东、关键管理人员及治理层对内部控制环境和会计准则等的态度;(4)客户是否过分考虑将会计师事务所的收费维持在尽可能低的水平;(5)工作范围受到不适当限制的迹象;(6)客户可能涉嫌洗钱或其他刑事犯罪行为的迹象;(7)变更会计师事务所的原因。

会计师事务所在评价客户诚信情况时,可以通过下列途径,获取与客户诚信相关的信息:(1)与为客户提供专业会计服务的现任或前任人员进行沟通,并与其讨论。(2)向会计师事务所其他人员、监管机构、金融机构、法律顾问和客户的同行等第三方询问。(3)从相关数据库中搜索客户的背景信息。

(三)考虑是否具备执行业务必要的素质、专业胜任能力、时间和资源

会计师事务所接受新业务前,还必须评价自身的执业能力,不得承接不能胜任和无法完成的业务。因此,在确定是否具有接受新业务所需的必要素质、专业胜任能力、时间和资源时,会计师事务所应当考虑下列事项,以评价新业务的特定要求和所有相关级别的现有人员的基本情况:(1)会计师事务所人员是否熟悉相关行业或业务对象;(2)会计师事务所人员是否具有执行类似业务的经验,或是否具备有效获取必要技能和知识的能力;(3)会计师事务所是否拥有足够的具有必要素质和专业胜任能力的人员;(4)在需要时,是否能够得到专家的帮助;(5)如果需要项目质量控制复核,是否具备(或者能够聘请到)符合标准和资格要求的项目质量控制复核人员;(6)会计师事务所是否能够在提交报告的最后期限内完成业务。

如果决定接受或保持客户关系和具体业务,会计师事务所应与客户就相关问题达成一致理解,并形成书面业务约定书,将对业务的性质、范围和局限性产生误解的风险降至最低。

在确定是否接受新业务时,会计师事务所还应当考虑接受该业务是否会导致现实或潜在的利益冲突。如果识别出潜在的利益冲突,会计师事务所应当考虑接受该业务是否适当。

(四)考虑其他事项

如果在本期或以前业务执行过程中发现客户守法经营意识淡薄或内部控制环境恶劣,或者对业务范围施加重大限制,或者存在其他严重影响业务执行的情形等,会计师事务所应当考虑其对保持客户关系可能造成的影响。必要时,可以考虑终止该客户关系。

会计师事务所在接受业务后可能获知了某项信息,而该信息若在接受业务前获知,可能导致会计师事务所拒绝该项业务。在这种情况下,会计师事务所应当按照规定,制定相应的政策和程序。会计师事务所针对这种情况制定的政策和程序,应当包括下列内容:(1)适用于该业务环境的法律责任,包括是否要求会计师事务所向委托人报告或在某些情况下向监管机构报告;(2)解除该项业务约定,或同时解除该项业务约定及其客户关系的可能性。

会计师事务所针对解除业务约定或同时解除业务约定及其客户关系制定的政策和程序应当包括下列要求:(1)与客户适当级别的管理层和治理层讨论会计师事务所根据有关事实和情况可能采取的适当行动;(2)如果确定解除业务约定或同时解除业务约定及其客户关系是适当的,会计师事务所应当就解除的情况及原因,与客户适当级别的管理层和治理层讨论;(3)考虑是否存在法律法规的规定,要求会计师事务所应当保持现有的客户关系,或向监管机构报告解除的情况及原因;(4)记录重大事项及其咨询情况、咨询结论和得出结论的依据。

五、人力资源

会计师事务所应当制定政策和程序,合理保证拥有足够的具有必要素质和专业胜任能力并遵守职业道德规范的人员,以使会计师事务所和项目负责人能够按照法律法规、职业道德规范和业务准则的规定执行业务,并根据具体情况出具恰当的报告。

(一)人力资源管理的要素

会计师事务所制定的人力资源政策和程序应当解决下列人事问题:(1)招聘;(2)业绩评价;(3)人员素质;(4)专业胜任能力;(5)职业发展;(6)晋升;(7)薪酬;(8)人员需求预测。

(二)招聘

会计师事务所应当制定招聘程序,以选择正直的、通过发展能够具备执行业务所需的必要素质和专业胜任能力的人员。

(三)人员素质、专业胜任能力和职业发展

会计师事务所应当采取措施确保人员持续保持必要的素质和专业胜任能力。这些措施有:(1)职业教育;(2)职业发展,包括培训;(3)工作经验;(4)由经验更丰富的员工提供辅导。

会计师事务所应当合理制定人力资源政策和程序,包括制订员工职业教育计划(例如,鼓励员工在职学习深造等)和后续教育计划,提供最新的与执业相关的法律法规信息和其他学习资料,结合执业中遇到的问题进行培训和提供辅导,鼓励员工参加行业协会和有关机构组织的培训等。

(四)业绩评价、薪酬和晋升

会计师事务所应当制定业绩评价、薪酬及晋升程序,对发展和保持专业胜任能力并遵守职业道德规范的人员给予应有的肯定和奖励。

业绩评价、薪酬及晋升程序应当强调:(1)使人员知晓会计师事务所对业绩和遵守职业道德规范的期望;(2)向人员提供业绩、工作进步及职业发展方面的评价和咨询;(3)帮助人员了解提高业务质量及遵守职业道德规范是晋升更高职位的主要途径,而不遵守会计师事务所的政策和程序可能招致惩戒。

(五)项目组的委派

保证审计业务的质量,项目组的委派至关重要。项目组必须要经过技术培训,具有相应的技术资格和熟练能力;会计师事务所应当将审计工作分派给具有相应专业胜任能力的人员。

1. 会计师事务所应当对每项业务委派至少一名项目负责人负责。会计师事务所应当制定政策和程序,明确下列要求:(1)将项目负责人的身份和作用告知客户管理层和治理层的关键成员;(2)项目负责人具有履行职责必要的素质、专业胜任能力、权限和时间;(3)清楚界定项目负责人的职责,并告知该项目负责人。

2. 会计师事务所应当制定政策和程序,监控项目负责人的工作负荷及可供调配的项目负责人数量,以使项目负责人有足够的时间履行职责。

3. 会计师事务所应当委派具有必要素质、专业胜任能力和时间的员工,按照法律法规、职业道德规范和业务准则的规定执行业务,以使会计师事务所和项目负责人能够根据具体

情况出具恰当的报告。

4. 会计师事务所应当制定程序,评价员工的素质和专业胜任能力。在委派项目组以及确定所需的监督层次时,会计师事务所应当考虑员工是否具有下列方面的素质和专业胜任能力:①通过适当的培训和参与业务,获得执行类似性质和复杂程度业务的知识和实务经验;②掌握法律法规、职业道德规范和业务准则的规定;③具有相关技术知识,包括信息技术知识;④熟悉客户所处的行业;⑤具有职业判断能力;⑥掌握会计师事务所质量控制政策和程序。

【例题】 挑选和委派项目负责人是鉴证业务质量控制的重要方面。会计师事务所的下列与项目负责人挑选及委派相关的做法中,不适当的是(　　　)。

A. 对于每项鉴证业务,委派两名项目负责人

B. 将项目负责人的身份和履历告知客户治理层和管理层的关键人员

C. 清楚地界定项目负责人的职责,并告知其职责

D. 项目负责人具有履行职责的必要素质、专业胜任能力、权限和时间

【答案】 B

【解析】 质量控制准则规定对每个业务至少委派一名项目负责人,A 并无不当;B 中告知履历的做法不妥。C、D 属于准则规定。

六、业务执行

业务执行是指会计师事务所委派项目组按照法律法规、职业道德规范和业务准则的规定具体执行所承接的某项业务,使会计师事务所和项目负责人能够根据具体情况出具恰当的报告。业务执行是编制和实施业务计划,形成和报告业务结果的总称。由于业务执行对业务质量有直接的重大影响,是业务质量控制的关键环节,因此,会计师事务所应当要求项目负责人负责组织对业务执行实施指导、监督与复核。

(一)指导、监督与复核

1.总体要求

会计师事务所应当制定政策和程序,以合理保证按照法律法规、职业道德规范和业务准则的规定执行业务,使会计师事务所和项目负责人能够根据具体情况出具恰当的报告。

会计师事务所在制定指导、监督与复核政策和程序时,应当考虑包括下列事项:(1)如何将业务情况简要告知项目组,使项目组了解工作目标;(2)保证适用的业务准则得以遵守的程序;(3)业务监督、员工培训和辅导的程序;(4)对已实施的工作、作出的重大判断以及拟出具的报告进行复核的方法;(5)对已实施的工作及其复核的时间和范围作出适当记录;(6)保证所有的政策和程序是合时宜的。

会计师事务所通常使用书面或电子手册、软件工具、标准化底稿以及行业和特定业务对象的指南性材料等文件,记录和传达其制定的政策和程序,以使全体人员了解、掌握和贯彻执行这些政策和程序。

2.指导的具体要求

(1)使项目组了解工作目标;(2)提供适当的团队工作和培训。

3.监督的具体要求

(1)追踪业务进程;(2)考虑项目组各成员的素质和专业胜任能力,以及是否有足够的时

间执行工作,是否理解工作指令,是否按照计划方案执行工作;(3)解决在执行业务过程中发现的重大问题,考虑其重要程度并适当修改原计划的方案;(4)识别在执行业务过程中需要咨询的事项,或需要由经验较丰富的项目组成员考虑的事项。

4.复核的具体要求

在复核项目组成员已执行的工作时,复核人员应当考虑:(1)工作是否已按照法律法规、职业道德规范和业务准则的规定执行;(2)重大事项是否已提请进一步考虑;(3)相关事项是否已进行适当咨询,由此形成的结论是否得到记录和执行;(4)是否需要修改已执行工作的性质、时间和范围;(5)已执行的工作是否支持形成的结论,并得以适当记录;(6)获取的证据是否充分、适当;(7)业务程序的目标是否实现。

(二)咨询

1.咨询的总体要求

会计师事务所应当建立政策和程序,以合理保证:(1)就疑难问题或争议事项进行适当咨询;(2)可获取充分的资源进行适当咨询;(3)咨询的性质和范围得以记录;(4)咨询形成的结论得到记录和执行。

咨询包括与会计师事务所内部或外部具有专门知识的人员,在适当专业层次上进行的讨论,以解决疑难问题或争议事项。

2.咨询的具体要求

(1)形成良好咨询文化。会计师事务所应当形成一种良好的咨询氛围,鼓励会计师事务所人员就疑难问题或争议事项进行咨询;会计师事务所根据具体情况,通过制定咨询制度和相关的培训、奖惩制度,以及各级管理层的行动示范和信息传达,来逐步形成内部咨询文化,以妥当解决业务执行中的疑难问题或争议事项。

(2)合理确定咨询事项。项目组应当考虑就重大的技术、职业道德及其他事项,向会计师事务所内部或在适当情况下向会计师事务所外部具备适当知识、资历和经验的其他专业人士咨询,并适当记录和执行咨询形成的结论。

(3)适当确定被咨询者。被咨询者既可以是会计师事务所内部的其他专业人士,在适当情况下,也可以是会计师事务所外部的其他专业人士。

(4)充分提供相关事实。项目组在向会计师事务所内部或外部的其他专业人士咨询时,应当提供所有相关事实,以使其能够对咨询的事项提出有见地的意见。

(5)考虑利用外部咨询。会计师事务所在因缺乏适当的内部资源等而需要向外部咨询时,按照规定,可以利用其他会计师事务所、职业团体、监管机构或提供相关质量控制服务的商业机构提供的咨询服务,但应当考虑外部咨询提供者是否能够胜任这项工作。

(6)完整记录咨询情况。注册会计师应当完整详细地记录咨询情况,包括记录寻求咨询的事项,以及咨询的结果,包括作出的决策、决策依据以及决策的执行情况。

项目组就疑难问题或争议事项向其他专业人士咨询所形成的记录,应当经被咨询者认可。

(三)意见分歧

在业务执行中,时常可能会出现项目组内部、项目组与被咨询者之间以及项目负责人与项目质量控制复核人员之间的意见分歧。会计师事务所应当制定政策和程序,以处理和解决意见分歧。

1.处理意见分歧的总体要求

注册会计师处理意见分歧应当符合下列两点要求:(1)会计师事务所应当制定政策和程序,以处理和解决项目组内部、项目组与被咨询者之间以及项目负责人与项目质量控制复核人员之间的意见分歧。(2)形成的结论应当得以记录和执行。

2.对出具报告的影响

只有意见分歧问题得到解决,项目负责人才能出具报告。如果在意见分歧问题没有得到解决前,项目负责人就出具报告,不仅有失应有的谨慎,而且容易导致出具不恰当的报告,难以合理保证实现质量控制的目标。

(四)项目质量控制复核

1.总体要求

为了保证特定业务执行的质量,除了需要项目组实施组内复核外,会计师事务所还应当制定政策和程序,要求对特定业务实施项目质量控制复核,并在出具报告前完成项目质量控制复核。

项目质量控制复核,是指会计师事务所挑选不参与该业务的人员,在出具报告前,对项目组作出的重大判断和在准备报告时形成的结论作出客观评价的过程。

2.项目质量控制复核对象的确定

会计师事务所制定的项目质量控制复核政策和程序应当包括下列要求:(1)对所有上市公司财务报表审计实施项目质量控制复核;(2)规定适当的标准,据此评价上市公司财务报表审计以外的历史财务信息审计和审阅、其他鉴证业务及相关服务业务,以确定是否应当实施项目质量控制复核;(3)对符合适当标准的所有业务实施项目质量控制复核。

在制定用于确定除上市公司财务报表审计以外的其他业务是否需要实施项目质量控制复核的标准时,会计师事务所应当考虑下列事项:(1)业务的性质,包括涉及公众利益的范围;(2)在某项业务或某类业务中已识别的异常情况或风险;(3)法律法规是否要求实施项目质量控制复核。

3.项目质量控制复核的具体要求

会计师事务所应当制定政策和程序,以规定:项目质量控制复核的性质、时间和范围;项目质量控制复核人员的资格标准;对项目质量控制复核的记录要求。

会计师事务所的质量控制制度应当对上述事项作出明确和适当的规定,这对于保证项目质量控制复核工作的有效进行有着重要作用。如果会计师事务所对项目质量控制复核的性质、时间和范围设计不当,或虽设计得当,但委派的项目质量控制复核人员的技术资格和客观性存在问题,就无法实现预期的复核目的。

(1)项目质量控制复核的性质。复核的性质就是决定采用怎样的方法实施复核。会计师事务所通常采用的项目质量控制复核方法包括:①与项目负责人进行讨论;②复核财务报表或其他业务对象信息及报告,尤其考虑报告是否适当;③选取与项目组作出重大判断及形成结论有关的工作底稿进行复核。

(2)项目质量控制复核的范围。项目质量控制复核的范围取决于业务的复杂程度和出具不恰当报告的风险。在对上市公司财务报表审计实施项目质量控制复核时,复核人员应当考虑:①项目组就具体业务对会计师事务所独立性作出的评价;②在审计过程中识别的特别风险以及采取的应对措施;③作出的判断,尤其是关于重要性和特别风险的判断;④是否已就存在的意见分歧、其他疑难问题或争议事项进行适当咨询,以及咨询得出的结论;⑤在审计中识别的已更正和未更正的错报的重要程度及处理情况;⑥拟与管理层、治理层以及其他方面沟通的事项;⑦所复核的审计工作底稿是否反映了针对重大判断执行的工作,是否支持得出的结论;⑧拟出具的审计报告的适当性。

(3)项目质量控制复核的时间。会计师事务所的政策和程序应当要求在出具报告前完成项目质量控制复核。项目质量控制复核人员应当在业务过程中的适当阶段及时实施复核,以使重大事项在出具报告前得到满意解决。

如果项目负责人不接受项目质量控制复核人员的建议,并且重大事项未得到满意解决,项目负责人不应当出具报告。只有在按照会计师事务所处理意见分歧的程序解决重大事项后,项目负责人才能出具报告。

(4)项目质量控制复核人员的资格标准。会计师事务所应当制定政策和程序,明确被委派的项目质量控制复核人员应符合下列要求:①履行职责需要的技术资格,包括必要的经验和权限;②在不损害其客观性的前提下,提供业务咨询的程度。

小型会计师事务所在识别出需要实施项目质量控制复核的业务后,可以聘请具有适当资格的外部人员或利用其他会计师事务所实施项目质量控制复核。

(5)项目质量控制复核的记录。会计师事务所应当制定政策和程序,要求记录项目质量控制复核情况,包括:①有关项目质量控制复核的政策所要求的程序已得到执行;②项目质量控制复核在出具报告前业已完成;③复核人员没有发现任何尚未解决的事项使其认为项目组作出的重大判断及形成的结论不适当。

七、业务工作底稿

(一)业务工作底稿的归档要求

1.遵守及时性原则

会计师事务所应当制定政策和程序,以使项目组在出具业务报告后及时将工作底稿归整为最终业务档案。

2.确定适当的归档期限

会计师事务所应当根据业务的具体情况,确定适当的业务工作底稿归档期限。鉴证业务的工作底稿,包括历史财务信息审计和审阅业务、其他鉴证业务的工作底稿的归档期限为业务报告日后60天内。

如果针对客户的同一财务信息执行不同的委托业务,出具两个或多个不同的报告,会计师事务所应当将其视为不同的业务,根据制定的政策和程序,在规定的归档期限内分别将业务工作底稿归整为最终业务档案。

(二)业务工作底稿的管理要求

会计师事务所应当制定政策和程序,以满足下列要求:(1)安全保管业务工作底稿并对业务工作底稿保密;(2)保证业务工作底稿的完整性;(3)便于使用和检索业务工作底稿;(4)按照规定的期限保存业务工作底稿。

(三)业务工作底稿的保密

除特定情况外,会计师事务所应当对业务工作底稿包含的信息予以保密。这些特定情况有:(1)取得客户的授权。(2)根据法律法规的规定,会计师事务所为法律诉讼准备文件或提供证据,以及向监管机构报告发现的违反法规行为。(3)接受注册会计师协会和监管机构依法进行的质量检查。

(四)业务工作底稿的完整性、使用与检索

无论业务工作底稿存在于纸质、电子还是其他介质,会计师事务所都应当针对业务工作底稿设计和实施适当的控制,以实现下列目的:(1)使业务工作底稿清晰地显示其生成、修改及复核的时间和人员;(2)在业务的所有阶段,尤其是在项目组成员共享信息或通过互联网将信息传递给其他人员时,保护信息的完整性;(3)防止未经授权改动业务工作底稿;(4)允许项目组和其他经授权的人员为适当履行职责而接触业务工作底稿。

如果原纸质记录经电子扫描后存入业务档案,会计师事务所应当实施适当的控制程序,以保证:(1)生成与原纸质记录的形式和内容完全相同的扫描复制件,包括人工签名、交叉索引和有关注释;(2)将扫描复制件,包括必要时对扫描复制件的索引和签字,归整到业务档案中;(3)能够检索和打印扫描复制件。会计师事务所应当保留已扫描的原纸质记录。

(五)业务工作底稿的保存和使用

1.业务工作底稿的保存

会计师事务所应当制定政策和程序,以使业务工作底稿保存期限满足法律法规的规定和会计师事务所的需要。对鉴证业务包括历史财务信息审计和审阅业务、其他鉴证业务,会计师事务所应当自业务报告日起,对业务工作底稿至少保存10年。业务工作底稿的所有权属于会计师事务所。

2.业务工作底稿的使用

会计师事务所可自主决定允许客户获取业务工作底稿部分内容,或摘录部分工作底稿,但披露这些信息不得损害会计师事务所执行业务的有效性。对鉴证业务,披露这些信息不得损害会计师事务所及其人员的独立性。

【例题】 以下关于保存工作底稿期限的说法中,不正确的有( )。

A. 对于相关服务业务的工作底稿,应自归档日起至少保存8年

B. 对于审阅业务的工作底稿,自工作底稿归档日起至少保存10年

C. 对鉴证业务的工作底稿,应自业务报告日起至少保存10年

D. 对于其他鉴证业务的工作底稿,应自业务报告日起至少保存7年

【答案】 ABD

【解析】 除了对于非鉴证业务工作底稿的保管尚无规定外,对于所有鉴证业务工作底稿的保管,均要求自业务报告之日起至少保存10年。如果法律法规有更高的要求,还应保存更长的时间。

八、监控

(一)总体要求

会计师事务所应当制定监控政策和程序,以合理保证质量控制制度中的政策和程序是相关、适当的,并正在有效运行。

对质量控制政策和程序遵守情况实施监控的目的,是为了评价:(1)遵守法律法规、职业

道德规范和业务准则的情况;(2)质量控制制度设计是否适当,运行是否有效;(3)质量控制政策和程序应用是否得当,以便会计师事务所和项目负责人能够根据具体情况出具恰当的业务报告。

(二)监控人员

对会计师事务所质量控制制度的监控应当由具有专业胜任能力的人员实施。会计师事务所可以委派主任会计师、副主任会计师或具有足够、适当经验和权限的其他人员履行监控责任。

(三)监控内容

实施监控的内容,包括质量控制制度设计的适当性和质量控制制度运行的有效性。

会计师事务所应当从下列方面对质量控制制度进行持续考虑和评价:(1)确定质量控制制度的完善措施,包括要求对有关教育与培训的政策和程序提供反馈意见;(2)与会计师事务所适当人员沟通已识别的质量控制制度在设计、理解或执行方面存在的缺陷;(3)由会计师事务所适当人员采取追踪措施,以对质量控制政策和程序及时作出必要的修正。

对质量控制制度的持续考虑和评价还包括分析下列事项:(1)法律法规、职业道德规范和业务准则的新变化,以及会计师事务所的政策和程序如何适当反映这些变化;(2)有关独立性政策和程序遵守情况的书面确认函;(3)职业发展,包括培训;(4)与接受和保持客户关系及具体业务相关的决策。

(四)实施检查

1.检查的周期

会计师事务所应当周期性地选取已完成的业务进行检查,周期最长不得超过三年。在每个周期内,应对每个项目负责人的业务至少选取一项进行检查。

2.检查的组织方式

会计师事务所应当根据下列主要因素,确定周期性检查的组织方式,包括对单项业务检查时间的安排:(1)会计师事务所的规模;(2)分支机构的数量及分布;(3)前期实施监控程序的结果;(4)人员和分支机构的权限;(5)会计师事务所业务和组织结构的性质及复杂程度;(6)与特定客户和业务相关的风险。

3.确定检查的时间、人员与范围

会计师事务所在选取单项业务进行检查时,可以不事先告知相关项目组。参与业务执行或项目质量控制复核的人员不应承担该项业务的检查工作。在确定检查的范围时,会计师事务所可以考虑外部独立检查的范围或结论,但这些检查并不能替代自身的内部监控。

4.小型会计师事务所的特殊考虑

小型会计师事务所可以利用具有适当资格的外部人员或其他会计师事务所执行业务检查及其他监控程序。

(五)监控结果的处理

1.确定所发现缺陷的影响与性质

会计师事务所应当评价实施监控程序发现的缺陷的影响,并确定这些缺陷属于下列哪种情况:(1)该缺陷并不必然表明质量控制制度不足以合理保证会计师事务所遵守法律法规、职业道德规范和业务准则的规定,以及会计师事务所和项目负责人根据具体情况出具恰当的报告;(2)该缺陷是系统性的、重复出现的或其他需要及时纠正的重大缺陷。

2.适时将缺陷及补救措施告知相关人员

会计师事务所应当将实施监控程序发现的缺陷及建议采取的适当补救措施,告知相关项目负责人及其他适当人员。

3.提出改进措施

会计师事务所在评价各种缺陷后,应当提出下列改进措施:(1)采取与某项业务或某个成员相关的适当补救措施;(2)将监控发现的缺陷告知负责培训和职业发展的人员;(3)改进质量控制政策和程序;(4)对违反会计师事务所政策和程序的人员,尤其是对反复违规的人员实施惩戒。

4.监控结果表明出具的报告不适当时的处理

如果实施监控程序的结果表明出具的报告可能不适当,或在执行业务过程中遗漏了应有的程序,会计师事务所应当确定采取适当的进一步行动,以遵守法律法规、职业道德规范和相关业务准则的规定。同时,会计师事务所应当考虑征询法律意见。

5.定期告知监控结果

会计师事务所应当每年至少一次将质量控制制度的监控结果,传达给项目合伙人及会计师事务所内部的其他适当人员,以使会计师事务所及其相关人员能够在其职责范围内及时采取适当的行动。

传达的信息应当包括下列内容:(1)已实施的监控程序;(2)实施监控程序得出的结论;(3)系统性的、重复出现的或其他重大的缺陷及其整改措施。

向相关项目负责人以外的人员传达已发现的缺陷,通常不指明涉及的具体业务,除非指明具体业务对这些人员适当履行职责是必要的。

【**例题**】　下列有关会计师事务所监控的说法中错误的是(　　　)。

A.会计师事务所可以委派主任会计师、副主任会计师或具有足够、适当经验和权限的其他人员履行监控责任

B.向相关项目负责人以外的人员传达已发现的缺陷,通常不指明涉及的具体业务,除非指明具体业务对这些人员适当履行职责是必要的

C.会计师事务所应当每年至少两次将质量控制制度的监控结果,传达给项目负责人及会计师事务所内部的其他适当人员,以使会计师事务所及其相关人员能够在其职责范围内及时采取适当的行动

D.如果实施监控程序的结果表明出具的报告可能不适当,或在执行业务过程中遗漏了应有的程序,会计师事务所应当确定采取适当的进一步行动,以遵守法律法规、职业道德规范和相关业务准则的规定。同时,会计师事务所应当考虑征询法律意见

【**答案**】　C

(六)监控的记录

会计师事务所应当适当记录下列监控事项:(1)制定的监控程序,包括选取已完成的业务进行检查的程序;(2)对监控程序实施情况的评价;(3)识别出的缺陷,对其影响的评价,是否采取行动及采取何种行动的依据。

对监控程序实施情况评价的记录包括下列方面:(1)对法律法规、职业道德规范和业务准则的遵守情况;(2)质量控制制度的设计是否适当,运行是否有效;(3)质量控制政策和程

序是否已得到适当遵守,以使会计师事务所和项目负责人能够根据具体情况出具恰当的报告。

(七)投诉和指控的处理

1.总体要求

会计师事务所应当制定政策和程序,以合理保证能够适当处理针对下列事项的投诉和指控:(1)已实施的工作未能遵守法律法规、职业道德规范和业务准则的规定;(2)未能遵守会计师事务所质量控制制度。投诉和指控既可能源自会计师事务所内部,也可能源自会计师事务所外部。

2.设立投诉和指控渠道

作为处理投诉和指控过程的一部分,会计师事务所应当设立投诉和指控渠道,以使会计师事务所人员能够没有顾虑地提出关心的问题。

会计师事务所还应当表明所有的投诉和指控都将得到记录、调查并会将结果反馈给投诉和指控人。反馈调查结果通常采取书面形式。

3.调查、记录投诉和指控事项

会计师事务所应当按照既定的政策和程序调查投诉和指控事项,并对投诉和指控及其处理情况予以记录。

会计师事务所应当委派本所内部不参与该项业务的具有足够、适当经验和权限的人员负责对调查的监督。必要时,聘请法律专家参与调查工作。

小型会计师事务所可以利用具有适当资格的外部人员或其他会计师事务所进行调查。

4.采取适当的行动

如果调查结果表明质量控制政策和程序在设计或运行方面存在缺陷,或者存在违反质量控制制度的情况,会计师事务所应当采取适当行动。

☞ 相关案例

ABC 会计师事务所的业务质量控制存在缺陷吗?

基本案情:

ABC 会计师事务所接受委托,对甲公司 2016 年度财务报表进行审计,并委派 A 注册会计师为项目负责人。在接受委托后,A 注册会计师发现甲公司业务流程采用计算机信息系统控制,审计项目组成员均缺少这方面的专业技能。A 注册会计师了解到某软件公司张先生曾参与甲公司计算机信息系统的设计工作,因此,聘请张先生加入审计项目组,测试该系统并出具测试报告。在审计过程中,A 注册会计师要求审计项目组成员相互复核所执行的工作,并在工作底稿的复核人员栏签字。在复核过程中,审计项目组成员之间在某个专业问题上存在分歧,A 注册会计师就此问题专门致函有关部门进行咨询,始终没有得到回复。考虑到该项业务的高风险性,在出具审计报告后,ABC 会计师事务所专门指派未参与该项业务的经验丰富的注册会计师实施了项目质量控制复核。请根据上述情况对 ABC 会计师事务所的业务质量控制问题进行分析。

案例点评：

（1）在业务承接时，没有开展恰当的初步业务活动或评价专业胜任能力。审计组负责人及组内成员均缺乏计算机系统方面的专业技能。会计师事务所应当委托具有必要素质、专业胜任能力的员工，按照法律法规、职业道德规范和业务准则的规定执行业务，以使会计师事务所和项目负责人能够根据具体情况出具恰当的报告。

会计师事务所委派的项目组负责人A及其项目组其他人员均不具有甲公司审计工作需要的计算机信息技术知识，应该选派有该专业能力的人员来承担该项工作。

（2）聘请的专家张先生缺乏独立性。为鉴证客户提供与鉴证业务对象的数据或其他记录相关的业务会产生自我评价不利影响。张先生是参与甲公司计算机信息系统设计工作的人员，如果参与审计工作对甲公司计算机信息系统进行评价，属于自己评价自己的设计成果，会产生自我评价对独立性的不利影响。

（3）审计小组人员之间互相复核无法达到要求。复核人员应当拥有适当的经验、专业胜任能力和责任感，因此，确定复核人员的原则是，由项目组内经验较多的人员复核经验较少的人员执行的工作，这样才能够达到复核的目的。A注册会计师安排项目组人员内部的交互复核，没有按照复核的要求选择恰当的复核人员，存在问题。

（4）审计项目组成员之间存在意见分歧尚未解决就出具审计报告是不恰当的。在业务执行中，存在意见分歧是正常的现象，只有经过充分的讨论，才有利于意见分歧的解决。会计师事务所应该制定切实可行的政策和程序来解决分歧，只有在意见分歧问题得到解决后，项目负责人才能出具报告。如果在意见分歧问题得到解决前，项目负责人就出具报告，不仅有失应有的谨慎，而且容易导致出具不恰当的报告，难以合理保证实现质量控制的目标。

（5）出具审计报告后进行质量控制复核是不恰当的。需要进行项目质量复核的业务，应当要求在出具报告前完成质量控制复核，且对于复核提出的重大事项得到满意解决的基础上，项目负责人才能出具报告。甲公司的审计业务被评价为高风险业务，应该进行质量控制复核，对于复核时间的确定，应该是在出具审计报告前，而不是在出具审计报告后。

本章小结

1. 审计准则是执行审计工作时应该遵循的规范。审计准则既是审计理论的重要组成部分，又是直接用来指导审计实践的作业规范。审计准则具有权威性、规范性、可接受性、可操作性和相对稳定性。审计准则为审计人员提供了审计工作规范，为评价审计工作质量提供了衡量尺度，有利于维护公众和审计人员的正当利益，为审计教育充实了内容。从现行的世界各国的审计准则来看，审计准则结构内容大体上包括一般准则、工作准则和报告准则三个部分。

2. 中国注册会计师执业准则体系受注册会计师职业道德守则统驭，包括注册会计师业务准则和会计师事务所质量控制准则。注册会计师业务准则包括鉴证业务准则和相关服务准则。鉴证业务准则由鉴证业务基本准则统领，按照鉴证业务提供的保证程度和鉴证对象的不同，分为中国注册会计师审计准则、中国注册会计师审阅准则和中国注册会计师其他鉴证业务准则（分别简称审计准则、审阅准则和其他鉴证业务准则）。其中，审计准则是整个执业准则体系的核心。我国注册会计师执业准则体系在体系结构、项目构成和基本内容上实现了与国际准则的趋同。

3.鉴证业务基本准则的目的在于规范注册会计师执行鉴证业务,明确鉴证业务的目标和要素,确定审计准则、审阅准则和其他业务准则适用的业务类型。该准则主要阐述了鉴证业务的定义与目标、业务承接、鉴证业务三方关系、鉴证对象、标准、证据、鉴证报告等要素。

4.质量控制准则用以规范会计师事务所在执行各类业务时应当遵守的质量控制政策和程序,是对会计师事务所质量控制提出的制度要求。质量控制是会计师事务所内部控制体系的重要组成部分,是会计师事务所生存和发展的基本条件。质量控制准则要求会计师事务所制定全面的质量控制制度,包括落实对业务质量的领导质量、确保职业道德规范得以遵守、客户关系和具体业务的接受与保持、人力资源、业务执行、业务工作底稿和监控等方面。

思考题

1.什么是审计准则?审计准则是怎样产生和发展的?

2.审计准则有何特性?建立和完善审计准则有何作用?

3.美国《一般公认审计准则》包括哪几个部分?它通常有哪些具体作用?

4.《国际审计准则》由哪几个部分的准则构成?它有哪些内容?

5.我国注册会计师执业准则体系的组成部分有哪些?

6.鉴证业务分为基于责任方认定的业务和直接报告业务。二者有何不同?

7.我国质量控制准则的含义及内容是什么?

8.执行业务时项目负责人应从哪些方面对审计业务实施质量控制?

案例分析

【案例 2-1】
案例资料:

审计未勤勉尽责,会计公司失职反告证监会

昨天,北京一中院开庭受理了河南华为会计咨询有限公司状告中国证监会一案。河南华为"喊冤"的理由,是对中国证监会的"审计业务未能勤勉尽责,处以 30 万元行政处罚"的决定不服。在证券市场上类似会计师状告证监会的案例,实属罕见。从这个案子中我们能总结出些什么呢?

处罚的起因:发现财务报表有虚假内容

2001 年,财政部在对上市公司进行巡查时,发现了郑州宇通客车(600006)股份有限公司的 1999 年财务报表有多处虚假内容,其中,虚减资产和负债各达 1.35 亿元。于是将一份"郑州宇通为实现 2000 年配股,1999 年年报中存在重大财务虚假"的调查结果交予证监会。

证监会经过核实和确认后,在 2002 年对宇通客车和中介机构分别做出处罚决定。其中,作为宇通客车 1999 年年报的审计部门,河南华为因没有发现企业重大舞弊行为,审计工作"未勤勉尽责",而被处罚 30 万元,签字会计师赛保国和董超被处以警告的行政处罚。

(郭京霞,《北京青年报》,2003 年 8 月 5 日)

案例要求：

1.该案例中涉及了哪些组织和机构？它们的职责和业务是什么？

2.如何理解"审计业务未能勤勉尽责"？

3.审计师在"发现企业重大舞弊行为"方面应承担什么责任？

【案例2-2】

案例资料：

A注册会计师接受甲公司的委托，对甲公司管理层编制的下属子公司乙公司IT系统运行有效性的评价报告进行鉴证。甲公司拟将该评价报告提交给其他预期使用者。

案例要求：

(1)指出该项鉴证业务属于下表中何种业务类型。

分类序号	业务类型	判断及理由
(1)	基于责任方认定的业务	
	直接报告业务	
(2)	历史财务信息鉴证业务	
	其他鉴证业务	

(2)请指出该项鉴证业务的责任方，并简要说明甲公司管理层、乙公司管理层和A注册会计师各自的责任。

(3)在评价乙公司IT系统运行有效性时，甲公司使用的是其自行制定的标准。请简要说明A注册会计师应当从哪些方面评价标准的适当性。

(4)在承接业务后，如果发现标准不适当，A注册会计师应当出具何种类型的鉴证报告？

实训项目

实训目的：

注册会计师执业常识训练。

实训内容：

王明是一名财经院校审计专业的在校学生，她参加了学院组织的一个服务社会的咨询服务队。一次在咨询活动中，有人向她咨询了如下关于审计方面的问题：

1.我是一公司老总。我公司按照主管部门的要求，每年报表时都要提供相关审计报告。我觉得找事务所很麻烦，他们有时又不是很听话，再者，我发现事务所也比较赚钱，所以我们公司想自己投资成立一家注册会计师事务所，这样每年我就可以让我们自己的事务所出报告了。你看这方法行吗？

2.注册会计师是以自己的名义承接业务还是以事务所的名义承接业务？

3.注册会计师是否能同时在两家会计师事务所任职？

4.注册会计师王宾的老婆是被审计单位的办公室打字员，王宾是否需要回避？

5.注册会计师有处理被审计单位的权力吗？如果没有，审计出问题怎么办？

6.你认为建立会计师事务所的质量控制制度一般应考虑哪些方面的因素？

实训要求：

完成王明的咨询服务任务。请代王明回答她在咨询过程中遇到的问题。

阅读平台

• 阅读书目

1.中华人民共和国财政部.中国注册会计师执业准则（2017）［M］.北京：中国财政经济出版社,2017.

2.中国注册会计师协会.中国注册会计师执业准则应用指南（2017）［M］.北京：中国财政经济出版社,2017.

3.中国注册会计师协会.审计［M］.第二十章,北京：经济科学出版社,2017.

4.李晓慧.审计学：实务与案例（第二版）［M］.第一章,北京：中国人民大学出版社,2015.

5.叶陈刚.审计学［M］.第二章,北京：机械工业出版社,2015.

• 阅读资料

1.陈作习.对新审计准则中审计与鉴证两个概念的理解［J］.审计月刊,2007年第1期.

2.李莫愁.审计准则与审计失败——基于中国证监会历年行政处罚公告的分析［J］.审计与经济研究,2017年第2期.

3.阚京华.国际审计与鉴证准则理事会审计报告模式变革特征及启示［J］.南京审计大学学报,2017年第3期.

第三章

职业道德和法律责任

学习目标

通过本章学习,你应能够:

1. 理解中国注册会计师职业道德基本原则和概念框架的内容。
2. 掌握注册会计师对职业道德概念框架的具体运用。
3. 理解注册会计师的法律环境。
4. 掌握我国注册会计师法律责任的有关规定。
5. 了解注册会计师和会计师事务所避免法律诉讼的对策。

引入案例

注册会计师法律责任的承担
——大庆联谊股票案

大庆联谊石化股份有限公司的前身为大庆联谊石油化工厂,始建于1985年7月,为申报上市,1996年开始筹划用其部分下属企业组建大庆联谊股份公司,1996年下半年,大庆市体改委向省体改委请示成立联谊公司,将请示时间倒签为1993年9月20日,黑龙江省体改委1997年3月20日批复同意,将批复时间倒签为1993年10月8日。1997年1月,大庆市工商局向大庆联谊公司颁发营业执照,将颁发时间倒签为1993年12月20日。主承销商W证券公司隐瞒真实情况,向中国证监会报送了含有虚报信息的文件,1997年3月,黑龙江证券登记有限公司向中国证监会提供了虚假股权托管证明和虚拟法人股金资本公积金的报告;为通过有关部门的审核,大庆公司虚报1994至1996年企业利润1.6176亿元,并将大庆国税局的一张400余万元的缓交税款批准书涂改为4400余万元,以满足中国证监会对其申报材料的要求。

H会计师事务所在知情的情况下,由D和Q二位注册会计师为大庆联谊公司上市出具了内容虚假的审计意见书。

大庆联谊股票骗取上市资格后,于1997年5月23日在上海证券交易所上市交易。在1997年年报中,大庆联谊内部销售业务产生的尚未实现的利润在合并会计报表时未抵销,虚增利润798.13万元;加工产品增量未销售部分利润计入当年损益,虚增利润796.88万元;为大庆联谊提供劳务的应付未付费用未计入当年损益,虚增利润1058.60万元;大庆联谊的费用未计入当年损益,虚增利润54.26万元,1997年年报虚增利润共计2848.89万元(1997年年报利润总额为10 424.02万元)。同时,大庆联谊在招股说明书中承诺将募集资金投入四个项目,在1997年年报中亦称:"公司四个募股资金项目投入情况良好。"实际上,募集资金未按招股说明披露的投向使用,其中有25 700

万元转入母公司大庆联谊石化总厂用作流动资金,5000 万元违规拆借给承销商 W 证券公司,6000 万元投入证券市场,其余资金投资于其他项目,为其提供年审的 H 会计师事务所的 F、Q 二位注册会计师出具了无保留意见的审计报告。

大庆联谊股票上市后,在价位公开、明知获利的情况下,大庆联谊有关领导和经办人向中央、国家机关、黑龙江省及大庆市有关部门个别干部大肆外送股票和溢价款,同时利用外送股票溢价款之机,联谊公司领导及有关经办人员大肆进行贪污、受贿、侵占和行贿。1998 年 4 月,中国证监会接到群众举报,反映该公司将大量内部职工股票外送,以及公司有关领导贪污、行贿、受贿等问题,这一情况得到了中央领导同志的关注,中央纪委、最高人民检察院、审计署和中国证监会随即组成联合调查组对大庆联谊违法违纪问题进行立案调查。经查实,中央、国家机关、黑龙江省有关部门和大庆市共有 76 个部门和单位的 179 人违反规定自己购买或帮助他人购买大庆联谊职工股票共计 94.15 万股,股票溢价款总额达 1094 万余元。目前,国家有关部门已对涉案的责任单位和个人做出了应有的惩处,其中,中国证监会对提供审计的 H 会计师事务所处罚如下:对 H 会计师事务所处以警告、没收非法所得 65 万元,并罚款 6 万元;撤销 D 和 Q 二位注册会计师的证券业务资格;对在 1997 年审计报告上签字的 H 会计师事务所注册会计师 F 处以警告并罚款 3 万元。

——资料来源:《东方早报》,2005-6-11。

注册会计师的法律责任包括行政责任、民事责任、刑事责任。行政责任对注册会计师个人来说,包括警告、暂停执业、吊销注册会计师证书、罚款、宣布为市场禁入者等;对会计师事务所而言,包括警告、没收违法所得、罚款、暂停执业、撤销等。民事责任主要是指赔偿受害人损失。刑事责任主要是按有关法律程序判处一定的徒刑。在我国一些重要的经济法律、法规中,对会计师事务所及注册会计师的法律责任作了直接或间接的规定。比如:

《注册会计师法》第三十九条规定:"会计师事务所违反本法第二十条、第二十一条规定的,由省级以上人民政府财政部门给予警告、没收违法所得,可以并处违法所得一倍以上五倍以下的罚款;情节严重的,并可由省级以上人民政府财政部门暂停其经营业务或者予以撤销。注册会计师违反本法第二十条、第二十一条规定的,由省级以上人民政府财政部门给予警告;情节严重的,可以由省级以上人民政府财政部门暂停其执行业务或者吊销注册会计师证书。会计师事务所、注册会计师违反本法第二十条、第二十一条的规定,故意出具虚假的审计报告、验资报告,构成犯罪的,依法追究刑事责任。"第四十二条规定:"会计师事务所违反本法规定,给委托人、其他利害关系人造成损失的,应依法承担赔偿责任。"

《公司法》第二百一十九条规定:"承担资产评估、验资或者验证的机构提供虚假证明文件的,没收违法所得,处以违法所得一倍以上五倍以下的罚款,并可由有关主管部门依法责令该机构停业,吊销直接责任人员的资格证书,构成犯罪的,依法追究刑事责任,承担资产评估、验资或者验证的机构因过失提供有重大遗漏报告的,责令改正,情节较重的,处以所得收入一倍以上三倍以下的罚款,并可由有关主管部门依法责令该机构停业,吊销直接责任人员的资格证书。"

《股票发行与交易管理暂行条例》第七十三条规定:"会计师事务所、资产评估机构和律师事务所违反本条例规定,出具的文件有虚假、严重误导性内容或者重大遗漏的,根据不同情况,单处或者并处警告、没收非法所得并罚款,情节严重的,暂停其从事证券业务或者撤销其从事证券业务许可,对前款所列行为负有直接责任的注册会计师、专业评估人员和律师给予警告或者处以三万元以上三十万元以下的罚款;情节严重的,撤销其从事证券业务的资格。"

此外,《关于惩治违反公司法的犯罪的规定》《刑法》及 1999 年 7 月 1 日起施行的《证券法》等均有具体条款的规定。

本案中会计师事务所及注册会计师的违规事实主要在两个方面:一是大庆联谊股票在发行上市时,H 会计师事务所及二位注册会计师在"知情"的情况下出具了虚假审计意见书,为大庆联谊的欺诈上市铺平了道路;二是 H 会计师事务所二位注册会师对大庆联谊 1997 年年报审计时,未能发现其虚增利润 2848.89 万元以及挪用募集资金的违法事实,属重大过失。因此,中国证监会依据其违规事实及《股票发行与交易管理暂行条例》第七十三条规定,分别对 H 会计师事务所及签字注册会计师追究行政责任,处以 H 会计师事务所警告处分,没收非法所得并罚款,对二位签字注册会计师分别处以撤销证券业务资格以及警告并罚款的处罚。

通过本案例,需要强调的是,审计人员职业道德与审计法律均属于审计人员行为规范的范畴。明确注册会计师职业道德和法律责任,对于促使注册会计师担负起应有的责任,保证其服务的质量和水平,都具有重要的意义。

第一节　职业道德基本原则和概念框架

道德是社会为了调整个人之间以及个人和社会之间的关系所提倡的行为规范的总和,它通过各种形式的教育和社会舆论的力量,使人们具有善和恶、荣誉和耻辱、正义和非正义等概念,并逐渐形成一定的习惯和传统。职业道德是指某一职业组织以公约、守则等形式公布的,其会员自愿接受的职业行为标准。注册会计师职业道德是注册会计师在审计工作过程中形成的,具有审计职业特征的道德准则和行为规范。

20 世纪初,注册会计师审计在股份公司发展中起了举足轻重的作用,由此,注册会计师职业道德问题也逐步为人们所重视,因为大家都明白,审计能提高股份公司财务信息的可靠程度,为社会公众提供一种合理的"保证"。由于企业的所有者不直接参与股份公司的经营管理活动,所导致的信息不对称性和复杂性,使得社会公众越来越依赖于审计人员提供的这种"保证"。但越来越多的审计案件的发生使人们发现,审计人员日常行为和工作态度有时也会成为问题的症结所在。因此,人们除了关注审计技术和程序的发展之外,也开始关注审计人员的品质行为,由此产生了注册会计师的职业道德问题。

我国注册会计师协会自 1988 年成立以来,一直非常重视注册会计师职业道德规范建设。1992 年发布了《中国注册会计师职业道德守则(试行)》;1996 年 12 月 26 日,经财政部批准,发布了《中国注册会计师职业道德基本准则》,以代替《中国注册会计师职业道德守则(试行)》;2002 年 6 月 25 日,为解决注册会计师职业中违反职业道德的现象,发布了《中国注册会计师职业道德规范指导意见》。

2009 年 10 月 14 日,财政部发布了《中国注册会计师职业道德守则》和《中国注册会计师协会非执业会员职业道德守则》,并于 2010 年 7 月 1 日起实施,以全面规范注册会计师的职业道德行为。《中国注册会计师职业道德守则》是在认真总结以往职业道德实践经验,吸收借鉴新修订的国际职业会计师道德守则的基础上制定的,既体现了中国国情,又实现了与国际职业道德守则的趋同。

2009 年出台的《中国注册会计师职业道德守则》,包括第 1 号——职业道德基本原则(8 章 31 条)、第 2 号——职业道德概念框架(5 章 27 条)、第 3 号——提供专业服务的具体要求(10 章 48 条)、第 4 号——审计和审阅业务对独立性的要求(18 章 182 条)、第 5 号——其他鉴证业务对独立性的要求(15 章 84 条)。本书仅对中国注册会计师职业道德守则的基本原则和概念框架及提供专业服务的具体要求加以介绍。

中国注册会计师职业道德守则是用来规范中国注册会计师协会会员职业道德行为,提高职业道德水准,维护社会公众利益的准则。中国注册会计师职业道德守则规定了职业道德基本原则和职业道德概念框架,会员应当遵守职业道德基本原则,并能够运用职业道德概念框架解决职业道德问题。

一、职业道德基本原则

会员为实现执业目标,必须遵守一系列前提或一般原则。这些基本原则包括下列职业道德基本原则:诚信、独立性、客观和公正、专业胜任能力和应有的关注、保密、良好职业行为。

(一)诚信

诚信,是指诚实、守信。也就是说,一个人言行与内心思想一致,不虚假;能够履行与别人的约定而取得对方的信任。诚信原则要求会员应当在所有的职业关系和商业关系中保持正直和诚实,秉公处事、实事求是。

当会员在执行业务时认为报告、报表、沟通函件或其他信息存在下列情形时,不应在明知的情况下与其发生牵连:(1)含有重大虚假或误导性陈述;(2)含有草率提供的陈述或信息;(3)遗漏或掩盖应当包括的信息,而遗漏或掩盖这些信息将产生误导。

注册会计师如果注意到已与有问题的信息发生牵连,则应当采取措施消除牵连。在鉴证业务中,如果注册会计师依据执业准则出具了恰当的非标准业务报告,不被视为违反上述要求。

(二)独立

独立,是指不受外来力量控制、支配,按照一定之规行事。独立性是注册会计师执行鉴证业务的灵魂,是客观、公正的体现,也是《中国注册会计师职业道德守则》的精髓。在执行鉴证业务时,注册会计师必须保持独立性。在市场经济条件下,投资者主要依赖财务报表判断投资风险,在投资机会中作出选择。如果注册会计师不能与客户保持独立,而是存在经济利益、关联关系，或屈从于外界压力，就很难取信于社会公众。

那么，什么是独立性呢？较早给出权威解释的是美国注册会计师协会。美国注册会计师协会在 1947 年发布的《审计暂行标准》(The Tentative Statement of Auditing Standards) 中指出："独立性的含义相当于完全诚实、公正无私、无偏见、客观认识事实、不偏袒。"传统观点认为，注册会计师的独立性包括两个方面——实质上的独立和形式上的独立。美国注册会计师协会在职业行为守则中要求："在公共业务领域中的会员（执业注册会计师），在提供审计和其他鉴证业务时应当保持实质上与形式上的独立。"国际会计师联合会职业道德守则也要求执行公共业务的职业会计师（执业注册会计师）保持实质上的独立和形式上的独立。

注册会计师执行审计和审阅业务以及其他鉴证业务时，应当从实质上和形式上保持独立性，不得因任何利害关系影响其客观性。

会计师事务所在承办审计和审阅业务以及其他鉴证业务时，应当从整体层面和具体业务层面采取措施，以保持会计师事务所和项目组的独立性。

☞ 相关案例

北京市长城机电产业公司验资案例

1993 年 3 月，北京中诚会计师事务所为北京长城机电科技产业公司出具了虚假的验资报告，造成了十分恶劣的后果及社会影响。经财政部、审计署联合检查组检查，该事务所在其所从事的验资、查账、资产评估等业务中，存在着不少严重问题。鉴于该事务所玩忽职守，严重违反职业道德，违反了法律法规的有关规定，经国家国有资产管理局和中国证券监督管理委员会联合研究决定，撤销其从事证券业务资产评估资格。

基本案情：

长城公司在短短的半年多时间里，非法集资十多亿元。中国人民银行等有关部门察觉其所作所为后，发出通报，要求该公司立即停止其集资活动并退还集资款。但长城公司置若罔闻，非但不执行通报的要求，反而到处散布流言，欺骗纷纷要求清退集资款的群众，并胆大妄为地向法院起诉，状告中国人民银行。为了证明其清白，长城公司千方百计地寻找会计师事务所为其资信情况出具验资报告，该公司副总裁王某在朋友的介绍下，与中诚会计师事务所取得联系，谎称为在深圳和香港等地集资，需要资信证明。于是，中诚会计师事务所派审计人员耿某和刘某前去长城公司实地了解情况。但耿某和刘某仅在长城公司转了一圈，随后吃了午饭，拿了小礼品，与该公司约定第二天办理验资手续，便匆匆结束了此次实地调查。

第二天上午，耿某和刘某来到了长城公司，首先与该公司财务经理签订协议书，确定业务内容为验资。但该公司总经理提出要当天出具报告，理由是公司明后天开董事会要用。于是，耿某和刘某便根据长城公司提供的账表开始工作。中午到烤鸭馆吃饭至下午一点多钟，两人继续工作一会儿后，刘某便开始起草报告，草稿经过长城公司总经理看后即交付打印。这两名审计人员待报告打印、校对完毕后，于下午七点多钟由长城公司派车送回家，并给每人加班、夜餐费 100 元。

第三天上午，中诚会计师事务所在 100 份打印完毕的验资报告上加盖了注册会计师名章和中诚会计师事务所公章后，收取验资费用 10 万元。

至此,一笔验资业务在两天内结束,而审计人员从工作开始至结束所用时间仅为半天。与此同时,中诚会计师事务所出具的这份验资报告被长城公司广为散发,对该公司的信用已有怀疑的一些投资者到公司去退资,因看到此份报告而未退。

（资料来源：王明珠等著：《审计学教学案例》,中国时代经济出版社,2003）

案例点评：

在这个典型的审计案例中,耿某和刘某这两位审计人员应邀去烤鸭馆吃饭,并收取加班、夜餐费,首先在形式上就没有保持应有的独立,即使两人确实保持了实质上的独立,从公众的角度看,仍然会对其工作的正确性产生怀疑。而事实上,没有保持形式上的独立性很容易就会使审计人员丧失其实质上的独立性。耿某和刘某由于收取了被审计单位长城公司的好处,于是与该公司达成妥协,仅根据被审计单位提供的账簿,用半天时间草草做完审计工作底稿,继而完成验资业务并出具报告。很显然,在这个案例中,审计人员的独立性已荡然无存。

形式上的独立与实质上的独立是密不可分的,但同时又有区别。实质上的独立性是无形的,难以测量的;形式上的独立性是有形的,可以观察的。审计人员在执行审计业务时,不仅要保持实质上的独立,而且要保持形式上的独立。因为实质上的独立只有当审计人员在整个执业过程中真正保持中立（即不偏不倚）时才成立,而形式上的独立则是公众对审计人员独立性评判的结果。即使审计人员确实保持了实质上的独立,但如果公众认为其偏袒了委托人而有失形式上的独立,则审计结果即使再正确也是徒劳,因为公众只能通过观察审计人员外观上是否独立而决定是否信任其报告的信息。现在,公众通过观察认为审计人员形式上不独立,那么就算审计人员确实保持了实质上的独立,他的服务也是毫无价值的。因此,可以这么说,形式上独立是实质上独立的重要保证。

（三）客观和公正

客观,是指按照事物的本来面目去考察,不添加个人的偏见。公正,是指公平、正直、不偏袒。客观和公正原则要求会员应当公正处事、实事求是,不得由于偏见、利益冲突或他人的不当影响而损害自己的职业判断。如果存在导致职业判断出现偏差,或对职业判断产生不当影响的情形,会员不得提供相关专业服务。

☞小资料

独立与客观、公正的关系

独立与客观、公正是相辅相成、密不可分的。超然独立的立场是保持客观、公正的前提;客观、公正的心态又是独立性的本质。因此,要保持注册会计师的客观、公正,必须使他们具有独立性。同时也应看到,独立并不能完全补偿缺乏客观性或公正性的弱点。此外,客观性与公正性也是不可分割的。客观性是就注册会计师的态度而言,而公正性是就注册会计师的品质而言。没有实事求是的态度,就不能说具有诚实正直的品质,没有诚实正直的品质,也就不可能做到实事求是。

（四）专业胜任能力和应有的关注

专业胜任能力和应有的关注原则要求会员通过教育、培训和执业实践获取和保持专业胜任能力。会员应当持续了解并掌握当前法律、技术和实务的发展变化，将专业知识和技能始终保持在应有的水平，确保为客户提供具有专业水准的服务。

专业胜任能力是指会员具有专业知识、技能和经验，能够经济、有效地完成客户委托的业务。会员如果不能保持和提高专业胜任能力，就难以完成客户委托的业务。事实上，如果会员在缺乏足够的知识、技能和经验的情况下提供专业服务，就构成了一种欺诈。一个合格的会员，不仅要充分认识自己的能力，对自己充满信心，更重要的是，必须清醒地认识到自己在专业胜任能力方面存在的不足。如果会员不能认识到这一点，承接了难以胜任的业务，就可能给客户乃至社会公众带来危害。

专业服务要求注册会计师在运用专业知识和技能提供服务时合理运用职业判断。专业胜任能力可分为两个独立阶段：(1)专业胜任能力的获取；(2)专业胜任能力的保持。会员应当持续了解和掌握相关的专业技术和业务的发展，以保持专业胜任能力。

应有的关注，要求会员勤勉尽责，按照有关工作要求，认真、全面、及时地完成工作任务。在审计过程中，会员应当保持职业怀疑态度，运用专业知识、技能和经验，获取和评价审计证据。同时，会员应当采取措施以确保在其授权下工作的人员得到适当的培训和督导。在适当情况下，会员应当使客户、雇佣单位和专业服务的其他使用者了解专业服务的固有局限性。

（五）保密

会员能否与客户维持正常的关系，有赖于双方能否自愿而又充分地进行沟通和交流，不掩盖任何重要的事实和情况。只有这样，会员才能有效地完成工作。会员与客户的沟通，必须建立在为客户信息保密的基础上。这里所说的客户信息，通常是指涉密信息。一旦涉密信息被泄露或被利用，往往会给客户造成损失。因此，许多国家规定，在公众领域执业的注册会计师，在没有取得客户同意的情况下，不能泄露任何客户的涉密信息。

保密原则要求会员应当对在职业活动中获知的涉密信息予以保密，不得有下列行为：(1)未经客户授权或法律法规允许，向会计师事务所以外的第三方披露其获知的涉密信息；(2)利用所获知的涉密信息为自己或第三方谋取利益。

注册会计师应当对其客户、拟接受的客户、受雇的工作单位、拟受雇的工作单位向其披露的涉密信息保密。

注册会计师在社会交往中应当履行保密义务，警惕无意中泄密的可能性，特别是警惕无意中向近亲属或关系密切的人员泄密的可能性。

会员在下列情况下可以披露涉密信息：(1)法律法规允许披露，并且取得客户或工作单位的授权；(2)根据法律法规的要求，为法律诉讼、仲裁准备文件或提供证据，以及向有关监管机构报告发现的违法行为；(3)法律法规允许的情况下，在法律诉讼、仲裁中维护自己的合法权益；(4)接受注册会计师协会或监管机构的执业检查、答复其询问和调查；(5)法律法规、执业准则和职业道德规范规定的其他情形。

☞小思考

注册会计师王某在对 A 公司年度财务报表审计时,发现一张装修发票上的金额与原合同规定金额有出入,发票比合同金额少了 50 000 元。A 公司接到发票后未曾发现此合同有误,并将款项付讫。之后,执行该装修业务的 B 公司亦未继续来讨账。

请问:假定今后 B 公司也聘请王某审核他们的财务报表,王某能否利用他掌握 A 公司的审计资料,建议 B 公司去同 A 公司催讨这一差额款?

(六)良好职业行为

会员应当遵守相关法律法规,避免发生任何损害职业声誉的行为。

会员在向公众传递信息以及推介自己和工作时,应当客观、真实、得体,不得损害职业形象。

会员应当诚实、实事求是,不应存在下列行为:(1)扩大宣传提供的服务、拥有的资质或获得的经验;(2)贬低或者无根据地比较其他注册会计师的工作。

二、职业道德概念框架

(一)职业道德概念框架的内涵

中国注册会计师协会会员职业道德守则提出职业道德概念框架,以帮助会员遵循职业道德基本原则,履行维护公众利益的职责。职业道德概念框架旨在为会员提供解决职业道德问题的思路,要求会员:(1)识别对遵循职业道德基本原则的不利影响;(2)评价已识别不利影响的重要程度;(3)采取必要的防范措施消除不利影响或将其降至可接受水平。职业道德概念框架适用于会员应对不利影响职业道德基本原则的各种情形,其目的在于防止注册会计师认为只要守则未明确禁止的情形就是允许的。

在确定采取的防范措施时,会员应当运用职业判断,并考虑一个理性且掌握充分信息的第三方,在权衡会员当时所能获得的所有具体事实和情况后,有可能认为通过采取防范措施可以消除不利影响或将其降至可接受水平,以确保对职业道德基本原则的遵循。

当会员知悉(或合理预期其知悉)存在可能违反职业道德基本原则的情形或关系时,会员应当评价对遵循职业道德基本原则的不利影响。在评价不利影响的重要程度时,会员应当考虑不利影响的数量和性质因素。

在运用职业道德概念框架时,如果某些不利影响是重大的,或者合理的防范措施不可行或无法实施,会员可能面临不能消除不利影响或将其降至可接受水平的情形。如果无法采取适当的防范措施,注册会计师应当拒绝或终止所从事的特定专业服务,必要时与客户解除合约关系,或向其雇佣单位辞职。

(二)对遵循职业道德基本原则产生不利影响的因素及防范措施

1.产生不利影响的因素

注册会计师对职业道德基本原则的遵循可能受到多种因素的不利影响。不利影响的性质和严重程度因注册会计师提供服务类型的不同而不同。可能对职业道德基本原则产生不利影响的因素包括自身利益、自我评价、过多推介、密切关系和外在压力。

（1）自身利益导致的不利影响。如果经济利益或其他利益对会员的职业判断或行为产生不当影响，将产生自身利益不利影响。

（2）自我评价导致的不利影响。如果会员对其（或者其所在会计师事务所或雇佣单位的其他人员）以前的判断或服务结果作出不恰当的评价，并且将据此形成的判断作为当前服务的组成部分，将产生自我评价不利影响。

（3）过度推介导致的不利影响。如果会员过度推介客户或雇佣单位的某种立场或意见，使其客观性受到损害，将产生过度推介不利影响。

（4）密切关系导致的不利影响。如果会员与客户或雇佣单位存在长期或亲密的关系，而过于倾向他们的利益，或认可他们的工作，将产生密切关系不利影响。

（5）外在压力导致的不利影响。如果会员受到实际的压力或感受到压力（包括对会员实施不当影响的意图）而无法客观行事，将产生外在压力不利影响。

2.防范措施

防范措施是指可以消除不利影响或将其降至可接受水平的行动或其他措施。应对不利影响的防范措施包括下列两大类：①法律法规和职业规范规定的防范措施；②在具体工作中采取的防范措施。

法律法规和职业规范规定的防范措施包括：①取得会员资格需要的教育、培训和经验要求；②持续的职业发展要求；③公司治理方面的规定；④职业准则和职业道德规范的要求；⑤监管机构或行业的监控和惩戒程序；⑥由依法授权的第三方对会员编制的报告、报表、沟通函件或其他信息进行外部复核。

本节第三部分将讨论注册会计师在工作环境中应采取的防范措施。

某些防范措施可以增加识别或制止不道德行为发生的可能性。由行业、法律法规、监管机构以及雇佣单位规定的这类防范措施包括：（1）由所在的雇佣单位、行业以及监管机构建立有效的公开投诉系统，使同行、雇佣单位以及社会公众能够注意到不专业或不道德的行为；（2）明确规定会员有义务报告违反职业道德守则的行为或情形。

（三）道德冲突的解决

在遵循职业道德基本原则时，会员应当解决遇到的道德冲突问题。在解决道德冲突问题时，会员应当考虑下列因素：（1）与道德冲突问题有关的事实；（2）涉及的道德问题；（3）道德冲突问题涉及的职业道德基本原则；（4）会计师事务所或工作单位制定的解决道德问题的程序；（5）可供选择的措施。

在考虑这些事项后，会员应当确定采取适当的措施，并权衡各种可能采取的措施产生的后果。如果问题仍无法解决，会员应当向会计师事务所或雇佣单位内部的适当人员进行咨询，寻求帮助解决问题。如果道德问题涉及会员与某一组织的冲突或是组织内部的冲突，会员还应当确定是否向该组织的治理层（如董事会）咨询。

如果某项重大冲突未能解决，会员可以考虑向相关职业团体或法律顾问获取专业建议。如果以不提及相关方的方式与相关职业团体讨论所涉事项，或在法律特权保护下与法律顾问讨论所涉事项，会员通常能够在不违反保密原则的条件下获得解决道德问题的指导。在考虑所有相关可能措施后，如果道德冲突仍未解决，会员应当在可能的情况下拒绝继续与产生冲突的事项发生关联。会员可视情况确定是否解除业务约定或退出某项特定任务，或完全退出该项业务,或向所在会计师事务所或者雇佣单位辞职。

三、注册会计师对职业道德概念框架的具体运用

注册会计师遇到的不利影响或可能对职业道德基本原则产生不利影响的各种情形和关系,包括专业服务委托、利益冲突、应客户要求提供第二次意见、收费、专业服务营销、礼品和款待、保管客户资产、对客观和公正原则的要求。

(一)可能对职业道德基本原则产生不利影响的因素

1.自身利益导致不利影响的情形

自身利益导致不利影响的情形主要包括:(1)鉴证业务项目组成员在鉴证客户中拥有直接经济利益;(2)会计师事务所的收入过分依赖某一客户;(3)鉴证业务项目组成员与鉴证客户存在重要且密切的商业关系;(4)会计师事务所担心可能失去某一重要客户;(5)鉴证业务项目组成员正在与鉴证客户协商受雇于该客户;(6)会计师事务所与客户就鉴证业务达成或有收费的协议;(7)注册会计师在评价所在会计师事务所以前提供专业服务的结果时,发现了重大错误。

2.自身评价导致不利影响的情形

自身评价导致不利影响的情形主要包括:(1)事务所在对客户提供财务系统的设计或操作服务后,又对系统的运行有效性出具鉴证报告;(2)事务所为客户编制原始数据,这些数据构成鉴证业务的对象;(3)鉴证业务项目组成员担任或最近曾经担任客户的董事或高级管理人员;(4)鉴证业务项目组成员目前或最近曾受雇于客户,并且所处职位能够对鉴证对象施加重大影响;(5)事务所为鉴证客户提供直接影响鉴证对象信息的其他服务。

3.过度推介导致不利影响的情形

过度推介导致不利影响的情形主要包括:(1)事务所推介审计客户的股份;(2)在审计客户与第三方发生诉讼或纠纷时,注册会计师担任该客户的辩护人。

4.密切关系导致不利影响的情形

密切关系导致不利影响的情形主要包括:(1)项目组成员的近亲属担任客户的董事或高级管理人员;(2)项目组成员的近亲属是客户的员工,其所处职位能够对业务对象施加重大影响;(3)客户的董事、高级管理人员或所处职位能够对业务对象施加重大影响的员工,最近曾担任事务所的项目合伙人;(4)注册会计师接受客户的礼品或款待;(5)事务所的合伙人或高级员工与鉴证客户存在长期业务关系。

5.外在压力导致不利影响的情形

外在压力导致不利影响的情形主要包括:(1)事务所受到客户解除业务关系的威胁;(2)审计客户表示,如果事务所不同意对某项交易的会计处理,则不再委托其承办拟议中的非鉴证业务;(3)客户威胁将起诉事务所;(4)事务所受到降低收费的影响而不恰当地缩小工作范围;(5)由于客户员工对所讨论的事项更具有专长,注册会计师面临服从其判断的压力;(6)事务所合伙人告知注册会计师,除非同意审计客户不恰当的会计处理,否则将影响晋升。

【**例题**】　下列对职业道德基本原则产生不利影响的具体情形中,由外在压力因素导致的情形有(　　　　)。

A.会计师事务所受到客户解除业务关系的威胁

B.注册会计师被会计师事务所合伙人告知,除非同意审计客户的不恰当会计处理,否

　　则将不被提升

C.客户的员工对所涉事项更具专长

D.会计师事务所的高级员工长期与某一鉴证客户发生关联

【答案】　ABC

【解析】　选项D属于产生密切关系导致不利影响的情形。

(二)应对不利影响的防范措施

注册会计师应当运用判断,确定如何应对超出可接受水平的不利影响,包括采取防范措施消除不利影响或将其降至可接受水平,或者终止业务约定或拒绝接受业务委托。在运用判断时,注册会计师应当考虑:一个理性且掌握充分信息的第三方,在权衡注册会计师当时可获得的所有具体事实和情况后,是否很可能认为这些防范措施能够消除不利影响或将其降至可接受水平,以使职业道德基本原则不受损害。

应对不利影响的防范措施包括法律法规和职业规范规定的防范措施和在具体工作中采取的防范措施。在具体工作中采取的防范措施包括会计师事务所层面和具体业务层面的防范措施。

1.会计师事务所层面的防范措施

会计师事务所层面的防范措施包括:(1)会计师事务所领导层强调遵循职业道德基本原则的重要性。(2)会计师事务所领导层倡导鉴证业务项目组成员维护公众利益。(3)实施和监控项目质量控制的政策和程序。(4)制定有关政策,以识别对遵循职业道德基本原则的不利影响、评价这些不利影响的重要程度、采取防范措施以消除不利影响或将其降至可接受水平。如果无法采取适当的防范措施,应当终止业务约定或拒绝接受业务委托。(5)制定要求遵循职业道德基本原则的内部政策和程序。(6)制定有关政策和程序,以识别会计师事务所或项目组成员与客户之间的利益或关系。(7)制定有关政策和程序,以监控和管理对来源于某一客户的收入的依赖程度。(8)当向鉴证客户提供非鉴证服务时,分派不同的合伙人和项目组,并向不同的上级报告工作。(9)制定有关政策和程序,以防止项目组以外的人员对业务结果产生不当影响。(10)及时与所有合伙人和专业人员沟通会计师事务所的政策和程序及其变化情况,并就这些政策和程序进行适当的培训和教育。(11)指定高级管理人员负责监督会计师事务所质量控制系统是否适当运行。(12)向合伙人和专业人员提出鉴证客户和关联实体的名单,要求与之保持独立性。(13)建立惩戒机制,以促进对政策和程序的遵循。(14)公开相关政策和程序,以鼓励和授权员工向会计师事务所的高层反映遵循职业道德基本原则方面的问题。

2.具体业务层面的防范措施

具体业务层面的防范措施包括:(1)对已执行的非鉴证业务,由未参与该业务的注册会计师进行复核,或在必要时提供建议;(2)对已执行的鉴证业务,由鉴证业务项目组以外的注册会计师进行复核,或在必要时提供建议;(3)向客户审计委员会、监管机构或注册会计师协会咨询;(4)与客户治理层讨论有关的职业道德问题;(5)向客户治理层说明提供服务的性质和收费的范围;(6)由其他会计师事务所执行或重新执行部分业务;(7)轮换鉴证业务项目组合伙人和高级员工。

【例题】　A注册会计师的妻子拥有鉴证客户的少量股票,在A注册会计师成为鉴证小组成员之前未进行处置,会计师事务所认为该经济利益由于金额较小,不会影响注册会计师

的独立性,故未将 A 注册会计师调离鉴证小组。(　　)

【答案】　×

【解析】　该经济利益属于注册会计师的直接经济利益,在该情况下的防范措施一是注册会计师将该经济利益处置;二是调离鉴证小组。

(三)专业服务委托

1.接受客户

(1)接受客户关系的原则。主要原则有:①客户的主要股东、关键管理人员和治理层是否诚信;②客户是否涉足非法活动(如洗钱);③客户是否存在可疑的财务报告。

(2)防范措施。防范措施主要有:①对客户及其主要股东、关键管理人员、治理层和负责经营活动的人员进行了解;②要求客户对完善公司治理结构或内部控制作出承诺。

(3)后续评价。后续评价主要有:①如果不能将客户存在的问题产生的不利影响降低至可接受的水平,注册会计师应当拒绝接受客户关系;②如果向同一客户连续提供专业服务,注册会计师应当定期评价继续保持客户关系是否适当。

2.承接业务

(1)承接业务的原则。主要原则有:①仅向客户提供能够胜任的专业服务;②在承接某一客户业务前,注册会计师应当确定承接该业务是否对职业道德基本原则产生不利影响。

(2)防范措施。防范措施主要有:①了解客户的业务性质、经营的复杂程度,以及所在行业的情况;②了解专业服务的具体要求和业务对象,以及注册会计师拟执行工作的目的、性质和范围;③了解相关监管要求或报告要求;④分派足够的具有胜任能力的员工;⑤必要时利用专家的工作;⑥就执行业务的时间安排与客户达成一致意见;⑦遵守质量控制政策和程序,以合理保证仅承接能够胜任的业务。

(3)承接业务对专家的要求。对专家的要求主要有:①当利用专家工作时,注册会计师应当考虑专家的声望、专长及其可获得的资源,以及适用的执业准则和职业道德规范等因素,以确定专家的工作结果是否值得依赖;②注册会计师可以通过以前与专家的交往或向他人咨询获得相关信息。

3.客户变更委托

(1)客户变更原则。变更原则是,如果应客户要求或考虑以投标方式接替前任注册会计师,注册会计师应当核实与变更相关的事实和情况以确定是否适宜承接该业务。

(2)防范措施。防范措施主要有:①当应邀投标时,在投标书中说明,在承接业务前需要与前任注册会计师沟通,以了解是否存在不应接受委托的理由;②要求前任注册会计师提供已知悉的相关事实或情况,即前任注册会计师认为,后任注册会计师在作出承接业务的决定前,需要了解的事实或情况;③从其他渠道获取必要的信息。

(四)利益冲突

注册会计师应当采取合理的措施识别可能造成利益冲突的情形。这些情形可能对职业道德基本原则产生不利影响。

1.识别可能产生利益冲突的情形

可能产生利益冲突的情形包括:(1)与客户存在直接竞争关系,或与客户的主要竞争者存在合资或类似关系,可能对客观和公正原则产生不利影响;(2)注册会计师为两个以上客户提供服务,而这些客户之间存在利益冲突或者对某一事项或交易存在争议,可能对客观和公正原则或保密原则产生不利影响。

2.评价利益冲突严重程度

(1)注册会计师应当评价利益冲突产生不利影响的严重程度,并在必要时采取防范措施消除不利影响或将其降低至可接受的水平;

(2)在接受或保持客户关系和具体业务前,如果与客户或第三方存在商业利益或关系,注册会计师应当评价其所产生不利影响的严重程度。

3.防范措施

(1)如果会计师事务所的商业利益或业务活动可能与客户存在利益冲突,注册会计师应当告知客户,并在征得其同意的情况下执行业务;

(2)如果为存在利益冲突的两个以上客户服务,注册会计师应当告知所有已知相关方,并在征得他们同意的情况下执行业务;

(3)如果为某一特定行业或领域中的两个以上客户提供服务,注册会计师应当告知客户,并在征得他们同意的情况下执行业务;

(4)分派不同的项目组为相关客户提供服务;

(5)实施必要的保密程序,防止未经授权接触信息。例如,对不同的项目组实施严格的隔离程序,作好数据文档的安全保密工作;

(6)向项目组成员提供有关安全和保密问题的指引;

(7)要求会计师事务所的合伙人和员工签订保密协议;

(8)由未参与执行相关业务的高级员工定期复核防范措施的执行情况。

4.无法消除或降低不利影响时的决策

如果利益冲突对职业道德基本原则产生不利影响,并且采取防范措施无法消除不利影响或将其降低至可接受的水平,注册会计师应当拒绝承接某一特定业务,或者解除一个或多个存在冲突的业务约定。

(五)应客户的要求提供第二次意见

1.应客户要求提供第二次意见的含义

"应客户要求提供第二次意见"是指在某客户运用会计准则对特定交易和事项进行处理,且已由前任注册会计师发表意见的情况下,注册会计师应客户的要求提供第二次意见。

2.评价可能产生的不利影响

如果第二次意见不是以前任注册会计师所获得的相同事实为基础,或依据的证据不充分,可能对专业胜任能力和应有的关注原则产生不利影响。不利影响存在与否及其严重程度,取决于业务的具体情况,以及为提供第二次意见所能获得的所有相关事实及证据。

3.防范措施

防范措施包括:(1)征得客户同意与前任注册会计师沟通;(2)在与客户沟通中说明注册会计师发表专业意见的局限性;(3)向前任注册会计师提供第二次意见的副本。

4.考虑是否提供第二次意见

如果客户不允许与前任注册会计师沟通,注册会计师应当在考虑所有情况后决定是否适宜提供第二次意见。

【例题】　戊公司与ABC会计师事务所签订了合同,审计其2009年财务报表,在实施了相关的审计程序之后,获取了充分、适当的审计证据,ABC会计师事务所拟发表保留意见的审计报告,因戊公司为上市公司,对该审计意见不是很满意,因此拟寻求XYZ会计师事务所提供第二次意见,XYZ会计师事务所应当评价不利影响的重要程度,并在必要时采取防范措施消除不利影响或将其降至可接受水平。防范措施中不包括(　　　)。

A. 直接与ABC会计师事务所进行沟通

B. 在与戊公司的沟通函件中阐述注册会计师意见的局限性

C. 征得戊公司同意,与ABC会计师事务所进行沟通

D. 向ABC会计师事务所提供第二次意见的复印件

【答案】　A

【解析】　在与ABC会计师事务所进行沟通前必须要取得客户的同意,不能直接沟通。

(六)收费

会计师事务所在确定收费时应当主要考虑专业服务所需的知识和技能、所需专业人员的水平和经验、各级别专业人员提供服务所需的时间和提供专业服务所需承担的责任。在专业服务得到良好的计划、监督及管理的前提下,收费通常以每一专业人员适当的小时收费标准或日收费标准为基础计算。

1.收费报价过低产生的不利影响

(1)评价不利影响考虑的因素。评价不利影响考虑的因素是,在承接业务时,如果收费报价过低,可能导致难以按照执业准则和职业道德规范的要求执行业务,从而对专业胜任能力和应有的关注原则产生不利影响。

(2)防范措施。防范措施包括:①在提供专业服务时,遵守执业准则和职业道德规范的要求,使工作质量不受损害;②客户了解专业服务的范围和收费基础。

2.或有收费产生的不利影响

(1)评价不利影响考虑的因素。评价不利影响考虑的因素包括:①业务的性质(法律法规允许的业务除外);②可能的收费金额区间;③确定收费的基础;④是否由独立第三方复核交易和提供服务的结果。

(2)防范措施。防范措施包括:①预先就收费的基础与客户达成书面协议;②向预期的报告使用者披露注册会计师所执行的工作及收费的基础;③实施质量控制政策和程序;④由独立第三方复核注册会计师已执行的工作。

3.收取介绍费和佣金产生的不利影响

(1)评价不利影响考虑的因素。评价不利影响考虑的因素是,注册会计师收取与客户相关的介绍费或佣金,可能对客观和公正原则以及专业胜任能力和应有的关注原则产生非常严重的不利影响。

(2)防范措施。防范措施是,注册会计师收取与客户相关的介绍费或佣金,导致没有防范措施能够消除不利影响或将其降低至可接受的水平。

(3)明确禁止。注册会计师不得收取与客户相关的介绍费或佣金。

4.支付业务介绍费和佣金产生的不利影响

(1)评价不利影响考虑的因素。评价不利影响考虑的因素是,注册会计师为获得客户而支付业务介绍费,可能对客观和公正原则以及专业胜任能力和应有的关注原则产生非常严重的不利影响。

（2）防范措施。注册会计师为获得客户而支付业务介绍费，导致没有防范措施能够消除不利影响或将其降低至可接受的水平。

（3）明确禁止。注册会计师不得向客户或其他方支付业务介绍费。

（七）专业服务营销

1.专业服务营销可能产生的不利影响

注册会计师通过广告或其他营销方式招揽业务，可能对职业道德基本原则产生不利影响。

2.防范措施

在向公众传递信息时，注册会计师应当维护职业声誉，做到客观、真实、得体。

3.明确禁止

注册会计师在营销专业服务时，不得有下列行为：（1）夸大宣传提供的服务、拥有的资质或获得的经验；（2）贬低或无根据地比较其他注册会计师的工作；（3）暗示有能力影响有关主管部门、监管机构或类似机构；（4）作出其他欺骗性的或可能导致误解的声明。

注册会计师不得采用强迫、欺诈、利诱或骚扰等方式招揽业务。注册会计师不得对其能力进行广告宣传以招揽业务，但可以利用媒体刊登设立、合并、分立、解散、迁址、名称变更和招聘员工等信息。

（八）礼品和款待

1.接受礼品和款待的主体

接受礼品和款待的主体包括：（1）注册会计师本人；（2）注册会计师的主要近亲属；（3）注册会计师的其他近亲属。

2.明确禁止接受礼品

注册会计师不得向客户索取、收受委托合同约定以外的酬金或其他财物，或者利用执行业务之便，谋取其他不正当的利益。

3.评价款待的不利影响

（1）注册会计师应当评价接受款待产生不利影响的严重程度，并在必要时采取防范措施消除不利影响或将其降低至可接受的水平。

（2）如果款待超出业务活动中的正常往来，注册会计师应当拒绝接受。

（九）保管客户资产

1.保管客户资产可能产生的不利影响

保管客户资金或其他资产可能对职业道德基本原则产生不利影响，尤其可能对客观和公正原则以及良好职业行为原则产生不利影响。

2.在何种情形下可以保管客户资产

除非法律法规允许或要求，注册会计师不得提供保管客户资金或其他资产的服务。

3.保管客户资产应履行的法定义务

注册会计师保管客户资金或其他资产，应当履行相应的法定义务。保管客户资金或其他资产时，应当符合下列要求：（1）将客户资金或其他资产与其个人或会计师事务所的资产分开；（2）仅按照预定用途使用客户资金或其他资产；（3）随时准备向相关人员报告资产状况及产生的收入、红利或利得；（4）遵守所有与保管资产和履行报告义务相关的法律法规。

4.注意事项

如果某项业务涉及保管客户资金或其他资产,注册会计师应当根据有关接受与保持客户关系和具体业务政策的要求,适当询问资产的来源,并考虑应当履行的法定义务。如果客户资金或其他资产来源于非法活动(如洗钱),注册会计师不得提供保管资产服务,并应当向法律顾问征询进一步的意见。

(十)对客观和公正原则的要求

1.总体原则

在提供专业服务时,注册会计师如果在客户中拥有经济利益,或者与客户董事、高级管理人员或员工存在家庭和私人关系或商业关系,应当确定是否对客观和公正原则产生不利影响。

2.防范措施

防范措施主要包括:(1)退出项目组;(2)实施督导程序;(3)终止产生不利影响的经济利益或商业关系;(4)与会计师事务所内部较高级别的管理人员讨论有关事项;(5)与客户治理层讨论有关事项。

3.不能消除或降低至可接受水平的决策

如果防范措施不能消除不利影响或将其降低至可接受的水平,注册会计师应当拒绝接受业务委托或终止业务。

☞小资料

非审计服务影响审计独立性的研究

所谓的非审计业务是指除审计业务以外的其他业务,是会计师事务所向客户提供并收取一定费用的多种服务,如税务咨询、管理咨询、法律咨询甚至技术咨询等。

审计界对非审计服务影响审计独立性问题的研究,存在两种相互对立的观点:一种是非审计服务影响了审计的独立性,甚至可能导致审计失败;另一种则正好相反,认为向同一客户同时提供审计服务和非审计服务,不仅不会影响独立性、反而会提高审计效率。

一、非审计服务有损审计独立性

该观点认为:注册会计师向同一客户同时提供审计服务和非审计服务,可能淡化会计师应有的职业谨慎,从而使会计师偏离超然独立的立场,甚至因此导致失败。非审计服务影响审计独立性,主要表现在以下几个方面:一是"利益冲突"。高额的非审计服务收入可能导致事务所对客户形成财务依赖,进而导致注册会计师在与客户发生意见分歧时放弃原则;另一方面当非审计服务的收费超过审计服务的收费时,便会在非审计服务与审计服务之间形成市场竞争,造成审计服务竞争力趋弱,注册会计师会将更多的精力集中于非审计服务,对审计服务的质量有一定影响。二是"角色冲突"。非审计业务的管理顾问性质可能将注册会计师置于公司的管理位置,而在进行审计业务时,扮演管理角色的注册会计师,可能难以客观地评价与判断企业业务活动和交易性质。三是"形象冲突"。公众对注册会计师独立性的评价主要是关注形式上的独立,即使注册会计师确实保持了实质上的独立,但如果公众认为其偏袒了委托人,则审计结果即使再正确也是徒劳的,因为公众只能通过观察注册会计师形式上是否独立而决定是否信任其报告的信息。公众认为注册会计师同时提供审计服务和非审计服务,就丧失了形式上的独立性,从而贬低注册会计师在公众心目中的形象。

二、非审计服务无损审计独立性

该观点认为:注册会计师向同一客户同时提供审计服务和非审计服务,不会对审计独立性产生任何实质影响,其理由是注册会计师同时提供两种服务可以通过知识共享提高审计效率,即两种服务之间存在一种协同效应。根据"知识溢出效应"理论,提供非审计服务所获得的知识,可能向审计服务产品"溢出",从而降低审计服务的成本,提高审计服务产品的效率,使审计成本得以降低。也就是说,当注册会计师通过提供非审计服务,能够更深入地接触和了解客户的经营情况、商业计划和管理运作,实质上会大大加强审计的有效性,这种正面的效应远远高于对形式上独立性的影响。如果注册会计师被禁止提供各种非审计服务,他们就可能缺少了解客户的许多正常渠道,在新技术日益更新和商业风险逐渐增大的今天,无疑不利于对审计风险的规避。

由上可知,在审计业务与审计业务之间的最大障碍就是经济利益问题。由于事务所要生存、发展,这就要求从事审计职业必面临经济问题。如何解决审计经费是保持注册会计师及所在公众中的法官形象的关键。在这里,审计的独立性主要是要让公众相信你是独立的,而不是你自己的感受。明确这一点,也就为解决审计业务与非审计业务的问题提供了思路。

无论如何,审计这一职业在提供服务方面并没有专利权。商业和其他活动也提供服务。一种职业之所以成为职业,不仅要提供服务,还有其他的意义。如果丧失了这一显著特征,审计无疑将难以长久地为经济社会提供服务了。

一种职业由有限的明确的具备资格的一群人组成,他们具有理论知识和实践经验,比周围的其他人更能发挥职业功能。……一般地说,如果一种职业与其他职业活动的界限不明确,如果该职业的人员在容易接近的、可选择的活动中,只从事可获得高额利润的冒险的业务,任何职业的标准都会受到威胁。无论谁,都有义务明确表明自己的职务是什么,否则,他就无权得到职业成员应得的利益。任何不能坚持其成员具有同一性的职业都要承担以下的后果,即职业界限模糊和资格不确定的成员所犯的违法行为,将给整个职业造成不良影响。

无论是谁,主张禁止独立的公共会计师开展管理咨询业务,都是错误的。同时,如果公共会计师都要毫无节制地自由地开展这项活动,也是危险的。一旦职业成员与那些已在这一领域从事这种服务的各种管理咨询机构开展竞争,会计职业不仅会因为缺乏同一性而蒙受损失,而且,这种与管理者不断保持密切联系的做法又难免会给独立性带来问题。

(资料来源:中国审计网)

第二节　注册会计师的法律环境

一、注册会计师承担法律责任的依据

注册会计师在执行审计业务时,应当按照审计准则的要求审慎执业,保证执业质量,控制审计风险。否则,一旦出现审计失败,就有可能承担相应的责任。

（一）会计责任和审计责任

在讨论注册会计师的法律责任之前,有必要明确被审计单位的会计责任和注册会计师的审计责任。

1.会计责任

《中华人民共和国会计法》第二十一条规定,财务会计报告应当由单位负责人和主管会计工作的负责人、会计机构负责人(会计主管人员)签名并盖章;设置总会计师的单位,还须由总会计师签名并盖章。单位负责人应当保证财务会计报告真实、完整。《中华人民共和国公司法》第一百七十条规定,公司应当向聘用的会计师事务所提供真实、完整的会计凭证、会计账簿、财务会计报告及其他会计资料,不得拒绝、隐匿、谎报。

被审计单位的会计责任包括:

(1)按照适用的财务报告编制基础编制财务报表,并使其实现公允反映(如适用);

(2)设计、执行和维护必要的内部控制,以使财务报表不存在由于舞弊或错误导致的重大错报;

(3)向注册会计师提供必要的工作条件,包括允许注册会计师接触与编制财务报表相关的所有信息(如记录、文件和其他事项),向注册会计师提供审计所需的其他信息,允许注册会计师在获取审计证据时不受限制地接触其认为必要的内部人员和其他相关人员。

2.审计责任

按照中国注册会计师审计准则(以下简称审计准则)的规定对财务报表发表审计意见是注册会计师的责任。注册会计师作为独立的第三方,对财务报表发表审计意见,有利于提高财务报表的可信赖程度。为履行这一职责,注册会计师应当遵守相关职业道德要求,按照审计准则的规定计划和实施审计工作,获取充分、适当的审计证据,并根据获取的审计证据得出合理的审计结论,发表恰当的审计意见。注册会计师通过签署审计报告确认其责任。

3.会计责任和审计责任的关系

财务报表审计不能减轻被审计单位管理层和治理层的责任。财务报表编制和财务报表审计是财务信息生成链条上的不同环节,两者各司其职。法律法规要求管理层和治理层对编制财务报表承担责任,有利于从源头上保证财务信息质量。同时,在某些方面,注册会计师与管理层和治理层之间可能存在信息不对称。管理层和治理层作为内部人员,对企业的情况更为了解,更能作出适合企业特点的会计处理决策和判断,因此,管理层和治理层理应对编制财务报表承担完全责任。尽管在审计过程中,注册会计师可能向管理层和治理层提出调整建议,甚至在不违反独立性的前提下为管理层编制财务报表提供协助,但管理层仍然对编制财务报表承担责任,并通过签署财务报表确认这一责任。

如果财务报表存在重大错报,而注册会计师通过审计没有能够发现,也不能因为财务报表已经注册会计师审计这一事实而减轻管理层和治理层对财务报表的责任。

☞小思考

会计责任和审计责任有哪些区别？

提示：被审单位的会计责任和注册会计师的审计责任是完全不同的两项责任，二者不能相互替代、减轻或免除。其区别主要表现在以下几个方面：

（1）承担责任的主体不同。会计责任的承担者是被审单位的管理当局。在审计实务中，会计责任的确认通常是通过注册会计师要求被审单位提出书面声明来实现的。审计责任的承担者是接受审计委托的会计师事务所和承办审计业务的注册会计师。

（2）承担责任的内容不同。会计责任和审计责任的相关内容在前文已进行阐述。

（3）责任的履行不同。会计责任的履行是与被审单位的生产经营行为和管理当局的管理行为相联系的，是企业自身行为的结果。审计责任的承担则是与会计师事务所的活动和注册会计师的执业行为相联系的，是他们自身行为的结果。当事人的行为及其结果决定了其应当承担相应责任的内容。

（4）责任的评判标准不同。判断被审单位及其管理当局是否履行会计责任的依据是企业会计准则和会计制度的规定。判断会计师事务所及其注册会计师是否履行审计责任的依据是独立审计准则。

（二）经营失败、审计失败和审计风险

法律责任的出现，通常是因为注册会计师在执业时没有保持应有的职业谨慎，并因此导致了对他人权利的损害。应有的职业谨慎，指的是注册会计师应当具备足够的专业知识和业务能力，按照执业准则的要求执业。注册会计师承担的责任，通常是由被审计单位的经营失败所引发，如果没有应有的职业谨慎，就会出现审计失败，审计风险就会变成实际的损失。

经营失败，是指企业由于经济或经营条件的变化（如经济衰退、不当的管理决策或出现意料之外的行业竞争等）而无法满足投资者的预期。经营失败的极端情况是申请破产。被审计单位在经营失败时，也可能会连累注册会计师。很多会计和法律专业人士认为，财务报表使用者控告会计师事务所的主要原因之一，是不理解经营失败和审计失败之间的差别。众所周知，资本投入或借给企业后就会面临某种程度的经营风险。

审计失败则是指注册会计师由于没有遵守审计准则的要求而发表了错误的审计意见。例如，注册会计师可能指派了不合格的助理人员去执行审计任务，未能发现应当发现的财务报表中存在的重大错报。

审计风险是指财务报表中存在重大错报，而注册会计师发表不恰当审计意见的可能性。由于审计中的固有限制影响注册会计师发现重大错报的能力，注册会计师不能对财务报表整体不存在重大错报作出绝对保证。特别是，如果被审计单位管理层精心策划和掩盖舞弊行为，尽管注册会计师完全按照审计准则执业，有时还是不能发现某项重大舞弊行为。

在绝大多数情况下，当注册会计师未能发现重大错报并出具了错误的审计意见时，就可能产生注册会计师是否恪守应有的职业谨慎这一法律问题。如果注册会计师在审计过程中没有尽到应有的职业谨慎，就属于审计失败。在这种情况下，法律通常允许因注册会计师未

尽到应有的职业谨慎而遭受损失的各方,获得由审计失败导致的部分或全部损失的补偿。但是,由于审计业务的复杂性,判断注册会计师未能尽到应有的谨慎也是一项困难的工作。尽管如此,注册会计师如果未能恪守应有的职业谨慎,通常会由此承担责任,并可能致使会计师事务所也遭受损失。

二、对注册会计师责任的认定

(一)违约

所谓违约,是指合同的一方或多方未能履行合同条款规定的义务。当违约给他人造成损失时,注册会计师应负违约责任。比如,会计师事务所在商定的期间内未能提交纳税申报表,或违反了与被审计单位订立的保密协议等。

(二)过失

所谓过失,是指在一定条件下,没有保持应有的职业谨慎。评价注册会计师的过失,是以其他合格注册会计师在相同条件下可做到的谨慎为标准的。当过失给他人造成损失时,注册会计师应负过失责任。过失按程度不同区分为普通过失和重大过失。

(1)普通过失。普通过失,有的也称一般过失,通常是指没有保持职业上应有的职业谨慎;对注册会计师而言则是指没有完全遵循专业准则的要求。比如,未按特定审计项目获取充分、适当的审计证据就出具审计报告的情况,可视为一般过失。

(2)重大过失。重大过失是指连起码的职业谨慎都没有保持。对注册会计师而言,则是指根本没有遵循专业准则或没有按专业准则的基本要求执行审计。

☞ 小思考

如何区分普通过失与重大过失?

提示:为了准确区分普通过失和重大过失这两个概念,注册会计师可以结合"重要性"和"内部控制"这两个概念进行分析。

首先,如果会计报表中存在重大错报事项,注册会计师运用标准审计程序通常应能发现,但因工作疏忽而未能将重大错报事项查出来,就很可能在法律诉讼中被解释为重大过失。如果会计报表有多处错报事项,每一处都不算重大,但综合起来对会计报表的影响却较大,也就是说,会计报表作为一个整体可能严重失实,在这种情况下,法院一般认为注册会计师具有普通过失,而非重大过失,因为标准审计程序发现每处较小错误事项的概率也小。

其次,注册会计师对会计报表项目的审计是以内部控制结构的研究与评价为基础的。如果内部控制结构不太健全,注册会计师应当扩大抽样的范围,这样,一般都能揭示出由此产生的错报。否则,就具有重大过失的性质。相反的情况是,内部控制制度本身非常健全,但由于职工串通舞弊,导致设计良好的内部控制失效。由于注册会计师查出这种错报事项的可能性相对较小,因而一般会认为注册会计师没有过失或只具有普通过失。

(三)欺诈

欺诈又称舞弊,是以欺骗或坑害他人为目的的一种故意的错误行为。作案具有不良动机是欺诈的重要特征,也是欺诈与普通过失和重大过失的主要区别之一。对于注册会计师而言,欺诈就是为了达到欺骗他人的目的,明知委托单位的财务报表有重大错报,却加以虚伪的陈述,出具无保留意见的审计报告。

与欺诈相关的另一个概念是"推定欺诈",又称"涉嫌欺诈",是指虽无故意欺诈或坑害他人的动机,但却存在极端或异常的过失。推定欺诈和重大过失这两个概念的界限往往很难界定,在美国,许多法院曾经将注册会计师的重大过失解释为推定欺诈,特别是近年来有些法院放宽了"欺诈"一词的范围,使得推定欺诈和欺诈在法律上成为等效的概念。这样,具有重大过失的注册会计师的法律责任就进一步加大了。

☞ 小资料

注册会计师应负的不同程度的责任

没有过失	普通过失	重大过失(推定欺诈)	欺诈(舞弊)
1.审计严格按照公认审计准则进行 2.错弊是由管理当局滥用职权造成的 3.企业的舞弊行为非常隐蔽 4.串通舞弊	1.查出的错误与舞弊发生在内部控制之外 2.重大的管理当局舞弊非常隐蔽地分布在会计报表的许多不同项目上	1.重大的管理当局舞弊不是非常隐蔽 2.重大的舞弊发生在内部控制之内 3.草率的渎职行为 4.应用公认的审计准则应该可以查出	1.故意的欺诈与隐瞒 2.注册会计师与企业管理当局串通作弊

【例题】　注册会计师对 ABC 股份有限公司 2009 年度财务报表进行审计,按照函证具体准则,对大额的应收账款进行了函证,但最终仍有多处小额错报未能查出,在 ABC 股份有限公司没有严重的串通舞弊的前提下,一般认为注册会计师负有(　　)。

　　A. 没有过失　　　　B.普通过失　　　　C. 重大过失　　　　D. 欺诈

【答案】　B

三、注册会计师承担法律责任的种类

注册会计师因违约、过失或欺诈给被审计单位或其他利害关系人造成损失的,按照有关法律规定,可能被判承担行政责任、民事责任或刑事责任。这三种责任可单处,也可并处。

(一)行政责任

行政责任是指违反经济法律法规依法应承担的行政法律后果,包括行政处分和行政处罚。行政责任对注册会计师而言,包括警告、暂停执业、吊销注册会计师证书;对会计师事务所而言,包括警告、没收违法所得、罚款、暂停执业、撤销等。

(二)民事责任

民事责任是指因实施了民事违法行为,根据民法所承担的对其不利的民事法律后果或者基于法律特别规定而应承担的民事法律责任。注册会计师民事责任主要是指赔偿受害人损失。

（三）刑事责任

刑事责任是指触犯刑法所必须承担的法律后果，其种类包括罚金、有期徒刑以及其他限制人身自由的刑罚等。

【例题】　只要注册会计师未查出被审单位会计报表中的错报，则必须承担法律责任。

（　　）

【答案】　×

【解析】　由于审计测试技术和被审单位内部控制制度的局限性，不能苛求注册会计师发现和披露会计报表中的所有错报。因此，题目中的说法是错误的。

第三节　注册会计师的法律责任规定

随着社会主义市场经济体制在我国的建立和完善，注册会计师在社会经济生活中的地位越来越重要，发挥的作用越来越大。如果注册会计师工作失误或犯有欺诈行为，将会给客户或依赖经审计财务报表的第三者造成重大损失，严重的甚至导致经济秩序的紊乱。因此，强化注册会计师的法律责任意识，严格注册会计师的法律责任，以保证职业道德和执业质量，就显得愈来愈重要。近年来我国颁布的不少经济法律法规中，都有专门规定会计师事务所、注册会计师法律责任的条款，其中比较重要的有：《注册会计师法》《违反注册会计师法处罚暂行办法》《公司法》《证券法》及《刑法》等。此外，为了正确审理涉及会计师事务所在审计业务活动中的民事侵权赔偿责任，维护社会公共利益和相关当事人的合法权益，根据《民法通则》《注册会计师法》《公司法》《证券法》等法律，结合审判实践，最高人民法院相继出台了一系列相关司法解释。

一、相关法律法规规定

（一）民事责任

1.《民法通则》的规定

1987年1月1日施行的《民法通则》第一百零六条规定："公民、法人违反合同或者不履行其他义务的，应当承担民事责任。公民、法人由于过错侵害国家的、集体的财产，侵害他人财产、人身的，应当承担民事责任。没有过错，但法律规定应当承担民事责任的，应当承担民事责任。"

2.《注册会计师法》的规定

1994年1月1日实施的《注册会计师法》在第六章"法律责任"中规定了注册会计师的行政、刑事和民事责任。其中，关于民事责任的条款是第四十二条"会计师事务所违反本法规定，给委托人、其他利害关系人造成损失的，应当依法承担赔偿责任。"

3.《证券法》的规定

2014年8月31日修订的《证券法》第一百七十三条规定："证券服务机构为证券的发行、上市、交易等证券业务活动制作、出具审计报告、资产评估报告、财务顾问报告、资信评级报告或者法律意见书等文件，应当勤勉尽责，对所依据的文件资料内容的真实性、准确性、完整性进行核查和验证。其制作、出具的文件有虚假记载、误导性陈述或者重大遗漏，给他人造成损失的,应当与发行人、上市公司承担连带赔偿责任,但是能够证明自己没有过错的除外。"

4.《公司法》的规定

2013 年 12 月 28 日修订的《公司法》第二百零七条第三款规定:"承担资产评估、验资或者验证的机构因出具的评估结果、验资或者验证证明不实,给公司债权人造成损失的,除能够证明自己没有过错的外,在其评估或者证明不实的金额范围内承担赔偿责任。"

(二)行政责任

1.《注册会计师法》的规定

《注册会计师法》第三十九条第一款规定:"会计师事务所违反本法第二十条、第二十一条规定的,由省级以上人民政府财政部门给予警告,没收违法所得,可以并处违法所得一倍以上五倍以下的罚款;情节严重的,并可以由省级以上人民政府财政部门暂停其经营业务或者予以撤销。"

《注册会计师法》第三十九条第二款规定:"注册会计师违反本法第二十条、第二十一条规定的,由省级以上人民政府财政部门给予警告;情节严重的,可以由省级以上人民政府财政部门暂停其执行业务或者吊销注册会计师证书。"

2.《证券法》的规定

《证券法》第二百零一条规定:"为股票的发行、上市、交易出具审计报告、资产评估报告或者法律意见书等文件的证券服务机构和人员,违反本法第四十五条的规定买卖股票的,责令依法处理非法持有的股票,没收违法所得,并处以买卖股票等值以下的罚款。"

第二百零七条规定:"违反本法第七十八条第二款的规定,在证券交易活动中作出虚假陈述或者信息误导的,责令改正,处以三万元以上二十万元以下的罚款;属于国家工作人员的,还应当依法给予行政处分。"

第二百二十三条规定:"证券服务机构未勤勉尽责,所制作、出具的文件有虚假记载、误导性陈述或者重大遗漏的,责令改正,没收业务收入,暂停或者撤销证券服务业务许可,并处以业务收入一倍以上五倍以下的罚款。对直接负责的主管人员和其他直接责任人员给予警告,撤销证券从业资格,并处以三万元以上十万元以下的罚款。"

第二百二十五条规定:"上市公司、证券公司、证券交易所、证券登记结算机构、证券服务机构,未按照有关规定保存有关文件和资料的,责令改正,给予警告,并处以三万元以上三十万元以下的罚款;隐匿、伪造、篡改或者毁损有关文件和资料的,给予警告,并处以三十万元以上六十万元以下的罚款。"

3.《公司法》的规定

《公司法》第二百零七条第二款规定:"承担资产评估、验资或者验证的机构提供虚假材料的,由公司登记机关没收违法所得,处以违法所得一倍以上五倍以下的罚款,并可以由有关主管部门依法责令该机构停业、吊销直接责任人员的资格证书,吊销营业执照。"

第二百零七条第一款规定:"承担资产评估、验资或者验证的机构因过失提供有重大遗漏的报告的,由公司登记机关责令改正,情节较严重的,处以所得收入一倍以上五倍以下的罚款,并可以由有关主管部门依法责令该机构停业、吊销直接责任人员的资格证书,吊销营业执照。"

4.《违反注册会计师法处罚暂行办法》的规定

为加强注册会计师行业的监督管理,促进注册会计师事业的健康发展,维护社会公共利益和当事人的合法权益,1998 年财政部根据《注册会计师法》和《行政处罚法》,制定发布《违反注册会计师法处罚暂行办法》(以下简称《办法》)。《办法》第四条规定:"对注册会计师的处罚种类包括:(一)警告;(二)没收违法所得;(三)罚款;(四)暂停执业部分或全部业务,暂停执业的最长期限为 12 个月;(五)吊销有关执业许可证;(六)吊销注册会计师证书。"

第五条规定:"对事务所的处罚种类包括:(一)警告;(二)没收违法所得;(三)罚款;(四)暂停执行部分或全部业务,暂停执行的最长期限为 12 个月;(五)吊销有关执行许可证;(六)撤销事务所。"

《办法》除细化规定了注册会计师和事务所违反《注册会计师法》应当承担的行政责任的种类外,还具体规定了对违反《注册会计师法》的注册会计师和事务所实施行政处罚的主体、条件、程序,以及注册会计师和事务所减轻、免除行政责任的情形和救济途径等。

(三)刑事责任

1.《注册会计师法》的规定

《注册会计师法》第三十九条第三款规定:"会计师事务所、注册会计师违反本法第二十条、第二十一条的规定,故意出具虚假的审计报告、验资报告,构成犯罪的,依法追究刑事责任。"

2.《证券法》的规定

《证券法》第二百三十一条规定:"违反本法规定,构成犯罪的,依法追究刑事责任。"

3.《公司法》的规定

《公司法》第二百一十五条规定:"违反本法规定,构成犯罪的,依法追究刑事责任。"

4.《刑法》的规定

《刑法》第二百二十九条第一款规定:"承担资产评估、验资、验证、会计、审计、法律服务等职责的中介组织的人员故意提供虚假证明文件,情况严重的,处五年以下有期徒刑或者拘役,并处罚金。"

第二百二十九条第二款规定:"前款规定的人员,索取他人财物或者非法收受他人财物,犯前款罪的,处五年以上十年以下有期徒刑,并处罚金。"

第二百二十九条第三款规定:"第一款规定的人员,严重不负责任,出具的证明文件有重大失实,造成严重后果的,处三年以下有期徒刑或者拘役,并处或者单处罚金。"

第二百三十一条规定:"单位犯本节第二百二十一条至第二百三十条规定之罪的,对单位判处罚金,并对其直接负责的主管人员和其他直接责任人员,依照本节各该条的规定处罚。"

5.《违反注册会计师法处罚暂行办法》的规定

《违反注册会计师法处罚暂行办法》第三十一条规定:"注册会计师和事务所的违法行为构成犯罪的,应当移交司法机关,依法追究刑事责任。"

二、相关司法解释

随着我国社会主义市场经济的不断发展,会计师事务所的民事责任问题逐渐引起社会各界的关注。虽然《注册会计师法》《公司法》和《证券法》对此已有规定,但这些规定相对比较原则,以致各级法院在审理会计师事务所民事责任案件时,根据这些规定对同类案件作出的判决结果差异较大。为合理界定会计师事务所民事责任,最高人民法院近年来作出很多努力。1996年4月4日,最高人民法院发布法函(1996)56号《关于会计师事务所为企业出具虚假验资证明如何处理的函》,对出具验资证明的会计师事务所应对委托人、其他利害关系人承担民事责任作出规定,并引发了"验资诉讼风暴"。其后,又陆续发布了五个关于会计师事务所民事责任的司法解释,为人民法院正确审理涉及会计师事务所民事责任案件提供了重要的法律依据。特别是2007年6月14日公布的《最高人民法院关于审理涉及会计师事务所在审计业务活动中民事侵权赔偿案件的若干规定》(以下简称《司法解释》),是在梳理最高人民法院以往发布的五个司法解释的基础上,经过充分讨论和反复论证,将审判实践中出现的新情况、新问题作出符合法律精神并切合实际的规定,具有里程碑式的意义。

《司法解释》根据法律规定的精神,立足于妥当权衡社会公众利益与注册会计师行业利益,针对会计师事务所民事侵权赔偿责任作出若干重要规定。《司法解释》共13条,主要规定了事务所侵权责任产生的事由、利害关系人的范围、诉讼当事人的列置、执业准则的法律地位、归责原则及举证分配、事务所的连带责任和补充责任、认定事务所过失责任的情形和过失认定的标准、事务所免除和减轻赔偿责任的事由以及事务所侵权赔偿顺位和赔偿责任范围等内容。

(一)事务所侵权责任产生的事由

《司法解释》第一条规定:"利害关系人以会计师事务所在从事注册会计师法第十四条规定的审计业务活动中出具不实报告并致其遭受损失为由,向人民法院提起民事侵权赔偿诉讼的,人民法院应当依法受理。"注册会计师法第十四条规定了四类审计业务,即:企业会计报表审计;企业验资;企业合并、分立、清算中的审计;法律、行政法规规定的其他审计业务。对这类审计业务出具不实报告,就可能承担民事侵权赔偿责任。根据《司法解释》第一条的规定,会计师事务所无论是执行验资业务还是财务报表审计业务,无论是执行一般审计业务还是证券审计业务,无论是执行企业审计还是将来可能出现的公立医院、高校、基金会等非营利组织审计业务,其在承担民事侵权赔偿责任时都适用相同的法律规定,即《司法解释》的相关规定。事务所不再因为所执行审计业务种类的不同而承担不同的民事侵权赔偿责任。

另外,《司法解释》第二条第二款对"不实报告"作了界定,即"会计师事务所违反法律法规、中国注册会计师协会依法拟定并经国务院财政部门批准后施行的执业准则和规则以及诚信公允的原则,出具的具有虚假记载、误导性陈述或者重大遗漏的审计业务报告,应认定为不实报告"。根据这一规定,构成不实报告需满足两个方面的条件,即:一是违反法律法规、执业准则和规则以及诚信公允原则;二是具有虚假记载、误导性陈述或者重大遗漏。

(二)利害关系人的范围

利害关系人的范围,即第三人的范围,是会计师事务所民事责任的核心问题。利害关系人范围的宽窄,最能反映出法律规定所秉承在公众利益和行业利益之间的价值取向。《司法解释》第二条第一款规定:"因合理信赖或者使用会计师事务所出具的不实报告,与被审计单位进行交易或者从事与被审计单位的股票、债券等有关的交场活动而遭受损失的自然人、法人或者其他组织,应认定为注册会计师法规定的利害关系人。"该条规定及《司法解释》其他相关规定,实际上是依侵权行为法的逻辑,贯彻了民法的公平原则,在被审计单位—事务所—第三人(即财务信息提供人—财务信息鉴证人—财务信息使用人)之间公平分配因被审计单位经营失败或舞弊、事务所审计失败而导致的利害关系人损失。即:事务所应当对一切合理依赖或使用其出具的不实审计报告而受到损失的利害关系人承担赔偿责任,与利害关系人发生交易的被审计单位应当承担第一位责任,事务所仅应对其过错及其过错程度承担相应的赔偿责任,在利害关系人存在过错时,应当减轻事务所的赔偿责任。

(三)诉讼当事人的列置

《司法解释》第三条规定:"利害关系人未对被审计单位提起诉讼而直接对会计师事务所提起诉讼的,人民法院应当告知其对会计师事务所和被审计单位一并提起诉讼;利害关系人拒不起诉被审计单位的,人民法院应当通知被审计单位作为共同被告参加诉讼。利害关系人对会计师事务所的分支机构提起诉讼的,人民法院可以将该会计师事务所列为共同被告参加诉讼。利害关系人提出被审计单位的出资人虚假出资或出资不实、抽逃出资,且事后未补足的,人民法院可以将该出资人列为第三人参加诉讼。"该条规定涉及了三个民事主体两类诉讼当事人,三个民事主体是指被审计单位、分支机构所属事务所以及被审计单位出资人,两类诉讼当事人是指前述三个民事主体在事务所侵权赔偿案件中应被分别列为共同被告或第三人。这一规定,一是体现了被审计单位—事务所—利害关系人三方之间公平分配损失的原则;二是方便在诉讼中查明事实,一次性解决纠纷。

(四)执业准则的法律地位

1996年最高人民法院针对四川德阳事务所验资案发布的法函[1996]56号复函,随后,注册会计师行业掀起一场"验资诉讼浪潮"。在这场"验资诉讼浪潮"中,有些事务所以严格遵守了独立审计准则为由提出抗辩,但一些法官则认为独立审计准则只是注册会计师行业自己制定的执业手册,不能成为事务所抗辩的依据,也不能作为法官审判案件的依据。由此,在会计界和法律界间引发了关于审计报告真实性之争与执业准则法律地位之争。当时,会计界认为,审计报告是一种合理保证,而不是绝对保证。由于审计业务的固有风险以及审计成本等原因,审计报告的真实性应意味着只要事务所按照执业准则和规则的要求出具的审计报告,就是真实的审计报告,即程序上真实的审计报告。而法律界认为,审计报告作为事务所对财务信息作出的鉴证意见,应当确保鉴证对象信息与客观事实相符,审计报告的真实性就是客观上的真实,而不是遵循了执业准则要求的程序上的真实。

对此,《司法解释》以鲜明的立场结束了会计界与法律界多年之争。《司法解释》第二条第二款、第四条第二款、第六条和第七条等规定,明确将执业准则纳入法律程序范畴,将事务所是否遵循了执业准则的要求作为判断其有无故意和过失的重要依据。

(五)归责原则和举证责任分配

归责原则是民事责任制度的核心。民事责任归责原则一般分为两种,即过错责任原则和无过错责任原则。过错责任原则是指有过错才有责任,过错原则又可分为一般过错责任原则和过错推定原则。无过错责任原则是指无过错也要承担责任,比如产品责任等。举证责任分配是证明制度的核心,一般分为谁主张谁举证原则和举证责任倒置原则。对此,《司法解释》采取以过错责任归责原则为基础,统一适用过错推定原则和举证责任倒置的模式。《司法解释》第四条第一款明确规定:"会计师事务所因在审计业务活动中对外出具不实报告给利害关系人造成损失的,应当承担侵权赔偿责任,但其能够证明自己没有过错的除外。"根据这一规定，事务所只有存在过错时才承担侵权赔偿责任，无过错不承担责任，但是事务所是否存在过错需要由事务所自己来提出证明。根据《司法解释》第四条第二款规定，事务所可以通过提交相关执业准则以及审计工作底稿等证明自己没有过错。另外，根据《司法解释》的精神，在确定事务所侵权赔偿责任时，除非事务所能够证明原告利害关系人的损失是由于审计报告以外的其他因素引起，否则就可以推定不实报告与损失的因果关系存在。

（六）事务所的连带责任和补充责任

连带责任是指债务人为多数的情况下，债权人既有权请求所有的债务人清偿债务，也有权请求其中任何一个债务人单独清偿债务的一部分或者全部。清偿了全部债务的债务人，有权就其清偿超过自己应分担的部分，要求其他的债务人按各应承担的部分给予补偿。补充责任是指对主责任的补充清偿责任。所谓主责任，是指行为人本人首先承担的民事责任。当主责任人的财产不足以清偿债务时，不足部分由承担补充责任的人来清偿。

关于事务所在审计活动中，因其出具不实报告给利害关系人造成损失，应当承担何种性质的法律责任，目前我国现行法律存在着不同的规定。《公司法》第二百零七条第三款规定的是补充责任，而《证券法》第一百七十三条针对事务所证券审计业务规定的却是连带责任。一般而言，在法律适用上，如果就同一问题存在不同的法律规定，则采用后法优于前法、特别法优于普通法的原则进行处理。由于《公司法》和《证券法》都是 2005 年 10 月 27 日修订，可以说是同步修订，所以，无法采用后法优于前法的原则。而通常认为，《证券法》是《公司法》的特别法，所以，可以采用以特别法优于普通法的原则处理。但从《司法解释》的规定来看，《司法解释》不但没有采用这个法律适用原则，而且，在否定证券审计和非证券审计业务划分的同时，创造性地依过错状态区分责任类型。这种做法应该说在我国民事法律体系中是极其少见的。在我国法律责任体系中，一般只在追究刑事责任和行政责任时才会考量故意和过失的不同，而在民事责任体系中，是不区分故意和过失的。《司法解释》第五条规定了事务所在故意情况下，应当与被审计单位承担连带赔偿责任，第六条和第十条规定了事务所在过失情况下，根据过失大小承担补充责任。

《司法解释》第五条规定："注册会计师在审计业务活动中存在下列情形之一，出具不实报告并给利害关系人造成损失的，应当认定会计师事务所与被审计单位承担连带责任：（一）与被审计单位恶意串通；（二）明知被审计单位对重要事项的财务会计处理与国家有关规定相抵触，而不予指明；（三）明知被审计单位的财务会计处理会直接损害利害关系人的利益，而予以隐瞒或作不实报告；（四）明知被审计单位的财务会计处理会导致利害关系人产生重大误解，而不予指明；（五）明知被审计单位的财务报表的重要事项有不实的内容，而不予指明；（六）被审计单位示意其作不实报告，而不予拒绝。对被审计单位有前款第（二）至（五）项所列行为，注册会计师按照执业准则、规则应当知道的，人民法院应认定其明知。"从内容上看，该条不但规定了事务所故意出具不实报告的情形，而且，根据《注册会计师法》第二十一条第三款，还规定了按照执业准则、规则应当知道的应推定为故意出具不实报告并承担连带责任。这一点可以说是《司法解释》的又一创造性规定。因为在传统的侵权法理论上，主观方面的应当知道一直被视为疏忽大意的过失。《司法解释》的这一创造性规定，其意义在于能够较好地实现关于公平分配利害关系人损失以及过错与责任相适的指导思想。

（七）事务所过失责任和过失认定标准

《司法解释》第六条第一款规定："会计师事务所在审计业务活动中因过失出具不实报

告,并给利害关系人造成损失的,人民法院应当根据其过失大小确定其赔偿责任。"从内容上看,这一规定明确了两方面问题:一是事务所过失出具不实报告不承担连带责任;二是事务所承担的赔偿责任大小是与其过失程度相适应的。

结合《司法解释》第十条的有关规定,可以看出,事务所过失出具不实报告承担的是一种既不同于连带责任也不同于按份责任的补充责任。也就是,事务所过失赔偿责任,是在被审计单位、出资人的财产依法强制执行后仍不足以赔偿损失时,事务所才承担赔偿责任。如果被审计单位、出资人的财产依法强制执行后利害关系人的损失全部得以赔偿,那么,事务所就可以不承担赔偿责任。

《司法解释》第六条第一款虽然规定了事务所承担的赔偿责任应当与其过失程度相适应。但没有对过失程度的划分作出明确规定。法学界对过失程度一般划分为普通过失和重大过失。普通过失是指注册会计师在执业过程中没有保持应有的职业关注,没有严格按照执业准则的要求从事审计工作。这种过失所违反的义务对应于民法理论上的善良管理人的注意义务。在普通过失中,注册会计师在主观上尽管存在着对其行为结果负责及避免损害他人利益的注意,但由于这种注意并未达到审计准则所要求的程度,或者尽管没有审计准则的明确规定,但对于一般注册会计师根据职业判断都应注意的事项未能注意,或者注册会计师在执业活动中未能保持应有的职业谨慎,由此而导致报告不实并致利害关系人损失。注册会计师的重大过失是指注册会计师在执业活动中缺乏最起码的关注,没有遵守审计准则的最低要求。这种过失所违反的义务相当于民法学说上的普通人的注意。至于其过失行为造成的损害后果是否重大,通常不是判断注册会计师过失程度的参考因素。以上对普通过失和重大过失的划分,只是一种理论上的抽象。在审判实践中,对注册会计师过失程度的判断,有赖于法官基于个案进行综合的公正的考虑。

对于应认定事务所存在过失的具体情形和认定标准,《司法解释》第六条第二款作出详细规定,即"注册会计师在审计过程中未保持必要的职业谨慎,存在下列情形之一,并导致报告不实的,人民法院应当认定会计师事务所存在过失:(一)违反注册会计师法第二十条第(二)、(三)项的规定;(二)负责审计的注册会计师以低于行业一般成员应具备的专业水准执业;(三)制定的审计计划存在明显疏漏;(四)未依据执业准则、规则执行必要的审计程序;(五)在发现可能存在错误和舞弊的迹象时,未能追加必要的审计程序予以证实或者排除;(六)未能合理地运用执业准则和规则所要求的重要性原则;(七)未根据审计的要求采用必要的调查方法获取充分的审计证据;(八)明知对总体结论有重大影响的特定审计对象缺少判断能力,未能寻求专家意见而直接形成审计结论;(九)错误判断和评价审计证据;(十)其他违反执业准则、规则确定的工作程序的行为"。这些情形和标准的规定,主要是对审计实践经验的总结,其中不乏主观性或专业性较强的条款,对于这些规定,在具体适用时,可能也要有赖于法官或有关专业人士的判断。

(八)事务所免除和减轻责任的事由

根据民法理论,民事侵权责任须满足一定的构成要件。一般的民事侵权责任须满足四个构成要件,即行为人主观过错、实际损失的发生、过错与损失之间的因果关系以及行为人违法。如果不能满足这四个构成要件,侵权责任主体就可以提出抗辩,要求免责或者减责。事务所民事侵权赔偿责任也是如此。《司法解释》第一条至第六条,实际上都是根据审计执业的特点,对事务所侵权赔偿责任构成要件的细化规定。如果事务所能够证明自己在特定方面不符合这些构成要件的规定,那么,事务所就可以提出抗辩。

对此,基于司法实践和审计实务经验,《司法解释》第七条主要从是否存在过错和因果关系两个方面规定了五种事务所免责的情形。该条规定:"会计师事务所能够证明存在以下情形之一的,不承担民事赔偿责任:(一)已经遵守执业准则、规则确定的工作程序并保持必要的职业谨慎,但仍未能发现被审计的会计资料错误;(二)审计业务所必须依赖的金融机构等单位提供虚假或者不实的证明文件,会计师事务所在保持必要的职业谨慎下仍未能发现虚假或者不实;(三)已对被审计单位的舞弊迹象提出警告并在审计报告中予以指明;(四)已经遵照验资程序进行审核并出具报告,但被验资单位在注册登记之后抽逃资金;(五)为登记时未出资或者未足额出资的出资人出具不实报告,但出资人在登记后已补足出资。"其中,前三项规定属于因没有过错而免责的情形,后两项规定属于因没有因果关系而免责的情形。

同时,《司法解释》第八条还规定了一种事务所减轻责任的情形。该条规定:"利害关系人明知会计师事务所出具的报告为不实报告而仍然使用的,人民法院应当酌情减轻会计师事务所的赔偿责任。"此条规定,应当理解为是对公平分配损失原则的执行。实际上,利害关系人明知报告不实而仍然使用报告并受到损失的,其损失与不实报告之间可以说是不存在直接因果关系的。但考虑到事务所因过错出具不实报告,如果完全不承担责任会有失偏颇,所以,《司法解释》依据公平分配损失的原则,规定在这种情况下应当减轻事务所责任而不是免除其责任。

除《司法解释》第七条、第八条规定的具体减责和免责情形外,事务所还可通过主张欠缺侵权责任构成要件等提出抗辩。比如,事务所可以提出自己无过错、没有出具不实报告、没有发生实际损失等。还可以提出其他事实或法律规定可以抗辩的事由,例如,利害关系人的赔偿请求权已超过诉讼时效期限等。

另外,针对实际中部分事务所试图通过在审计报告中限制报告用途来减轻或免除责任的做法,《司法解释》第九条专门作了规定。该条规定:"会计师事务所在报告中注明'本报告仅供年检使用'、'本报告仅供工商登记使用'等类似内容的,不能作为免责的事由。"这样规定,主要是因为,事务所出具的一些审计报告,其用途已为法律法规所规定,事务所无权限定审计报告的用途,比如,法律规定的验资业务并不是单纯为了工商登记,验资业务的根本目的是保护债权人利益,确保交易安全,因此,事务所在验资报告中注明"本报告仅供工商登记使用"等类似内容的,属于不合理免责条款,不能成为免责的事由。

(九)事务所侵权赔偿顺位和赔偿责任范围

1.关于事务所侵权赔偿顺位

在事务所侵权赔偿诉讼案件中,一般涉及多个责任主体。如果多个责任主体之间承担的是连带责任,那么是不存在赔偿顺序问题的。但如果多个责任主体之间没有连带关系,且存在补充责任时,那么,就需要确定这些责任主体之间的赔偿顺序。《司法解释》第十条针对事务所因其过失承担补充赔偿责任的案件中,事务所与被审计单位及其瑕疵出资的股东之间的赔偿顺序作出了规定。

(1)事务所与被审计单位之间的责任顺位。审计报告使用人由于信赖不实审计报告而从事相关交易导致损失的情况主要有以下三种:一是报告使用人与被审计单位之间发生买卖、借贷合同等交易关系,因被审计单位违约而导致损失;二是报告使用人在证券发行市场,购买了被审计单位发行的证券而导致损失;三是报告使用人在证券交易市场,使用了被审计单位的股票、债券、股票期权等金融工具进行交易而导致损失。在这三种情况下，从因果关系的角度看，被审计单位的违约或欺诈行为是导致报告使用人损失的直接原因，不实审计报告只是间接原因。基于这种直接原因与间接原因的区分，对于报告使用人的损失，应当由被审计单位承担第一顺位的责任，事务所承担在后顺位的责任。所以，《司法解释》第十条第（一）项规定，"应先由被审计单位赔偿利害关系人的损失"。

（2）被审计单位与其瑕疵出资股东之间的责任顺位。被审计单位的瑕疵出资股东因其未尽出资义务，应当在瑕疵出资数额范围内向公司债权人承担补充赔偿责任。故《司法解释》第十条第（一）项规定，"被审计单位的出资人虚假出资、不实出资或者抽逃出资，事后未补足，且依法强制执行被审计单位财产后仍不足以赔偿损失的，出资人应在虚假出资、不实出资或者抽逃出资数额范围内向利害关系人承担补充赔偿责任"。

（3）事务所与被审计单位瑕疵出资股东之间的责任顺位。就被审计单位的瑕疵出资股东对债权人的责任，最高人民法院相关的司法解释中多次明确，企业出资人未出资或出资不实，应当对企业的债权人承担相应的民事责任。但对于事务所与被审计单位的瑕疵出资股东之间的责任顺位，未作出明确规定。在司法实践中，出于被告清偿能力考虑，有些法院往往将事务所作为"深口袋"被告，判令事务所与被审计单位的出资人承担连带责任。为此，《司法解释》第十条第（二）项规定，对被审计单位、出资人的财产依法强制执行后仍不足以赔偿损失的，由事务所在其不实审计金额范围内承担相应的赔偿责任。

2.关于事务所侵权赔偿责任范围

在确定事务所侵权赔偿责任范围方面，《司法解释》也区分了故意和过失两种情况。事务所因故意出具不实报告而承担连带责任时，没有最高赔偿额的限定，事务所应当承担的赔偿数额由具体案件中利害关系人的损失数额和其他责任主体赔偿能力决定。事务所因过失出具不实报告而承担补充赔偿责任时，根据《司法解释》第十条第（二）项和第（三）项的规定，无论利害关系人是一个还是多个，无论多个利害关系人是在一个诉讼案件中还是在多个诉讼案件中，事务所就其所出具的不实审计报告承担赔偿责任的最高限额为该审计报告中的不实审计金额。这里的不实审计金额，是指事务所审计报告中的不实证明金额部分，而不是审计报告的全部证明金额。不实的审计金额部分，通常被认为是某一个利害关系人的最大利益损失，事务所承担最高赔偿额不应超过该最大信赖损失。所以，针对某一个利害关系人的损失，事务所是以不实审计金额为限承担赔偿责任。另外，在存在多个利害关系人的情况下，为防止利害关系人过多导致损失与事务所的过失之间严重失衡，有必要将事务所对多个利害关系人承担的赔偿责任限定在一个合理的范围内，即以不实审计金额为限。

除以上九个主要方面内容外，《司法解释》还针对司法实践中出现的两个突出问题作出了明确规定。

1.事务所与其分支机构关系问题

目前，事务所为做大做强，在异地设立分支机构的做法比较普遍。根据我国民事法律规定，分支机构在法律地位上属于事务所的组成部分，其民事责任由事务所承担。但依法领取营业执照后，分支机构就具有了以自己名义对外营业的资格。根据我国民事诉讼法律有关规定，分支机构可以作为独立的诉讼主体参加诉讼。所以，针对司法实践中出现的一些事务所与其分支机构法律责任与诉讼地位关系不清问题，《司法解释》第十一条明确规定："会计师事务所与其分支机构作为共同被告的，会计师事务所对其分支机构的责任承担连带赔偿责任。"

2.事务所未经审判被擅自追加为被执行人的问题

根据我国民事法律有关规定,只有与民事赔偿责任主体具有特定的身份或者财产上的关系,或者有法律特别规定,才可以在未经审判的情况下被追加为被执行人。在司法实践中,有的法院在事务所与被审计单位等其他民事赔偿责任主体不具有特定的法律关系的情况,未经审判擅自追加事务所为被执行人,强制执行事务所财产,针对这一情况,为保护事务所的合法权益,《司法解释》第十二条明确规定:"规定所涉会计师事务所侵权赔偿纠纷未经审判,人民法院不得将会计师事务所追加为被执行人。"

【例题】 对于注册会计师的过失行为,法院可判其( )。

A.仅负有民事责任

B.负有刑事责任

C.负有行政责任和民事责任

D.负有民事责任和刑事责任

【答案】 C

【解析】 过失一般会导致注册会计师负行政责任和民事责任。

☞ 相关案例

虚假验资,两 CPA 被判刑和处以罚金

新华网成都 4 月 21 日电 四川宜宾市翠屏区法院近日一审以犯中介组织人员出具证明文件重大失实罪,依法分别判处被告人鲁礼和有期徒刑二年,缓刑二年,并处罚金一万五千元,被告人丁勇处罚金一万元。

2004 年 2 月,周文(另案处理)、徐崇炎(死亡)等人实际并未出资,为注册成立宜宾赛尔登丰百货有限公司(下称百货公司),徐崇炎请宜宾蜀南会计师事务所临时聘用人员郑熙孝(另案处理)帮忙审验公司 200 万元注册资本,并提供了设立验资 200 万元的虚假证明文件。同月,郑熙孝代表宜宾蜀南会计师事务所,与委托人百货公司签订设立验资业务约定书,确定验资范围为货币资金,郑熙孝为验资项目经办人。

郑熙孝编制的验资相关材料底稿,经该事务所负责人鲁礼和、丁勇复核同意,宜宾蜀南会计师事务所为百货公司出具了注册资本为 200 万元(实物资本 160 万元、货币资金 40 万元)的验资报告。百货公司用其骗取宜宾市工商行政管理局注册,取得该公司注册资本 200 万元的经营资质。

同年 4 月,周文、徐崇炎等人又采取同样手段,实际并未出资而以百货公司的名义向蜀南会计师事务所提供虚假的增资 300 万元的证明文件材料,经鲁礼和、丁勇复核同意,该事务所为百货公司出具了新增注册资本 300 万元(实物资本 235 万元、货币资金 65 万元)的验资报告。该公司用其骗取工商行政管理部门信任,取得增资 300 万元的工商变更登记。

2005 年 3 月 17 日,百货公司因负债过多停业倒闭,拖欠商家的大量货款、设备款和装修款,致大量商家、营业员集体上访,造成恶劣的社会影响。案发后,宜宾蜀南会计师事务所自愿垫付 20 万元,用于发放百货公司所欠员工工资和返还该公司收取的保证金。

法院审理认为,被告人宜宾蜀南会计师事务所负责人鲁礼和、丁勇作为承担资产验资职责的中介组织人员,在对百货公司设立、变更验资过程中,严重不负责任,出具的证明文件有重大失实,造成严重后果,其行为已构成中介组织人员出具证明文件重大失实罪。据此,该院依法作出前述判决。

（资料来源：blog.sina.com.cn，2006－04－23，转自：新华网）

第四节　注册会计师如何避免法律诉讼

注册会计师的职业性质决定了它是一个容易遭受法律诉讼的行业,那些蒙受损失的受害人总想通过起诉注册会计师尽可能使损失得以补偿。因此,法律诉讼一直是困扰西方国家会计师职业界的一大难题,注册会计师行业每年不得不为此付出大量的精力、支付巨额的赔偿金、购买高昂的保险费。近几年来,政府部门和社会公众在了解注册会计师作用的同时,对注册会计师责任的了解也在增加,因此注册会计师的诉讼案件便时有发生,特别是涉及注册会计师的中小型诉讼案更有日益上升的趋势。如何避免法律诉讼,已成为我国注册会计师非常关注的问题。

一、注册会计师防止发生执业过错的措施

注册会计师要避免法律诉讼,防范法律责任风险,就必须在执行审计业务时尽量减少发生过失行为,更不能故意违规执业出具不实审计报告。而要防止发生执业过错行为,注册会计师就应当做到以下基本要求：

（一）增强执业独立性

独立性是注册会计师审计的生命。在实际工作中,注册会计师必须要始终如一地遵循独立原则。

（二）保持应有的职业谨慎

在所有注册会计师的审计过失中,最主要的是由于缺乏认真而谨慎的职业态度引起的。在执行审计业务过程中,未严格遵守审计准则,不执行适当的审计程序,对有关被审计单位的问题未保持应有的职业谨慎,或为节省时间而缩小审计范围和简化审计程序,都会导致财务报表中的重大错报不被发现。

（三）强化执业质量控制

许多审计中的差错是由于注册会计师失察或未能对助理人员或其他人员进行切实的监督而发生的。对于业务复杂且重大的委托单位来说,其审计是由多个注册会计师及助理人员共同配合来完成的。如果他们的分工存在重叠或间隙,又缺乏严密的质量控制,就会发生过失。

二、注册会计师避免法律诉讼的具体措施

注册会计师避免法律诉讼的具体措施,可以概括为以下几点：

1.严格遵循职业道德守则和执业准则的要求

注册会计师是否应承担法律责任,关键在于注册会计师是否有过失或故意行为。而判断注册会计师是否具有过失的关键在于注册会计师是否按照执业准则的要求执业。因此,保持良好的职业道德行为,严格遵循执业准则的要求执行工作、出具报告,对于避免法律诉讼或在提起的诉讼中保护注册会计师具有非常重要的作用。

2.建立健全会计师事务所质量控制制度

会计师事务所不同于一般的企业,质量控制是会计师事务所各项管理工作的核心和关键。如果一个会计师事务所质量控制不严,很有可能因某一个人或一个部门的原因导致整个会计师事务所遭受灭顶之灾。因此,会计师事务所必须建立健全一套严密、科学的质量控制制度,并把这套制度落实到整个审计过程和各个审计环节,促使注册会计师按照执业准则的要求执业,保证审计业务质量。

3.与委托人签订业务约定书

会计师事务所承办业务应与委托人签订委托合同(即业务约定书)。业务约定书具有法律效力,它是确定注册会计师和委托人责任的一个重要文件。会计师事务所不论承办何种业务、都要按照业务约定书准则的要求与委托人签订约定书,这样才能在发生法律诉讼时将一切口舌争辩减少到最低限度。

4.审慎选择客户

注册会计师如欲避免法律诉讼,必须慎重选择客户。一是要选择正直的客户。如果客户对其顾客、员工、政府部门或其他方面没有正直的品格,也必然会欺骗注册会计师。会计师事务所在接受业务前,一定要对客户的情况有所了解,评价管理层和关键股东的诚信与品质,弄清委托的真正目的,尤其是在执行特殊目的审计业务时更应如此。二是对陷入财务和法律困境的客户要尤为注意。中外历史上绝大部分涉及注册会计师的诉讼案,都集中在宣告破产的被审计单位。周转不灵或面临破产的公司,其股东或债权人总想为他们的损失寻找替罪羊,因此对那些已经陷入财务困境的被审计单位要特别注意。

5.深入了解被审计单位的业务

在很多案件中,注册会计师之所以未能发现错误,一个重要的原因就是他们不了解被审计单位所在行业的情况及被审计单位的业务。会计是经济活动的综合反映,不熟悉被审计单位的经济业务和生产经营实务,仅局限于有关的会计资料,就可能发现不了某些错误。

6.提取风险基金或购买责任保险

在西方国家,投保充分的责任保险是会计师事务所一项极为重要的保护措施。尽管保险不能免除可能受到的法律诉讼,但能防止或减少诉讼失败时会计师事务所发生的财务损失。我国《注册会计师法》规定会计师事务所应当按规定建立职业风险基金,办理职业保险。

7.聘请熟悉注册会计师法律责任的律师

会计师事务所聘请熟悉相关法规及注册会计师法律责任的律师。在执业过程中如遇重大法律问题,注册会计师应同律师详细讨论所有潜在的风险,并仔细考虑律师的建议。一旦发生法律诉讼,也应请有经验的律师参与诉讼。

8.按规定妥善保管审计工作底稿

根据现行法律及相关司法解释的规定,会计师事务所侵权赔偿责任的归责原则为过错推定原则,根据这一原则,会计师事务所只要能够证明自己没有过错,就可以不承担赔偿责任,而事务所有无过错,主要是看事务所的执业行为是否遵循了执业准则和规则,这就要求会计师事务所在证明自己没有过错时须向法院提交审计工作底稿,通过审计工作底稿上记录的工作程序和反映的职业判断来证明自己的执业行为是否遵循了执业准则和规则,是否在主观上存在过错,所以,按规定妥善保管好审计工作底稿,在案件审理中能够及时将审计工作底稿提交法院,对于事务所有效应对法律诉讼、规避法律责任风险具有重要意义。

☞相关案例

"银广厦"舞弊案

基本案情:银广厦集团全称广厦实业股份有限公司,1994 年 6 月 17 日,广厦(银川)实业股份公司以"银广厦 A"的名字在深圳交易所上市。开始时公司的主要业务为软磁盘生产,然后便进入了全面多元化投资的阶段。但银广厦业绩的奇迹性转折是从 1998 年开始的,这主要是天津广厦的"功劳"。天津广厦是银广厦集团于 1994 年在天津成立的控股子公司,原名为天津保洁制品有限公司。该公司在 1996 年从德国进口了一套由德国五德公司生产的 500 立升×3 二氧化碳超临界萃取设备,从此以后 3 年间,银广厦连创超常业绩。请看,1998 年,天津广厦接受的第一张销售订单(来自德国诚信贸易公司购买萃取产品)创造了 7000 多万元的收入。对外公布的 1999 年利润总额 1.58 亿元,其中天津广厦占 76%,每股盈利为 0.51 元。2000 年在股本扩大 1 倍的情况下,每股收益增长超过 60%,每股盈利 0.827 元,盈利能力之强,令人瞠目结舌,更令人怀疑。2001 年"银广厦"事件首先被媒体揭露,尔后,中国证监会展开一系列的立案调查,经过艰苦的内查外调,终于查明:"银广厦"通过伪造购销合同,伪造出口报关单,虚开增值税专用发票,伪造免税文件和伪造金融票据等手段,虚构主营业务收入,虚增利润高达 7.7 亿元。

面对这样一家超级造假公司,为它审计的深圳中天勤会计师事务所是如何审计办案的呢? 中天勤会计师事务所规模很大,执业注册会计师近 100 人,经批准获得证券业务资格的注册会计师 40 名,承担国内 60 多家上市公司的审计业务。据称,中天勤曾创下 2000 年度国内业务量全国第一的好业绩。对"银广厦"年度报表进行审计的注册会计师刘加荣、徐林文,在年度利润和每股收益过度增长的不合理的情况下,缺少应有的职业谨慎,审计态度随意。对一些自己没有把握的,又对报表有重大影响的事项,没有向专家请教和聘请专家协助工作,直接发表无保留意见审计报告。

真相大白之后,银广厦集团进入"PT"公司的行列。中天勤会计师事务所信誉全失,已经解体。签字注册会计师刘加荣、徐林文被吊销注册会计师资格;事务所的执业资格被吊销,其证券、期货相关业务许可证被吊销;证监会已经依法将李有强等七人移送公安机关追究刑事责任。

（资料来源:杨庆才主编:《审计案例分析》,首都经济贸易大学出版社,2003）

案例点评:从"银广厦"事件可以看出,注册会计师在审计中存在以下几点缺陷:

(1)迷信客户。按理说,在审计执业过程中注册会计师应时刻保持合理的职业怀疑态度,不盲目相信客户。但是在"银广厦"事件中,注册会计师根本没有做到这一点。这正如其负责人在事后坦言,由于近几年银广厦在证券市场上业绩一直非常好,在宁夏种草治沙也产生了良好社会效益,并且承担着科技部重点科技攻关项目 800 多项;同时,又是合作多年的老伙伴,放松戒备是情理之中。

(2)事务所质量控制混乱。可以说,质量控制的好坏直接关系着事务所的存亡。而在对"银广厦"的审计中看出,事务所根本未履行审计工作底稿的三级复核制度,审阅与签发均由刘加荣一人包办,审核工作实际上流于形式,事务所的质量控制存在严重问题。

(3)对客户了解不够。了解客户的基本情况是注册会计师的一项基本工作。尽管"银广厦"是中天勤会计师事务所的老客户,但是根据披露出来的资料看,注册会计师对天津广夏采用的"二氧化碳超临界萃取"技术及其应用情况了解不够;另外对于客户所处行业的整体发展情况也没有进行有效的调查,否则也不可能在萃取产品行业整体销售不理想的情况下,相信银广厦的巨额出口销售。

(4)自身素质不过硬,难以做到胜任。合格的注册会计师必须是胜任的注册会计师,精通专业知识是对其基本要求。但是,注册会计师在"银广厦"事件中所表现出来的专业知识,实在不能令人满意。其一,对于客户报表明显存在的违背重要性原则的事情漠然不见;其二,对于报表及其附注之间的相互矛盾居然没有察觉;其三,对于报表中显而易见的税务处理纰漏竟然无怀疑。另外,胜任能力还包括对于其他方面知识的掌握,在此事件中注册会计师连客户提供的虚假海关报关单都识别不出来,何谈胜任。

(5)除了知识掌握方面的欠缺以外,在具体审计执业中仍然存在问题。面对异常的毛利率水平,注册会计师是否利用了分析性程序,以探究其虚假披露?面对巨额的应收账款,注册会计师是否进行了必要的函证?面对存货,注册会计师是否已实施监盘?如果注册会计师严格按照专业准则的要求,实施必要的审计程序是完全可以发现存在的欺诈事项的。

注册会计师对银广厦的审计失败完全是重大过失所致,这起事件的发生为我国审计职业界敲响了警钟。

本章小结

1. 注册会计师职业道德是注册会计师在审计工作过程中形成的,具有审计职业特征的道德准则和行为规范。注册会计师职业道德包括职业道德基本原则、职业道德概念框架和具体运用。其中,职业道德基本原则包括诚信、独立、客观、专业胜任能力和应有的关注、保密、职业行为;职业道德概念框架旨在为会员提供解决职业道德问题的思路,要求会员识别对遵循职业道德基本原则的不利影响、评价已识别不利影响的重要程度、采取必要的防范措施消除不利影响或将其降至可接受水平;注册会计师对职业道德概念框架的具体运用就是要分析注册会计师遇到的不利影响或可能对职业道德基本原则遵循产生不利影响的各种情形,并采取适当的防范措施。

2. 注册会计师法律责任是指注册会计师在履行职责的过程中,由于自身的原因而导致被审计单位或其他有利益关系的第三方损失而承担的后果。通常情况下,注册会计师可能因违约、过失、欺诈而承担法律责任。

3. 注册会计师因违约、过失、欺诈给被审计单位或其他利害关系人造成损失的,按照有关法律的规定,可能被判负行政责任、民事责任或刑事责任。这三种责任可以单处,也可以并处。

4.我国涉及会计师事务所、注册会计师法律责任的法律法规有:《中华人民共和国注册会计师法》《中华人民共和国公司法》《中华人民共和国证券法》《中华人民共和国刑法》等。

5.注册会计师要避免法律责任就必须在执业过程中严格遵守职业道德规范和审计准则,保持应有的职业谨慎,尽量减少过失行为,坚决杜绝欺诈行为。中外会计职业界面对法律责任问题,都要根据具体情况积极应对,采取各种措施避免损失。例如,会计职业界采取行动积极应对,会计师事务所严格遵守职业准则,并采取具体措施避免和应对法律责任。

思考题

1.我国注册会计师职业道德基本守则的内容有哪些?

2.如何理解注册会计师职业道德中的独立性?

3.什么是会计责任和审计责任?简述会计责任与审计责任的区别。

4.注册会计师根据什么区分普通过失和重大过失?

5.注册会计师法律责任的主要成因是什么?

6.注册会计师及会计师事务所为了避免法律诉讼,应采取哪些基本对策?

案例分析

【案例 3-1】

案例资料:

莲里·沃克在会计师事务所工作的遭遇

莲里·沃克 1989 年春天毕业于一所较有名的州立大学并获得会计学学士学位。在她的大学生涯中,她的平均分数是 3.9 分。她积极参与了包括一些学生商业组织在内的课外活动。她最亲密的朋友经常拿她繁忙的日程表以及有时工作过于热情这一事实来取笑她。1988 年秋季,为了寻找工作,沃克去一些公司和几家会计师事务所面试,其中有六家愿意为其提供工作机会。在仔细衡量了这些机会之后,沃克最终接受了作为"六大"之一的某会计师事务所的邀请,到该事务所审计部做一名初级审计人员。当时,沃克还不是很确定,她是否把成为事务所的合伙人当作她的追求目标。但是她相信,事务所提供的培训计划以及不同的委托项目,能使她获得丰富的经验,并会给她的职业生涯带来一个好的开端。

沃克刚开始工作的两个星期,是到事务所的地区审计职员培训学校培训。1989 年 6 月上旬,在她回到当时的事务所之后,她被分配去从事圣安德鲁医院的审计任务。这是一家很大的教会医院,它的财政年度于 6 月 30 日结束。在圣安德鲁医院这项业务中,沃克上一级的主管是杰基·沃恩,杰基·沃恩作为一名高级审计人员已是第三个年头了。在沃克去圣安德鲁进行审计的第一天,沃恩告诉她:她的任务不仅包括帮助审计应收账款,还要对现金账户的审计负责。沃克对她的第一个委托项目感到很兴奋,并且她对能和沃恩这样的杰出女性一起工作,感到特别高兴。在当地的事务所中,沃恩作为一位高级审计人员以非常严格的要求而著称,她特别要求每一个人都能按照计划完成任务,与此同时,她也是一个非常公正、知识渊博并且和客户关系很融洽的高级审计人员。

像很多刚被雇用的审计职员一样,沃克对她的新工作也有些担心。尽管她相信,她了解独立审计的目的,并且对审计人员所执行的工作的本质也有一个总括的了解,但她不是很清楚她的两周职员培训课程或是她在大学时修过的一门审计课程,对于新的工作任务来说是否够用。在被指定到沃恩的监督指导下进行工作之后,沃克感到有些释然。在她的眼里,尽管沃恩是一个要求严厉的人,但也很有耐心,能够体贴了解审计新手的苦衷,更重要的是,她认为能从沃恩身上学到很多东西。沃克决心努力工作,给沃恩留下一个好印象,她也希望在她的职业生涯的最初几年,使沃恩成为她的良师益友。

沃克在圣安德鲁项目工作第二周的早些时候,与沃恩共进午餐,沃恩问她,有没有报名参加5月份的注册会计师考试。经过短暂的停顿,沃克回答说,她没有报名但已计划在随后的五个月里,强化学习然后参加11月份的考试。沃恩说这样做不错,并愿意借给她一套注册会计师复习指南,沃克婉言拒绝了这一帮助。事实上,沃克已于5月份的第一个星期回到她的家乡,并在那里参加了注册会计师的考试。因为她担心她考得不是特别好,所以她决定不将此事声张出去。尽管她知道大多数参加考试的人,并不能一次就通过所有的考试科目,她还是想避免在以后的职业生涯里,因承认不是第一次就都通过而感到难为情。

整个夏天沃克继续从事圣安德鲁项目的审计工作。她在计划内完成了现金项目审计,工作底稿也做得非常好。沃恩对沃克的工作十分满意,很快就表扬和鼓励了她。8月上旬这一项目快要结束的时候,在一个星期五的傍晚,沃克收到邮寄来的注册会计师考试成绩。令她吃惊的是,她参加考试的四门课全部通过。她立即兴奋地打电话告诉沃恩这一好消息,但令她吃惊的是,她感到她的上司反应冷淡,她十分失望。这时,沃恩回忆起早先她曾告诉过沃恩,她5月份并没有参加考试。她马上向沃恩道歉,并解释了为什么她未透露她已参加了考试这件事。沃恩还是显得有些不高兴,沃克决定放下这一话题,以后再当面对沃恩解释这件事。

随后的一个星期,沃恩从星期一到星期三都在另外一个客户那里工作,而沃克和其他职员则继续被安排在圣安德鲁项目工作,以完成最后的审计任务。星期二的早晨,沃克接到道恩·罗伯茨打来的一个电话。道恩·罗伯茨是当地事务所的主管合伙人,同时也是圣安德鲁项目审计的合伙人。罗伯茨让沃克当天下午晚些时候去他的办公室见他。她猜测罗伯茨可能只是想祝贺她通过了注册会计师的考试。那天下午,沃克走进罗伯茨的办公室时,生性开朗的罗伯茨却是一副阴郁的面孔。她坐下之后,罗伯茨告诉她,前几天他已和沃恩谈过几次话,并且和事务所其他三个审计合伙人讨论了有关沃克的情况。接着,罗伯茨解释说,沃恩对于沃克在考注册会计师这件事上对她撒谎,感到非常忧虑。沃恩已经告诉罗伯茨,她以后不想让沃克参加到她的任何业务中去,因为她觉得沃克不值得依赖。沃恩还建议,事务所不能聘用沃克。因为她的行为已表明:她不够诚实。然后,罗伯茨告诉她,他和其他的审计合伙人都同意沃恩的建议。他告诉沃克:他们会给她60天的时间去另找一份工作,如果某个雇主对她感兴趣并向事务所调查了解她情况时,他或事务所其他合伙人不会向这些雇主透露,她是被事务所除名这一事实。

案例要求:

1. 依你的意见,你认为沃恩对于沃克承认其在注册会计师考试这一事上不够诚实所采取的措施,是否有些过分? 如果是,那么假如你处在沃恩的位置上,你将如何处理这件事呢?

假如你是处在罗伯茨的位置上,你该怎么处理这件事呢?

2. 沃恩显然是怀疑沃克的个人诚实品质。一个人在缺乏诚实品质的情况下,你认为他能履行其职业角色的责任吗?为什么?

【案例3-2】

案例资料:

王学民是一家公司的承包经营负责人,在承包经营二年期结束之后,他请了当地一家会计师事务所对其经营期内的财务报表进行了审计。该会计事务所经过审计,出具了无保留意见的审计报告,即认为该公司在承包经营期内的财务报表已公允地反映其财务状况。不久,检察机关接到举报,有人反映王学民在承包经营期内,勾结财务经理与出纳,暗自收受回扣,侵吞国家财产。为此,检察机关传讯了王学民,王学民到了检察机关后,手持会计师事务所的审计报告,振振有词地说:"会计师事务所已出具了审计报告,证明我没有经济问题。如果不信,你们可以去问注册会计师。"

案例要求:

1. 王学民的话是否有道理,如果有错,错在哪里?

2. 如果你是那家会计师事务所的负责人,你将如何回答这一问题?

【案例3-3】

案例资料:

如何认定审计失败——东方电子财务报表审计失败案例

东方电子(000682)于1997年1月21日在深交所挂牌上市,公开发行1030万股A股,发行价7.88元/股。此后东方电子的股价一路上行,4年间累计飙升60倍以上。在股本高速扩张的基础上,连续3年实现业绩翻番,一度被评为中国最优秀的上市公司。

2001年7月,东方电子股价莫名下跌,同年9月,中国证监会正式对东方电子立案调查。此后,东方电子的股价一路下挫。同年10月,公司公告承认"在信息披露、利润确认等方面存在一定问题,结果将以证监会调查结论为准"。

2002年4月,证监会初步查明东方电子涉嫌提供虚假财务报告、存在内幕交易,为其审计的山东烟台乾聚会计师事务所(以下简称乾聚会计师事务所)涉嫌出具文件失实。东方电子历年来将高达10.39亿元的税后炒股收益(通过在二级市场炒作本公司股票)悉数计入"主营业务收入"以虚构业绩的事实真相大白于天下。其随后公布的2001年年报称,公司"将最近几年出售股票收入10.39亿元作为重大会计差错进行更正,将全部收入扣除税款以外的其他部分暂挂其他应付款科目,待证监会的处理决定下达后再进行调整"。同时,从4月30日起东方电子被"ST"特别处理,股票简称"ST东方"。

2003年1月,烟台中级人民法院认定东方电子的主管责任人员构成提供虚假财务报告罪,对其分别进行了民事和刑事处罚。

2004年2月20日,ST东方董事会公告称,认定原在公司反映的出售股票收入扣除税收以外的10.39亿元应归集团公司所有,而集团公司董事会作出决议,同意豁免公司因出售股票收入形成的对集团公司的债务10.031亿元。按《企业会计制度》规定,该项收入将计入公司资本公积金。至此,东方电子财务造假案告一段落。

案例要求：

1.什么是审计失败？认定为审计失败应满足哪些条件？

2.请你结合东方电子会计报表的审计谈谈对审计失败的认定。

实训项目

实训目的：

了解会计师事务所和注册会计师涉及法律责任的案件，熟悉注册会计师如何避免法律诉讼。

实训内容：

D 注册会计师负责对上市公司丁公司 2015 年度财务报表进行审计。2015 年，丁公司管理层通过与银行串通编造虚假的银行进账单和银行对账单，虚构了一笔大额营业收入。D 注册会计师实施了向银行函证等必要审计程序后，认为丁公司 2015 年度财务报告不存在重大错报，出具了无保留意见审计报告。

在丁公司 2015 年度已审计财务报告表公布后，股民甲购入了丁公司股票。随后，丁公司财务舞弊案件曝光，并受到证券监管部门的处罚，其股票价格大幅下跌。为此，股民甲向法院起诉 D 注册会计师，要求其赔偿损失。D 注册会计师以其与股民甲未构成合约关系为由，要求免于承担民事责任。

实训要求：

1.分小组讨论以下问题：

(1)为了支持诉讼请求，股民甲应当向法院提出哪些理由。

(2)指出 D 注册会计师提出的免责理由是否正确，并简要说明理由。

(3)在哪些情形下，D 注册会计师可以免于承担民事责任。

2.分小组，要求实训小组每个成员分头查找会计师事务所和注册会计师涉及法律责任的案件，分析注册会计师法律责任产生的原因，讨论注册会计师如何避免法律诉讼。

3.实训小组在讨论分析基础上，制作 ppt，推选一名同学演讲其讨论分析的问题，重点在于介绍实训小组在讨论中对注册会计师法律责任形成的共识以及产生的疑问。

4.老师点评。

阅读平台

• 阅读书目

1.中国注册会计师协会.中国注册会计师职业道德守则 2009[M].北京：中国财政经济出版社，2009.

2.中国注册会计师协会.审计[M].第十三章、第二十一章，北京：经济科学出版社，2017.

3.万志前.注册会计师职业道德与法律责任[M].大连：大连理工大学出版社，2011.

4.吴春岐.注册会计师侵权责任：法律适用与案例评析[M].北京：知识产权出版社，2010.

• **阅读资料**

1. 李若山. 对"郑百文"会计责任的法律思考[N/OL]. 中国财经报, 2000-12-14.

2. 张健、魏春燕. 法律风险、执业经验与审计质量[J]. 审计研究, 2016 年第 1 期.

3. 刘琴. 完善注册会计师职业责任保险制度的对策[J]. 审计月刊, 2015 年第 4 期.

第四章

财务报表审计过程

学习目标

通过本章学习,你应能够:

1. 掌握财务报表审计的总体目标。
2. 掌握具体目标。
3. 掌握签约前应做的工作,了解审计业务约定书的主要内容。
4. 理解总体审计策略和具体审计计划内容与编制。
5. 掌握与治理层和管理层沟通的事项。
6. 理解审计风险准则运用的基本思路,包括了解被审计单位及其环境,识别、评估和应对财务报表重大错报风险。

引入案例

世界著名公司之会计造假案

早在20世纪30年代,国外发生的一些股份公司会计造假案加速了人们对审计风险的认识。到了20世纪70年代以后,西方国家审计诉讼案件大增,赔偿额也越来越大。1993年,美国的一个州法院作出决定,要求普华会计师事务所赔偿渣打银行3.38亿美元的损失。然而,尽管这样,公司造假、审计失败案还是层出不穷,一个个丑闻震惊世界。

1. 施乐公司案。2002年4月,美国证券交易委员会(SEC)宣布,施乐公司在1997—2000年的4年间总共虚报了近30亿美元的营业收入和15亿美元的税前利润。受施乐公司的影响,美国股市全面下跌。

2. 世界通信公司案。2002年6月25日,美国国家广播公司有线电视网公布,世界通信公司自2001年年初至2002年第一季度,通过将一般性费用支出计入资本项目的不正当手段,共虚增收入38.52亿美元,虚增利润16亿多美元。

3. 默克制药公司案。2002年7月7日,美国《华尔街日报》报道,药品制造业巨头默克(Merck)公司财务营业收入中有124亿美元的营业收入并不是其负责的企业和健康保险公司梅德科(MeDco)药房的实际所得,通常,梅德科药房代收病人自负额,然后转交给保险公司,但是,梅德科却在1999—2001年间将其列为营业收入,然后等转交出去时再列为费用支出,因此虚报124亿美元的营业收入。

——资料来源:《上市公司审计案例分析》,高雅青等主编,中国时代经济出版社,2003。

　　注册会计师审计总目标是对被审计单位会计报表的合法性、公允性发表意见,审计的责任是对其出具的审计报告的真实性和合法性负责。而上述这些企业的会计报表都不合法、不公允,十分需要注册会计师审计监督和揭示。可见,审计多么重要,审计目标必须明确。注册会计师的审计意见是为会计报表的阅读者服务,是为维护资本市场的有序运行服务。因而注册会计师审计必须实现其既定目标。

第一节　财务报表的审计目标

一、财务报表审计目标的历史演变

　　审计目标是在一定历史环境下,人们通过审计实践活动所期望达到的境地或最终结果。审计目标的确定,取决于审计环境及审计自身具备的条件。在西方国家,注册会计师审计经历了详细审计、资产负债表审计和财务报表审计三个阶段。各个阶段的审计目标也随之有所变化。

　　在 20 世纪之前,注册会计师审计处于详细审计阶段。注册会计师审计通过对被审计单位一定时期内会计记录的逐一审查,判定有无错误和舞弊行为。查错防弊是此阶段的审计目标。

　　在 20 世纪的前 30 年,注册会计师审计处于资产负债表审计阶段。注册会计师审计通过对被审计单位一定时期内资产负债表所有项目余额的真实性、可靠性进行审查,判断其财务状况和偿债能力。在此阶段,审计目标是对资产负债表进行鉴证,查错防弊这一目标依然存在,但已退居第二位,审计的功能从防护性发展为公正性。

　　自 20 世纪 30 年代,注册会计师审计进入了财务报表审计阶段。财务报表审计的目标是对被审计单位的资产负债表、利润表和相关项目的公允性进行审查,以便企业的投资人和债权人能够据此判断企业的财务状况、获利能力、资金运营情况及受托责任完成情况等方面,且审计的重点是以保护投资人为目的的利润表审计。在此阶段,审计工作已比较有规律,且形成了一套较完整的理论和方法。

　　财务报表审计是注册会计师最基本、法定的业务,是注册会计师生存的基础,其他鉴证业务及相关服务是注册会计师为了向社会提供更多有价值的服务而进行的延伸和发展。

二、我国注册会计师财务报表审计的目标

(一)财务报表审计目标的确立

　　我国注册会计师审计准则确立了财务报表审计的总体目标和具体目标,并在应当实现的目标和需要遵守的要求之间建立了清晰的逻辑关系。《中国注册会计师审计准则第 1101 号——注册会计师的总体目标和审计工作的基本要求》规定,财务报表审计的目标是注册会计师通过执行审计工作,对财务报表的下列方面发表审计意见:

　　(1)对财务报表整体是否不存在由于舞弊或错误导致的重大错报获取合理保证,使得注册会计师能够对财务报表是否在所有重大方面按照适用的财务报告编制基础编制发表审计意见;

　　(2)按照审计准则的规定,根据审计结果对财务报表出具审计报告,并与管理层和治理

层沟通。

确定我国财务报表审计的总体目标,对整体是否不存在由于舞弊或错误导致的重大错报获取合理保证,也就是对财务报表的合法性和公允性进行鉴证,从而能够对财务报表是否在所有重大方面按照适用的财务报告框架编制发表意见,并与管理层和治理层沟通后出具审计报告,主要有以下四方面原因:

(1)利益冲突。财务报表使用者往往有着各自的利益,且这种利益与被审计单位管理层的利益大不相同。出于对自身利益的关心,财务报表使用者常常担心管理层提供带有偏见、不公正甚至欺诈性的财务报表。为此,他们往往向外部注册会计师寻求鉴证服务。

(2)财务信息的重要性。财务报表是财务报表使用者进行经济决策的重要信息来源,在有些情况下,还是唯一的信息来源。在进行投资、贷款和其他经济决策时,财务报表使用者期望财务报表中的信息相关、可靠,并且期待注册会计师确定被审计单位是否按公认会计原则编制财务报表。

(3)复杂性。由于会计业务的处理及财务报表的编制日趋复杂,财务报表使用者因缺乏会计知识而难以对财务报表的质量作出评估,所以他们要求注册会计师对财务报表的质量进行鉴证。

(4)间接性。绝大多数财务报表使用者都不参与被审计单位的经营,这种限制导致财务报表使用者不可能接触到编制财务报表所依据的会计记录和会计账簿,即使使用者可以接触,但往往由于时间和成本的限制,而无法对其进行审查。在这种情况下,使用者有两种选择:一是相信这些会计信息的质量;二是依赖第三者的鉴证。显然,使用者喜欢选择第二种方式。

(二)评价财务报表的合法性

在评价财务报表是否按照适用的财务报告编制基础编制时,注册会计师应当考虑下列内容:

(1)选择和运用的会计政策是否符合适用的财务报告编制基础,并适合于被审计单位的具体情况;

(2)管理层作出的会计估计是否合理;

(3)财务报表反映的信息是否具有相关性、可靠性、可比性和可理解性;

(4)财务报表是否作出充分披露,使财务报表使用者能够理解重大交易和事项对被审计单位财务状况、经营成果和现金流量的影响。

(三)评价财务报表的公允性

在评价财务报表是否作出公允反映时,注册会计师应当考虑下列内容:

(1)经管理层调整后的财务报表是否与注册会计师对被审计单位及其环境的了解一致;

(2)财务报表的列报、结构和内容是否合理;

(3)财务报表是否真实地反映了交易和事项的经济实质。

(四)财务报表审计的作用和局限性

注册会计师应当按照审计准则的规定,对财务报表整体是否不存在由于舞弊或错误导致的重大错报获取合理保证,以作为发表审计意见的基础。注册会计师作为独立第三方,运用专业知识、技能和经验对财务报表进行审计并发表审计意见,旨在提高财务报表的可信赖程度。由于审计存在固有限制,注册会计师据以得出结论和形成审计意见大多数审计证据是说服性而非结论性的,因此,审计只能提供合理保证,不能提供绝对保证。虽然财务报表使用者可以根据财务报表和审计意见对被审计单位未来生存能力或管理层的经营效率、经营效果作出某种判断,但审计意见本身并不是对被审计单位未来生存能力或管理层经营效率、经营效果提供的保证。

(五)目标的导向作用

财务报表审计的目标对注册会计师的审计工作发挥着导向作用,它界定了注册会计师的责任范围,直接影响注册会计师计划和实施审计程序的性质、时间和范围,决定了注册会计师如何发表审计意见。注册会计师就可以只关注与财务报表编制和审计有关的内部控制,而不对内部控制本身发表鉴证意见。同样,注册会计师关注被审计单位的违反法规行为,是因为这些行为影响到财务报表,而不是对被审计单位是否存在违反法规行为提供鉴证。

三、具体审计目标

具体审计目标是将审计总目标与财务报表的组成项目相联系,并进一步明确和细化,以指导注册会计师按照执业准则的要求计划审计工作、实施测试程序、收集适当的审计证据以完成审计工作。

财务报表审计是注册会计师对管理层认定的财务报表进行再认定,具体审计目标应该根据被审计单位管理层的认定和财务报表审计的目标确定。

总体目标统驭具体目标,具体目标是联系总体目标和准则要求之间的桥梁。为了实现总体目标,注册会计师在计划和实施审计工作时应当使用相关审计准则规定的具体目标。在使用具体审计目标时,注册会计师应当认真考虑各项审计准则之间的相互关系,确定是否有必要实施除审计准则规定以外的其他审计程序,并评价是否已获取充分、适当的审计证据。

(一)被审计单位管理层的认定

1.认定的含义

认定,是指管理层在财务报表中作出的明确或隐含的表达,注册会计师将其用于考虑可能发生的不同类型的潜在错报。

如何理解"认定"呢? 可从以下四个方面进行掌握:

(1)认定与审计目标密切相关。注册会计师的基本职责就是确定被审计单位管理层对其财务报表的认定是否恰当。

(2)了解认定是为了确定每个项目的具体审计目标。注册会计师了解了认定,就很容易确定每个项目的具体审计目标。通过考虑可能发生的不同类型的潜在错报,注册会计师运用认定评估风险,并据此设计审计程序以应对评估的风险。

(3)是管理层对财务报表各组成要素的确认、计量、列报以及相关的披露作出的认定。保证财务报表公允反映被审计单位的财务状况和经营情况等是管理层的责任。当管理层声明财务报表已按照适用的财务报告编制基础进行编制,在所有重大方面作出公允反映时,就意味着管理层对财务报表各组成要素的确认、计量、列报以及相关的披露作出了认定。

(4)管理层在财务报表上的认定有些是明确表达的,有些则是隐含表达的。例如,管理层在资产负债表中列报存货及其金额,意味着作出下列明确的认定:①记录的存货是存在的;②存货以恰当的金额包括在财务报表中,与之相关的计价或分摊调整已恰当记录。同时,管理层也作出下列隐含的认定:①所有应当记录的存货均已记录;②记录的存货都由被审计单位拥有。

2.认定的类别

(1)与所审计期间各类交易和事项相关的认定

①发生:记录的交易或事项已发生,且与被审计单位有关。

②完整性:所有应当记录的交易和事项均已记录。

③准确性:与交易和事项有关的金额及其他数据已恰当记录。

④截止:交易和事项已记录于正确的会计期间。

⑤分类:交易和事项已记录于恰当的账户。

(2)与期末账户余额相关的认定

①存在:记录的资产、负债和所有者权益是存在的。

②权利和义务:记录的资产由被审计单位拥有或控制,记录的负债是被审计单位应当履行的偿还义务。

③完整性:所有应当记录的资产、负债和所有者权益均已记录。

④计价和分摊:资产、负债和所有者权益以恰当的金额包括在财务报表中,与之相关的计价或分摊调整已恰当记录。

(3)与列报和披露相关的认定

①发生以及权利和义务:披露的交易、事项和其他情况已发生,且与被审计单位有关。

②完整性:所有应当包括在财务报表中的披露均已包括。

③分类和可理解性:财务信息已被恰当地列报和描述,且披露内容表述清楚。

④准确性和计价:财务信息和其他信息已公允披露,且金额恰当。

(二)审计的具体目标

注册会计师了解了认定,就很容易确定每个项目的具体审计目标,并以此作为评估重大错报风险以及设计和实施进一步审计程序的基础。

1.与所审计期间各类交易和事项相关的审计目标

(1)发生:由发生认定推导的审计目标是确认已记录的交易是真实的。例如,如果没有发生销售交易,但在销售日记账中记录了一笔销售,则违反了该目标。

发生认定所要解决的问题是管理层是否把那些不曾发生的项目列入财务报表,它主要与财务报表组成要素的高估有关。

(2)完整性:由完整性认定推导的审计目标是确认已发生的交易确实已经记录。例如,如果发生了销售交易,但没有在销售明细账和总账中记录,则违反了该目标。

发生和完整性两者强调的是相反的关注点。发生目标针对潜在的高估,而完整性目标则针对漏记交易(低估)。

(3)准确性:由准确性认定推导出的审计目标是确认已记录的交易是按正确金额反映的。例如,如果在销售交易中,发出商品的数量与账单上的数量不符,或是开账单时使用了错误的销售价格,或是账单中的乘积或加总有误,或是在销售明细账中记录了错误的金额,则违反了该目标。

准确性与发生、完整性之间存在区别。例如,若已记录的销售交易是不应当记录的(如发出的商品是寄销商品)则即使发票金额是准确计算的,仍违反了发生目标。再如,若已入账的销售交易是对正确发出商品的记录,但金额计算错误,则违反了准确性目标,但没有违反发生目标。在完整性与准确性之间也存在同样的关系。

(4)截止:由截止认定推导出的审计目标是确认接近于资产负债表日的交易记录于恰当的期间。例如,如果本期交易推到下期,或下期交易提到本期,均违反了截止目标。

(5)分类:由分类认定推导出的审计目标是确认被审计单位记录的交易经过适当分类。例如,如果将现销记录为赊销,将出售经营性固定资产所得的收入记录为营业收入,则导致交易分类的错误,违反了分类的目标。

2.与期末账户余额相关的审计目标

(1)存在:由存在认定推导的审计目标是确认记录的金额确实存在。例如,如果不存在某顾客的应收账款,在应收账款明细表中却列入了对该顾客的应收账款,则违反了存在性目标。

(2)权利和义务:由权利和义务认定推导的审计目标是确认资产归属于被审计单位,负债属于被审计单位的义务。例如,将他人寄信商品列入被审计单位的存货中,违反了权利目标;将不属于被审计单位的债务记入账内,违反了义务目标。

(3)完整性:由完整性认定推导的审计目标是确认已存在的金额均已记录。例如,如果存在某顾客的应收账款,在应收账款明细表中却没有列入对该顾客的应收账款,则违反了完整性目标。

(4)计价和分摊:资产、负债和所有者权益以恰当的金额包括在财务报表中,与之相关的计价或分摊调整已恰当记录。

3.与列报和披露相关的审计目标

(1)发生以及权利和义务:将没有发生的交易、事项,或与被审计单位无关的交易和事项包括在财务报表中,则违反该目标。例如,复核董事会会议记录中是否记载了固定资产抵押等事项,询问管理层固定资产是否被抵押,即是对列报的权利认定的运用。如果被审计单位拥有被抵押的固定资产,则需要将其在财务报表中列报,并说明与之相关的权利受到限制。

(2)完整性:如果应当披露的事项没有包括在财务报表中,则违反了该目标。例如,检查关联方和关联交易,以验证其在财务报表中是否得到充分披露,即是对列报的完整性认定的运用。

(3)分类和可理解性:财务信息已被恰当地列报和描述,且披露内容表述清楚。例如,检查存货的主要类别是否已披露,是否将一年内到期的长期负债列为流动负债,即是对列报的分类和可理解性认定的运用。

(4)准确性和计价:财务信息和其他信息已公允披露,且金额恰当。例如,检查财务报表附注是否分别对原材料,在产品和产成品等存货成本核算方法作了恰当说明,即是对列报的准确性和计价认定的运用。

通过上面介绍可知,认定是确定具体审计目标的基础,注册会计师通常将认定转化为能够通过审计程序予以实现的审计目标。针对财务报表每一项目所表现出的各项认定,注册会计师相应地确定一项或多项审计目标,然后通过执行一系列审计程序①获取充分、适当的审计证据以实现审计目标。认定、审计目标和审计程序之间的关系举例如表 4-1 所示。

表 4-1　认定、审计目标和审计程序之间的关系举例

认定	审计目标	审计程序
存在性	资产负债表列示的存货存在	实施存货监盘程序
完整性	销售收入包括了所有已发货的交易	检查发货单和销售发票的编号以及销售明细账
准确性	应收账款反映的销售业务是否基于正确的价格和数量,计算是否正确	比较价格清单与发票上的价格,发货单与销售订购单上的数量是否一致,重新计算发票上的金额
截止	销售业务记录在恰当的期间	比较上一年度最后几天和下一年度最初几天的发货单日期与记账日期
权利和义务	资产负债表中的固定资产确实为公司拥有	查阅所有权证书、采购合同、结算单和保险单
计价和分摊	以净值记录应收账款	检查应收账款账龄分析表、评估计提的坏账准备是否充足

第二节　财务报表审计的实务流程

在财务报表审计目标确定以后,注册会计师就可以开始实施审计工作,收集审计证据,以实现审计的总目标和各项具体目标。因此,审计流程与审计目标的实现密切相关。对于注册会计师执行鉴证业务来说,其审计实务流程一般包括承接业务委托、计划审计工作、实施风险评估程序、实施控制测试和实质性程序、完成审计工作和编制审计报告等主要阶段。

一、承接业务委托

会计师事务所应当按照执业准则的规定,谨慎决策是否接受或保持某客户关系和具体审计业务。在接受新客户的业务前,或决定是否保持现有业务或考虑接受现有客户的新业务时,会计师事务所应当执行一些客户接受与保持的程序,以获取如下信息:(1)考虑客户的诚信,没有信息表明客户缺乏诚信;(2)具有执行业务必要的素质、专业胜任能力、时间和资源;(3)能够遵守相关职业道德要求。

会计师事务所执行客户接受与保持的程序的目的,旨在识别和评估会计师事务所面临的风险。注册会计师需要作出的最重要的决策之一就是接受和保持客户。一项低质量的决策会导致不能准确确定计酬的时间或未被支付的费用,增加项目合伙人和员工的额外压力,使会计师事务所声誉遭受损失,或者涉及潜在的诉讼。

---

①　审计程序有广义和狭义之分。广义的审计程序是指审计人员从事审计工作从开始到结束的步骤、内容和顺序,它主要是针对审计过程而言的,一般包括计划审计工作、执行审计工作和完成审计工作等三个阶段,每个阶段都有其具体的工作内容。狭义的审计程序则是指通过实施一定的审计方法,获取充分、适当的审计证据,得出合理的审计结论,作为形成审计意见的基础。这里的审计程序是狭义上的理解。

一旦决定接受业务委托,注册会计师应当与客户就审计约定条款达成一致意见。对于连续审计,注册会计师应当注意是否需要根据具体情况修改业务约定条款,以及是否需要提醒客户注意现有的业务约定书。

二、计划审计工作

计划审计工作十分重要。如果没有恰当的审计计划,不仅无法获取充分、适当的审计证据,影响审计目标的实现,而且还会浪费有限的审计资源,影响审计工作的效率。因此,对于任何一项审计业务,注册会计师在执行具体审计程序之前,都必须根据具体情况制订科学、合理的计划,使审计业务以有效的方式得到执行。一般来说,计划审计工作主要包括:在本期审计业务开始时开展的初步业务活动;制定总体审计策略;制订具体审计计划等。需要指出的是,计划审计工作不是审计业务的一个孤立阶段,而是一个持续的、不断修正的过程,贯穿于整个审计过程的始终。

三、实施风险评估程序

审计准则规定,注册会计师必须实施风险评估程序,以此作为评估财务报表层次和认定层次重大错报风险的基础。所谓风险评估程序,是指注册会计师实施的了解被审计单位及其环境并识别和评估财务报表重大错报风险的程序。风险评估程序是必要程序,了解被审计单位及其环境特别是为注册会计师在许多关键环节作出职业判断提供了重要基础。了解被审计单位及其环境是一个连续和动态地收集、更新与分析信息的过程,贯穿于整个审计过程的始终。注册会计师应当运用职业判断确定需要了解被审计单位及其环境的程度。一般来说,实施风险评估程序的主要工作包括:了解被审计单位及其环境;识别和评估财务报表层次以及各类交易、账户余额、列报认定层次的重大错报风险,包括确定需要特别考虑的重大错报风险(即特别风险)以及仅通过实质性程序无法应对的重大错报风险等。

四、实施控制测试和实质性程序

注册会计师实施风险评估程序本身并不足以为发表审计意见提供充分、适当的审计证据,注册会计师还应当实施进一步审计程序,包括实施控制测试(必要时或决定测试时)和实质性程序。因此,注册会计师评估财务报表重大错报风险后,应当运用职业判断,针对评估的财务报表层次重大错报风险确定总体应对措施,并针对评估的认定层次重大错报风险设计和实施进一步审计程序,以将审计风险降至可接受的低水平。

控制测试并不是每次财务报表审计都应实施的必要程序。只有存在下列情形之一时,控制测试才是必要的:①在评估认定层次重大错报风险时,预期控制的运行是有效的,注册会计师应当实施控制测试以支持评估结果;②仅实施实质性程序不足以提供认定层次充分、适当的审计证据,注册会计师应当实施控制测试,以获取内部控制运行有效性的审计证据。

由于注册会计师对重大错报风险的评估是一种判断,并且内部控制存在固有局限性,因此,无论评估的重大错报风险结果如何,注册会计师均应当针对所有重大的各类交易、账户余额、列报计划实施实质性程序(包括实质性分析程序和交易、账户余额、列报的细节测试),以应对评估的重大错报风险,获取充分、适当的审计证据。风险评估程序和实质性程序是每次财务报表审计都应实施的必要程序。

五、完成审计工作和编制审计报告

注册会计师在完成财务报表所有循环的进一步审计程序后,还应当按照有关审计准则的规定做好审计完成阶段的工作,并根据所获取的各种证据,合理运用专业判断,形成适当的审计意见。本阶段主要工作有:审计期初余额、比较数据、期后事项和或有事项;考虑持续经营问题和获取管理层声明;汇总审计差异,并提请被审计单位调整或披露;复核审计工作底稿和财务报表;与管理层和治理层沟通;评价审计证据,形成审计意见;编制审计报告等。

☞**小资料**

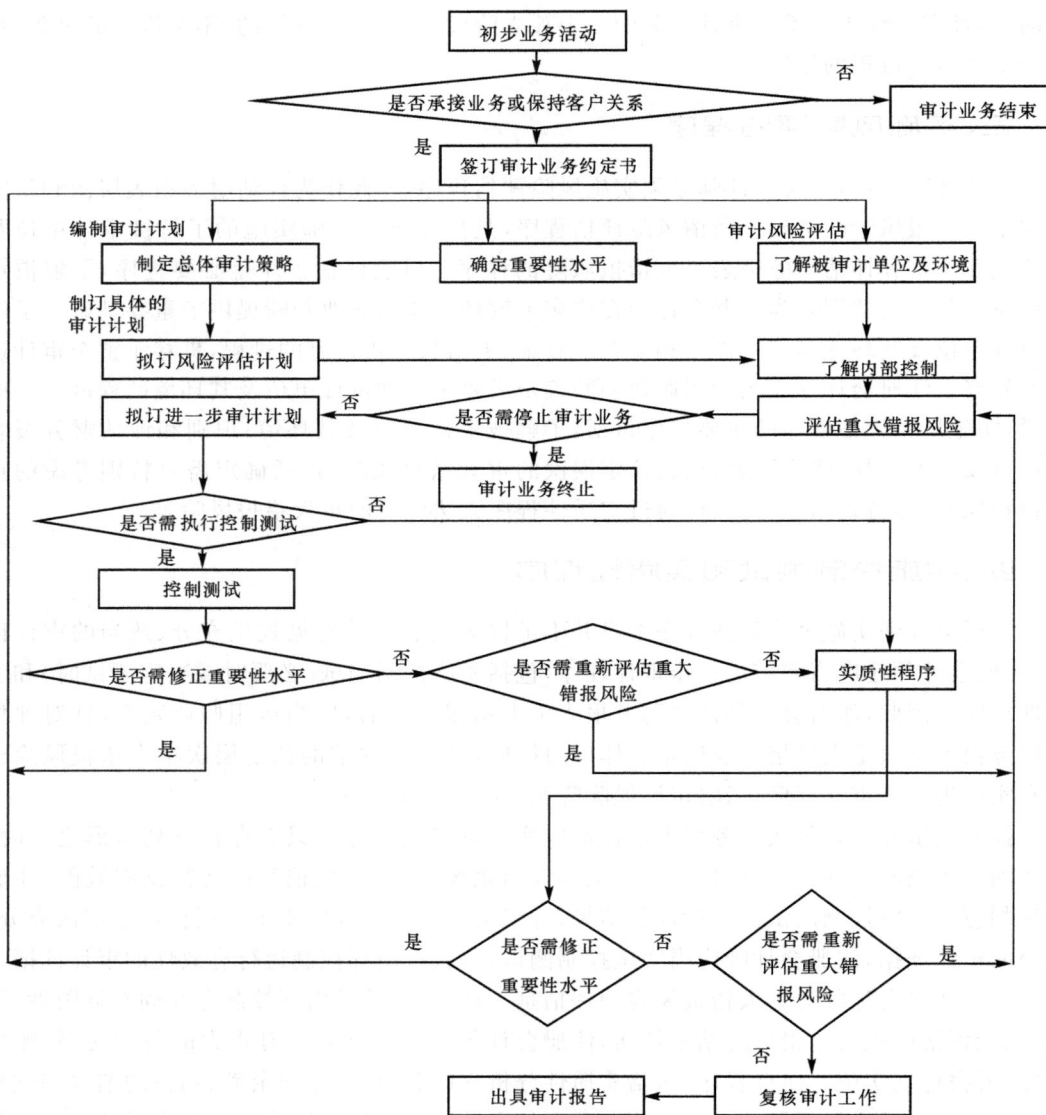

审计框架图

☞ 相关案例

1136 租户公司审计案

背景简介：

1. 1136 租户公司案的始末。位于曼哈顿第五大街 1136 号的 1136 租户公司是纽约极具有影响力的商人艾·瑞克的公司之一。瑞克的主要收入来源于房地产业，近 40 年来，他一直担任一家房地产公司的总裁。事实上，瑞克最引以为荣的一幢建筑是位于长岛的威斯特汉普顿俱乐部，他在俱乐部中是一名主要股东。20 世纪 60 年代早期，瑞克出于对威斯特汉普顿公司的迷恋，开始从他所参与经营的一些公司中非法抽调现金，投入到威斯特汉普顿公司中去。据报道，这些现金大部分用于完善长岛俱乐部的资本项目。1965 年 3 月，纽约州最高法院勒令瑞克的公司停止营业，指控该公司非法擅自挪用了客户资金。三个月后，瑞克被纽约第十三法庭起诉，罪名是从其公司合作经营项目基金中挪用了客户的 100 万美元。1965 年 11 月，瑞克认罪，承认从 1136 租户公司窃取了近 13 万美元。因为从瑞克处无法收回被挪用的资金，租户们便对为 1136 租户公司编制年度财务报表和纳税申报表的麦克森·罗森堡会计师事务所提起诉讼，对该会计师事务所的主要指控是，认为该事务所本应发现并报告瑞克贪污基金的行为。

2. 1136 租户公司案的审计与查处。整个案件的关键在于，1136 租户公司与罗森堡会计师事务所之间的契约，该契约并未付之于笔端，而仅仅只是会计师事务所的一位合伙人与瑞克之间的口头协议。原告认为，会计师事务所为瑞克所聘用，并为 1136 租户公司担任审计业务以及编制年度纳税申报表。会计师事务所对此表示异议，认为除了为 1136 租户公司编制纳税申报表外，按照与瑞克的口头协定，事务所仅为 1136 租户公司提供所谓的代理记账服务。根据法院调查，发现该口头协议的内容的确是关于执行会计工作而不是审计工作。

对罗森堡会计师事务所和租户而言，不幸的是瑞克提供给他们的原始资料完全是错误的，会计师事务所坦率地承认，如果对基金进行审计，此类违规的事项就会被发现。尽管按照协议，罗森堡会计师事务所提供的仅是记账服务，但法庭仍认为会计师事务所应有职业上的义务，对执业过程中引起他们关注的一些特别事项，应与租户进行沟通。更不幸的是，在发现一份名为"丢失发票"的工作底稿上清楚地标明：有 4.4 万美元费用的原始单据已经丢失。对会计师事务所的另一项打击源于事务所合伙人的陈述，这位合伙人承认了在与 1136 租户公司的交往中，会计师事务所提供的不仅仅是记账服务，他的下属人员的确查阅过银行对账单和其他一些相关资料，以求对租户基金项目所报告的金额予以核实，且事务所提供的收入报表中把一项 1136 租户公司的费用列为"审计费用"。

法院认为，会计师事务所未能提供一份有说服力的证明书以否认他们没有执行审计工作而仅仅是编制未经全面审计的会计报表。对 1136 租户公司案件所作的最终判决是，会计师事务所赔偿原告 1136 租户 23 万美元。赔偿数目之大，引起审计界的震惊，因为在这笔业务上罗森堡会计师事务所仅获得 600 美元的报酬。

罗森堡会计师事务所接受 1136 租户公司就代理记账业务的这个案例，只有口头协议、没有书面合同的事实及相关要求和收费标准。

案例点评：

罗森堡会计师事务所收取 600 美元的代理记账费，却付出了 23 万美元的赔偿代价。1136 租户公司审计案实质上从侧面提醒注册会计师在任何时候都不要忘记自己是一个具有审计职能的注册会计师，必须按照审计高标准来执行所有业务。

按照法律术语来说，1136 租户公司的纠纷标的并不是很大，但是，该案例在美国审计史上却有里程碑式的作用，给注册会计师行业留下了深刻的教训：注册会计师任何时候都要以书面委托合同作为依据，而不能仅仅凭口头约定。

作为具有审计身份的注册会计师，不论执行什么业务，一定要有高度的职业敏感力，对一些可能影响审计声誉的事件，要从职业角度出发予以关注；无论对财务报表签发什么样的报告，措辞一定要简单明了，尽量使用审计准则规定的术语，表明注册会计师提供服务的性质及服务的深度，不给客户提供任何误解的可能。

（资料来源：李若山主编：《审计案例》，辽宁人民出版社，1998）

第三节　承接业务委托

一、考虑是否应当接受客户的委托

会计师事务所在承接审计业务之前，应委派注册会计师初步了解审计业务环境，包括审计业务约定的事项、审计对象的特征、审计运用的标准、预期使用者的要求等，并考虑有关因素对审计业务的影响，将业务承接的风险降至可接受的水平。

1.考虑被审计单位的诚信情况

被审计单位的管理层是否营造并保持诚实守信和合乎道德价值观念的文化，对其领导下所收集、加工和报告的各种财务信息的可靠性会产生直接影响，对注册会计师的检查风险也会产生影响。因此，会计师事务所在承接审计业务前，应当考虑被审计单位的诚信情况。针对客户的诚信，应当了解下列事项：

（1）客户主要股东、关键管理人员、关联方及治理层的身份和商业信誉；

（2）客户主要股东、关键管理人员及治理层对内部控制环境和会计准则等的态度；

（3）客户的经营性质；

（4）客户对遵守其他法律法规的态度；

（5）客户对审计工作范围和会计师事务所收费水平的态度；

（6）客户变更会计师事务所的原因。

2.考虑自身是否具备执行业务必要的素质、专业胜任能力、时间和资源

会计师事务所在承接审计业务前，应对照审计业务的具体要求，评价自身具备的执业能力，不得承接不能胜任和无法完成的业务。为此，应当考虑下列主要事项：

（1）会计师事务所人员是否熟悉相关行业或业务对象；

（2）会计师事务所人员是否具有执行类似业务的经验，或是否具备有效获取必要技能和知识的能力；

（3）会计师事务所是否拥有足够的具有必要素质和专业胜任能力的人员；

（4）在业务需要时，会计师事务所是否能够得到专家的帮助；

（5）是否能够在要求提交报告的最后期限内完成业务。

3.考虑自身能否遵守职业道德规范

会计师事务所执行审计业务，应当遵守职业道德规范所要求的独立、客观、公正的原则，如果不能保证职业道德规范得到遵守，将无法保证审计业务质量。因此，应当考虑下列主要事项：

（1）接受或保持某客户的审计业务是否存在因经济利益而影响注册会计师的独立性；

（2）有无涉及会计师事务所人员自我评价的情况；

（3）会计师事务所与客户之间有无影响到审计独立性的关联关系；

（4）执行审计业务是否受到外界压力。

二、审计业务约定书

（一）审计业务约定书的含义与作用

审计业务约定书是指会计师事务所与被审计单位签订的，用以记录和确认审计业务的委托与受托关系、审计目标和范围、双方的责任以及报告的格式等事项的书面协议。

会计师事务所承接任何审计业务，都应与被审计单位签订审计业务约定书。《中国注册会计师审计准则第1111号——就审计业务约定条款达成一致意见》要求，注册会计师应当在审计业务开始前，与被审计单位就审计业务约定条款达成一致意见，并签订审计业务约定书，以避免双方对审计业务的理解产生分歧。如果被审计单位不是委托人，在签订审计业务约定书前，注册会计师应当与委托人、被审计单位就审计业务约定相关条款进行充分沟通，并达成一致意见。

签署审计业务约定书的目的是为了明确约定各方的权利和责任义务，促使各方遵守约定事项并加强合作，保护签约各方的正当利益。审计业务约定书主要有以下作用：

第一，可增进会计师事务所与被审计单位之间的相互了解，尤其使被审计单位了解注册会计师的审计责任及需要提供的协助和合作；

第二，可作为被审计单位评价审计业务完成情况，及会计师事务所检查被审计单位约定义务履行情况的依据；

第三，出现法律诉讼时，是确定签约各方应负责任的重要证据。

（二）签订审计业务约定书之前应做的工作

审计业务约定书具有经济合同的性质，一经约定各方签字或盖章认可，即成为法律上生效的契约，对各方均具有法定约束力。因此，会计师事务所在签订审计业务约定书之前，应指派注册会计师与被审计单位就审计业务约定相关条款进行充分沟通，达成一致意见。

1.明确审计业务的性质和范围

注册会计师业务有鉴证类业务和非鉴证类业务之分，鉴证类业务又有审计类业务、审阅类业务和其他鉴证类业务之分。对不同的业务，注册会计师执行的审查范围与审查程度不同，对审计对象信息提供的保证程度也不同。因此，会计师事务所在与被审计单位签约之前，双方应就审计业务的性质和范围达成一致意见，并予以明确。如果审计范围受到限制，注册会计师就无法获取充分、适当的审计证据，也就无法实现审计目标。

2.初步了解被审计单位及其环境

注册会计师了解被审计单位及其环境,不仅有助于确定是否接受业务委托,还有利于计划审计工作和执行实质性审计程序。了解被审计单位及其环境的主要内容包括:①行业状况、法律环境、监管环境以及其他外部因素;②业务性质、组织结构和内部控制;③经营规模、经营情况和经营风险;④以前接受年度审计的情况;⑤会计政策的选择和运用;⑥其他与签订审计业务约定书相关的事项。

3.会计师事务所评价专业胜任能力

会计师事务所具有专业胜任能力,才能完成委托审计项目,满足社会公众对注册会计师行业的需求。评价专业胜任能力的内容主要包括:①熟悉被审计单位所处的行业,具有执行审计业务所需要的知识、经验和能力;②在业务需要利用专家的工作时,能够得到专家的技术建议;③注册会计师从实质上和形式上都能够保持独立性;④保持应有关注的能力。如果会计师事务所不具备专业胜任能力,应当拒绝接受委托。

4.商定审计收费

会计师事务所的审计收费应客观反映为客户提供专业服务的价值。在计时收费方式下,确定审计收费应当考虑的因素主要有:①专业服务的难度和风险以及所需的知识和技能;②所需专业人员的水平和经验;③每一专业人员提供服务所需的工时;④提供专业服务所需承担的责任。在专业服务得到良好的计划、监督及管理的前提下,通常以合理估计的每一专业人员审计工时和适当的小时费用率为基础计算收费。计时收费方式运用普遍,此外,也可采取计件收费方式。

5.明确被审计单位应协助的工作

在注册会计师实施现场审计之前,被审计单位应将所有相关的会计资料和其他文件准备齐全。在审计过程中,被审计单位的财会人员及相关人员应对注册会计师的询问给予解释,并在适当情况下为注册会计师提供必要的工作条件和协助,如代编某些工作底稿等。

(三)审计业务约定书的内容

会计师事务所就上述事项与被审计单位协商一致后,即可指派人员起草审计业务约定书。起草完毕的审计业务约定书一式两份,应由双方法人代表或授权代表签署,并加盖双方单位印章。任何方如需修改、补充约定书,均应以适当方式获得对方的确认。

1.审计业务约定书的基本内容

审计业务约定书的具体内容和格式可能因被审计单位的不同而不同,但应当包括以下主要内容:

(1)财务报表审计的目标;

(2)管理层对财务报表的责任;

(3)管理层编制财务报表采用的会计准则和相关会计制度;

(4)审计范围与注册会计师遵守的审计准则;

(5)执行审计工作的安排,包括出具审计报告的时间要求;

(6)审计报告格式和对审计结果的其他沟通形式;

(7)由于测试的性质和审计的其他固有限制,以及内部控制的固有局限性,不可避免地存在着某些重大错报可能仍然未被发现的风险;

(8)管理层为注册会计师提供必要的工作条件和协助;

(9)注册会计师不受限制地接触任何与审计有关的记录、文件和所需要的其他信息；

(10)管理层对其作出的与审计有关的声明予以书面确认；

(11)注册会计师对执业过程中获知的信息保密；

(12)审计收费，包括收费的计算基础和收费安排；

(13)违约责任；

(14)解决争议的方法；

(15)签约双方法定代表人或其授权代表的签字盖章，以及签约双方加盖的公章。

2.在业务需要时增加审计业务约定书的内容

如果情况需要，注册会计师还应当考虑在审计业务约定书中列明下列内容：

(1)在某些方面利用其他注册会计师和专家工作的安排；

(2)与审计涉及的内部审计人员和被审计单位其他员工工作的协调；

(3)预期向被审计单位提交的其他函件或报告；

(4)与治理层整体直接沟通；

(5)在首次接受审计委托时，与前任注册会计师沟通的安排；

(6)注册会计师与被审计单位之间需要达成进一步协议的事项。

3.连续审计情形下审计业务约定书的修订

会计师事务所在与被审计单位长期保持审计业务的情况下，可以与被审计单位签订长期审计业务约定书，但注册会计师应当考虑是否需要根据具体情况对审计业务约定书进行修改与重签。如果需要修改、补充审计业务约定书的内容，应当以适当的方式获得对方的确认。需要修订或重新签订审计业务约定书的情形有：

(1)有迹象表明被审计单位误解审计目标和范围；

(2)需要修改约定条款或增加特别条款；

(3)高级管理人员、董事会或所有权结构近期发生变动；

(4)被审计单位业务的性质或规模发生重大变化；

(5)法律法规的规定；

(6)管理层编制财务报表采用的会计准则和相关会计制度发生变化。

4.变更审计业务情形下审计业务约定书的修订

在完成审计业务前如果被审计单位要求注册会计师将审计业务变更为保证程度较低的鉴证业务或相关服务，注册会计师应当考虑变更业务的适当性。下列原因可能导致被审计单位要求变更业务：

(1)情况变化对审计服务的需求产生影响。例如，被审计单位为了公开发行股票而委托注册会计师进行财务报表审计。之后，被审计单位情况发生变化，决定不再上市，要求将审计业务变更为保证程度较低的审阅业务。

(2)对原来要求的审计业务的性质存在误解。例如，被审计单位对注册会计师执行商定程序业务与执行财务报表审计业务区分不清，在审计过程中，经过注册会计师、被审计单位和信息预期使用者进一步沟通后，将原定的财务报表审计业务变更为执行商定程序业务。

(3)审计范围存在限制。例如，在实施审计过程中，注册会计师无法通过函证等程序对应收账款期末余额获得充分、适当的审计证据，被审计单位为了避免注册会计师出具保留意见或无法表示意见的审计报告，将约定的审计业务变更为审阅业务。

上述(1)和(2)两种情况下的变更理由基本上合理,注册会计师同意变更并与被审计单位就变更后的业务性质、目标、审查范围及相关事项达成一致意见后,修改业务约定书条款,并按照修改后的业务约定条款出具报告。为避免引起报告使用者的误解,报告不应提及原审计业务及在原审计业务中已执行的程序。只有将审计业务变更为执行商定程序业务,注册会计师才可在报告中提及已执行的程序。

如果没有合理的理由,注册会计师不应同意变更业务。如果不同意变更业务,被审计单位又不允许继续执行原审计业务。注册会计师应当解除业务约定,并考虑是否有义务向被审计单位董事会或股东会等方面说明解除业务约定的理由。

☞相关案例

纵横国际原审计机构被解聘

因 2001 年年报至今(2002 年 7 月 14 日)"难产"而引来各方关注的纵横国际于昨日召开了 2002 年第一次临时股东大会,此次会议审议的议案仅有一项,即解聘深圳天健信德会计师事务所,另聘江苏天华大彭会计师事务所对纵横国际 2001 年度财务报告进行审计,股东大会最后以高票通过了该项议案。

在会上,天健信德会计师事务所代表发表了陈述意见,他表示,天健信德在审计过程中,根据独立审计的原则和规定,实施了必要和全面的审计程序。纵横国际在收入确认、募集资金使用、生产环节、内部控制等方面存在重大问题,因此,天健信德根据已获取的审计证据,对纵横国际 2001 年财务报告出具拒绝表示审计意见的报告是恰当的,并对纵横国际单方面决定解聘天健信德表示异议。

听了天健信德代表的陈述意见,主持会议的纵横国际董事长张宗平表示对此很遗憾。他说,在公司年报没有披露之前,天健信德擅自将年报内容提前披露,尤其是有些内容完全不真实,违反了相关的法规规定。而由于公司年报还没有披露,所以他目前不能就天健信德的说法进行说明和澄清。

纵横国际第二大股东代表江苏华容集团董事长、纵横国际副董事长张晓东也在会上作了发言。他说,华容集团于 2001 年 8 月正式进入纵横国际,并于当年 11 月完成产权变更,因此对公司以前情况不了解,当天健信德第一次出具未定稿的审计报告时,华容集团非常震惊,对审计报告所披露的问题也无法作出判断。考虑到上市公司如果一直不能披露年报,其影响非常之大,因此在董事会讨论中,华容集团也倾向于更换会计师事务所。张晓东提出,天健信德多年来一直是纵横国际的审计事务所,而 2001 年的审计意见与以前年度反差如此之大,事务所是否也有责任。

张晓东最后表示,华容集团要求新聘请的会计师事务所一定要站在客观公正、实事求是的立场上,如实审计年报。

在上市公司中,会计师事务所的聘用与解聘是由股东大会决定的,不过,在提交股东大会审议之前的议案是由公司董事会研究决定的,所以实质上公司董事会在会计师事务所的聘用与解聘问题上是关键的决策者。该案例也告诉我们,会计师事务所是否接受一项审计业务在许多情况下是一个复杂的决策过程,需要慎重考虑能否满足委托人的需求,否则会给事务所带来许多麻烦,甚至会使事务所陷入法律纠纷。

（资料来源:摘自李彬、吴耘:《上海证券报》,2002 年 7 月 14 日。转引自郝振平、刘霄仑:《审计学》,北京大学出版社,2007）

第四节　计划审计工作

一、审计计划的含义和作用

审计计划是注册会计师为了完成审计业务、达到预期的审计目的,在实施具体的审计程序之前编制的工作计划。审计计划分为总体审计策略和具体审计计划两个层次。

一般说来,一项设计合理、有效执行的审计计划,便于收集充分、适当的审计证据;便于保持合理的审计成本,提高审计效率和质量;便于避免与客户发生误解;便于对审计助理人员进行指导和监督。

二、计划审计工作的内容

（一）初步业务活动

注册会计师在计划审计工作前,需要开展初步业务活动①,以实现以下三个主要目的:第一,具备执行业务所需的独立性和能力;第二,不存在因管理层诚信问题而可能影响注册会计师保持该项业务的意愿的事项;第三,与被审计单位之间不存在对业务约定条款的误解。

注册会计师在本期审计业务开始时应当开展下列初步业务活动:一是针对保持客户关系和具体审计业务实施相应的质量控制程序;二是评价遵守相关职业道德要求的情况;三是就审计业务约定条款达成一致意见。

针对保持客户关系和具体审计业务实施质量控制程序,并且根据实施相应程序的结果作出适当的决策是注册会计师控制审计风险的重要环节。《中国注册会计师审计准则第1121 号——对财务报表审计实施的质量控制》及《质量控制准则第 5101 号——会计师事务所对执行财务报表审计和审阅、其他鉴证和相关服务业务实施的质量控制》含有与客户关系和具体业务的接受与保持相关的要求,注册会计师应当按照其规定开展初步业务活动。

评价遵守相关职业道德要求的情况也是一项非常重要的初步业务活动。质量控制准则含有包括独立性在内的有关职业道德要求,注册会计师应当按照其规定执行。虽然保持客户关系及具体审计业务和评价职业道德的工作贯穿审计业务的全过程,但是这两项活动需要安排在其他审计工作之前,以确保注册会计师已具备执行业务所需要的独立性和专业胜任能力,且不存在因管理层诚信问题而影响注册会计师保持该项业务意愿等情况。在连续审计的业务中,这些初步业务活动通常是在上期审计工作结束后不久或将要结束时就已开始了。

在作出接受或保持客户关系及具体审计业务的决策后,注册会计师应当按照《中国注册

---

① 从会计师事务所与客户接触起,审计活动就开始了,我们称之为初步业务活动。注册会计师执行初步业务活动目的既是为了承接业务,也是为了帮助注册会计师确保已对所有可能会影响其审计计划的制订和执行,以将审计风险降至可接受低水平的事项和情况予以考虑。因此,初步业务活动应该也纳入计划审计工作的内容。

会计师审计准则第 1111 号——就审计业务约定条款达成一致意见》的规定,在审计业务开始前,与被审计单位就审计业务约定条款达成一致意见,签订或修改审计业务约定书,以避免双方对审计业务的理解产生分歧。

(二)总体审计策略和具体审计计划

审计计划分为总体审计策略和具体审计计划两个层次。

总体审计策略是对审计的预期范围和实施方式所作的规划,是审计人员从接受审计委托到出具审计报告整个过程基本工作内容的综合计划。

具体审计计划是依据总体审计策略制订的,对实施总体审计计划所需要的审计程序的性质、时间和范围所作的详细规划与说明。具体审计计划又称为详细审计方案或审计程序。

1.总体审计策略的内容

总体审计策略从某种程度上可以说是整个审计工作的蓝图,编制时涵盖应足够全面,以指导具体审计计划的制订。总体审计策略用以确定审计范围、时间和方向,并指导制订具体审计计划。总体审计策略的形式和内容是随着被审计单位的规模、审计复杂性和审计人员所采用的具体方法和技术的不同而各有侧重,在制定该策略时,注册会计师应考虑以下事项。

(1)审计范围:注册会计师需要确定审计业务的特征,包括预期的审计工作涵盖范围,预期利用在以前期间审计工作中获取的审计证据的程度,被审计单位使用服务机构的情况,以及注册会计师如何取得有关服务机构内部控制设计、执行和运行有效性的证据,获取的与风险评估程序和控制测试相关的审计证据,信息技术对审计程序的影响,包括数据的可获得性和预期使用计算机辅助审计技术的情况,内部审计工作的可利用性及对内部审计工作的拟依赖程度,采用的相关会计准则和会计制度、特定行业的报告要求及被审计单位组成部分等。

(2)审计目标:除了确定审计范围,总体审计策略另一项重要内容是明确审计业务的报告目标,目的是确定计划审计的时间安排和所需沟通的性质。

(3)审计方向:总体审计策略第三项重要内容是确定审计工作的未来行动方向。注册会计师主要是通过考虑影响审计业务的重要因素与水平,来确定项目组工作方向,包括确定适当的重要性水平,初步识别可能存在较高的重大错报风险的领域,初步识别重要的组成部分和账户余额、重大错报风险较高的审计领域、项目预算,评价是否需要针对内部控制的有效性获取审计证据,识别被审计单位、所处行业、财务报告要求及其他最近发生的重大事项等。总体审计策略应能恰当地反映注册会计师考虑审计范围、时间和方向的结果。

☞小资料

风险评估工作底稿

表 4-2　总体审计策略

被审计单位: 项目:总体审计策略 编制: 日期:	索引号: 财务报表截止日/期间: 复核: 日期:

一、审计范围

报告要求	
适用的财务报告编制基础(包括是否需要将财务信息按照其他财务报告编制基础进行转换)	适用的审计准则
与财务报告相关的行业特别规定	例如:监管机构发布的有关信息披露的法规、特定行业主管部门发布的与财务报告相关的法规等
由组成部分注册会计师审计的组成部分的范围	
……	

二、审计业务时间安排

(一)对外报告时间安排

(二)执行审计时间安排

执行审计时间安排	时　　间
1. 期中审计	
(1)制定总体审计策略	
(2)制订具体审计计划	
……	
2. 期末审计	
(1)存货监盘	
……	

(三)沟通的时间安排

所需沟通	时　　间
与管理层及治理层的会议	
项目组会议(包括预备会和总结会)	
与专家或有关人士的沟通	
与其他注册会计师沟通	
与前任注册会计师沟通	
……	

三、影响审计业务的重要因素

（一）重要性

确定的重要性水平	索引号

（二）可能存在较高重大错报风险的领域

可能存在较高重大错报风险的领域	索引号

（三）重要的组成部分和账户余额

填写说明：

1. 记录所审计的集团内重要的组成部分；

2. 记录重要的账户余额，包括本身具有重要性的账户余额（如存货），以及评估出存在重大错报风险的账户余额。

重要的组成部分和账户余额	索引号
1. 重要的组成部分	
……	
2. 重要的账户余额	
……	

四、人员安排

项目组主要成员的责任

职位	姓名	主要职责

注：在分配职责时可以根据被审计单位的不同情况按会计科目划分，或按交易类别划分。

2.总体审计策略和具体审计计划之间的关系

制定总体审计策略和具体审计计划不仅在过程方面存在密切联系,并且两者在内容上也是紧密相关的。注册会计师应当针对总体审计策略中所识别的不同事项,制订具体审计计划,并考虑通过有效利用审计资源以实现审计目标。值得注意的是,虽然编制总体审计策略的过程通常在具体审计计划之前,但是两项计划活动并不是孤立、不连续的过程,而是内在紧密联系的,对其中一项的决定可能会影响甚至改变对另外一项的决定。因此,注册会计师应当根据实施风险评估程序的结果,对总体审计策略的内容予以调整。审计计划的两个层次及其相互关系如图 4-1 所示。

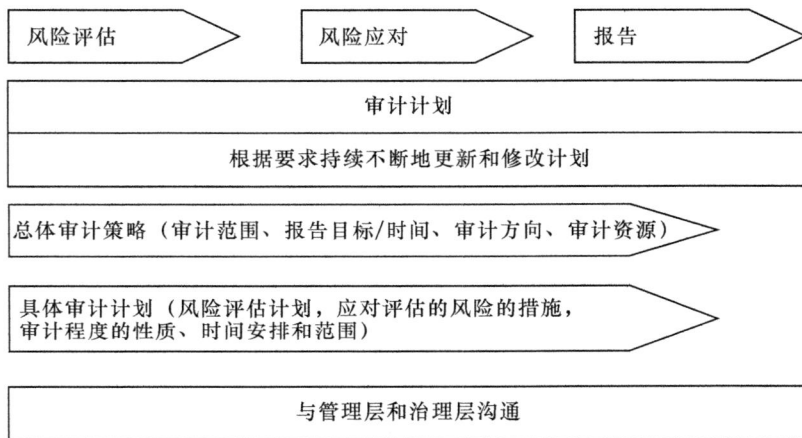

图 4-1 审计计划的两个层次

3.具体审计计划包括的内容

注册会计师应当为审计工作制订具体审计计划。具体审计计划比总体审计策略更加详细,其内容包括为获取充分、适当的审计证据以将审计风险降至可接受的低水平,项目组成员拟实施的审计程序的性质、时间和范围。具体审计计划应当包括:风险评估程序、计划实施的进一步审计程序和计划其他审计程序三方面内容。

(1)风险评估程序。具体审计计划应当包括按照《中国注册会计师审计准则第 1211 号——通过了解被审计单位及其环境识别和评估重大错报风险》的规定,为了足够识别和评估财务报表重大错报风险,注册会计师计划实施的风险评估程序的性质、时间和范围。

(2)计划实施的进一步审计程序。具体审计计划应当包括按照《中国注册会计师审计准则第 1231 号——针对评估的重大错报风险采取的应对措施》的规定,针对评估的认定层次的重大错报风险,注册会计师计划实施的进一步审计程序的性质、时间和范围。需要强调的是,随着审计工作的推进,对审计程序的计划会一步步深入下去,并贯穿于整个审计过程。

通常,注册会计师计划的进一步审计程序可以分为进一步审计程序的总体方案和拟实施的具体审计程序(包括进一步审计程序的具体性质、时间和范围)两个层次。进一步审计程序的总体方案主要是指注册会计师针对各类交易、账户余额和列报决定采用的总体方案(包括实质性方案或综合性方案)。具体审计程序则是对进一步审计程序的总体方案的延伸和细化,它通常包括控制测试和实质性程序的性质、时间和范围。

(3)计划其他审计程序。具体审计计划应当包括根据审计准则的规定,注册会计师针对审计业务需要实施的其他审计程序。计划的其他审计程序可以包括上述进一步程序的计划中没有涵盖的、根据其他审计准则的要求注册会计师应当执行的既定程序。

在审计计划阶段,除了按照《中国注册会计师审计准则第1211号——通过了解被审计单位及其环境识别和评估重大错报风险》进行计划工作,注册会计师还需要兼顾其他准则中规定的、针对特定项目在审计计划阶段应执行的程序及记录要求。例如,《中国注册会计师审计准则第1141号——财务报表审计中与舞弊相关的责任》《中国注册会计师审计准则第1324号——持续经营》《中国注册会计师审计准则第1142号——财务报表审计中对法律法规的考虑》及《中国注册会计师审计准则第1323号——关联方》等准则中对注册会计师针对这些特定项目在审计计划阶段应当执行的程序及其记录作出了规定。当然,由于被审计单位所处行业、环境各不相同,特别项目可能也有所不同。

【例题】　具体审计计划包括注册会计师计划进一步实施的总体审计方案和拟实施的具体审计程序。(　　　)

【答案】　×

【解析】　具体审计计划中应当包括风险评估程序、计划实施的进一步审计程序和其他审计程序。在计划实施的进一步审计程序中又包括进一步实施的总体审计方案和拟实施的具体审计程序。

(三)指导、监督与复核

注册会计师应当就对项目组成员工作的指导、监督与复核的性质、时间和范围制订计划。对项目组成员工作的指导、监督与复核的性质、时间和范围主要取决于下列因素:被审计单位的规模和复杂程度;审计领域;重大错报风险;执行审计工作的项目组成员的素质和专业胜任能力。

注册会计师应在评估重大错报风险的基础上,计划对项目组成员工作的指导、监督与复核的性质、时间和范围。当评估的重大错报风险增加时,注册会计师通常会扩大指导与监督的范围,增强指导与监督的及时性,执行更详细的复核工作。在计划复核的性质、时间和范围时,注册会计师还应考虑单个项目组成员的素质和专业胜任能力。

(四)审计过程中对计划的更改

计划审计工作并非审计业务的一个孤立阶段,而是一个持续的、不断修正的过程,贯穿于整个审计业务的始终。由于未预期事项、条件的变化或在实施审计程序中获取的审计证据等原因,注册会计师应当在审计过程中对总体审计策略和具体审计计划作出必要的更新和修改。

(五)对计划审计工作的记录

注册会计师应当记录总体审计策略和具体审计计划,包括在审计工作过程中作出的任何重大更改。注册会计师对总体审计策略的记录,应当包括为恰当计划审计工作和向项目组传达重大事项而作出的关键决策。对具体审计计划的记录,应当能够反映计划实施的风险评估程序的性质、时间和范围,以及针对评估的重大错报风险计划实施的进一步审计程序的性质、时间和范围。注册会计师对具体审计计划的记录可以使用标准的审计程序表或审计工作完成核对表,但应当根据具体审计业务的情况作出适当修改。注册会计师应当记录对总体审计策略和具体审计计划作出的重大更改及其理由,以及对导致此类更改的事项、条件或审计程序结果采取的应对措施。

（六）与治理层和管理层的沟通

与治理层和管理层的沟通有助于注册会计师协调某些计划的审计程序与被审计单位人员工作之间的关系，从而使审计业务更易于执行和管理，提高审计效率与效果。注册会计师可以就计划审计工作的基本情况与被审计单位治理层和管理层进行沟通。对此，注册会计师应当按照《中国注册会计师审计准则第1151号——与治理层的沟通》中的有关规定执行。沟通的内容可以包括审计的时间安排和总体策略、审计工作中受到的限制及治理层和管理层对审计工作的额外要求等。

当就总体审计策略和具体审计计划中的内容与治理层、管理层进行沟通时，注册会计师应当保持职业谨慎，以防止由于具体审计程序易于被管理层或治理层所预见而损害审计工作的有效性。

三、审计重要性

（一）重要性的含义

重要性是指被审计单位会计报表中错报或漏报的严重程度，这一程度在特定环境下可能影响会计报表使用者的判断和决策。财务报告编制基础通常从编制和列报财务报表的角度阐释重要性的概念。财务报告编制基础可能以不同的术语解释重要性，但通常而言，重要性概念可从下列方面进行理解：

（1）如果合理预期错报（包括漏报）单独或汇总起来可能影响财务报表使用者依据财务报表作出的经济决策，则通常认为错报是重大的。

（2 对重要性的判断是根据具体环境作出的，并受错报的金额或性质的影响，或受两者共同作用的影响。

（3）判断某事项对财务报表使用者是否重大，是在考虑财务报表使用者整体共同的财务信息需求的基础上作出的。由于不同财务报表使用者对财务信息的需求可能差异很大，因此不考虑错报对个别财务报表使用者可能产生的影响。

在审计开始时，就必须对重大错报的规模和性质作出一个判断，包括制定财务报表整体的重要性和特定交易类别、账户余额和披露的重要性水平。当错报金额低于整体重要性水平时，就很可能被合理预期并将对使用者根据财务报表作出的经济决策产生影响。

注册会计师使用整体重要性水平（将财务报表作为整体）的目的有：（1）决定风险评估程序的性质、时间安排和范围；（2）识别和评估重大错报风险；（3）确定进一步审计程序的性质、时间安排和范围。在整个业务过程中，随着审计工作的进展，注册会计师应当根据所获得的新信息更新重要性。在形成审计结论阶段，要使用整体重要性水平和为了特定交易类别、账户余额和披露而制定的较低金额的重要性水平来评价已识别的错报对财务报表的影响和对审计报告中审计意见的影响。

（二）重要性与审计风险的关系

在执行审计业务时，注册会计师应当考虑重要性及重要性与审计风险的关系。重要性与审计风险之间存在反向关系。重要性水平越高，审计风险越低；重要性水平越低，审计风险越高。这里所说的重要性水平高低指的是金额的大小。通常，4000元的重要性水平比

2000 元的重要性水平高。在理解两者之间的关系时,必须注意,重要性水平是注册会计师从财务报表使用者的角度进行判断的结果。如果重要性水平是 4000 元,则意味着低于4000 元的错报不会影响到财务报表使用者的决策,此时注册会计师需要通过执行有关审计程序合理保证能发现高于 4000 元的错报。如果重要性水平是 2000 元,则金额在 2000 元以上的错报就会影响财务报表使用者的决策,此时注册会计师需要通过执行有关审计程序合理保证能发现金额在 2000 元以上的错报。显然,重要性水平为 2000 元时审计不出这样的重大错报的可能性即审计风险,要比重要性水平为 4000 元时的审计风险高。审计风险越高,越要求注册会计师收集更多更有效的审计证据,以将审计风险降至可接受的低水平。因此,重要性和审计证据之间也是反向变动关系。

值得注意的是,注册会计师不能通过不合理地人为调高重要性水平,降低审计风险;因为重要性是依据重要性概念中所述的判断标准确定的,而不是由主观期望的审计风险水平决定。

由于重要性和审计风险存在上述反向关系,而且这种关系对注册会计师将要执行的审计程序的性质、时间和范围有直接的影响,因此,注册会计师应当综合考虑各种因素,合理确定重要性水平。

(三)计划审计工作时对重要性的评估

1.确定计划的重要性水平时应考虑的因素

在计划审计工作时,注册会计师应当确定一个合理的重要性水平,以发现在金额上重大的错报。注册会计师应当考虑较小金额错报的累计结果可能对财务报表产生重大影响。

注册会计师在确定计划的重要性水平时,应当考虑以下主要因素:

(1)对被审计单位及其环境的了解。被审计单位的行业状况、法律环境与监管环境等其他外部因素,以及被审计单位业务的性质,对会计政策的选择和应用,被审计单位的目标、战略及相关的经营风险,被审计单位的内部控制等因素,都将影响注册会计师对重要性水平的判断。

(2)审计的目标,包括特定报告要求。信息使用者的要求等因素影响注册会计师对重要性水平的确定。例如,对特定财务报表项目进行审计的业务,其重要性水平可能需要以该项目金额,而不是以财务报表的一些汇总性财务数据为基础加以确定。

(3)财务报表各项目的性质及其相互关系。财务报表使用者对不同的报表项目的关心程度不同。一般而言,如果认为流动性较高的项目出现较小金额的错报就会影响报表使用者的决策,注册会计师应当对此从严确定重要性水平。由于财务报表各项目之间是相互联系的,注册会计师在确定重要性水平时,需要考虑这种相互联系。

(4)财务报表项目的金额及其波动幅度。财务报表项目的金额及其波动幅度可能促使财务报表使用者作出不同的反应。因此,注册会计师在确定重要性水平时,应当深入研究这些项目的金额及其波动幅度。

总之,只要影响预期财务报表使用者决策的因素,都可能对重要性水平产生影响。注册会计师应当在计划阶段充分考虑这些因素,并采用合理的方法,确定重要性水平。

2.从数量方面考虑重要性

注册会计师应当考虑财务报表整体和特定类别、账户余额或披露的重要性。

注册会计师应当从数量和性质两个方面考虑重要性。重要性水平是针对错报的金额大小而言。重要性水平是一个经验值，注册会计师只能通过职业判断确定重要性水平。

（1）财务报表整体的重要性

由于财务报表审计的目标是注册会计师通过执行审计工作对财务报表发表审计意见，因此，注册会计师应当考虑财务报表整体的重要性。只有这样，才能得出财务报表是否公允反映的结论。注册会计师在制定总体审计策略时，应当确定财务报表整体的重要性。

确定多大错报会影响到财务报表使用者所作决策，是注册会计师运用职业判断的结果。很多注册会计师根据所在会计师事务所的惯例及自己的经验，考虑重要性。注册会计师通常先选择一个恰当的基准，再选用适当的百分比乘以该基准，从而得出财务报表整体的重要性。

在实务中，有许多汇总性财务数据可以用作确定财务报表整体重要性的基准，如总资产、净资产、销售收入、费用总额、毛利、净利润等。在选择适当的基准时，注册会计师应当考虑的因素包括：

①财务报表的要素（如资产、负债、所有者权益、收入和费用等）、适用的会计准则和相关会计制度所定义的财务报表指标（如财务状况、经营成果和现金流量），以及适用的会计准则和相关会计制度提出的其他具体要求；

②对某被审计单位而言，是否存在财务报表使用者特别关注的财务报表项目（如特别关注与评价经营成果相关的信息）；

③被审计单位的性质及所在行业；

④被审计单位的规模、所有权性质以及融资方式。

注册会计师对基准的选择有赖于被审计单位的性质和环境。例如，对以营利为目的的被审计单位，来自经常性业务的税前利润或税后净利润可能是一个适当的基准；而对收益不稳定的被审计单位或非营利组织，选择税前利润或税后净利润作为判断重要性的基准就不合适。对资产管理公司，净资产可能是一个适当的基准。注册会计师通常选择一个相对稳定、可预测且能够反映被审计单位正常规模的基准。由于销售收入和总资产具有相对稳定性，注册会计师经常将其用作确定计划重要性的基准。

在确定恰当的基准后，注册会计师通常运用职业判断合理选择百分比，据以确定重要性。

注册会计师执行具体审计业务时，可能认为采用比上述百分比更高或更低的比例是适当的。

此外，注册会计师在确定重要性时，通常考虑以前期间的经营成果和财务状况、本期的经营成果和财务状况、本期的预算和预测结果、被审计单位情况的重大变化（如重大的企业购并）以及宏观经济环境和所处行业环境发生的相关变化。例如，注册会计师在将净利润作为确定某被审计单位重要性的基准时，因情况变化使该被审计单位本年度净利润出现意外的增加或减少，注册会计师可能认为选择近几年的平均净利润作为确定重要性的基准更加合适。

注册会计师在确定重要性时，不需考虑与具体项目计量相关的固有不确定性。例如，财务报表含有高度不确定性的大额估计，注册会计师并不会因此而确定一个比不含有该估计的财务报表的重要性更高或更低的重要性。

☞小资料

以下是一些被审计单位重要性水平的参考数值：

①对以营利为目的的企业，来自经常性业务的净利润的 5％～10％（净利润较小时用 10％，较大时用 5％）、总资产的 0.5％～1％（资产总额较小时用 1％，较大时用 0.5％）、净资产的 0.5％～1％（净资产较小时用 1％，较大时用 0.5％）或营业收入的 0.5％～1％（营业收入较小时用 1％，较大时用 0.5％）；

②对非营利组织，费用总额或总收入的 0.5％；

③对共同基金公司，净资产的 0.5％。

（2）特定类别交易、账户余额或披露的重要性水平

交易、账户余额或披露的重要性水平不是必需的，但对于重要的项目需要确定重要性水平（比如收入、存货、应收账款等项目）。实务中，注册会计师通常根据经验按照财务报表整体的重要性的一定比例来确定交易、账户余额或披露的重要性水平（比如将存货项目的重要性水平确定为财务报表整体重要性的 20％）。

特别类别交易、账户余额或披露的重要性水平称为"可容忍错报"。可容忍错报的确定以注册会计师对财务报表整体重要性的初步评估为基础。它是在不导致财务报表存在重大错报的情况下，注册会计师对特别类别交易、账户余额或披露确定的可接受的最大错报。例如，注册会计师将总额为 100 万元的重要性水平的 20 万元分配给存货，则存货的可容忍错报就是 20 万元。这也意味着，只要存货的错报不超过 20 万元，注册会计师就可以认为存货项目的反映公允。

根据被审计单位的特定情况，下列因素可能表明存在一个或多个特定类别的交易、账户余额或披露，其发生的错报金额虽然低于财务报表整体的重要性，但合理预期将影响财务报表使用者依据财务报表作出的经济决策：

①法律法规或适用的财务报告编制基础是否影响财务报表使用者对特定项目（如关联方交易、管理层及治理层的报酬）计量或披露的预期；

②与被审计单位所处行业相关的关键性披露（如制药企业的研究与开发成本）；

③财务报表使用者是否特别关注财务报表中单独披露的业务的特定方面（如新收购的业务）。

在根据被审计单位的特定情况考虑是否存在上述交易、账户余额或披露时，了解治理层和管理层的看法和预期通常是有用的。

（3）实际执行的重要性

实际执行的重要性，是指注册会计师确定的低于财务报表整体重要性的一个或多个金额，旨在将未更正和未发现错报的汇总数超过财务报表整体的重要性的可能性降至适当的低水平。如果适用，实际执行的重要性还指注册会计师确定的低于特定类别的交易、账户余额或披露的重要性水平的一个或多个金额。

确定实际执行的重要性需要注册会计师运用职业判断，并考虑下列因素：①对被审计单位的了解；②前期审计工作中识别出的错报的性质和范围；③根据前期识别出的错报对本期

错报作出的预期。

通常而言,实际执行的重要性通常为财务报表整体重要性的 50%～75%。

审计准则要求注册会计师确定低于财务报表整体重要性的一个或多个金额作为实际执行的重要性,注册会计师无须通过将财务报表整体的重要性水平平均分配或按比例分配至各个报表项目的方法来确定实际执行的重要性,而是根据对报表项目的风险评估结果,确定如何确定一个或多个实际执行的重要性,例如,根据以前期间的审计经验和本期审计计划阶段的风险评估结果,注册会计师认为可以以财务报表整体重要性的 75% 作为大多数报表项目的实际执行的重要性;与营业收入项目相关的内部控制存在控制缺陷,而且以前年度审计中存在审计调整,因此考虑以财务报表整体重要性的 50% 作为营业收入项目的实际执行的重要性,从而有针对性地对高风险领域执行更多的审计工作。

(四)对计划阶段确定的重要性水平的调整

在审计执行阶段,随着审计过程的推进,注册会计师应当及时评价计划阶段确定的重要性水平是否仍然合理,并根据具体环境的变化或在审计执行过程中进一步获取的信息,修正计划的重要性水平,进而修改进一步审计程序的性质、时间和范围。例如,随着审计证据的累积,注册会计师可能认为初始选用的重要性基准并不恰当,需要选用其他的基准来计算重要性水平。在确定审计程序后,如果注册会计师决定接受更低的重要性水平,审计风险将增加。注册会计师应当选用下列方法将审计风险降至可接受的低水平:(1)如有可能,通过扩大控制测试范围或实施追加的控制测试,降低评估的重大错报风险,并支持降低后的重大错报风险水平;(2)通过修改计划实施的实质性程序的性质、时间和范围,降低检查风险。

(五)评价错报的影响

1.尚未更正错报的汇总数

尚未更正错报的汇总数包括已经识别的具体错报和推断误差,分别说明如下:

(1)已经识别的具体错报

已经识别的具体错报是指注册会计师在审计过程中发现的,能够准确计量的错报,包括下列两类:①对事实的错报。这类错报产生于被审计单位收集和处理数据的错误,对事实的忽略或误解,或故意舞弊行为。例如,注册会计师在实施细节测试时发现最近赊入存货的实际价值为 15000 元,但账面记录的金额却为 10000 元。因此,存货和应付账款分别被低估了5000 元,这里被低估的 5000 元就是已识别的对事实的具体错报。②涉及主观决策的错报。这类错报产生于两种情况:一是管理层和注册会计师对会计估计值的判断差异,例如,由于包含在财务报表中的管理层作出的估计位超出了注册会计师确定的一个合理范围,导致出现判断差异;二是管理层和注册会计师对选择和运用会计政策的判断差异,由于注册会计师认为管理层选用会计政策造成错报,管理层却认为选用会计政策适当,导致出现判断差异。

(2)推断误差

也称"可能误差",是注册会计师对不能明确、具体地识别的其他错报的最佳估计数。推断误差通常包括:①通过测试样本估计出的总体的错报减去在测试中发现的已经识别的具体错报。例如,应收账款年末余额为 2000 万元,注册会计师抽查样本发现金额有 100 万元的高估,高估部分为账面金额的 20%,据此注册会计师推断总体的错报金额为 400 万元(即2000×20%),那么上述 100 万元就是已识别的具体错报,其余 300 万元即推断误差。②通过实质性分析程序推断出的估计错报。例如,注册会计师根据客户的预算资料及行业趋势等要素,对客户年度销售费用独立地作出估计,并与客户账面金额比较,发现两者间有50%的差异;考虑到估计的精确性有限,注册会计师根据经验认为10%的差异通常是可接受的,而剩余40%的差异需要有合理解释并取得佐证性证据;假定注册会计师对其中20%的差异无法得到合理解释或不能取得佐证,则该部分差异金额即为推断误差。

2.评价尚未更正错报的汇总数的影响

注册会计师应当评估在审计过程中已识别但尚未更正错报的汇总数是否重大。

注册会计师需要在出具审计报告之前,评估尚未更正错报单独或累积的影响是否重大。在评估时,注册会计师应当从特定的某类交易、账户余额及列报认定层次和财务报表层次考虑这些错报的金额和性质,以及这些错报发生的特定环境。

注册会计师应当分别考虑每项错报对相关交易、账户余额及列报的影响,包括错报是否超过之前为特定交易、账户余额及列报所设定的较之财务报表层次重要性水平更低的可容忍错报。此外,如果某项错报是(或可能是)由舞弊造成的,无论其金额大小,注册会计师均应当按照《中国注册会计师审计准则第1141号——财务报表审计中对舞弊的考虑》的规定,考虑其对整个财务报表审计的影响。考虑到某些错报发生的环境,即使其金额低于计划的重要性水平,注册会计师仍可能认为其单独或连同其他错报从性质上看是重大的。前已提及,可能影响注册会计师评估错报从性质上看是否重大的因素包括错报是否与违反监管要求或合同规定有关;是否掩盖了收益或其他趋势的变化;是否影响用来评价被审计单位财务状况、经营成果和现金流量的相关比率;是否会导致管理层报酬的增加;是否影响财务报表中列示的分部信息等。

注册会计师在评估未更正错报是否重大时,不仅需要考虑每项错报对财务报表的单独影响,而且需要考虑所有错报对财务报表的累积影响及其形成原因,尤其是一些金额较小的错报,虽然单个看起来并不重大,但是其累计数却可能对财务报表产生重大的影响。例如,某个月末发生的错报可能并不重要,但是如果每个月末都发生相同的错报,其累计数就有可能对财务报表产生重大影响。为全面地评价错报的影响,注册会计师应将审计过程中已识别的具体错报和推断误差进行汇总。

尚未更正错报与财务报表层次重要性水平相比,可能出现以下两种情况:

(1)尚未更正错报的汇总数低于重要性水平(并且特定项目的尚未更正错报也低于考虑其性质所设定的更低的重要性水平,下同)。如果尚未更正错报汇总数低于重要性水平,对财务报表的影响不重大,注册会计师可以发表无保留意见的审计报告。

(2)尚未更正错报的汇总数超过或接近重要性水平。按照本准则第十五条的规定,如果尚未更正错报汇总数超过了重要性水平,对财务报表的影响可能是重大的,注册会计师应当考虑通过扩大审计程序的范围或要求管理层调整财务报表降低审计风险。在任何情况下,注册会计师都应当要求管理层就已识别的错报调整财务报表。

如果管理层拒绝调整财务报表,并且扩大审计程序范围的结果不能使注册会计师认为尚未更正错报的汇总数不重大,注册会计师应当考虑出具非无保留意见的审计报告。

如果已识别但尚未更正错报的汇总数接近重要性水平,注册会计师应当考虑该汇总数连同尚未发现的错报是否可能超过重要性水平,并考虑通过实施追加的审计程序,或要求管理层调整财务报表降低审计风险。

在评价审计程序结果时,注册会计师确定的重要性和审计风险,可能与计划审计工作时评估的重要性和审计风险存在差异,注册会计师应当考虑实施的审计程序是否充分。

3.从性质方面考虑重要性

金额不重要的错报从性质上看有可能是重要的。注册会计师在判断错报的性质是否重要时应该考虑的具体情况包括:(1)错报对遵守法律法规要求的影响程度。(2)错报对遵守债务契约或其他合同要求的影响程度。(3)错报掩盖收益或其他趋势变化的程度(尤其在联系宏观经济背景和行业状况进行考虑时)。(4)错报对用于评价被审计单位财务状况、经营成果或现金流量的有关比率的影响程度。(5)错报对财务报表中列报的分部信息的影响程度。例如,错报事项对分部或被审计单位其他经营部分的重要程度,而这些分部或经营部分对被审计单位的经营或盈利有重大影响。(6)错报对增加管理层报酬的影响程度。例如,管理层通过错报来达到有关奖金或其他激励政策规定的要求,从而增加其报酬。(7)错报对某些账户余额之间错误分类的影响程度,这些错误分类影响到财务报表中应单独披露的项目。例如,经营收益和非经营收益之间的错误分类,非盈利单位的受到限制资源和非限制资源的错误分类。(8)相对于注册会计师所了解的以前向报表使用者传达的信息(例如,盈利预测)而言,错报的重大程度。(9)错报是否与涉及特定方的项目相关。例如,与被审计单位发生交易的外部单位是否与被审计单位管理层的成员有关联。(10)错报对信息漏报的影响程度。在有些情况下,适用的会计准则和相关会计制度并未对该信息作出具体要求,但是注册会计师运用职业判断,认为该信息对财务报表使用者了解被审计单位的财务状况、经营成果或现金流量很重要。(11)错报对于已审计财务报表一同披露的其他信息的影响程度,该影响程度能被合理预期将对财务报表使用者作出经济决策产生影响。需要指出的是,这些因素只是举例,不可能包括所有情况,也并非所有审计都会出现上述全部因素。注册会计师不能以存在这些因素为由而必然认为错报是重大的。这些因素仅供注册会计师参考。

【例题】　注册会计师在计划审计工作时,应对重要性水平作出评估,主要是为了(　　)。

A. 确定审计所需的审计证据的数量

B. 确定可容忍误差

C. 确定初步审计策略

D. 确定审计报告类型

【答案】　A

【解析】　初步确定重要性水平的目的是确定所需审计证据的数量,重要性水平越高,允许的错报金额越大,所需的审计证据就会越少,反之就会越多。

四、审计风险

审计风险是指财务报表存在重大错报而注册会计师发表不恰当审计意见的可能性。审计风险并不包含这种情况,即财务报表不含有重大错报,而注册会计师错误地发表了财务报表含有重大错报的审计意见的风险。可接受的审计风险的确定,需要考虑会计师事务所对审计风险的态度、审计失败对会计师事务所可能造成的损失的大小因素。其中,审计失败对会计师事务所可能造成的损失的大小又受所审计财务报表的用途、使用者的范围等因素的影响。但必须注意,审计业务是一种保证程度高的鉴证业务,可接受的审计风险应当足够低,以使注册会计师能够合理保证所审计财务报表不含有重大错报。审计风险取决于重大错报风险和检查风险。

(一)重大错报风险

重大错报风险是指财务报表在审计前存在重大错报的可能性。在设计审计程序以确定财务报表整体是否存在重大错报时,注册会计师应当从财务报表层次和各类交易、账户余额、列报认定层次考虑重大错报风险。《中国注册会计师审计准则第 1211 号——通过了解被审计单位及其环境识别和评估重大错报风险》对注册会计师如何评估财务报表层次和各类交易、账户余额、列报认定层次考虑重大错报风险提出了详细的要求。

1.两个层次的重大错报风险

(1)财务报表层次重大错报风险

财务报表层次重大错报风险与财务报表整体存在广泛联系,它可能影响多项认定。此类风险通常与控制环境有关,如管理层缺乏诚信、治理层形同虚设而不能对管理层进行有效监督等;但也可能与其他因素有关,如经济萧条、企业所处行业处于衰退期。此类风险难以被界定为某类交易、账户余额、列报的具体认定,相反,此类风险增大了一个或多个不同认定发生重大错报的可能性。此类风险对注册会计师考虑由舞弊引起的风险特别相关。

注册会计师评估财务报表层次重大错报风险的措施包括:考虑审计项目组承担重要责任的人员的学识、技术和能力,是否需要专家介入;考虑给予业务助理人员适当程度的监督指导;考虑是否存在怀疑被审计单位持续经营假设合理性的事项或情况。

(2)各类交易、账户余额、列报认定层次的重大错报风险

注册会计师同时考虑各类交易、账户余额、列报认定层次的重大错报风险,考虑的结果直接有利于注册会计师确定认定层次上实施的进一步审计程序的性质、时间和范围。注册会计师在各类交易、账户余额、列报认定层次获取审计证据,以便在审计工作完成时,以可接受的低审计风险水平对财务报表整体发表意见。

2.固有风险和控制风险

认定层次的重大错报风险又可进一步细分为固有风险和控制风险。

固有风险是指假设不存在相关的内部控制,某一认定发生重大错报风险的可能性,无论该错报单独考虑,还是连同其他错报构成重大错报。

某些类别的交易、账户余额、列报及其认定,固有风险很高。例如,复杂的计算比简单的计算更可能出错;受重大计量不确定性影响的会计估计发生错报的可能性较大。产生经营风险的外部因素也可能影响固有风险,比如,技术进步可能导致某项产品陈旧,进而导致存货易于发生高估错报(计价认定)。被审计单位及其环境中的某些因素还可能与多个甚至所有类别的交易、账户余额、列报有关,进而影响多个认定的固有风险。这些因素包括维持经营的流动资金匮乏、被审计单位处于夕阳行业等。

控制风险是指某项认定发生了重大错报,无论该错报单独考虑,还是连同其他错报构成重大错报,而该错报没有被单位的内部控制及时防止、发现和纠正的可能性。控制风险取决于与财务报表编制有关的设计和运行的有效性。由于控制的固有局限性,某种程序的控制风险始终存在。

需要特别说明的是,由于固有风险和控制风险不可分割地交织在一起,有时无法单独进

行评估,审计准则通常不再单独提到固有风险和控制风险,而只是将这两者合并称为"重大错报风险"。但这并不意味着,注册会计师不可以单独对固有风险和控制风险进行评估。相反,注册会计师既可以对两者进行单独评估,也可以对两者进行合并评估。具体采用的评估方法取决于会计师事务所偏好的审计技术和方法及实务上的考虑。

(二)检查风险

检查风险是指某一认定存在错报,该错报单独或连同其他错报是重大的,但注册会计师未能发现这种错报的可能性。检查风险取决于审计程序设计的合理性和执行的有效性。由于注册会计师通常并不对所有的交易、账户余额和列报进行检查,以及其他原因,检查风险不可能降低为零。其他原因包括注册会计师可能选择了不恰当的审计程序、审计程序执行不当,或者错误理解了审计结论。这些其他因素可以通过适当计划、在项目组成员之间进行恰当的职责分配、保持职业怀疑态度以及监督、指导和复核助理人员所执行的审计工作得以解决。

(三)检查风险与重大错报风险的反向关系

在既定的审计风险水平下,可接受的检查风险水平与认定层次重大错报风险的评估结果成反向关系。评估的重大错报风险越高,可接受的检查风险越低;评估的重大错报风险越低,可接受的检查风险越高。检查风险与重大错报风险的反向关系用数学模型表示如下:

$$审计风险=重大错报风险\times检查风险$$
$$=固有风险\times控制风险\times检查风险$$

这个模型也就是审计风险模型。假设针对某一认定,注册会计师将可接受的审计风险水平设定为 5%,注册会计师实施风险评估程序后将重大错报风险评估为 25%,则根据这一模型,可接受的检查风险为 20%。当然,在实务中,注册会计师不一定用绝对数量表达这些风险水平,而选用"高""中""低"等文字描述。

注册会计师应当合理设计审计程序的性质、时间和范围,并有效执行审计程序,以控制检查风险。上例中,注册会计师根据确定的可接受的检查风险(20%),设计审计程序的性质、时间和范围。审计计划,在很大程度上,围绕确定设计审计程序的性质、时间和范围而展开。

【例题】 下列有关检查风险的描述不恰当的是( )。

A.检查风险取决于审计程序设计的合理性和执行的有效性

B.在既定的审计风险水平下,可接受的检查风险水平与认定层次重大错报风险的评估结果成反向关系

C.注册会计师应当合理设计审计程序的性质、时间和范围,并有效执行审计程序,以控制重大错报风险

D.检查风险与注册会计师所需的审计证据成反向关系

【答案】 C

【解析】 根据审计风险模型,注册会计师了解被审计单位及其环境后评估重大错报风险,根据评估的重大错报风险确定的检查风险,根据确定的检查风险合理设计和有效执行审计程序,收集充分适当的审计证据来合理保证已审计财务报表不存在重大错报,降低检查风险,最终降低审计风险,发表恰当的审计意见。

第五节　审计实施和审计报告

一、审计实施

实施阶段是整个审计过程的最主要阶段,主要工作是按照具体审计计划进行控制测试和实质性程序。

(一)控制测试

控制测试是评价内部控制在防止或发现并纠正认定层次重大错报方面的运行的有效性。

(二)实质性程序

实质性程序是发现认定层次重大错报的审计程序,包括细节测试和实质性分析程序。前者是直接查找各类交易、账户余额、列报的错报。后者是将分析程序应用于实质性程序,通过分析各财务信息之间以及财务信息与非财务信息之间的关系查找各类交易、账户余额、列报的错报。

控制测试与实质性程序之间有着密切关系。如果注册会计师认为被审计单位内部控制的可靠程度高,则实质性程序的工作量可以大为减少,反之,实质性程序的工作量会增加。需要强调的是,无论何时,实质性程序是必不可少的。

(三)审计证据的评价与审计工作底稿的建立

1.审计证据的评价

在审计实施阶段,对搜集到的审计证据要及时进行评价,以确定该证据的证明力和问题所属的性质。对审计中发现的尚有疑虑的事项,应进一步核实和检查,并进一步获取审计证据,查清后再作评价。评估结果应详细记录于审计工作底稿。

2.审计工作底稿的建立

在审计工作中,审计人员应及时建立审计工作底稿。审计工作底稿应如实反映审计计划的制订及其实施的情况,包括审计人员在审计过程中收集的各种书面证据,所采用的方法和程序等审计业务内容。从一定意义上讲,审计证据的收集过程也是审计工作底稿的编制过程。审计工作底稿应按照一事一审的原则来设立或填制,填制完后,应进行复核。

在审计过程中,审计人员应将收集到的审计证据进行整理、分析、鉴定和综合,将审计证据的种类、来源、数量、日期以及所说明的问题或事实等记录下来,为以后形成审计结论、撰写审计报告打下基础。

二、出具审计报告

(一)出具审计报告前的工作

1.审核期后事项

对期后事项进行审核的目的是为了获取必要的补充依据,以保证发表适当的意见。

2.或有事项的审计

关注或有事项的主要目的是提请被审计单位对重大或有损失及或有负债进行充分反

映,如果被审计单位拒绝反映,则应在审计报告中进行适当披露。

3.关注被审计单位的持续经营能力

如果被审计单位缺乏持续经营能力,应重新考虑财务报表项目的分类及计价基础是否需作调整。

4.完成审计外勤工作

在审计报告编制之前,审计人员应向被审计单位介绍审计情况,对在审计过程中发现的不符合会计准则及相关会计法规的、需要调整财务报表的重大事项,应以书面形式向其提出调整财务报表的建议。调整建议通常用"调整分录汇总表"或"审计差异汇总表"的形式提出。如果被审计单位接受建议进行调整,审计人员应据此编制试算平衡工作底稿。对于已调整的事项,不应在审计报告及其附注中列出;如果被审计单位不接受建议进行调整,审计人员应对未调整事项进行整理,连同未接受的理由,一并作出书面记录,并据未调整事项的性质和重要程度,考虑是否在审计报告中反映。如果超过了重要性水平,则应考虑出具非标准审计报告。

5.审计总结

审计人员在完成审计外勤工作后,应当根据获取的审计证据撰写审计总结,概括说明审计计划及审计目标是否实现。

6.取得被审计单位声明书

审计人员在出具审计报告之前,应向被审计单位索取声明书,以明确会计责任和审计责任。如果被审计单位拒绝提供审计人员认为是必要的声明,审计人员应考虑这一拒绝对审计报告可能产生的影响,并重新考虑应发表审计意见的类型和措辞。

7.撰写审计报告

(二)审计报告的审定与报出

审计报告的初稿形成后,应征求被审计单位意见,同时交换双方对审计结果、意见和建议的看法,必要时可以进行修改。审计报告应经审计组织的业务负责人进行审核,并提出修改意见。如审计证据不足以发表审计意见时,还应要求审计人员追加审计程序,以确保审计证据充分、适当。

审计报告经复核、修改后,由审计人员签章,加盖审计组织公章后,连同已审财务报表径送委托人,委托人及使用者应按照审计业务约定书的要求使用审计报告。

(三)整理审计档案

审计工作结束后,审计人员应对审计文件进行分类整理,形成审计档案。审计档案的所有权属于执行该项业务的审计组织。审计组织应建立审计档案保管制度,确保审计档案的安全与完整。

本章小结

1. 审计目标体现了不同历史阶段社会需求的变化,历经了详细审计阶段、资产负债表审计阶段和财务报表审计阶段。财务报表的审计目标包括审计总目标和具体审计目标两个层次。我国财务报表审计的总目标是对财务报表整体是否不存在由于舞弊或错误导致的重大错报获取合理保证,使得注册会计师能够对财务报表是否在所有重大方面按照适用的财务报告编制基础编制发表审计意见;按照审计准则的规定,根据审计结果对财务报表出具审计报告,并与管理层和治理层沟通。审计的具体目标是依据被审计单位管理层的认定和审计总目标确定的。认定是被审计单位管理层对其财务报表组成要素的确认、计量、列报作出的明确或隐含的表达,分为财务报表层次的认定和交易、账户余额及列报层次的认定,可以归纳为以下类型:存在性、完整性、准确性、截止、权利和义务、计价和分摊。这些认定揭示了不同的问题,如存在或发生认定涉及财务报表要素的高估、完整性涉及财务报表要素的低估。

2.财务报表审计流程一般包括承接业务委托、计划审计工作、实施风险评估程序、实施控制测试和实质性程序、完成审计工作和编制审计报告等主要阶段。

3.会计师事务所开始一项财务报表审计业务之前,首先要决定是否承接客户的委托,为此要考虑被审计单位的诚信情况;自身是否具备执行业务必要的素质、专业胜任能力、时间和资源;自身能否遵守职业道德规范。审计业务约定书是指会计师事务所与被审计单位签订的,用以记录和确认审计业务的委托与受托关系、审计目标和范围、双方的责任以及报告的格式等事项的书面协议。会计师事务所在签订审计业务约定书之前,应指派注册会计师与被审计单位就审计业务约定相关条款进行充分沟通,达成一致意见。

4.审计计划是注册会计师为了完成审计业务、达到预期的审计目的,在实施具体的审计程序之前编制的工作计划。计划审计工作内容包括初步业务活动;总体审计策略和具体审计计划;审计重要性等方面。

审计重要性是从信息使用者角度定义的,重要性水平也称为可容忍误差,它包括数量和质量两个内容表示可以接受的错报,分为财务报表层次的重要性水平和交易、账户层次的重要性水平,后者的总和通常应低于前者。它是确定审计风险的主要标准,也是决定审计程序的繁简、审计证据多寡的主要因素。

审计风险是指财务报表存在重大错报或漏报,而审计人员审计后没能发现并发表不恰当审计意见的可能性,在量上等于重大错报风险和检查风险两者的乘积。审计人员无法控制重大错报风险,但可运用一定的审计程序评价产生这些风险的因素,进而作出量化估计。检查风险可以运用审计模型推导出来,这种风险取决于审计人员的工作,是审计人员可以控制的。

5.审计实施是审计工作的最主要阶段,在该阶段,审计人员运用各种审计技术和方法获取审计证据,主要工作内容是实施控制测试和实质性程序,获取审计证据并进行评价。报告阶段是根据对审计证据的整理、分析,考虑重要性水平、审计风险等问题后,形成审计结论,出具审计报告。

思考题

1.注册会计师的审计目标是什么?它是如何确定的?

2.什么是认定?认定可以归纳为哪几种类型?

3.财务报表审计流程包括哪几个主要阶段?各阶段的具体工作内容包括哪些?

4.在签订审计业务约定书之前,会计师事务所应了解被审计单位哪些方面的基本情况?

请列举会计师事务所了解被审计单位情况的必要性。

5.什么是审计业务约定书？它包括哪些内容？

6.概述了解被审计单位情况的内容和途径。

7.一家上市公司找到 W 会计师事务所，拟委托其审计 2016 年度的会计报表。为了保住业务，W 会计师事务所马上就与该公司签署了审计业务约定书。W 会计师事务所的做法是否妥当？请给 W 会计师事务所提些建议？

8.如何理解审计重要性水平、审计风险、审计证据之间的关系？

9.如何确定财务报表层次和交易及账户层次的重要性水平？

案例分析

【案例 4-1】

案例资料：

承接业务委托前的工作

ABC 公司主营百货文化用品、五金交电、油墨及印刷器材、家具、食品、针纺织品、日用杂品、烟酒等。自 2011 年上市以来，业务迅速扩张，股价也不断攀升。2015 年和 2016 年的会计报表及其前任注册会计师的审计报告显示，公司 2015 年和 2016 年分别实现主营业务收入 34.82 亿元和 70.46 亿元，同比增长 152.69% 和 102.35%，同时，总资产也分别增长了 178.25% 和 60.43%，但利润率从 2015 年开始出现明显的下降，由 2015 年的 2% 下降到 2016 年的 0.69%，远远低于商贸类上市公司的平均水平 3.77%。

2016 年公司利润总额中 40% 为投资收益，这些投资收益系华兴公司利用银行承兑汇票（承兑期长达 3~6 个月）进行账款结算，从回笼贷款到支付贷款之间 3 个月的时间差，把这笔巨额资金委托华南证券进行短期套利所得。

自 2011 年以来，ABC 已经两次更换了会计师事务所。

案例要求：

1.在承接 ABC 公司业务委托前，如何进行初步了解和评估？

2.请讨论在承接客户业务委托时，应当关注哪些履约风险？为什么？

3.如果事务所要承接 ABC 公司 2016 年度的财务报表，请综合考虑注册会计师应当关注的风险。

4.如果征得 ABC 公司的同意，注册会计师与前任注册会计师联系时，应当如何沟通？

【案例 4-2】

案例资料：

审计业务承接

2016 年 2 月 3 日，信勇会计师事务所的注册会计师章凡接到妻子的电话，说她弟弟李杰开办了专门收购和买卖古董字画的 ABC 文化贸易公司，2015 年度的会计报表拟委托会计师事务所审计，正在寻找合适的会计师事务所。李杰希望章凡能够承接对 ABC 文化贸易公司会计报表的审计。章凡听了，一方面受妻弟所托，另一方面也认为是开拓一个新客户的机会,于是非常爽快地答应了,并于 2016 年 2 月 6 日亲自带领审计小组到 ABC 文化贸易公司实施审计。

　　ABC 文化贸易公司属于私营公司,自开业 5 年来业务发展很好,但从没有接受过注册会计师审计。注册会计师章凡是信勇会计师事务所的出资人之一,业务专长是对工业企业,尤其是国有工业企业进行会计报表审计。

案例要求:

　　1. 请结合本案例讨论注册会计师承接业务应当考虑的因素。

　　2. 请指出本案例中承接业务存在的不适当地方。

　　3. 请给信勇会计师事务所如何承接业务(包括承接业务的质量控制、创建业务、签订业务约定书等)提出建议。

　　4. 如果信勇会计师事务所决定承接业务,应当如何评估利用专家工作?

阅读平台

• 阅读书目

　　1. 中国注册会计师协会. 审计[M]. 第一章、第二章,北京:经济科学出版社,2017.

　　2. 刘明辉. 审计(第 5 版)[M]. 第六章,大连:东北财经大学出版社,2015.

　　3. 秦荣生、卢春泉. 审计学(第 9 版)[M]. 第二章、第六章,北京:中国人民大学出版社,2017.

　　4. 陈汉文. 审计[M]. 第四章、第五章,北京:中国人民大学出版社,2016.

　　5. 宋常. 审计学(第 7 版)[M]. 第四章、第六章,北京:中国人民大学出版社,2014.

• 阅读资料

　　1. 张金松. 会计重要性与审计重要性的比较研究[J]. 东北财经大学学报,2007(3).

　　2. 宋夏云. 曾丹丹. 关联方交易审计风险控制对策研究[J]. 中国注册会计师,2017 年第 5 期.

　　3. 陈波. 杨欣. 审计重要性水平的界定与运用探析——基于新审计准则[J]. 财务与会计,2011 年第 11 期.

　　4. 陈满依. 注册会计师在中小企业业务承接中的风险防范[J]. 财会通讯,2016 年第 11 期.

　　5. 王春飞、吴溪、曾铁兵. 会计师事务所总分所治理与分所首次业务承接——基于中国注册会计师协会报备数据的分析[J]. 会计研究,2016 年第 3 期.

风险评估与风险应对

学习目标

引入案例

风险导向审计理念和方法的运用

ABC 公司曾是美国全球领先的塑料制品生产商,产品包括储藏罐和垃圾箱等。在 20 世纪 90 年代中期,该公司连续数年的平均增长率超过 14%,且连续三年被《财富》杂志评选为"美国最受欢迎的企业"。

对 ABC 公司进行战略分析后发现,该公司对原油价格的波动非常敏感,因为塑料制品的一个重要原料是树脂,而树脂是通过原油炼制的。但 ABC 公司没有采取任何控制原材料风险的措施——既没有集中采购,也没有与供应商签订长期购买合同。而实际上,该公司是世界上最大的树脂消费商之一,以其采购规模,完全可以通过谈判获得优惠的价格。但该公司没有利用集中采购所能赋予它的定价能力,而是在全球 12 个地方分别采购。当原油价格上涨时,它只能把增加的成本转嫁给客户。

该公司也未能有效管理与最大客户沃尔玛的关系。沃尔玛拒绝接受价格上涨,并把 ABC 公司的产品放在靠里的货架上,而将 ABC 公司的低价竞争对手 DEF 公司的产品置于位置最好的货架上。

该公司另一个战略方面的问题是制定的增长目标太高——试图维持 14% 的年增长率。实现目标的困难给管理层形成巨大压力,而这一点对于内控环境十分不利。同时,它在欧洲的扩张也遭遇挫折。

基于这些情况,审计师可合理地预期财务业绩:销售增长放缓、销售毛利收窄、利润降低、研发费用需要增加等。假如出现与预期不一致的情形,如这一年的销售毛利反而比去年增加等,审计师就要打个问号。

同时,审计师可能估计它会通过降低产品质量来降低成本,以达到业绩的目标,这就需要对成本结构进行分析,看它有没有改变产品配方来压缩成本;如果它产量过大而销售又不力,它的库存应该会增加;还有资本结构方面,它在欧洲投资失败,这些程序。

7. 理解与掌握控制测试与实质性程序。

资本是否作为坏账冲销;等等。

通过这样一步步地分析评估,审计师可以判断出该公司风险较高的领域。

——资料来源:风险导向审计案例分析,MBA 智库文档,中天华正会计师事务所,杨懿,http://doc.mbalib.com。

风险导向审计是为了适应现代社会高风险的特征、减少审计人员责任、提高审计质量而采用的一种方法和观念。由于其能够较好地控制风险,受到审计人员的青睐。风险导向审计也是当今主流的审计方法,它要求注册会计师必须了解被审计单位及其环境,包括内部控制,以充分识别和评估财务报表重大错报的风险,针对评估的重大错报风险设计和实施控制测试与实质性程序,以提高审计的效率和效果。

第一节 风险评估程序

一、风险评估的总体要求

为了解被审计单位及其环境而实施的程序称为"风险评估程序"。注册会计师了解被审计单位及其环境,目的是为了识别和评估财务报表重大错报风险。

《中国注册会计师审计准则第 1211 号——通过了解被审计单位及其环境识别和评估重大错报风险》作为专门规范风险评估的准则,规定注册会计师应当了解被审计单位及其环境,以充分识别和评估财务报表重大错报风险,设计和实施进一步审计程序。

了解被审计单位及其环境是一个连续和动态地收集、更新与分析信息的过程,贯穿于整个审计过程的始终。注册会计师应当运用职业判断确定需要了解被审计单位及其环境的程度。而评价对被审计单位及其环境了解的程度是否恰当,关键是看注册会计师对被审计单位及其环境的了解是否足以识别和评估财务报表重大错报风险。如果了解被审计单位及其环境获得的信息足以识别和评估财务报表重大错报风险,设计和实施进一步审计程序,那么了解的程度就是恰当的。

二、风险评估程序的基本方法

根据《中国注册会计师审计准则第 1211 号——通过了解被审计单位及其环境识别和评估重大错报风险》的规定,注册会计师应当实施下列风险评估程序,以了解被审计单位及其环境:(1)询问被审计单位管理层和内部其他相关人员;(2)分析程序;(3)观察和检查。

(一)询问被审计单位管理层和内部其他相关人员

询问被审计单位管理层和内部其他相关人员是注册会计师了解被审计单位及其环境的一个重要信息来源。注册会计师可以考虑向管理层和财务负责人询问下列事项:

(1)管理层所关注的主要问题。如新的竞争对手、主要客户和供应商的流失、新的税收法规的实施以及经营目标或战略的变化等。

(2)被审计单位最近的财务状况、经营成果和现金流量。

(3)可能影响财务报告的交易和事项,或者目前发生的重大会计处理问题。如重大的购并事宜等。

（4）被审计单位发生的其他重要变化。如所有权结构、组织结构的变化，以及内部控制的变化等。

尽管注册会计师通过询问管理层和财务负责人可获取大部分信息，但是询问被审计单位内部的其他人士可能为注册会计师提供不同的信息，有助于识别重大错报风险。因此，注册会计师除了询问管理层和对财务报告负有责任的人员外，还应当考虑询问内部审计人员、采购人员、生产人员、销售人员等其他人员，并考虑询问不同级别的员工，以获取对识别重大错报风险有用的信息。

（二）分析程序

分析程序是指注册会计师通过研究不同财务数据之间以及财务数据与非财务数据之间的内在关系，对财务信息作出评价。分析程序还包括调查识别出的、与其他相关信息不一致或与预期数据严重偏离的波动和关系。

注册会计师实施分析程序有助于识别异常的交易或事项，以及对财务报表和审计产生影响的金额、比率和趋势。

（三）观察和检查

观察和检查程序可以印证对管理层和其他相关人员的询问结果，并可提供有关被审计单位及其环境的信息，注册会计师应当实施下列观察和检查程序。

（1）观察被审计单位的生产经营活动。

（2）检查文件、记录和内部控制手册。

（3）阅读由管理层和治理层编制的报告。

（4）实地察看被审计单位的生产经营场所和设备。

（5）追踪交易在财务报告信息系统中的处理过程（穿行测试）。

（四）其他审计程序

除了采用上述程序从被审计单位内部获取信息以外，如果根据职业判断认为从被审计单位外部获取的信息有助于识别重大错报风险，注册会计师应当实施其他审计程序以获取这些信息。例如，询问被审计单位聘请的外部法律顾问、专业评估师、投资顾问和财务顾问等。

阅读外部信息也可能有助于注册会计师了解被审计单位及其环境。外部信息包括证券分析师、银行、评级机构出具的有关被审计单位及其所处行业的经济或市场环境等状况的报告，贸易与经济方面的杂志，法规或金融出版物，以及政府部门或民间组织发布的行业报告和统计数据等。

【例题】　注册会计师实施的下列审计程序中，属于风险评估程序的是（　　　）。

A.询问被审计单位管理层和内部其他相关人员

B.分析程序

C.观察和检查

D.重新执行

【答案】　ABC

【解析】　重新执行是注册会计师执行进一步审计程序时实施的一项控制测试程序。

☞相关案例

科龙倒下　德勤蒙羞

科龙倒下，为科龙提供审计服务的德勤浮出了水面。这家试图在中国市场大干一场的大型会计师事务所目前正受到中国监管当局的调查。

此前上海一家媒体报道说，2002 年至 2004 年三年间，科龙电器采取虚构销售收入、少提坏账准备、少计诉讼赔偿金等手段，致使上述三年分别虚增利润 1.2 亿元、1.14 亿元、1.49 亿元。这期间，为这家公司提供审计服务的就是德勤会计师事务所。

"因为盘查库存很费工时，所以有些审计者只进行象征性的抽查，这让存货监盘成为一个风险极高的审计程序。科龙虚增了这么多利润，很有可能在这上面做了手脚。"资深会计研究人士清议说。但清议同时指出："如果进行账实相符的核查，这种问题其实很容易发现。"

据悉，广东一家属于科龙的销售公司 2002、2003 两年虚开了数额巨大的货品出库单和销售发票，但实际上这些货物至今依然在这家公司的仓库里。

因为科龙在广东、北京、上海、山东、辽宁等地有上百家销售公司，如果没有进行有效的抽盘核账，显然存在巨大的"操作"空间。科龙三年虚增利润 3.83 亿元，但德勤并未发现这些漏洞。清议认为："对科龙审计的依据，很有可能是抽查出库单和销售发票。这些出库单和销售发票如果被确认为科龙的销售收入，肯定会对当期利润产生重大影响。"

我们很难把这些"如果"与一家有近百年历史、信奉"天道酬勤"的会计师事务所联系在一起。基础的会计学教科书认为："存货监盘是一项核心的审计程序。"而 2002 年 7 月 1 日起施行的独立审计准则更明确了存货监管的审计程序——注册会计师现场监督被审计单位存货的盘点，并进行适当的抽查。在 2002 年 CICPA（中国注册会计师协会）编写的注册会计师考试指定教材《审计》一节还特别警告——"不存在满意的替代程序来计量和观察期末存货"。

目前尚未知晓德勤有没有对科龙的库存进行核查，但来自各方的信息表明，科龙确实将不曾实现的销售确认为当期收入，并引致数额巨大的利润虚增。而作为审计者的德勤对科龙的这一行为并无察觉。

不曾实现的销售确认为当期收入肯定引致利润虚增。这种操作的矛盾是，表内已经实现销售的产品实际仍在仓库里。因此，利润虚增后，次年必须再行销售退回，才能做平账目。在德勤为科龙电器 2004 年度境内会计报表出具的审计报告中有这样的一段说明文字："贵公司 2004 年度已确认了销售退回超过人民币 2 亿元。贵公司管理层认为截至 2004 年 12 月 31 日止没有必要对销售退回计提准备。我们未能取得足够的资料及解释以确定 2004 年 12 月 31 日是否不需对销售退回计提准备。"

注册会计师朱德峰指出，如果一项销售行为不符合收入确认原则，就根本不应该被确认为收入，更不能体现在利润表的主营业务收入项目中。会计原则中不存在先确认收入，然后对销售退回计提准备的做法。

科龙电器主营空调制造和销售，这个行业不同于其他行业的特点在于存在大量的售后服务。"如果虚增了销售，相应可能会虚提安装费用。"空调业内人士告诉记者。

"该引入的审计程序没有引入，这反映了审计方在内控机制上存在重大问题。如果控制系统出了问题，那么整个体系的审计都可能出问题。"清议担心。

在大洋彼岸的美国，《萨班尼斯一奥克斯利法案》正在卷起针对独立审计师的监督风暴，这被视为拉开了对独立审计不受信任的序幕。"是全面整顿审计问题的时候了。"清议评价。在中国，很多人和这位专业人士一样想。

（资料来源：《经济观察报》，2006-1-2）

三、了解被审计单位及其环境

注册会计师应当从下列六个方面了解被审计单位及其环境，如图5-1：

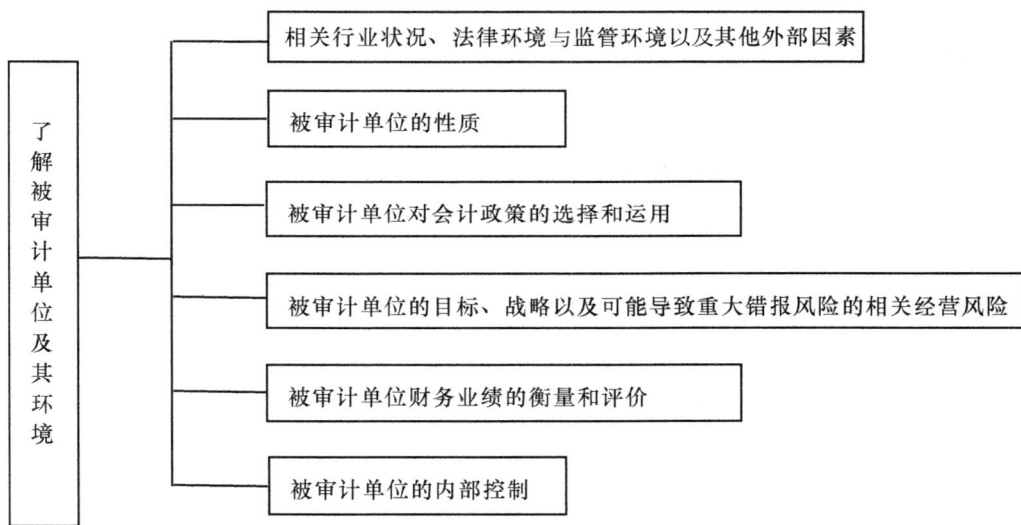

图 5-1　了解被审计单位及其环境的内容

注册会计师针对上述六个方面实施的风险评估程序的性质、时间和范围取决于审计业务的具体情况，如被审计单位的规模和复杂程度，以及注册会计师的相关审计经验，包括以前对被审计单位提供审计和相关服务的经验和对类似行业、类似企业的审计经验。

（一）相关行业状况、法律环境与监管环境以及其他外部因素

1.相关行业状况

了解相关行业状况有助于注册会计师识别与被审计单位所处行业有关的重大错报风险。注册会计师应当了解被审计单位的行业状况，主要包括：（1）所处行业的市场供求与竞争；（2）生产经营的季节性和周期性；（3）产品生产技术的变化；（4）能源供应与成本；（5）行业的关键指标和统计数据。

2.法律环境及监管环境

了解法律环境及监管环境的主要原因在于：（1）某些法律法规或监管要求可能对被审计单位经营活动有重大影响，如不遵守将导致停业等严重后果；（2）某些法律法规或监管要求

（如环保法规等）规定了被审计单位某些方面的责任和义务；(3)某些法律法规或监管要求决定了被审计单位需要遵循的行业惯例和核算要求。

　　注册会计师应当了解被审计单位所处的法律环境及监管环境，主要包括：(1)会计原则和行业特定惯例；(2)受管制行业的法规框架；(3)对被审计单位经营活动产生重大影响的法律法规，包括直接的监管活动；(4)税收政策（关于企业所得税和其他税种的政策）；(5)目前对被审计单位开展经营活动产生影响的政府政策，如货币政策（包括外汇管制）、财政政策、财政刺激措施（如政府援助项目）、关税或贸易限制政策等；(6)影响行业和被审计单位经营活动的环保要求。

3.其他外部因素

　　注册会计师应当了解影响被审计单位经营的其他外部因素，主要包括：(1)宏观经济的景气度；(2)利率和资金供求状况；(3)通货膨胀水平及币值变动；(4)国际经济环境和汇率变动。

（二）被审计单位的性质

　　1.所有权结构。了解所有权结构有助于注册会计师识别关联方关系并了解被审计单位的决策过程。

　　2.治理结构。了解治理结构有助于注册会计师掌握被审计单位对其经营和财务运作实施监督的情况，是否能有较降低财务报表发生重大错报的风险。

　　3.组织结构。了解组织结构是为了考虑复杂组织结构可能导致的重大错报风险，包括财务报表合并、商誉减值以及长期股权投资核算等问题。

　　4.经营活动。了解经营活动有助于注册会计师识别预期在财务报表中反映的主要交易类别、重要账户余额和列报。

　　5.投资活动。了解投资活动有助于注册会计师关注被审计单位在经营策略和方向上的重大变化。

　　6.筹资活动。了解筹资活动有助于注册会计师评估被审计单位在融资方面的压力，并进一步考虑被审计单位在可预见未来的持续经营能力。

（三）被审计单位对会计政策的选择和运用

　　1.重大和异常交易的会计处理方法。例如，本期发生的企业合并的会计处理方法。某些被审计单位可能存在与其所处行业相关的重大交易。

　　2.在缺乏权威性标准或共识、有争议的或新兴领域采用重要会计政策产生的影响。在缺乏权威性标准或共识的领域，注册会计师应当关注被审计单位选用了哪些会计政策、为什么选用这些会计政策以及选用这些会计政策产生的影响。

　　3.会计政策的变更。如果被审计单位变更了重要的会计政策，注册会计师应当考虑变更的原因及其适当性。

　　4.新颁布的财务报告准则、法律法规，以及被审计单位何时采用、如何采用这些规定等。例如，新的企业会计准则自 2007 年 1 月 1 日起在上市公司施行，并鼓励其他企业执行。注册会计师应考虑被审计的上市公司是否已按照新会计准则的要求做好衔接调整工作，并收集执行新会计准则需要的信息资料。

(四)被审计单位的目标、战略以及可能导致重大错报风险的相关经营风险

1.目标、战略与经营风险的含义

目标是企业经营活动的指针;战略是管理层为实现经营目标采用的方法;经营风险是指可能对被审计单位实现目标和实施战略的能力产生不利影响的重要状况、事项、情况、作为(或不作为)而导致的风险,或由于制定不恰当的目标和战略而导致的风险。

2.了解有关目标和战略并考虑相应经营风险的方面

注册会计师应当了解被审计单位是否存在与下列方面有关的目标和战略,并考虑相应的经营风险:(1)行业发展,及其可能导致的被审计单位不具备足以应对行业变化的人力资源和业务专长等风险;(2)开发新产品或提供新服务,及其可能导致的被审计单位产品责任增加等风险;(3)业务扩张,及其可能导致的被审计单位对市场需求的估计不准确等风险;(4)新颁布的会计法规,及其可能导致的被审计单位执行法规不当或不完整,或会计处理成本增加等风险;(5)监管要求,及其可能导致的被审计单位法律责任增加等风险;(6)本期及未来的融资条件,及其可能导致的被审计单位由于无法满足融资条件而失去融资机会等风险;(7)信息技术的运用,及其可能导致的被审计单位信息系统与业务流程难以融合等风险。

3.经营风险对重大错报风险的影响

经营风险与财务报表重大错报风险是既有联系又相互区别的两个概念。前者比后者范围更广。注册会计师了解被审计单位的经营风险有助于其识别财务报表重大错报风险。但并非所有的经营风险都与财务报表相关,注册会计师没有责任识别或评估对财务报表没有影响的经营风险。

多数经营风险最终都会产生财务后果,从而影响财务报表。但并非所有经营风险都会导致重大错报风险。经营风险可能对各类交易、账户余额以及列报认定层次或财务报表层次产生直接影响。例如,企业合并导致银行客户群减少,使银行信贷风险集中,由此产生的经营风险可能增加与贷款计价认定有关的重大错报风险。同样的风险,尤其是在经济紧缩时,可能具有更为长期的后果,注册会计师在评估持续经营假设的适当性时需要考虑这一问题。为此,注册会计师应当根据被审计单位的具体情况考虑经营风险是否可能导致财务报表发生重大错报。

(五)被审计单位财务业绩的衡量和评价

被审计单位管理层经常会衡量和评价关键业绩指标(包括财务和非财务的)、预算及差异分析、分部信息和分支机构、部门或其他层次的业绩报告以及与竞争对手的业绩比较。此外,外部机构也会衡量和评价被审计单位的财务业绩,如分析师的报告和信用评级机构的报告。

注册会计师了解被审计单位财务业绩的衡量与评价,是为了考虑管理层是否面临实现某些关键财务业绩指标的压力。这些压力既可能源于需要达到市场分析师或股东的预期,也可能产生于达到获得股票期权或管理层和员工奖金的目标。受压力影响的人员可能是高级管理人员(包括董事会);也可能是可以操纵财务报表的其他经理人员,如子公司或分支机构管理层可能为达到奖金目标操纵财务报表。

【例题】 风险评估程序与进一步审计程序之间存在着对应关系,下列关于二者之间的对应关系的表述恰当的是(　　　　)。

A. 实施风险评估程序的目的是为了了解被审计单位及其环境,从而收集审计证据发现认定层的错报,包括舞弊

B. 实施风险评估程序的目的是为了了解被审计单位及其环境,从而收集审计证据评估重大错报风险,制定总体应对措施和设计进一步审计程序

C. 风险评估程序本身为发表意见提供了充分、适当的审计证据

D. 注册会计师应当了解被审计单位及其环境,包括内部控制,以足够收集审计证据发表审计意见

【答案】　B

【解析】　实施风险评估程序的目的是评估重大错报风险,因此选项 B 正确,选项 A、C、D 均错误。

第二节　了解被审计单位的内部控制

了解被审计单位的内部控制是识别和评估重大错报风险、设计和实施进一步审计程序的基础。注册会计师应当了解与审计相关的内部控制以识别潜在错报的类型,考虑导致重大错报风险的因素,以及设计和实施进一步审计程序的性质、时间和范围。

一、内部控制概述

(一)内部控制的发展

内部控制的发展可以分为五个阶段:

1.内部牵制制度

在 20 世纪 40 年代以前,最初内部控制的表现形式是"内部牵制",即通过会计工作的职责分工,对业务程序的联系牵制、审批手段、复核制度等方面进行控制,其目的在于查错防弊。内部牵制理论建立在两个基本假设之上:①两个或两个以上的人或部门无意识地犯同样错误的可能性很小。②两个或两个以上的人或部门有意识地串通舞弊的可能性大大低于单独个人或部门舞弊的可能性。这种牵制主要是针对企业经济活动的某一环节或某一过程进行的,在企业规模不断扩大,业务活动日益复杂的情况下,其局限性越来越明显。虽然这种"内部牵制"在内容上很不完善,方法上也比较简单,但是它为现代意义上的内部控制奠定了理论和实践基础。

2.内部控制制度

20 世纪 40 年代以后,审计理论界掀起了内部控制的研究热潮,把注意力转移到内部控制制度上。内部控制制度的形成弥补了内部牵制中的不足。企业每次业务活动都是由若干个环节构成的,每一个环节实际上就是一个控制点,对每一个控制点制定相应的控制措施进行控制,形成了每一项业务的控制系统,对企业整个控制系统用文字加以规范就形成了企业内部控制制度。因此,所谓内部控制制度是在一个单位中,为实现经营目标,维护资产完整,保证会计信息真实正确和财务收支合法合规,贯彻经营决策、方针和政策,以及保证经济活动的有效性,在本单位因分工产生的相互制约、相互联系的基础上,采取一系列具有控制职能的方法、措施和程序,并予以规范化、系统化,由此所形成的一整套严密的控制机制。

3.内部控制结构

到了20世纪80年代,内部控制的理论又有了新的发展,人们对内部控制的研究逐步从一般含义向具体内容深化。特别是美国注册会计师协会于1988年发布了第55号《审计准则说明书》(SAS55)。该说明书提出了内部控制结构的概念,并将内部控制定义为:"为合理保证公司实现具体目标而设立的一系列政策和程序。"该说明书认为内部控制结构由控制环境、会计系统和控制程序三要素组成。

内部控制结构概念特别强调了包括管理人员对内部控制的态度、认识和行为等控制环境的重要作用,指出这些环境因素是实现控制目标的环境保证,内部控制结构概念的提出,适应了经济形势发展和企业经营管理的需要,因而得到了会计、审计界的充分认可。

4.内部控制整体框架

在内部控制发展史上,真正具有里程碑意义的事件应该是1992年COSO(Committee of Sponsoring Organization,简称COSO)委员会的成立及其研究报告《内部控制——整体框架》的出现。这是因为:第一,COSO是一个由美国注册会计师协会(AICPA)、国际内部注册会计师协会(IIA)、财务经理协会(FEI)、美国会计协会(AAA)、管理会计协会(IMA)共同组成的专门委员会,在研究机构上突破了以往由AICPA主导对内部控制研究并发布研究成果的格局,从而更加具有广泛性和代表性;第二,COSO在其研究报告中将内部控制解释为由董事会、经理层和其他员工共同实施的,为营运效率、财务报告的可靠性和相关法规的遵守等目标的达成而提供合理保证的过程。该过程主要由控制环境、风险评估、控制活动、信息与沟通、监督等五大环节组成。

内部控制整体框架与以前的内部控制概念相比,进一步拓宽了内部控制的视野,在三个方面取得了重大突破:第一是强调风险评估在内部控制中的重要作用;第二是强调信息与沟通是强化内部控制的重要途径;第三是强调对内部控制系统本身的监控是内部控制发挥作用的关键环节。

5.企业风险管理框架

20世纪90年代末以来,对于风险管理研究的标志性成果,是COSO在2004年10月份发布的研究报告《企业风险管理——整体框架》。该报告提出了企业风险管理(Enterprise Risk Management,ERM)的概念,使内部控制的研究发展到一个新的阶段。这个报告是在1992年报告的基础上,结合《萨班斯—奥克斯法案》(Sarbanes—Oxley Act)的相关要求扩展研究得到的。与传统的内部控制相比,新框架在内部控制的内涵、目标和要素等方面都有了新的扩展。根据管理者经营的方式划分,企业风险管理包括八个相互关联的组成要素:内部环境、目标设定、事件识别、评估风险、应对风险、控制活动、信息与沟通和监督。

近年来,我国致力于内部控制体系建设,先后由财政部、证监会、审计署、银监会、保监会联合发布了《企业内部控制基本规范》(2008年)和《企业内部控制配套指引》(2010年),标志着适应我国企业实际情况、融合国际先进经验的中国企业内部控制规范体系基本建成。特别是内部控制配套指引的制定发布,标志着"以防范风险和控制舞弊为中心、以控制标准和评价标准为主体,结构合理、层次分明、衔接有序、方法科学、体系完备"的企业内部控制规范体系建设目标基本建成。

（二）内部控制的含义、目标和要素

1.内部控制的含义

内部控制是被审计单位为了合理保证财务报告的可靠性、经营的效率和效果以及对法律法规的遵守，由治理层、管理层和其他人员设计与执行的政策及程序。

2.内部控制的目标

（1）财务报告的可靠性，这一目标与管理层履行财务报告编制责任密切相关；

（2）经营的效率和效果，即经济有效地使用企业资源，以最优方式实现企业的目标；

（3）遵守适用的法律法规的要求，即在法律法规的框架下从事经营活动。

3.内部控制的要素

我国《企业内部控制基本规范》提出，内部控制要素有五大类：

（1）内部环境。内部环境提供企业纪律与架构，塑造企业文化，并影响企业员工的控制意识，是所有其他内部控制组成要素的基础。内部环境的因素具体包括：诚信的原则和道德价值观、评定员工的能力、董事会和审计委员会、管理哲学和经营风格、组织结构、责任的分配与授权、人力资源政策及实务。

（2）风险评估。每个企业都面临来自内部和外部的不同风险，这些风险都必须加以评估。评估风险的先决条件，是制定目标。风险评估就是分析和辨认实现所定目标可能发生的风险。具体包括：目标、风险、环境变化后的管理，等等。

（3）控制活动。企业管理阶层辨识风险，继之应针对这种风险发出必要的指令。控制活动，是确保管理层的指令得以执行的政策及程序，如核准、授权、验证、调节、复核、营业绩效、保障资产安全及职务分工等。控制活动在企业内的各个阶层和职能之间都会出现，主要包括：高层经理人员对企业绩效进行分析、相关部门进行管理、对信息处理的控制、实物控制、绩效指标的比较、分工。

（4）信息与沟通。企业在其经营过程中，需按某种形式辨识、取得确切的信息，并进行沟通，以使员工能够履行其责任。信息系统不仅处理企业内部所产生的信息，同时也处理与外部的事项、活动及环境等有关的信息。企业所有员工必须从管理层清楚地获取承担控制责任的信息，而且必须有向上级部门沟通重要信息的方法，并对外界顾客、供应商、政府主管机关和股东等作有效的沟通。

（5）内部监督。内部控制系统需要被监督。内部监督是由适当的人员，在适当的基础上，评估控制的设计和运作情况的过程。内部监督活动由持续监控、个别评估所组成，可确保企业内部控制能持续有效地运作。具体包括：持续的监控活动、个别评估、报告缺陷。

☞ 相关案例

广东核电集团有限公司内部控制案例

基本案情：近几年来，企业因内部控制不得当、不严密而产生的贪污、受贿、信息失真等问题愈演愈烈，严重扰乱了社会主义经济秩序，给国家和社会带来严重损失。随着我国政府对内部控制建设的逐渐加强，很多单位率先垂范，纷纷采取各种控制手段和方式加强对业务活动的控制，并已初显成效，广东核电集团有限公司就是成功典范之一。该公司成立于

1994年9月,注册资本102亿元人民币。公司控股的广东核电合资有限公司负责经营的大亚湾核电站拥有两台百万千瓦级压水堆核电机组,年发电量130亿千瓦时以上,经济效益良好。集团还利用核电发展中形成的各种资源和优势,积极发展实业、金融和商业等其他产业。至1998年底已拥有12个主要成员企业,总资产426亿元,员工3742人。2001年12月27日的《人民日报》中曾真实报道,称赞"中国广东核电集团依靠一套行之有效的内部控制体系,集团不仅实现了良好的经济效益,而且每年近250亿元人民币的现金流中没发生过任何重大的失误,更没有为此倒下一个主要干部。"

　　案例点评:广东核电集团有限公司建立和实施的内部控制,其经典之处主要表现在:(1)注重控制程序。在广东核电集团有限公司,最重要的和权威的不是"领导",而是控制程序,是规章制度。在公司里,凡事有章可循、凡事有据可查、凡事有人负责、凡事有人监督。多年以来,上至总经理,下至每一位职工,已经形成了一切事情按程序办的好习惯。这种习惯已升华成一种企业文化,该文化又影响到企业的所有领域。(2)控制环节细而全。以设备采购为例,每一笔采购业务都要经过预算、立项、合同、支付等四个步骤,每一个合同从谈判到签字都要有这些部门的人员共同参加,任何一方都有否决权。这样严密而又相互制约的程序就是为了安全。随着业务熟练程度的加强,虽然环节较多,只要一切按程序做,就会一路绿灯,流程一点也不慢。(3)突出审计监督。公司审计最大的特点是控制全过程,即监督任何一个部门甚至总经理是否按照程序办事。从公司审计的独立性来看,与其他公司相比,其地位较高,直接隶属于董事会。这样从总经理到每一位员工都是审计监督的对象。而且一旦查出问题,及时纠正,并严肃处理。在审计业务中,曾发生过"笔记本的故事"。故事内容是这样的:公司过节时给职工买笔记本。按照正常程序应该货比三家,采购部门一位副处长没有经过这个程序就订了合同,每个笔记本是42元,总金额不到2万元。事后审计部门接到举报,街面上同样笔记本卖36元。审计部门认为此事不正常,立项审计。虽然没查出办事人员拿回扣问题,但查出此事违反了规定程序,因此,这个副处长被撤职。(4)合理的公司治理结构。大亚湾核电站是该公司与香港中华电力公司合资的企业,虽然港方的投资股份只占25%,但是,香港投资者非常关注他的投资收益,由香港投资者参与的董事会对公司管理层特别是总经理的监督和管理目标具体而又实在。这样总经理有压力,自然会将压力分解到各个部门。由于产权明晰,责任明确,加上审计部门的监督,使整个控制系统有效运作而没有流于形式。

(资料来源:中国审计网)

(三)内部控制的分类

1.按照内部控制涉及的范围分类

　　(1)整体控制。整体控制体现了被审计单位管理层的控制哲学和思想。它涉及内部控制要素的所有方面,如控制环境、风险评估、信息系统与沟通、控制活动及内部监督等。整体控制风险会对组成财务报表整体的多项认定相关,进而使财务报表整体产生重大错报风险。

　　(2)业务流程控制。一般而言,被审计单位会将整个经营活动划分为几个重要的业务流程,并建立相应的控制措施。注册会计师有效地了解和评估重要业务流程及相关控制,有助于发现与账户、交易的认定相关的重大错报风险。

2.按照内部控制发挥的作用分类

（1）预防性控制。预防性控制被用于正常业务流程中的每一项交易中，以防止错报的发生。在流程中防止错报是信息系统的重要目标。缺少有效的预防性控制增加了数据发生错报的可能性。

（2）检查性控制。检查性控制被用来监督流程目标的实现，即发现流程中可能发生的错报。检查性控制通常并不适用于业务流程中的所有交易，而适用于一般业务流程以外的已经处理或部分处理的某类交易。检查性控制可被看作是对预防性控制效果的监督。

（四）与审计相关的控制

内部控制的目标旨在合理保证财务报告的可靠性、经营的效率和效果以及对法律法规的遵守。注册会计师审计的目标是对财务报表是否不存在重大错报发表审计意见，尽管要求注册会计师在财务报表审计中考虑与财务报表编制相关的内部控制，但目的并非对被审计单位内部控制的有效性发表意见。注册会计师需要了解和评价的内部控制只是与财务报表审计相关的内部控制，并非被审计单位所有的内部控制。被审计单位通常有一些与审计无关的控制，注册会计师无须对其加以考虑。例如，被审计单位可能依靠某一复杂的自动控制系统提高经营活动的效率和效果（如航空公司用于维护航班时间表的自动控制系统），但这些控制通常与审计无关。

（五）对内部控制了解的深度

对内部控制了解的深度，是指在了解被审计单位及其环境时对内部控制了解的程度。包括评价控制的设计，并确定其是否得到执行，但不包括对控制是否得到一贯执行的测试。

1.评价控制的设计

注册会计师在了解内部控制时，应当评价控制的设计，并确定其是否得到执行。评价控制的设计是指考虑一项控制单独或连同其他控制是否能够有效防止或发现并纠正重大错报。控制得到执行是指某项控制存在且被审计单位正在使用。设计不当的控制可能表明内部控制存在重大缺陷，注册会计师在确定是否考虑控制得到执行时，应当首先考虑控制的设计。如果控制设计不当，不需要再考虑控制是否得到执行。

2.获取控制设计和执行的审计证据

注册会计师通常实施下列风险评估程序，以获取有关控制设计和执行的审计证据：（1）询问被审计单位的人员；（2）观察特定控制的运用；（3）检查文件和报告；（4）追踪交易在财务报告信息系统中的处理过程（穿行测试）。这些程序是风险评估程序在了解被审计单位内部控制方面的具体运用。

询问本身并不足以评价控制的设计以及确定其是否得到执行，注册会计师应当将询问与其他风险评估程序结合使用。

3.了解内部控制与测试控制运行有效性的关系

除非存在某些可以使控制得到一贯运行的自动化控制，注册会计师对控制的了解并不能够代替对控制运行有效性的测试。

例如，获取某一人工控制在某一时点得到执行的审计证据，并不能证明该控制在所审计期间内的其他时点也有效运行。但是，信息技术可以使被审计单位持续一贯地对大量数据进行处理，提高了被审计单位监督控制活动运行情况的能力，信息技术还可以通过对应用软件、数据库、操作系统设置安全控制来实现有效的职责划分。由于信息技术处理流程的内在一贯性，实施审计程序确定某项自动控制是否得到执行，也可能实现对控制运行有效性测试的目标。

（六）内部控制的人工和自动化成分

1.考虑内部控制的人工和自动化特征及其影响

大多数被审计单位出于编制财务报告和实现经营目标的需要使用信息技术。然而，即使信息技术得到广泛使用，人工因素仍然会存于这些系统之中。不同的被审计单位采用的控制系统中人工控制和自动化控制的比例是不同的。在一些小型的生产经营不太复杂的被审计单位，可能以人工控制为主；而在另外一些被审计单位，可能以自动化控制为主。内部控制可能既包括人工成分又包括自动化成分，在风险评估以及设计和实施进一步审计程序时，注册会计师应当考虑内部控制的人工和自动化特征及其影响。

内部控制采用人工系统还是自动化系统，将影响交易生成、记录、处理和报告的方式。在以人工为主的系统中，内部控制一般包括批准和复核业务活动，编制调节表并对调节项目进行跟踪。当采用信息技术系统生成、记录、处理和报告交易时，交易的记录形式（如订购单、发票、装运单及相关的会计记录）可能是电子文档而不是纸质文件。信息技术系统中的控制可能既有自动控制（如嵌入计算机程序的控制）又有人工控制。人工控制可能独立于信息技术系统，利用信息技术系统生成的信息，也可能限于监督信息技术系统和自动控制的有效运行或者处理例外事项。如果采用信息技术系统处理交易和其他数据，系统和程序可能包括与财务报表重大账户认定相关的控制或者包括人工控制作用的有效发挥。被审计单位的性质和经营的复杂程度会对采用人工控制和自动控制的成分产生影响。

2.信息技术的适用范围及相关内部控制风险

信息技术通常在下列方面提高被审计单位内部控制的效率和效果：(1)在处理大量的交易或数据时，一贯运用事先确定的业务规则，并进行复杂运算；(2)提高信息的及时性、可获得性及准确性；(3)有助于对信息的深入分析；(4)加强对被审计单位政策和程序执行情况的监督；(5)降低控制被规避的风险；(6)通过对操作系统、应用程序系统和数据库系统实施安全控制，提高不相容职务分离的有效性。

但是，信息技术也可能对内部控制产生特定风险。注册会计师应当从下列方面了解信息技术对内部控制产生的特定风险：(1)系统或程序未能正确处理数据，或处理了不正确的数据，或两种情况同时并存；(2)在未得到授权情况下访问数据，可能导致数据的毁损或对数据不恰当的修改，包括记录未经授权或不存在的交易，或不正确地记录了交易；(3)信息技术人员可能获得超越其履行职责以外的数据访问权限，破坏了系统应有的职责分工；(4)未经授权改变主文档的数据；(5)未经授权改变系统或程序；(6)未能对系统或程序作出必要的修改；(7)不恰当的人为干预；(8)数据丢失的风险或不能访问所需要的数据。

3.人工控制的适用范围及相关内部控制风险

内部控制的人工成分在处理下列需要主观判断或酌情处理的情形时可能更为适当：(1)存在大额、异常或偶发的交易；(2)存在难以定义、防范或预见的错误；(3)为应对情况的变化，需要对现有的自动化控制进行调整；(4)监督自动化控制的有效性。

但是，由于人工控制由人执行，受人为因素的影响，也产生了特定风险：(1)人工控制可能更容易被规避、忽视或凌驾；(2)人工控制可能不具有一贯性；(3)人工控制可能更容易产生简单错误或失误。相对于自动控制,人工控制的可靠性较差。为此,注册会计师应当考虑人工控制在下列情形中可能是不适当的:(1)存在大量或重复发生的交易;(2)事先可预见的错误能够通过自动化控制得以防范或发现;(3)控制活动可得到适当设计和自动化处理。

内部控制风险的程度和性质受被审计单位信息系统的性质和特征的影响。因此,在了解内部控制时,注册会计师应当考虑被审计单位是否通过建立有效的控制,以恰当应对由于使用信息技术系统或人工系统而产生的风险。

(七)内部控制的局限性

内部控制存在固有局限性,无论如何设计和执行,只能对财务报告的可靠性提供合理的保证。内部控制存在的固有局限性包括:

1.在决策时人为判断可能出现错误和由于人为失误而导致内部控制失效

例如,被审计单位信息技术工作人员没有完全理解系统如何处理销售交易,为使系统能够处理新型产品的销售,可能错误地对系统进行更改;或者对系统的更改是正确的,但是程序员没能把此次更改转化为正确的程序代码。

2.可能由于两个或更多的人员进行串通或管理层凌驾于内部控制之上而被规避

例如,管理层可能与客户签订背后协议,对标准的销售合同作出变动,从而导致收入确认发生错误。再如,软件中的编辑控制旨在发现和报告超过赊销信用额度的交易,但这一控制可能被逾越或规避。

此外,如果被审计单位内部行使控制职能的人员素质不适应岗位要求,也会影响内部控制功能的正常发挥。被审计单位实施内部控制的成本效益问题也会影响其职能,当实施某项控制成本大于控制效果而发生损失时,就没有必要设置控制环节或控制措施。内部控制一般都是针对经常且重复发生的业务而设置的,如果出现不经常发生或未预计到的业务,原有控制就可能不适用。

☞小思考

注册会计师在研究和评价内部控制时,一般应考虑哪些问题?

提示:1.建立、修正和维护公司的各项控制,并监督控制政策和程序得到持续有效的执行,是管理当局的会计责任。

2.公司管理当局应在综合考虑控制的成本效益关系的基础上,建立能为公司会计报表的公允表达提供合理保证(但不是绝对的保证)的内部控制。

3.注册会计师在确定内部控制的可信赖程度时,应当保持应有的职业谨慎,充分关注内部控制的以下固有限制:(1)内部控制的设计和运行受制于成本与效益原则;(2)内部控制一般仅针对常规业务活动而设计;(3)即使是设计完整的内部控制,也可能因执行人员的粗心大意、精力分散、判断失误以及对指令的误解而失效;(4)内部控制可能因有关人员相互勾结、内外串通而失效;(5)内部控制可能因执行人员滥用职权或屈从于外部压力而失效;(6)内部控制可能因经营环境、业务性质的改变而削弱或失效。

正是由于以上因素,就要求注册会计师必须注意,不管被审单位内部控制设计和运行多么有效,都应对会计报表的重要账户余额或交易类别实施实质性程序。

二、注册会计师对内部控制的了解

（一）了解内部环境

在评价内部环境的设计和实施情况时，注册会计师应当了解管理层在治理层的监督下，是否营造并保持了诚实守信和合乎道德的文化，以及是否建立了防止或发现并纠正舞弊和错误的恰当控制。实际上，在审计业务承接阶段，注册会计师就需要对内部环境作出初步了解和评价。

在评价内部环境的设计时，注册会计师应当考虑构成内部环境的各项要素以及这些要素如何纳入被审计单位的业务流程。

在确定构成内部环境的要素是否得到执行时，注册会计师应当考虑询问与观察和检查等风险评估程序结合运用以获取审计证据。

此外，注册会计师还应该谨慎考虑被审计单位内部环境的总体优势及缺陷，并考虑内部环境与其他控制要素的综合作用。

（二）了解风险评估

在评价被审计单位风险评估过程的设计和执行时，注册会计师应当确定管理层如何识别与财务报告相关的经营风险，如何估计该风险的重要性，如何评估风险发生的可能性，以及如何采取措施管理这些风险。如果被审计单位的风险评估过程符合其具体情况，了解被审计单位的风险评估过程和结果有助于注册会计师识别财务报表重大错报的风险。

注册会计师应当询问管理层识别出的经营风险，并考虑这些风险是否可能导致重大错报。在审计过程中，如果发现与财务报表有关的风险因素，注册会计师可通过向管理层询问和检查有关文件确定被审计单位的风险评估过程是否也发现了该风险。在审计过程中，如果识别出管理层未能识别的重大错报风险，注册会计师应当考虑被审计单位的风险评估过程为何没有识别出这些风险，以及评估过程是否适合于具体环境。

（三）了解控制活动

1.了解与授权有关的控制活动

注册会计师应当了解与授权有关的控制活动，包括一般授权和特别授权。一般授权是指管理层制定的要求组织内部遵守的普遍适用于某类交易或活动的政策。特别授权是指管理层针对特定类别的交易或活动逐一设置的授权，如重大资本支出和股票发行等。

2.了解与业绩评价有关的控制活动

注册会计师应当了解与业绩评价有关的控制活动，主要包括被审计单位分析评价实际业绩与预算（或预测、前期业绩）的差异，综合分析财务数据与经营数据的内在关系，将内部数据与外部信息来源相比较，评价职能部门、分支机构或项目活动的业绩，以及对发现的异常差异或关系采取必要的调查与纠正措施。

3.了解与信息处理有关的控制活动

注册会计师应当了解与信息处理有关的控制活动，包括信息技术一般控制和应用控制。

信息技术一般控制是指与多个应用系统有关的政策和程序，有助于保证信息系统持续恰当地运行（包括信息的完整性和数据的安全性），支持应用控制作用的有效发挥，通常包括数据中心和网络运行控制，系统软件的购置、修改及维护控制，接触或访问权限控制，应用系统的购置、开发及维护控制。

信息技术应用控制是指主要在业务流程层次运行的人工或自动化程序,与用于生成、记录、处理、报告交易或其他财务数据的程序相关,通常包括检查数据计算准确性,审核账户和试算平衡表,设置对输入数据和数字序号的自动检查,以及对例外报告进行人工干预。

4.了解实物控制

注册会计师应当了解实物控制,主要包括了解对资产和记录采取适当的安全保护措施,对访问计算机程序和数据文件设置授权,以及定期盘点并将盘点记录与会计记录相核对。实物控制的效果将影响资产的安全,从而对财务报表的可靠性及审计产生影响。

5.了解职责分离

注册会计师应当了解职责分离,主要包括了解被审计单位如何将交易授权、交易记录以及资产保管等职责分配给不同员工,以防范同一员工在履行多项职责时可能发生的舞弊或错误。

在了解控制活动时,注册会计师应当重点考虑一项控制活动单独或连同其他控制活动,是否能够以及如何防止或发现并纠正各类交易、账户余额、列报存在的重大错报。注册会计师的工作主要是识别和了解针对重大错报可能发生领域的控制活动,了解与每类重大交易、账户余额和披露及其认定相关的所有控制活动。所以,如果多项控制活动能够实现同一目标,注册会计师不必了解与该目标相关的每项控制活动。

(四)了解信息与沟通

信息与沟通是收集与交换被审计单位执行、管理和控制业务活动所需信息的过程,包括收集和提供信息(特别是为履行内部控制岗位职责所需的信息)给适当人员,使之能够履行职责。信息与沟通的质量直接影响到管理层对经营活动作出正确决策和编制可靠的财务报告的能力。注册会计师应当了解信息与沟通。

1.了解与财务报告相关的信息系统

与财务报告相关的信息系统,包括用以生成、记录、处理和报告交易、事项和情况,对相关资产、负债和所有者权益履行经营管理责任的程序和记录。

注册会计师应当从下列方面了解与财务报告相关的信息系统(包括相关业务流程):(1)在被审计单位经营过程中,对财务报表具有重大影响的各类交易;(2)在信息技术和人工系统中,被审计单位的交易生成、记录、处理、必要的更正、结转至总账以及在财务报表中报告的程序;(3)用以生成、记录、处理和报告(包括纠正不正确的信息以及信息如何结转至总账)交易的会计记录、支持性信息和财务报表中的特定账户;(4)被审计单位的信息系统如何获取除交易以外的对财务报表重大的事项和情况;(5)用于编制被审计单位财务报表(包括作出的重大会计估计和披露)的财务报告过程;(6)与会计分录相关的控制,这些分录包括用以记录非经常性的、异常的交易或调整的非标准会计分录。

2.了解与财务报告相关的沟通

与财务报告相关的沟通包括使员工了解各自在与财务报告有关的内部控制方面的角色和职责,员工之间的工作联系,以及向适当级别的管理层报告例外事项的方式。

注册会计师应当了解被审计单位内部如何对财务报告的岗位职责,以及与财务报告相关的重大事项进行沟通。注册会计师还应当了解管理层与治理层(特别是审计委员会)之间的沟通,以及被审计单位与外部(包括与监管部门)的沟通。具体包括:(1)管理层对于员工的职责和控制责任是否进行了有效沟通;(2)对于可疑的不恰当事项和行为是否建立了沟通渠道;(3)组织内部沟通的充分性是否能够使人员有效地履行职责;(4)对于与客户、供应商、监管者和其他外部人士的沟通,管理层是否及时采取适当的进一步行动;(5)被审计单位是否受到某些监管机构发布的监管要求的约束;(6)外部人士,如客户和供应商在多大程度上了解被审计单位的行为守则。

(五)了解内部监督

注册会计师在对被审计单位整体层面的监督进行了解和评估时,考虑的主要因素可能包括:(1)被审计单位是否定期评价内部控制;(2)被审计单位人员在履行正常职责时,能够在多大程度上获得内部控制是否有效运行的证据;(3)与外部的沟通能够在多大程度上证实内部产生的信息或者指出存在的问题;(4)管理层是否采纳内部审计人员和注册会计师有关内部控制的建议;(5)管理层是否及时纠正控制运行中的偏差;(6)管理层根据监管机构的报告及建议是否及时采取纠正措施;(7)是否存在协助管理层监督内部控制的职能部门(如内部审计部门)等内容。

【例题】 如果不拟信赖内部控制,注册会计师就无须对内部控制进行了解。(   )

【答案】 ×

【解析】 注册会计师必须了解被审计单位的内部控制。

三、在整体层面了解内部控制

在内部控制的五要素中,内部控制的某些要素(如控制环境)更多地对被审计单位整体层面产生影响,而其他要素(如信息与沟通、控制活动)则可能更多地与特定业务流程相关。在实务中,注册会计师应当从被审计单位整体层面和业务流程层面分别了解和评价被审计单位的内部控制。整体层面的控制(包括对管理层凌驾于内部控制之上的控制)和信息技术一般控制通常在所有业务活动中普遍存在。业务流程层面控制主要是对工薪、销售和采购等交易的控制。两者的相互关系如图 5-2 所示。

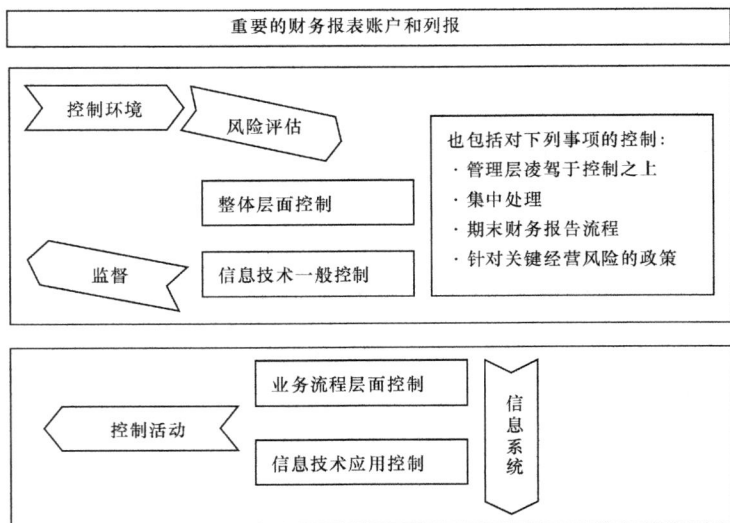

图 5-2　整体层面和业务流程层面控制的关系

整体层面的控制对内部控制在所有业务流程中得到严格的设计和执行具有重要影响。整体层面的控制较差甚至可能使最好的业务流程层面控制失效。例如,被审计单位可能有一个有效的采购系统,但如果会计人员不胜任,仍然会发生大量错误,且其中一些错误可能导致财务报表存在重大错报。而且,管理层凌驾于内部控制之上(它们经常在企业层次出现)也是不好的公司行为中的普遍问题。

(一)了解的人员

对整体层面内部控制的了解由项目组中对被审计单位情况比较了解且较有经验的成员负责,同时需要项目组其他成员的参与和配合。

(二)对整体层面内部控制了解的重点

(1)对于连续审计,注册会计师可以重点关注整体层面内部控制的变化情况,包括由于被审计单位及其环境的变化而导致内部控制发生的变化以及采取的对策。

(2)注册会计师还需要特别考虑因舞弊而导致重大错报的可能性及其影响。

(三)了解的方法和要求

(1)注册会计师可以考虑将询问被审计单位人员、观察特定控制的应用、检查文件和报告以及执行穿行测试(追踪交易在财务报告信息系统中的处理过程)等风险评估程序相结合,以获取审计证据;

(2)在了解内部控制的各构成要素时,注册会计师应当对被审计单位整体层面的内部控制的设计进行评价,并确定其是否得到执行;

(3)注册会计师应当将对被审计单位整体层面内部控制各要素的了解要点和实施的风险评估程序及其结果等形成审计工作记录,并对影响注册会计师对整体层面内部控制有效性进行判断的因素加以详细记录;

(4)财务报表层次的重大错报风险很可能源于薄弱的控制环境,因此,注册会计师在评估财务报表层次的重大错报风险时,应当将被审计单位整体层面的内部控制状况和了解到的被审计单位及其环境其他方面的情况结合起来考虑。

总之,被审计单位整体层面的内部控制是否有效将直接影响重要业务流程层面控制的有效性,进而影响注册会计师拟实施的进一步审计程序的性质、时间安排和范围。

四、在业务流程层面了解内部控制

在初步计划审计工作时,注册会计师需要确定在被审计单位财务报表中可能存在重大错报风险的重大账户及其相关认定。为实现此目的,通常采取下列七个步骤:

(一)确定被审计单位的重要业务流程和重要交易类别

在实务中,将被审计单位的整个经营活动划分为几个重要的业务循环,有助于注册会计师更有效地了解和评估重要业务流程及相关控制。通常,对制造业企业,可以划分为销售与收款循环、采购与付款循环、生产循环、人力资源与工薪循环、投资与筹资循环等。重要交易类别是指可能对被审计单位财务报表产生重大影响的各类交易。重要交易类别应与相关账户及其认定相联系,例如,对于一般制造业企业,销售收入和应收账款通常是重大账户,销售和收款都是重要交易类别。除了一般所理解的交易以外,对财务报表具有重大影响的事项和情况也应包括在内。

(二)了解重要交易流程,并进行记录

在确定重要的业务流程和交易类别后,注册会计师便可着手了解每一类重要交易在信息技术或人工系统中生成、记录、处理及在财务报表中报告的程序,即重要交易流程。这是确定在哪个环节或哪些环节可能发生错报的基础。

交易流程通常包括一系列工作:输入数据的核准与修订,数据的分类与合并,进行计算、更新账簿资料和客户信息记录,生成新的交易,归集数据,列报数据。

注册会计师可以通过下列方法获得对重要交易流程的了解:(1)检查被审计单位的手册和其他书面指引;(2)询问被审计单位的适当人员;(3)观察所运用的处理方法和程序;(4)穿行测试(追踪交易在财务报告信息系统中的处理过程)。

(三)确定可能发生错报的环节

注册会计师需要确认和了解被审计单位应在哪些环节设置控制,以防止或发现并纠正各重要业务流程可能发生的错报。尽管不同的被审计单位会为确保会计信息的可靠性而对业务流程设计和实施不同的控制,但设计控制的目的是为实现某些控制目标(见表5-1)。实际上,这些控制目标与财务报表重大账户的相关认定相联系。但注册会计师在此时通常不考虑列报认定,而在审计财务报告流程时将考虑该认定。

表 5-1 控制目标及其释义

控制目标	解 释
1.完整性:所有的有效交易都已记录	必须有程序确保没有漏记实际发生的交易
2.存在和发生:每项已记录的交易均真实	必须有程序确保会计记录没有虚构的或重复入账的项目
3.适当计量交易	必须有程序确保交易以适当的金额入账
4.恰当确定交易生成的会计期间(截止性)	必须有程序确保交易在适当的会计期间内入账(例如:月、季度、年等)
5.恰当分类	必须有程序确保将交易记录记入正确的总分类账,必要时,记入相应的明细账内
6.正确汇总和过账	必须有程序确保所有作为账簿记录中的借贷方余额都正确地归集(加总),确保加总后的金额正确过入总账和明细账分类账

(四)识别和了解相关控制

通过对被审计单位的了解,包括在被审计单位整体层面对内部控制各要素的了解,以及在上述程序中对重要业务流程的了解,注册会计师可以确定是否有必要进一步了解在业务流程层面的控制。在某些情况下,注册会计师之前的了解可能表明被审计单位在业务流程层面的针对某些重要交易流程所设计的控制是无效的,或者注册会计师并不打算信赖控制,这时注册会计师没有必要进一步了解在业务流程层面的控制。特别需要注意的是,如果认为仅通过实质性程序无法将认定层次的检查风险降低到可接受的水平,或者针对特别风险,注册会计师应当了解和评估相关的控制活动。

如果注册会计师计划对业务流程层面的有关控制进行进一步的了解和评价,那么针对业务流程中容易发生的错报的环节,注册会计师应当确定:(1)被审计单位是否建立了有效

的控制,以防止或发现并纠正这些错报;(2)被审计单位是否遗漏了必要的控制;(3)是否识别了可以最有效测试的控制。

(五)执行穿行测试,证实对交易流程和相关控制的了解

穿行测试,是指在每一类业务循环中选择一笔或若干笔交易或事项进行测试,以验证内部控制的实际运行是否与审计工作底稿上所描述的内部控制一致。目的是为了了解各类重要交易在业务流程中发生、处理和记录的过程。

执行穿行测试可获得下列方面的证据:(1)确认对业务流程的了解;(2)确认对重要交易的了解是完整的,即在交易流程中所有与财务报表认定相关的可能发生错报的环节都已识别;(3)确认所获取的有关流程中的预防性控制和检查性控制信息的准确性;(4)评估控制设计的有效性;(5)确认控制是否得到执行;(6)确认之前所做的书面记录的准确性。

需要注意的是,如果不拟信赖控制,注册会计师仍需要执行穿行测试,以确认以前对业务流程及可能发生错报环节了解的准确性和完整性。

(六)初步评价和风险评估

1.对控制的初步评价

在识别和了解控制后,根据执行上述程序及获取审计证据,注册会计师需要评价控制设计的合理性并确定其是否得到执行。

注册会计师对控制的评价结论可能是:(1)所设计的控制单独或连同其他控制能够防止或发现并纠正重大错报,并得到执行;(2)控制本身的设计是合理的,但没有得到执行;(3)控制本身的设计就是无效的或缺乏必要的控制。

由于控制的了解是在穿行测试完成后但又在测试控制运行有效性之前进行的,因此,上述评价结论只是初步结论,仍可能随控制测试后实施实质性程序的结果而发生变化。

2.风险评估需考虑因素

注册会计师对控制的评价,进而对重大错报风险的评估,需考虑以下因素:

(1)账户特征及已识别的重大错报风险。如果已识别的重大错报风险水平为高(例如,复杂的发票计算或计价过程增加了开票错报的风险;经营的季节性特征增加了在旺季发生错报的风险),相关的控制应有较高的敏感度,即在错报率较低的情况下也能防止发现并纠正错报。相反,如果已发现的重大错报风险水平为低(例如,在一个较小的、劳动力相对稳定的公司员工中薪酬的会计处理未能实现恰当准确性目标的风险),相关的控制就无须具有像重大错报风险较高时那样的敏感性。

(2)对被审计单位整体层面控制的评价。注册会计师应将对整体层面获得的了解和结论,同在业务流程层面获得的有关重大交易流程及其控制的证据结合起来考虑。

3.评价决策

在对控制进行初步评价及风险评估后,注册会计师需要利用实施上述程序获得的信息,回答以下问题:

(1)控制本身的设计是否合理。注册会计师需要根据上述的考虑因素判断,如果识别的控制设计合理,该控制在重要业务流程中单独或连同其他控制能否有效地实现特定控制目标。

(2)控制是否得到执行。如果设计合理的控制没有得到执行,该控制也不会发挥应有的

作用。因此,注册会计师需要获取审计证据,评价这类控制是否确实存在,且正在被使用。

（3）是否更多地信赖控制并拟实施控制测试。如果认为被审计单位控制设计合理并得到执行,能够有效防止或发现并纠正重大错报,那么,注册会计师通常可以信赖这些控制,减少拟实施的实质性程序。如果拟更多地信赖这些控制,需要确信所信赖的控制在整个拟信赖期间都有效地发挥了作用,即注册会计师应对这些控制在该期间内是否得到一贯运行进行测试。拟信赖该控制的期间可能是整个年度,也可能是其中某一时段。如果控制测试的结果进一步证实内部控制是有效的,注册会计师可以认为相关账户及认定发生重大错报的可能性较低,对相关账户及认定实施实质性程序的范围也将减少。

（七）对财务报告流程的了解

除以上六个步骤外,注册会计师还需要进一步了解有关信息从具体交易的业务流程过入总账、财务报表以及相关列报的流程,即财务报告流程及其控制。这一流程和控制与财务报表的列报认定直接相关。

财务报告流程包括:(1)将业务数据汇总记入总账的程序,即如何将重要业务流程的信息与总账和财务报告系统相连接;(2)在总账中生成、记录和处理会计分录的程序;(3)记录对财务报表常规和非常规调整的程序,如合并调整、重分类等;(4)草拟财务报表和相关披露的程序。

☞相关案例

"亚细亚"的失败与企业内部控制失控

亚细亚商场于1989年5月开业,之后仅用7个月时间就实现销售额9000万元,1990年达1.86亿元,实现税利1315万元,一年就跨入全国50家大型商场行列。从1993年起,郑州亚细亚集团（简称郑亚集团）以参股的形式投资10亿多元,先后在河南省内建立了四家亚细亚连锁店,在全国各地建立了很多参股公司,还有遍布全国各地的"忏村百货"。亚细亚在全国商场中第一个设立迎宾小姐、电梯小姐,第一个设立琴台,第一个创立自己的仪仗队,第一个在中央电视台做广告。当年的亚细亚以其在经营和管理上的创新创造了一个平凡而奇特的现象——"亚细亚现象"。一时间,"亚细亚现象""亚细亚冲击波",包括"中原之行哪里去"的广告词和亚细亚小姐甜美的微笑,像阳光一样辐射全国各地,来自全国30多个省市的近200个大中城市的党政领导、商界要员来到亚细亚参观学习。然而,1998年8月15日,郑亚商场悄然关门! 面对这残酷的事实,人们众说纷纭。

基本案情

1992年11月,亚细亚商场总经理王××在海南注册了"海南亚细亚商联总公司",(简称"海南商联"),法人代表是王××本人。郑亚集团公司董事会作出决定,委托海南商联管理和经营郑亚集团股份公司;并在郑亚集团董事会1995年6月28日的会议纪要中,明确规定"董事会同意公司经营者（海南商联）按销售额1‰的比例提取管理费"。于是就形成了海南商联受托经营郑亚集团的运作模式;并与郑亚集团一套人马,两块牌子,总部设在广州。总经理从此离开了郑州,基本上在外地遥控实施对郑亚集团和商场的管理。王××既是海南商联的法人代表,又是郑亚集团的总经理,可以随意抽调人员与资金。海南商联是王××

等几个人自己开办的,郑亚集团没有投资。

郑亚集团公司的注册日期是1993年10月,但直到1995年6月才最后确立。在持续将近两年的时间里,集团公司一直处于不断演变的动态之中,没有按章程规范化运作,董事会从未召集董事们就重大决策进行过决议,凡事都由总经理王××一人拍板。1995年初,亚细亚的主要股东中原不动产总公司董事易人,新任董事长认为前任批准的股权转让造成公司资产流失,不予承认,表示股权纠纷问题不解决不参加董事会。从此,郑亚集团最高决策机构、监督机构陷于瘫痪。

亚细亚商场艺术团的报幕员周××,不懂管理不会看账,被任命为开封亚细亚商场的总经理。除了公关喝酒,就是喝酒公关,仅一年多的时间,不仅葬送了"开亚",也垮了自己的身体,在"开亚"关门之际,她亦酒精中毒肝硬化送进了医院。

亚细亚某领导的一位表弟,原郑州市郊的农民,被任命为北京一家大型商场总经理;某领导的两位妻弟,山东农民,也被委以重任;就连他家的小保姆也被任命为亚细亚集团配送中心的财务总监。

亚细亚曾有四位年轻的副总,他们都舍弃原本很好的工作,与总经理一起筹创亚细亚,决心干一番事业。因他们不附和总经理的意见,在1990年借故被派往外地办事处。1991年夏,亚细亚驻外办事处撤销,四位副总返回商场时,他们的位置已被别人取代,接着半年赋闲,被调离商场。

郑亚商场是由河南省建行租赁公司和中原不动产公司共同出资200万元设立的股份制企业,其中,租赁公司占51%的股份,中原不动产公司占49%的股份。由于郑亚商场计划在1992年改组成股份有限公司,面向社会公众发行股票。按照有关规定,上市公司的股东必须在5家以上才具备上市资格。于是在河南省体改委的帮助下,郑亚商场把原来的两家股东所占股份部分出让。由于种种原因,改建的郑州亚细亚股份有限公司上市未获成功。在1993年9月,经河南省体改委批准,仅仅有过渡意义的郑州亚细亚股份有限公司正式更名为郑州亚细亚集团股份有限公司。于是,亚细亚上市未能做成,但虚拟的股权转让已被河南省体改委等政府职能部门认定,即河南建行租赁公司51%的股权转让给海南大昌实业发展公司18%,转让给广西北海巨龙房地产公司10%;中原不动产公司49%的股权转让给海南三联企业发展公司18%,转让给海南汇通信托投资公司18%。

郑亚集团设有一个"货物配送中心",其职能是为郑亚商场本店和四家直接连锁店配货,该中心负责向厂家直接订货,目的是降低进货成本并防止各商场自行进货时吃厂家回扣。但该中心配送给各大商场的所有商品,价格不但比批发市场上的批发价高出许多,甚至高于自由市场上的零售价!"货物配送中心"实际上成了一个大黑洞。

原郑亚集团总经理王××,对以往的经营失误总结了六大教训,其中有四条涉及对风险的认识和把握问题。第一是"对市场认识不足,对形势认识不足"。第二是"过于自信、乐观、想当然"。第三是"面对零售业艰难的状况,我们的应变能力差,整个经营进入死胡同,越来越远,最后到了山穷水尽的地步"。第四是"抗风险能力差,一遇事阵脚就乱了"。

且看一组数据:亚细亚一年一度的场庆花费都超过70万元;花900万元在郑州南阳路装修了一座楼,闲置了两年之久;集团某股东从郑亚商场借出800万元,连借条也没有,后来归还300万元,剩余500万元商场账面和付据显示是"工程款";另一个集团股东1993年借走商场57万元,也无人催要;1997年,郑亚商场管理费用就高达18.6亿元。

集团内部一不需要成本信息,二不计算投资回收期及投资回报率,三不收集市场方面的信息。会计信息系统由管理层随意控制,资金被大量挪用,却不知去向何方。在郑亚集团,信息系统已经不再是一个管理和控制的工具,而是上层管理人员的话筒,信息随其愿而变。

在亚细亚,自开业以来,没有进行过一次全面彻底的审计。偶尔的局部的内部审计中曾发现几笔几百万元资金被转移出去的事,后来也不了了之。任何事情都是总经理说了算,属下当然包括内部审计人员在内,全无发言权,可见内部监督极度缺乏是既成事实。

案例点评

我们以为,导致亚细亚倒闭的原因是多方面的,而其内部控制的极端薄弱是促成其倒闭的主要原因之一。分析如下:

(一)控制环境失效

控制环境是指对建立、加强或削弱特定政策、程序及其效率产生影响的各种因素,具体包括企业的董事会,企业管理人员的品行、价值观、素质与能力,管理人员的管理哲学与经营观念,企业文化,企业各项规章制度、信息沟通体系等。企业控制环境决定其他控制要素能否发挥作用,是内部控制其他要素作用的基础,直接影响到企业内部控制的贯彻和执行,以及企业内部控制目标的实现,是企业内部控制的核心。那么,郑亚集团的内部控制环境如何呢?

(1)经营者品行、价值观

海南商联是王××等几个人自己开办的,郑亚集团没有投资,这种制度安排的结果是亚细亚的信誉被海南商联所利用,亚细亚的人员被海南商联利用,亚细亚的经营利润被海南商联所占有,而这一切都是无偿的。

(2)董事会

企业内部控制环境的一个重要因素是董事会,企业应该建立一个强而有力的董事会。董事会要能对企业的经营管理决策起到真正监督和引导的作用。在郑亚集团,总经理成了国王,董事会形同虚设。在郑亚集团公司内部,董事会一直处于瘫痪状态。

(3)人事政策与学员素质

人是企业最重要的资源,亦是重要的内部控制环境因素。那么,郑亚集团的人事政策与学员素质如何呢?

①以貌取人。1995年底,广州、上海、北京三地大型商场相继开业,管理人员严重不足。亚细亚从西安招聘了几百名青年,经过短期培训后,准备派往三地。由于不了解个人情况,只好对名观相,五官端正、口齿清楚的派往广州、上海或北京的商场当经理或处长,其他人员则当营业员。

②随意用人。例如报幕员周××,不懂管理不会看账,被任命为开封亚细亚商场的总经理。

③任人唯亲。亚细亚某领导的一位表弟,原郑州市郊的农民,被任命为北京一家大型商场总经理;某领导的两位妻弟,山东农民,也被委以重任;就连他家的小保姆也被任命为亚细亚集团配送中心的财务总监。

④排斥异己。亚细亚曾有四位年轻的副总,他们都舍弃原本很好的工作,与总经理一起筹创亚细亚,决心干一番事业。因他们不附和总经理的意见,在19901年借故被派往外地办事处。

(4)企业产权关系及组织结构

　　由于股权受让方未按协议及时把购股资金兑付,从此埋下了一个巨大的资金隐患。特别是后来中原不动产总公司新任董事长认为前任批准的股权转让造成公司资产流失,不予承认。郑亚集团产权关系混乱局面就此形成。

　　上述四个方面较清楚地说明了郑亚集团的控制环境情况。其内部控制环境若此,其最终结局亦在预料之内。

　　(二)风险意识不够

　　环境控制和风险评估,是提高企业内部控制效率和效果的关键。原郑亚集团总经理王××,对以往的经营失误总结了六大教训,其中有四条涉及对风险的认识和把握问题。

　　(三)没有适当的控制活动

　　控制活动是确保管理层的指令得以实现的政策和程序,旨在帮助企业保证其已针对"使企业目标不能达成的风险",采取了必要行动。郑亚集团运作中几乎不存在控制活动,或者即使存在所谓的政策和程序,也是名存实亡,实际未发生作用。郑亚集团的控制活动若此,何以确保管理层的指令得以实现?

　　(四)信息沟通不顺畅

　　COSO 报告认为,一个良好的信息与沟通系统有助于提高内部控制的效率和效果。在郑亚集团内部,信息沟通系统几乎不存在。

　　(五)内部监督缺乏

　　企业内部控制是一个过程,内部控制必须被监督。任何事情都是总经理说了算,属下当然包括内部审计人员在内,全无发言权,可见内部监督极度缺乏是既成事实。

（资料来源:吴水澎,陈汉文,邵贤弟.《会计研究》,2000(9):p43—48)

第三节　重大错报风险评估

　　评估重大错报风险是风险评估阶段的最后一个步骤。获取的关于风险因素和抵消控制风险的信息(通过实施风险评估程序),将全部用于对财务报表层次以及各类交易、账户余额和披露认定层次评估重大错报风险。评估将作为确定进一步审计程序的性质、范围和时间的基础,以应对识别的风险。重大错报风险评估的主要内容如图 5-3 所示:

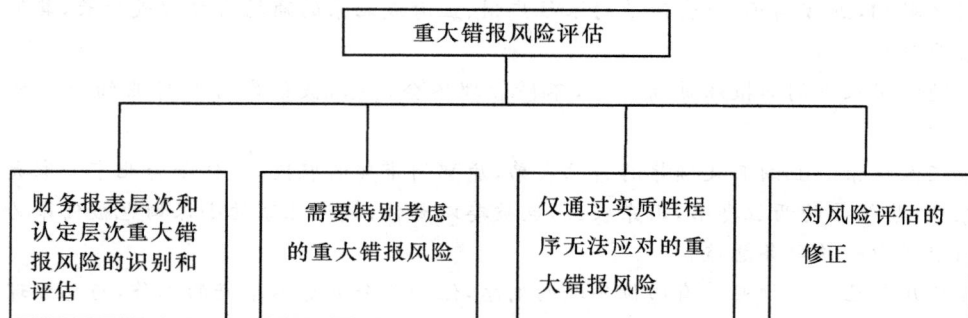

图 5-3　重大错报风险评估的主要内容

一、评估财务报表层次和认定层次的重大错报风险

(一)评估重大错报风险的审计程序

在评估重大错报风险时,注册会计师应当实施下列审计程序。

1.在了解被审计单位及其环境(包括与风险相关的控制)的整个过程中,结合对财务报表中各类交易、账户余额和披露的考虑,识别风险。

2.结合对拟测试的相关控制的考虑,将识别出的风险与认定层次可能发生错报的领域相联系。

3.考虑识别的风险是否重大。风险是否重大是指风险造成后果的严重程度。

4.考虑识别的风险导致财务报表发生重大错报的可能性。

注册会计师应当利用实施风险评估程序获取的信息,包括在评价控制设计和确定其是否得到执行时获取的审计证据,作为支持风险评估结果的审计证据。注册会计师应当根据风险评估结果,确定实施进一步审计程序的性质、时间和范围。

(二)识别两个层次的重大错报风险

在对重大错报风险进行识别和评估后,注册会计师应当确定,识别的重大错报风险是与特定的某类交易、账户余额和披露的认定相关,还是与财务报表整体广泛相关,进而影响多项认定。

(三)控制环境对评估财务报表层次重大错报风险的影响

财务报表层次的重大错报风险很可能源于薄弱的控制环境。薄弱的控制环境带来的风险可能对财务报表产生广泛影响,难以限于某类交易、账户余额和列报,注册会计师应当采取总体应对措施。

(四)控制对评估认定层次重大错报风险的影响

1.在评估重大错报风险时,注册会计师应当将所了解的控制与特定认定相联系。这是出于控制有助于防止或发现并纠正认定层次的重大错报。

2.控制可能与某一认定直接相关,也可能与某一认定间接相关,关系越间接,控制在防止或发现并纠正认定中错报的作用越小。

(五)考虑财务报表的可审计性

如果通过对内部控制的了解发现下列情况,并对财务报表局部或整体的可审计性产生疑问,注册会计师应当考虑出具保留意见或无法表示意见的审计报告:

1.被审计单位会计记录的状况和可靠性存在重大问题,不能获取充分、适当的审计证据以发表无保留意见。

2.对管理层的诚信存在严重疑虑。必要时,注册会计师应当考虑解除业务约定。

二、需要特别考虑的重大错报风险

(一)特别风险的含义

特别风险是指注册会计师识别和评估的、根据判断认为需要特别考虑的重大错报风险。

(二)确定特别风险时应考虑的事项

在确定哪些风险是特别风险时,注册会计师应当在考虑识别出的控制对相关风险的抵消效果前,根据以下因素考虑其是否属于特别风险:(1)风险的性质;(2)潜在错报的重要程度;(3)发生的可能性。

(三)在确定风险的性质时,注册会计师应当考虑的事项

在确定风险的性质时,注册会计师应当考虑的事项有:(1)风险是否属于舞弊风险;(2)风险是否与近期经济环境、会计处理方法和其他方面的重大变化有关,因而需要特别关注;(3)交易的复杂程度;(4)风险是否涉及重大的关联方交易;(5)财务信息计量的主观程度,特别是计量结果是否具有高度不确定性;(6)风险是否涉及异常或超出正常经营过程的重大交易。

(四)考虑与特别风险相关的控制

了解与特别风险相关的控制,有助于注册会计师制定有效的审计方案予以应对。对特别风险,注册会计师应当评价相关控制的设计情况,并确定其是否已经得到执行。由于与重大非常规交易或判断事项相关的风险很少受到日常控制的约束,注册会计师应当了解被审计单位是否针对该特别风险设计和实施了控制。

如果管理层未能实施控制以恰当应对特别风险,注册会计师应当认为内部控制存在重大缺陷,并考虑其对风险评估的影响。在此情况下,注册会计师应当就此类事项与治理层沟通。

三、仅通过实质性程序无法应对的重大错报风险

作为风险评估的一部分,如果认为仅通过实质性程序获取的审计证据无法将认定层次的重大错报风险降至可接受的低水平,注册会计师应当评价被审计单位针对这些风险设计的控制,并确定其执行情况。

在被审计单位对日常交易采用高度自动化处理的情况下,审计证据可能仅以电子形式存在,其充分性和适当性通常取决于自动化信息系统相关控制的有效性,注册会计师应当考虑仅通过实施实质性程序不能获取充分、适当审计证据的可能性。

在实务中,注册会计师可以用表 5-2 汇总识别重大错报风险。

表 5-2　识别的重大错报风险汇总

识别的重大错报风险	对财务报表的影响	相关的交易类别、账户余额和列报认定	是否与财务报表整体广泛相关	是否属于特别风险	是否属于仅通过实质性程序无法应对的重大错报风险
记录识别的重大错报风险	描述对财务报表的影响和导致财务报表发生重大错报的可能性	列示相关的各类交易、账户余额、列报及其认定	考虑是否属于财务报表层次的重大错报风险	考虑是否属于特别风险	考虑是否属于仅通过实质性程序无法应对的重大错报风险

四、对风险评估的修正

如果通过实施进一步审计程序获取的审计证据与初始评估获取的审计证据相矛盾，注册会计师应当修正风险评估结果，并相应修改原计划实施的进一步审计程序。计划审计工作并非审计业务的一个孤立阶段，而是一个持续的、不断修正的过程，贯穿于整个审计业务的始终。由于某些原因，注册会计师可能需要修改财务报表整体的重要性和特定类别的交易、账户余额或披露的重要性水平。

【例题】　注册会计师识别出的重大错报风险均应与特定的交易、账户余额、列报的认定相对应，以便注册会计师设计并实施进一步的审计程序。（　　　）

【答案】　×

【解析】　有些识别的重大错报风险可能与财务报表整体相关。

第四节　风险应对措施与程序

《中国注册会计师审计准则第 1101 号——注册会计师的总体目标和审计工作的基本要求》要求注册会计师在审计过程中贯彻风险导向审计的理念，围绕重大错报风险的识别、评估和应对，计划和实施审计工作。《中国注册会计师审计准则第 1211 号——通过了解被审计单位及其环境识别和评估重大错报风险》规范了注册会计师通过实施风险评估程序，识别和评估财务报表层次以及各类交易、账户余额和披露认定层次的重大错报风险。《中国注册会计师审计准则第 1231 号——针对评估的重大错报风险采取的应对措施》规范了注册会计师针对评估的重大错报风险确定总体应对措施，设计和实施进一步审计程序。因此，注册会计师应当针对评估的重大错报风险实施程序，即针对评估的财务报表层次重大错报风险确定总体应对措施，并针对评估的认定层次重大错报风险设计和实施进一步审计程序，以将审计风险降至可接受的低水平。图 5-4 为风险应对的基本措施与程序。

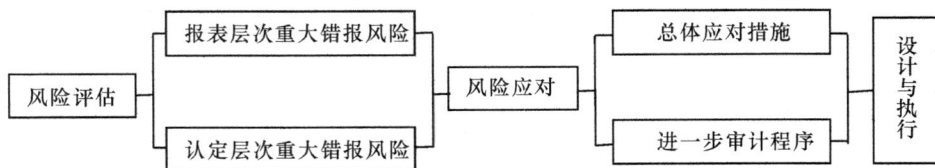

图 5-4　风险应对的基本措施与程序

一、针对财务报表层次重大错报风险的总体应对措施

（一）总体应对措施的内容

注册会计师应当针对评估的财务报表层次重大错报风险确定下列总体应对措施：

1. 职业态度

职业态度就是要向项目组强调保持职业怀疑的必要性。

2. 经验与专长

指派更有经验或具有特殊技能的审计人员，或利用专家的工作。

3.指导

提供更多的指导。对于财务报表层次重大错报风险较高的审计项目,审计项目组的高级别成员,如项目合伙人、项目经理等经验较丰富的人员,要对其他成员提供更详细、更经常、更及时的指导和监督并加强项目质量复核。

4. 审计程序的非预见性

在选择拟实施的进一步审计程序时融入更多的不可预见的因素。被审计单位人员,尤其是管理层,如果熟悉注册会计师的审计套路,就可能采取种种规避手段,掩盖财务报告中的舞弊行为。因此,在设计拟实施审计程序的性质、时间安排和范围时,为了避免既定思维对审计方案的限制,避免对审计效果的人为干涉,从而使得针对重大错报风险的进一步审计程序更加有效,注册会计师要考虑使某些程序不被审计单位管理层预见或事先了解。

☞ 小技术

增加非预见性的方法

(1)对某些未测试过的低于设定的重要性水平或风险较小的账户余额和认定实施实质性程序;

(2)调整实施审计程序的时间,使被审计单位不可预期;

(3)采取不同的审计抽样方法,使当期抽取的测试样本与以前有所不同;

(4)选取不同的地点实施审计程序,或预先不告知被审计单位所选定的测试地点。

5.程序的弹性

对拟实施审计程序的性质、时间安排或范围作出总体修改。财务报表层次的重大错报风险很可能源于薄弱的控制环境。薄弱的控制环境带来的风险可能对财务报表产生广泛影响,难以限于某类交易、账户余额和披露,注册会计师应当采取总体应对措施。相应地,注册会计师对控制环境的了解也影响其对财务报表层次重大错报风险的评估。有效的控制环境可以使注册会计师增强对内部控制和被审计单位内部产生的证据的信赖程度。如果控制环境存在缺陷,注册会计师在对拟实施审计程序的性质、时间安排和范围作出总体修改时应当考虑:

(1)修改审计程序的性质,获取更具说服力的审计证据。修改审计程序的性质主要是指调整拟实施审计程序的类别和组合,比如原先可能主要限于检查某项资产的账面记录或相关文件,而调整审计程序的性质后可能意味着更加重视实地检查该项资产。

(2)通过实施实质性程序获取更广泛的审计证据。良好的控制环境是其他控制要素发挥作用的基础。控制环境存在缺陷通常会削弱其他控制要素的作用,导致注册会计师可能无法信赖内部控制,而主要依赖实施实质性程序获取审计证据。

(3)在期末而非期中实施更多的审计程序。控制环境的缺陷通常会削弱期中获得的审计证据的可信赖程度。

(4)增加拟纳入审计范围的经营地点的数量。

【例题】 注册会计师对甲公司 2010 年度财务报表的重大错报风险评估为较高水平,则下列措施中,恰当的总体应对措施是( )。

A.向项目组强调在收集和评价审计证据过程中保持职业怀疑态度的必要性

B.分派更有经验的审计人员,或利用专家的工作

C.在选择进一步程序时,更多地使用常规程序

D.通过更多的督导

【答案】 ABD

(二)总体应对措施对拟实施进一步审计程序的总体审计方案的影响

财务报表层次重大错报风险难以限于某类交易、账户余额和披露的特点,意味着此类风险可能对财务报表的多项认定产生广泛影响,并相应增加注册会计师对认定层次重大错报风险的评估难度。因此,注册会计师评估的财务报表层次重大错报风险以及采取的总体应对措施,对拟实施进一步审计程序的总体审计方案具有重大影响。

拟实施进一步审计程序的总体审计方案包括实质性方案和综合性方案。

1. 实质性方案

实质性方案是指注册会计师实施的进一步审计程序以实质性程序为主。

2. 综合性方案

综合性方案是指注册会计师在实施进一步审计程序时,将控制测试与实质性程序结合使用。

当评估的财务报表层次重大错报风险属于高风险水平(并相应采取更强调审计程序不可预见性以及重视调整审计程序的性质、时间安排和范围等总体应对措施)时,拟实施进一步审计程序的总体方案往往更倾向于实质性方案。

【例题】 注册会计师认为甲公司的控制环境存在严重缺陷,在对拟实施审计程序的性质、时间和范围作出总体修改时,下列做法中不恰当的是( )。

A.在期中实施更多的审计程序

B.主要依赖实质性程序获取审计证据

C.主要依赖控制测试程序获取审计证据

D.增加实质性程序的样本量

【答案】 AC

二、针对认定层次重大错报风险的进一步审计程序

(一)进一步审计程序的含义和要求

1.进一步审计程序的含义

进一步审计程序相对风险评估程序而言,是指注册会计师针对评估的各类交易、账户余额、列报(包括披露,下同)认定层次重大错报风险实施的审计程序,包括控制测试和实质性程序。

注册会计师应当针对评估的认定层次重大错报风险设计和实施进一步审计程序,包括审计程序的性质、时间和范围。注册会计师设计和实施的进一步审计程序的性质、时间和范围,应当与评估的认定层次重大错报风险具备明确的对应关系。

需要说明的是,进一步审计程序的性质是最重要的。例如,注册会计师评估的重大错报风险越高,实施进一步审计程序的范围通常越大;但是只有首先确保进一步审计程序的性质与特定风险相关时,扩大审计程序的范围才是有效的。

2.设计进一步审计程序时的考虑因素

(1)风险的重要性。风险的重要性是指风险造成的后果的严重程度。风险的后果越严重,就越需要注册会计师关注和重视,越需要精心设计有针对性的进一步审计程序。

(2)重大错报发生的可能性。重大错报发生的可能性越大,同样越需要注册会计师精心设计进一步审计程序。

(3)涉及的各类交易、账户余额和披露的特征。不同的交易、账户余额和披露,产生的认定层次的重大错报风险也会存在差异,适用的审计程序也有差别,需要注册会计师区别对待,并设计有针对性的进一步审计程序予以应对。

(4)被审计单位采用的特定控制的性质。不同性质的控制(不管是人工控制还是自动化控制)对注册会计师设计进一步审计程序具有重要影响。

(5)注册会计师是否拟获取审计证据,以确定内部控制在防止或发现并纠正重大错报方面的有效性。如果注册会计师在风险评估时预期内部控制运行有效,随后拟实施的进一步审计程序就必须包括控制测试,且实质性程序自然会受到之前控制测试结果的影响。

综合上述几方面因素,注册会计师对认定层次重大错报风险的评估为确定进一步审计程序的总体审计方案奠定了基础。因此,注册会计师应当根据对认定层次重大错报风险的评估结果,恰当选用实质性方案或综合性方案。

(二)进一步审计程序的性质

1.进一步审计程序的性质的含义

进一步审计程序的性质是指进一步审计程序的目的和类型。其中,进一步审计程序的目的包括通过实施控制测试以确定内部控制运行的有效性,通过实施实质性程序以发现认定层次的重大错报;进一步审计程序的类型包括检查、观察、询问、函证、重新计算、重新执行和分析程序。

2.进一步审计程序的性质的选择

在确定进一步审计程序的性质时,注册会计师首先需要考虑的是认定层次重大错报风险的评估结果。因此,注册会计师应当根据认定层次重大错报风险的评估结果选择审计程序。评估的认定层次重大错报风险越高,对通过实质性程序获取的审计证据的相关性和可靠性的要求越高,从而可能影响进一步审计程序的类型及其综合运用。例如,当注册会计师判断某类交易协议的完整性存在更高的重大错报风险时,除了检查文件以外,注册会计师还可能决定向第三方询问或函证协议条款的完整性。

除了从总体上把握认定层次重大错报风险的评估结果对选择进一步审计程序的影响外,在确定拟实施的审计程序时,注册会计师接下来应当考虑评估的认定层次重大错报风险产生的原因,包括考虑各类交易、账户余额和披露的具体特征以及内部控制。例如,注册会计师可能判断某特定类别的交易即使在不存在相关控制的情况下发生重大错报的风险仍较低,此时注册会计师可能认为仅实施实质性程序就可以获取充分、适当的审计证据。再如,对于经由被审计单位信息系统日常处理和控制的某类交易,如果注册会计师预期此类交易在内部控制运行有效的情况下发生重大错报的风险较低,且拟在控制运行有效的基础上设计实质性程序,注册会计师就会决定先实施控制测试。

需要说明的是,如果在实施进一步审计程序时拟利用被审计单位信息系统生成的信息,注册会计师应当就信息的准确性和完整性获取审计证据。例如,注册会计师在实施实质性分析程序时,使用了被审计单位生成的非财务信息或预算数据。再如,注册会计师在对被审计单位的存货期末余额实施实质性程序时,拟利用被审计单位信息系统生成的各个存货存放地点及其余额清单。注册会计师应当获取关于这些信息的准确性和完整性的审计证据。

(三)进一步审计程序的时间

1.进一步审计程序的时间的含义

进一步审计程序的时间是指注册会计师何时实施进一步审计程序,或审计证据适用的期间或时点。

2.进一步审计程序的时间的选择

注册会计师可以在期中或期末实施控制测试或实质性程序。当重大错报风险较高时,注册会计师应当考虑在期末或接近期末实施实质性程序,或采用不通知的方式,或在管理层不能预见的时间实施审计程序。在期中实施进一步审计程序,可能有助于注册会计师在审计工作初期识别重大事项,并在管理层的协助下及时解决这些事项;或针对这些事项制定有效的实质性方案或综合性方案。如果在期中实施了进一步审计程序,注册会计师还应当针对剩余期间获取审计证据。

注册会计师在确定何时实施审计程序时应当考虑的几项重要因素包括:

(1)控制环境。良好的控制环境可以抵消在期中实施进一步审计程序的局限性,使注册会计师在确定实施进一步审计程序的时间时有更大的灵活度。

(2)何时能得到相关信息。例如,某些控制活动可能仅在期中(或期中以前)发生,而之后可能难以再被观察到。再如,某些电子化的交易和账户文档如未能及时取得,可能被覆盖。在这些情况下,注册会计师如果希望获取相关信息,则需要考虑能够获取相关信息的时间。

(3)错报风险的性质。例如,被审计单位可能为了保证盈利目标的实现,而在会计期末以后伪造销售合同以虚增收入,此时注册会计师需要考虑在期末(即资产负债表日)这个特定时点获取被审计单位截止期末所能提供的所有销售合同及相关资料,以防范被审计单位在资产负债表日后伪造销售合同虚增收入的做法。

(4)审计证据适用的期间或时点。注册会计师应当根据需要获取的特定审计证据确定何时实施进一步审计程序。例如,为了获取资产负债表日的存货余额证据,显然不宜在与资产负债表日间隔过长的期中时点或期末以后时点实施存货监盘等相关审计程序。

(四)进一步审计程序的范围

1.进一步审计程序的范围的含义

进一步审计程序的范围是指实施进一步审计程序的数量,包括抽取的样本量、对某项控制活动的观察次数等。

2.确定进一步审计程序的范围时考虑的因素

(1)确定的重要性水平。确定的重要性水平越低,注册会计师实施进一步审计程序的范围越广。

(2)评估的重大错报风险。评估的重大错报风险越高,对拟获取审计证据的相关性、可靠性的要求越高,因此,注册会计师实施的进一步审计程序的范围也越广。

(3)计划获取的保证程度。计划获取的保证程度越高,对测试结果可靠性要求越高,注册会计师实施的进一步审计程序的范围越广。

需要说明的是,随着重大错报风险的增加,注册会计师应当考虑扩大审计程序的范围。但是,只有当审计程序本身与特定风险相关时,扩大审计程序的范围才是有效的。

三、控制测试

(一)控制测试的含义与要求

1.控制测试的含义

控制测试是指用于评价内部控制在防止或发现并纠正认定层次重大错报方面的运行有效性的审计程序。

2.控制测试的内容

(1)控制在所审计期间的相关时点是如何运行的;

(2)控制是否得到一贯执行;

(3)控制由谁或以何种方式执行。

3.控制测试的要求

当存在下列情形之一时,注册会计师应当实施控制测试:(1)在评估认定层次重大错报风险时,预期控制的运行是有效的;(2)仅实施实质性程序并不能够提供认定层次充分、适当的审计证据。

【例题】　甲公司下列情况中,注册会计师应当实施控制测试的是(　　　)。

A. 注册会计师预期甲公司内部控制的运行是有效的

B. 注册会计师预期甲公司内部控制未能有效运行

C. 甲公司属于小规模企业

D. 注册会计师仅实施实质性程序不足以提供认定层次充分、适当的审计证据

【答案】　AD

(二)控制测试的性质

1.控制测试的性质的含义

控制测试的性质是指控制测试所使用的审计程序的类型及其组合。

控制测试的程序包括询问、观察、检查和重新执行。

(1)询问。获取与内部控制运行情况相关的信息。

(2)观察。观察不留书面记录的控制的运行情况。

(3)检查。检查留有书面证据的控制运行情况。

(4)重新执行。当询问、观察和检查程序结合在一起仍无法获得充分的证据时,才考虑通过重新执行来证实控制是否有效运行。

2.确定控制测试的性质时的要求

(1)考虑特定控制的性质。注册会计师应当根据特定控制的性质选择所需实施审计程序的类型。如有文件记录的控制运行可采用检查的程序,不存在文件记录(如一项自动化的

控制活动)的控制运行可采用检查以外的其他审计程序(如询问和观察)。

(2)考虑测试与认定直接相关和间接相关的控制。如被审计单位可能针对超出信用额度的例外赊销交易设置报告和审核制度(与认定直接相关的控制、在测试该项制度的运行有效性时),注册会计师不仅应当考虑审核的有效性,还应当考虑与例外赊销报告中信息准确性有关的控制(与认定间接相关的控制)是否有效运行。

(3)如何对一项自动化的应用控制实施控制测试。对于一项自动化的应用控制,由于信息技术处理过程的内在一贯性,注册会计师可以利用该项控制得以执行的审计证据和信息技术一般控制(特别是对系统变动的控制)运行有效性的审计证据,作为支持该项控制在相关期间运行有效性的重要审计证据。

3.实施控制测试时对双重目的的实现

注册会计师可以考虑针对同一交易同时实施控制测试和细节测试,以实现双重目的。

(三)控制测试的时间

1.控制测试的时间的含义

控制测试的时间包含两层含义:一是何时实施控制测试;二是测试所针对的控制适用的时点或期间。注册会计师应当根据控制测试的目的确定控制测试的时间,并确定拟信赖的相关控制的时点或期间。

2.如何考虑期中审计证据

注册会计师通常在期中实施控制测试。若已获取有关控制在期中运行有效性的审计证据:

(1)获取这些控制在剩余期间发生重大变化的证据:如果这些控制在剩余期间没有发生变化,注册会计师可能决定信赖期中获取的审计证据;如果这些控制在剩余期间发生了变化(如信息系统、业务流程或人事管理等方面发生变动),需要了解并测试控制的变化对期中审计证据的影响。

(2)确定针对剩余期间还需获取的补充审计证据。

(四)控制测试的范围

对于控制测试的范围,其含义主要是指某项控制活动的测试次数。注册会计师应当设计控制测试,以获取控制在整个拟信赖的期间有效运行的充分、适当的审计证据。

1.确定控制测试范围的考虑因素

(1)在拟信赖期间,被审计单位执行控制的频率。控制执行的频率越高,控制测试的范围越大。

(2)在所审计期间,注册会计师拟信赖控制运行有效性的时间长度。拟信赖期间越长,控制测试的范围越大。

(3)控制的预期偏差。预期偏差率越高,控制测试的范围越大。

(4)通过测试与认定相关的其他控制获取的审计证据的范围。针对同一认定,可能存在不同的控制。当针对其他控制获取审计证据的充分性和适当性较高时,测试该控制的范围可适当缩小。

(5)拟获取的有关认定层次控制运行有效性的审计证据的相关性和可靠性。在控制测试中,对样本规模的影响因素及方向,详见审计抽样。

2.对自动化控制的测试范围的特别考虑

除非系统(包括系统使用的表格、文档或其他永久性数据)发生变动,注册会计师通常不需要增加自动化控制的测试范围。

四、实质性程序

(一)实质性程序的含义与要求

1.实质性程序的含义

实质性程序是指用于发现认定层次重大错报的审计程序,包括对各类交易、账户余额和披露的细节测试以及实质性分析程序。无论评估的重大错报风险结果如何,都应针对所有重大的各类交易、账户余额和披露实施实质性程序。

2.针对特别风险实施的实质性程序

如果认为评估的认定层次重大错报风险是特别风险,应专门针对该风险实施实质性程序。比如舞弊风险、持续经营能力存在重大不确定性、发生重大或异常交易。针对特别风险,仅实施实质性分析程序是不够的,还应当使用细节测试。

(二)实质性程序的性质

1.实质性程序的性质的含义

实质性程序的性质,是指实质性程序的类型及其组合。前已述及,实质性程序的两种基本类型包括细节测试和实质性分析程序。

细节测试是对各类交易、账户余额和披露的具体细节进行测试,目的在于直接识别财务报表认定是否存在错报。细节测试被用于获取与某些认定相关的审计证据,如存在、准确性、计价等。

实质性分析程序从技术特征上讲仍然是分析程序,主要是通过研究数据间关系评价信息,只是将该技术方法用做实质性程序,即用以识别各类交易、账户余额和披露及相关认定是否存在错报。实质性分析程序通常更适用于在一段时间内存在可预期关系的大量交易。

2.细节测试的方向

注册会计师需要根据评估的不同的认定层次的重大错报风险设计有针对性的细节测试。

(1)针对存在或发生认定的细节测试,选择财务报表项目追踪至原始业务凭证;

(2)针对完整性认定的细节测试,选择获取原始业务凭证,表明该业务包含在财务报表金额中。

【例题】 实质性程序包括细节测试和实质性分析程序两类。注册会计师在对各类交易、账户余额、列报的存在或发生、计价认定进行测试时,选用实质性分析程序更为适当。( )

【答案】 ×

【解析】 此时,应选用细节测试。

(三)实质性程序的时间

1.如何考虑是否在期中实施实质性程序

注册会计师考虑是否在期中实施实质性程序时应当考虑以下因素:

（1）控制环境和其他相关的控制。控制环境和其他相关的控制越薄弱，注册会计师越不宜在期中实施实质性程序。

（2）实施审计程序所需信息在期中之后的可获得性。如果实施实质性程序所需信息在期中之后可能难以获取（如系统变动导致某类交易记录难以获取），注册会计师应考虑在期中实施实质性程序。

（3）实质性程序的目的。如果针对某项认定实施实质性程序的目的就包括获取该认定的期中审计证据（从而与期末比较），注册会计师应在期中实施实质性程序。

（4）评估的重大错报风险。注册会计师评估的某项认定的重大错报风险越高，针对该认定所需获取的审计证据的相关性和可靠性要求也就越高，注册会计师越应当考虑将实质性程序集中于期末（或接近期末）实施。

（5）特定类别交易或账户余额以及相关认定的性质。例如，某些交易或账户余额以及相关认定的特殊性质（如收入截止认定、未决诉讼）决定了注册会计师必须在期末（或接近期末）实施实质性程序。

2.如何考虑期中审计证据

如果在期中实施了实质性程序，注册会计师应当针对剩余期间实施进一步的实质性程序，或将实质性程序和控制测试结合使用，以将期中测试得出的结论合理延伸至期末。

如果拟将期中测试得出的结论延伸至期末，注册会计师应当考虑针对剩余期间仅实施实质性程序是否足够。如果认为实施实质性程序本身不充分，注册会计师还应测试剩余期间相关控制运行的有效性或针对期末实施实质性程序。

对于舞弊导致的重大错报风险（作为一类重要的特别风险），被审计单位存在故意错报或操纵的可能性，那么注册会计师更应慎重考虑能否将期中测试得出的结论延伸至期末。因此，如果已识别出由于舞弊导致的重大错报风险，为将期中得出的结论延伸至期末而实施的审计程序通常是无效的，注册会计师应当考虑在期末或者接近期末实施实质性程序。

3.如何考虑以前审计获取的审计证据

在以前审计中实施实质性程序获取的审计证据，通常对本期只有很弱的证据效力或没有证据效力，不足以应对本期的重大错报风险。只有当以前获取的审计证据及其相关事项未发生重大变动时（例如，以前审计通过实质性程序测试过的某项诉讼在本期没有任何实质性进展），以前获取的审计证据才可能用做本期的有效审计证据。但即便如此，如果拟利用以前审计中实施实质性程序获取的审计证据，注册会计师应当在本期实施审计程序，以确定这些审计证据是否具有持续相关性。

（四）实质性程序的范围

注册会计师评估的认定层次的重大错报风险越高，需要实施实质性程序的范围越广。如果对控制测试结果不满意，注册会计师应当考虑扩大实质性程序的范围。

本章小结

1.审计准则要求注册会计师在审计过程中贯彻风险导向审计的理念，围绕重大错报风险的识别、评估和应对，计划和实施审计工作。

2.注册会计师应当了解被审计单位及其环境，以足够识别和评估财务报表重大错报风险,设计和实施进一步审计程序。注册会计师应当实施风险评估程序来了解被审计单位及其环境。风险评估程序包括:询问;分析程序;观察和检查。

3.注册会计师对内部控制的了解也是十分必要的。内部控制由控制环境、风险评估过程、控制活动、信息系统与沟通、内部监督五个要素组成。

4.了解被审计单位及其环境以及内部控制的目的是为了识别和评估财务报表层次和认定层次的重大错报风险。此外,注册会计师还要考虑特别风险的影响以及仅通过实质性程序无法应对的重大错报风险的影响,并对风险评估进行修正。

5.注册会计师应当针对财务报表层次重大错报风险确定总体应对措施,并针对评估的认定层次重大错报风险设计和实施进一步程序,以将审计风险降至可接受的低水平。

6.在确定总体应对措施以及设计和实施进一步审计程序的性质、时间和范围时,注册会计师应当运用职业判断。

7.进一步审计程序相对风险评估程序而言,是指注册会计师针对评估的各类交易、账户余额、披露认定层次重大错报风险实施的审计程序,包括控制测试和实质性程序。

8.进一步审计程序的性质是指进一步审计程序的目的和类别。进一步审计程序的时间是指注册会计师何时实施进一步审计程序,或审计程序适用的期间或时点。

9.进一步审计程序的范围是指实施进一步审计程序的数量,包括抽取的样本量,对某项控制活动的观察次数等。

10.控制测试是指测试控制运行的有效性。注册会计师应当从下列方面获取关于控制是否有效运行的审计证据:(1)控制在所审计期间的不同时点是如何运行的;(2)控制是否得到一贯执行;(3)控制由谁执行;(4)控制以何种方式运行。

11.实质性程序是指注册会计师针对评估的重大错报风险实施的直接用以发现认定层次重大错报的审计程序。实质性程序包括对各类交易、账户余额、披露的细节测试以及实质性分析程序。

12.注册会计师在完成审计工作前需要对进一步审计程序所获取审计证据进行评价,在形成审计意见时需要对审计证据进行综合评价。最后,针对评估的重大错报风险实施的程序形成审计工作记录。

思考题

1.简述了解被审计单位及其环境的程序。

2.风险评估程序的主要内容是什么? 为什么要进行风险评估?

3.内部控制的主要分类有哪些?

4.简述内部控制的五项要素各自的内容。

5.举例说明控制活动的具体内容。

6.评估重大错报风险的意义是什么?

7.了解内部控制的目的与控制测试的目的有什么区别?

8.怎样理解针对财务报表重大错报风险所采取的总体应对措施？它对实施进一步审计程序的总体方案有什么影响？

9.进一步审计程序的总体方案包括哪些具体内容？

10.怎样设计进一步审计程序？

11.举例说明如何选择不同性质的进一步审计程序？

12.什么是内部控制的有效性？

13.如何运用实质性分析程序和细节测试程序？

案例分析

【案例 5-1】

案例资料：

ABC 会计师事务所的 A 和 B 注册会计师接受委派，对甲上市公司（以下简称甲公司）2016 年度财务报表进行审计。甲公司尚未采用计算机记账。A 和 B 注册会计师于 2016 年 10 月 10 日至 17 日对甲公司的内部控制进行了解和测试，并在相关审计工作底稿中记录了了解和测试的事项，摘录如下：

（1）甲公司产成品发出时，由销售部填制一式四联的出库单。仓库发出产成品后，将第一联出库单留存登记产成品卡片，第二联交销售部留存，第三、四联交会计部会计人员乙登记产成品总账和明细账。

（2）会计人员戊负责开具销售发票。在开具销售发票之前，先核对装运凭证和相应的经批准的销售单，并根据已授权批准的商品价目表填写销售发票的价格，根据装运凭证上的数量填写销售发票的数量。

（3）甲公司的材料采购需要经授权批准后方可进行。采购部根据经批准的请购单发出订购单。货物运达后，验收部根据订购单的要求验收货物，并编制一式多联的未连续编号的验收单。仓库根据验收单验收货物，在验收单上签字后，将货物移入仓库加以保管。验收单上有数量、品名、单价等要素。验收单一联交采购部登记采购明细账和编制付款凭单，付款凭单经批准后，月末交会计部；一联交会计部登记材料明细账；一联由仓库保留并登记材料明细账。会计部根据只附验收单的付款凭单登记有关账簿。

（4）会计部审核付款凭单后，支付采购款项。甲公司授权会计部的经理签署支票，经理将其授权给会计人员丁负责，但保留了支票印章。丁根据已适当批准的凭单，在确定支票收款人名称与凭单内容一致后签署支票，并在凭单上加盖"已支付"的印章。对付款控制程序的执行测试表明，A 和 B 注册会计师未发现与公司规定有不一致之处。

（5）计划部根据批准，签发预先编号的生产通知单。生产部根据生产通知单填写一式四联的领料单。仓库发料后，其中一联留存，一联连同材料交还领料部，其余两联经仓库登记材料明细账后送会计部进行材料收发核算和成本核算。

（6）甲公司股东大会批准董事会的投资权限为 1 亿元以下。董事会决定由总经理负责实施。总经理决定由证券部负责总额在 1 亿元以下的股票买卖。甲公司规定：公司划入营业部的款项由证券部申请,由会计部审核,总经理批准后划转入公司在营业部开立的资金账户。经总经理批准,证券部直接从营业部资金账户支取款项。证券买卖、资金存取的会计记录由会计部处理。A 和 B 注册会计师了解和测试投资的内部控制制度后发现:证券部在某营业部开户的所有协议及补充协议未经会计部或其他部门审核。根据总经理的批准,会计部已将 8 千万元汇入该户。证券部处理证券买卖的会计记录,月底将证券买卖清单交给会计部,会计部据以汇总登记。

(7)甲公司控股股东的法定代表人同时兼任甲公司的法定代表人,总经理是聘任的。在公司章程及相关决议中未具体载明股东大会、董事会、经营班子的融资权限和批准程序。经了解,甲公司由财务部负责融资,2016 年根据总经理的批示向工商银行借入了 1 亿元贷款。

(8)甲公司设立了内部审计部,并直接对董事长负责。每年对子公司和各业务部进行审计,并出具内部审计报告。

A 和 B 注册会计师获取了 2015 年度所有的内部审计报告,经抽查表明,内部审计报告指出了内控存在的缺陷和改进建议。

(9)甲公司设立现金出纳员和银行出纳员。银行出纳员负责到银行取送支票等票据,并登记银行存款日记账。月底银行出纳员取得银行对账单并编制银行存款余额调节表。

(10)员工根据公司的批准手续报销,会计部对报销单据加以审核,现金出纳员见到加盖核准印章的支出凭据后付款。

案例要求:

1.根据上述摘录,假定未描述的其他内部控制不存在缺陷,请指出甲公司内部控制在设计与运行方面的缺陷,并提出改进建议。

2.根据对甲公司内部控制的了解和测试,请分别指出上述内部控制缺陷与哪些会计报表项目或科目的何种认定相关。

【案例 5-2】

案例资料:

W 公司主要从事小型电子消费品的生产和销售,产品销售以 W 公司仓库为交货地点。W 公司日常交易采用自动化信息系统(以下简称系统)和手工控制相结合的方式进行。系统自 2015 年以来没有发生变化。W 公司产品主要销售给国内各主要城市的电子消费品经销商。A 和 B 注册会计师负责审计 W 公司 2016 年度财务报表。

资料一:A 和 B 注册会计师在审计工作底稿中记录了所了解的 W 公司及其环境的情况,部分内容摘录如下:

(1)在 2015 年度实现销售收入增长 10% 的基础上,W 公司董事会确定的 2016 年销售收入增长目标为 20%。W 公司管理层实行年薪制,总体薪酬水平根据上述目标的完成情况上下浮动。W 公司所处行业 2016 年的平均销售增长率是 12%。

(2)W 公司财务总监已为 W 公司工作超过 6 年,于 2016 年 9 月劳动合同到期后被 W

公司的竞争对手高薪聘请。由于工作压力大,W公司会计部门人员流动频繁,除会计主管服务期超过4年外,其余人员的平均服务期少于2年。

(3)W公司的产品面临快速更新换代的压力,市场竞争激烈。为巩固市场占有率,W公司于2016年4月将主要产品(C产品)的销售下调了8%至10%。另外,W公司在2016年8月推出了D产品(C产品的改良型号),市场表现良好,计划在2017年全面扩大产量,并在2017年1月停止C产品的生产。为了加快资金流转,W公司于2017年1月针对C产品开始实施新一轮的降价促销,平均降价幅度达到10%。

(4)W公司销售的产品均由经客户认可的外部运输公司实施运输,运输由W公司承担,但运输途中风险仍由客户自行承担。由于受能源价格上涨影响,2016年的运输单价比上年平均上升了15%,但运输商同意将运费结算周期从原来的30天延长至60天。

(5)2016年度W公司主要原料的价格与上年基本持平,供应商也没有大的变化,但由于技术要求发生变化,D产品所耗高档金属材料比C产品略有上升,使得D产品的原材料成本比C产品上升了3%。

(6)除了于2015年12月借入的2年期、年利率6%的银行借款5000万元外,W公司没有其他借款。上述长期借款专门用于扩建现有的一条生产线,以满足D产品的生产需要。该生产线总投资6500万元,2015年12月开工,2016年7月完工投入使用。(假设不考虑利息收入)

资料二:A和B注册会计师在审计工作底稿中记录了所获取的W公司财务数据,部分内容摘录如下:

单位:万元

项　目	2016		2015	
	C产品	D产品	C产品	D产品
产成品	2000	1800	2500	0
存货跌价准备	0		0	
主营业务收入	18500	8000	20000	0
主营业务成本	17000	5600	16800	0
销售费用—运输费	1200		1150	
利息支出	300		25	
减:利息资本化	250		25	
净利息支出	50		0	

案例要求:

针对资料一(1)至(6)项,结合资料二,假定不考虑其他条件,请逐项指出资料一所列事项是否可能表明存在重大错报风险。如果认为存在,请简要说明理由,并分别说明该风险是属于财务报表层次还是认定层次。如果认为属于认定层次,请指出相关事项与何种交易或账户的何种认定相关。

实训项目[①]

实训目的:

了解上市公司整体层面内部控制。通过上网查阅最近公布年报的上市公司的相关资料(其内部控制相关资料披露比较充分),了解上市公司内部控制相关情况,并形成相应的上市公司内部控制工作底稿。

实训内容及要求:

1. 分实训小组,实训小组成员分工查找资料,分析。

2. 在分工查找资料和分析的基础上,讨论:

(1)审计人员应当从哪些方面了解被审计单位整体层面的内部控制?

(2)了解被审计单位整体层面的内部控制与控制测试有何不同?

(3)被审计单位整体层面内部控制容易出现的缺陷有哪些?

3. 在集中讨论的基础上,形成了解上市公司整体层面内部控制的相关工作底稿。

阅读平台

• 阅读书目

1. 李晓慧. 审计学:实务与案例(第二版)[M]. 第三章,北京:中国人民大学出版社,2015.

2. 中国注册会计师协会. 审计[M]. 第七章、第八章,北京:经济科学出版社,2017.

3. 刘明辉. 审计(第5版)[M]. 第九章、第十章,大连:东北财经大学出版社,2015.

4. 中国注册会计师协会. 中国注册会计师执业准则应用指南(2017)[M]. 北京:中国财政经济出版社,2017.

5. 中华人民共和国财政部. 企业内部控制规范[M]. 北京:中国财政经济出版社,2010.

6. 编写组. 企业内部控制配套指引[M]. 上海:立信会计出版社,2010.

• 阅读资料

1. 金或昉、李若山、徐明磊. 中航油事件的解读[J]. 会计研究,2005 年第 2 期.

2. 黄波. 从欣泰电器舞弊探究风险导向审计策略——基于舞弊三角理论视角[J]. 财会学习,2017 年第 3 期.

3. 齐鲁光、韩传模. 客户产权差异、审计收费和审计质量关系研究——基于风险导向审计理论[J]. 审计研究,2016 年第 3 期.

---

① 资料来源:《审计学:实务与案例》,李晓慧主编,中国人民大学出版社,2008。

第六章

审计方法、证据和工作底稿

学习目标

通过本章学习，你应能够：

1. 理解审计方法的含义。
2. 掌握审计的技术方法。
3. 了解审计抽样的意义和步骤。
4. 掌握审计证据的基本概念、特征、种类。
5. 掌握审计证据取得的方法与整理、保管需要注意的事项。
6. 掌握审计工作底稿的概念、作用及其种类。
7. 掌握审计工作底稿的基本内容与编制方法。

引入案例

福森公司的"轿车之谜"

2005年5月25日，武汉市审计局委托长江会计师事务所对武汉市福森公司进行资产、负债及损益的审计，一连几天深入检查，审计小组一一查出了该公司存在的多提职工教育经费、多列福利、多上交管理费、多支付职工风险金集资利息和违控购置等问题，并发现经常停放在公司办公楼前的一辆特利卡牌轿车没有在账上反映。针对这一疑问，审计小组在公司上下进行了较广泛的座谈。据了解关于轿车的来源，公司的干部职工有两种说法：一曰是2004年10月份买的。可该公司近几年连续亏损，且从2004年开始由银行对其资金运营进行监管，其大额开支必须经过银行同意，不可能有那么多资金用于购车；一曰是抵债收回来的。审计小组不仅看到了一份由甲单位出具的"抵债协议书"，而且得到公司领导和财会人员的一致解释：车刚收回，没来得及入账，后一种说法似乎更有说服力。为了破解轿车之谜，审计小组决定兵分两路。一路到市车辆证照登记管理部门查询该车的证照手续办理情况；另一路则直奔甲单位查询有关抵债的情况。到市车辆证照登记管理部门的审计人员，查出购车发票，并从中获知车系武汉某公司出售的初步证据；对甲单位查询的审计人员，虽说起初被甲单位推说财会人员不在家所抵制，但最终还是被审计人员说服，甲单位承认了与该公司签订假抵债协议书的实情。据此，审计小组立即派员前往出售车的武汉某公司查询，了解到购车款是通过S市某银行储蓄所名为"壹贰叁"账户以转账支票方式支付的，金额为138万元。经查询该银行账户，审计小组发现户主正是该公司，显然，车是买的，不是抵债收回的。谜底被揭穿后，该公司领导和财会人员不得不说出了购车款的来源。

2003年该公司主管部门的负责人授意将该公司历年收取的商品销售价外收入1000多万元设立"小金库"，并涉嫌经济犯罪。市纪检司法部门对其进行了立案查处，在处理1000多万元

"小金库"时,该公司称其中有138万元是职工集资款,并出示收取和退还职工集资款的有关手续凭证,专案组也就剔除了其中138万元。哪知该公司原收取的职工集资款已汇入账内"长期借款"户,并未纳入原"小金库"收入,在用原"小金库"资金退还职工集资款138万元后,其账内仍以职工集资款名义虚列着138万元的债务,直到2004年该公司以为"调包"成功,就将这138万元转入某银行储蓄所,开设了"壹贰叁"账户,在账外又形成了一个新的"小金库"。

至此,审计人员彻底破解了这桩"轿车之谜"。

——资料来源:中国审计网。

在上述案例中,我们可以看出,审计人员运用了合理的取证方法,获取了适当和充分的审计证据,才破解了"轿车之谜"。首先,审计人员在账簿检查的基础上,通过细心观察,发现了轿车为账外资产;然后,进一步以查询的方式收集了两份口头证据及一份书面证据"抵债协议书",以此为线索,通过向三个关系单位及银行查询,终于查明了被审计单位为轿车所有者的事实,并且通过询问、检查书面资料获取了该公司几年来私设"小金库"的审计证据。

第一节　审计方法

一、审计方法含义

审计方法,是指审计人员为了行使审计职能、完成审计任务、达到审计目标所采取的方式、手段和技术的总称。审计方法贯穿于整个审计工作过程,而不只存于某一审计阶段或某几个环节。

关于审计方法概念的表达,归纳起来大致有两种不同的观点:一是狭义的审计方法,即认为审计方法是审计人员为取得充分有效审计证据而采取的一切技术手段;另一种是广义的审计方法,即认为审计方法不应只是用来收集审计证据的技术,而应将整个审计过程中所运用的各种方式、方法、手段、技术都包括在审计方法的范畴之内。本书仅对狭义的审计方法,即审计的技术方法加以论述。

审计方法是联系审计主体和审计客体的桥梁,审计人员为了实现审计目的,完成审计工作,必须选用合适的审计方法。传统审计方法以账项为基础,侧重事后查账,而现代审计方法已经发展成为在制度基础审计和风险导向审计的基础上包括审计调查、风险分析、内部控制评审、抽样技术、电算化审计技术等形成的方法体系。

二、审计的技术方法

(一)依审计取证顺序划分

1.顺查法

顺查法,是指按照会计业务处理的先后顺序依次进行检查的方法。会计人员处理会计业务的顺序是:首先取得经济业务的原始凭证,审核无误后编制记账凭证;根据记账凭证分别记入明细账、日记账和总账；最后根据账簿记录编制会计报表。顺查法审计顺序与会计业务处理顺序基本一致，其具体步骤是：(1)审阅和分析原始凭证，旨在查明反映经济业务的原始凭证是否正确可靠；(2)审阅记账凭证并与原始凭证核对，旨在查明记账凭证是否正确以及与原始凭证是否相符；(3)审阅明细账、日记账并与记账凭证（或原始凭证）核对，旨在查明明细账、日记账记录是否正确无误以及与凭证内容是否相符；(4)审阅总账并与相关明细账、日记账余额核对，旨在查明总账记录是否正确以及与明细账、日记账是否相符；(5)审阅和分析会计报表并与有关总账和明细账核对，旨在查明会计报表的正确性以及与账簿记录是否相符；(6)根据会计记录抽查盘点实物和核对债权债务，以验证债项是否正确、财物是否完整。

由上可见，顺查法主要运用了审阅和核对的技术方法。通过对凭证、账簿和报表的审阅与核对，借以发现问题，寻找原因并查明真相。采用顺查的取证方法，审查仔细而全面，很少有疏忽和遗漏之处，并且容易发现会计记录及财务处理上的弊端，因而能取得较为准确的审计结果。但是顺查法费时、费力、成本高、效率低，同时也很难把握审计的重点。因此，在现代审计中已经很少使用顺查法。顺查法，一是适用于规模小、业务量少的被审计单位；二是适用于管理混乱、存在严重问题的被审计单位；三是适用于特别重要或特别危险的被审计项目。

2.逆查法

逆查法是指按照会计业务处理程序完全相反的方向，依次进行检查的方法。逆查法的基本做法，则与顺查法相反。

逆查法与顺差法一样也主要采用了审阅和分析的技术方法，并根据重点和疑点，逐个进行追踪检查，直到水落石出。因此逆查法比顺查法不仅取证的范围小，而且有一定的审查重点，能够节约审计的时间和精力，有利于提高审计的工作效率，它是现代审计实务中，较为普遍采用的一种方法。由于逆查法不对被审计的资料进行全面而有系统的检查，仅仅根据审计人员的判断而作重点审查，因而不能进行全面取证，也不能全面地揭露会计上的各种错弊。如果审计人员能力不强、经验不足，很难保证审计的质量，其失误的可能性比使用顺查法时大得多，逆查法本身的优缺点决定了适合对大型企业以及内部控制健全的企业审计，而不适合于对管理混乱的单位以及重要和危险的项目进行审计。

值得提出的是，顺查法和逆查法各有优缺点，在实际审计工作中应将两者结合起来运用，根据需要，逆查和顺查交互使用，尽可能做到取长补短，保证审计质量，提高审计工作效率。

☞小资料

顺查法与逆查法的比较

项　目	方　法	
	逆查法	顺查法
特点	从小处着眼，由点到面。	从大处着眼，由面到点。
优点	全面系统，不易遗漏，方法简单，便于掌握。	了解全貌，抓住重点，审计工作效率高。
缺点	费时费力，事倍功半，不易抓住重点。	容易遗漏，随意性大。
适用范围	业务简单或已发现存在严重问题的审计项目。	业务量较多的审计项目。

(二)依审计取证数量(范围)划分

1.详查法

详查法是指对被审计单位被查期内的所有活动、工作部门及其经济信息资料,采取精细的审计程序,进行细密周详的审核检查。详查法与全面审计不同。全面审计指审计的种类,是按审计范围大小的不同对审计进行的具体分类;详查法指审计检查的方法,是按检查手续对检查方法的分类;而且,在全面审计中的某些审计项目,根据需要既可以进行详查,也可以不进行详查。

详查法在具体做法上,通常采取逐笔检查核对的办法。

详查法最大的优点是,对会计工作中的错弊行为,均能揭露无遗,因而,也能够作出较精确的审计结论。但应用费时、费力,工作效率很低,审计工作成本昂贵。因此,在业务量多而复杂的单位进行审计时,一般不可能对全部资料和业务应用详查法进行检查。有时,即便是用了详查的方法,也会因涉及的面过大而难以抓住重点,从而疏漏一些错弊行为。事实上,随着管理水平的提高,单位内部控制的加强,再进行全面的详细审计是毫无必要的了。一般说来,除了经济活动简单、业务量极少的小单位,以及对审计目标有重大影响,且认为产生错误或舞弊的可能性很大的审计项目进行审计时采用详查法外,其余场合不宜采用。在实际工作中,通常将详查法同抽查法结合起来应用。

2.抽查法

抽查法则指从作为特定审计对象的总体中,按照一定方法,有选择地抽出其中一部分资料进行检查,并根据其检查结果来对其余部分的正确性及恰当性进行推断的一种审计方法。抽查法也称抽样审计法。抽查法与局部审计(或专题审计)不同。局部审计指审计种类,是按审计范围大小或项目多少不同,对审计进行的分类;抽查法指审计检查的方法,是按检查手续对检查方法的分类;而且,在局部审计中的某些审计项目,根据需要,既可以进行抽查,又可以进行详查。

运用抽样法,有一个前提条件,即假定作为特定审计对象总体的每个项目都能代表总体的特征。这是进行抽查的理论依据。

抽查法根据具体抽样方法的不同而有区别。抽样,就是从审计对象的总体中抽取一部分项目。被抽取的项目,通常称为样本项目。抽样的方法大致有三种:即任意抽样、判断抽样和随机抽样(又称统计抽样)。与此对应,抽查法也有三种类型,即任意抽查法、判断抽查法和随机抽查法(或称统计抽查法),具体内容将在本章第二节中介绍。

抽查法最大的优点是,能使审计人员从简单而繁杂的数字游戏中解脱出来,极大地提高工作效率。但应用起来不大灵活,尤其是统计抽查法,更是烦琐。而且,运用抽查法作出的审计结论,与被审计单位的实际情况往往会发生偏差。一般说来,对于要求审计的时期长、业务内容多、规模大的单位审计时,除个别对审计目标有重大影响的,或是认为存在错误和舞弊行为可能性大的审计项目,应采用详查法外,其余宜采用抽查法。总之,在使用抽查法审计时,并不完全排除进行详细检查,只有把两者有机地结合起来,才能做到既可以保证审计质量又可以节约审计资源。

☞ 小资料

详查法与抽查法的比较

项　目	方　法	
	详查法	抽查法
特点	全过程的审计检查。	根据抽样方式,从审计主体中抽取一部分项目为样本进行审计,并判断审计总体。
优点	全面、细致、保证审查质量。	适用性强,工作效率高,成本低。
缺点	耗费多、时间长、成本高。	计算复杂,专业性强,难操作。
适用范围	被审计单位内部控制和核算工作质量较差的审计项目,以及经济业务简单、会计资料较少的审计项目。	审计样本数目繁多的审计项目。

（三）依审计取证技术划分

审计取证技术方法是专门应用于具体审计证据的收集和评价的技术方法。审计取证技术方法很多,常见的有以下几种。

1.检查法

检查是指审计人员对被审计单位内部或外部生成的,以纸质、电子或其他介质形式存在的记录和文件进行审查,或对资产进行实物审查。检查记录或文件可以提供可靠程度不同的审计证据,审计证据的可靠性取决于记录或文件的性质和来源,而在检查内部记录或文件时,其可靠性则取决于生成该记录或文件的内部控制的有效性。将检查用作控制测试的一个例子,是检查记录以获取关于授权的审计证据。

某些文件是表明一项资产存在的直接审计证据,如构成金融工具的股票或债券,但检查此类文件并不一定能提供有关所有权或计价的审计证据。此外,检查已执行的合同可以提供与被审计单位运用会计政策（如收入确认）相关的审计证据。

检查有形资产可为其存在提供可靠的审计证据,但不一定能够为权利和义务或计价等认定提供可靠的审计证据。对个别存货项目进行的检查,可与存货监盘一同实施。

常用的检查方法具体说明如下：

（1）审阅法

审阅是指仔细地检查和阅读凭证、账簿和报表以及计划、预算、合同等书面资料,借以查明资料及其所反映的经济业务的真实性、合法性,从中发现错误、弊端或疑点,收集审计证据的一种方法。审阅是在审计中运用最为广泛的一种技术方法。

在财务审计中,主要是审阅原始凭证、记账凭证、会计账簿和会计报表。

第一,原始凭证的审阅。原始凭证的审阅主要包括：原始凭证有无涂改或伪造现象；原始凭证记载的经济业务是否合理合法；原始凭证手续是否完善等。

☞**小资料**

原始凭证审阅的要点

原始凭证审阅的要点	全面性审查	(1)审阅原始凭证各项目填列是否齐全 (2)经办人员、管理人员是否签字盖章
	真实性审查	(1)审阅原始凭证合法部门的名称、地址和图章是否清晰 (2)注意其有无窜改、刮擦、伪造、消退等迹象
	正确性审查	(1)审阅记录的数量、单价、金额是否计算正确 (2)大小写金额是否一致
	合法性审查	审阅原始凭证所反映的经济事项是否合法合规

第二,记账凭证的审阅。记账凭证的审阅包括合规性审阅、完整性审阅、正确性审阅和证证核对。合规性审阅,即有无以不符合手续的原始凭证作为填制记账凭证的依据;完整性审阅,即记账凭证的审批传递手续是否符合规定程序,有关人员是否全部签章;正确性审阅,即记账凭证的填制是否符合要求,如记账凭证上载明的所附原始凭证张数是否与原始凭证张数一致、记账凭证与自制发出凭证是否连续编号、所列会计分录是否正确、与其所反映的经济业务是否一致、是否正确计入总账、明细账等;证证核对,即记账凭证的有关内容与原始凭证所载内容是否一致。

☞**小资料**

记账凭证审阅的要点

记账凭证审阅的要点	全面性审查	(1)审阅记账凭证各项目填列是否齐全 (2)有无制证人、记账人、复核人和主管人员的签章
	一致性审查	(1)审阅记账凭证上应注明的附件张数是否与所附原始凭证张数一致 (2)记账凭证的内容是否与原始凭证反映的经济业务相符
	正确性审查	审阅记账凭证上所编的分录,其应用的账户和账户的对应关系是否正确

第三,会计账簿的审阅。会计账簿的审阅重点是明细账。审阅内容包括审阅各种账簿的启用、期初和期末余额的结转、承前页、转下页、月结和年结是否符合规定;审阅各种账簿登记的要素是否齐全;审阅各种账簿的摘要栏,特别要注意多栏式明细账簿的摘要栏是否真实、明确,是否与该项经济业务相符;审阅各种账簿借贷方登记是否正确,栏次是否登记正确;审阅各种支出明细账中记载的内容是否合理合法,有无将不应列支的费用,采用弄虚作假、巧立名目的手段,记入费用账户。

☞ 小资料

账簿审阅的要点

账簿审阅的要点	合规性审查	(1)更换账页或启用新账簿时,审阅其承上启下的数字是否一致 (2)审阅账簿记录有无涂改和刮擦等情况 (3)账簿登记错误,审阅是否按规定方法进行错账更正 (4)审阅账簿登记的内容是否齐全
	正确性审查	(1)审阅核对各种明细账与总账有关账户的记录是否相符,有无重登、漏登或记反账户方向、数字错位等情况 (2)结合摘要说明,判断每笔业务的会计处理是否正确
	合法性审查	(1)注意有无虚构、隐瞒收入等情况 (2)注意有无利用弄虚作假、巧立名目的手段多记费用支出

第四,会计报表的审阅。会计报表的审阅主要包括审阅会计报表编制是否符合国家颁布的《企业会计准则》和相关会计制度的规定;审阅各个会计报表之间有关项目的钩稽关系,检查表表之间有钩稽关系项目的金额是否一致;审阅会计报表附注是否对应予揭示的重大问题作了充分披露。

☞ 小资料

报表审阅的要点

报表审阅的要点	审阅报表编制的合规性	审阅报表的编制在应用格式、表内项目分类、项目排列等方面是否符合会计制度的规定
	核对报表数据的正确性	根据账簿记录与报表各项目的关系,分门别类地逐一加以核对,以验证其所列数据的正确性
	审阅报表钩稽关系的正确性	对表内具有钩稽关系的指标的审查以及对报表与其他报表有关指标钩稽关系的审查
	审阅报表编制手续的完备性	查看有无编表人和审核人的签字
	审阅报表附注和说明的充分性	报表有关项目的附注说明是否充分和全面

第五,其他相关资料的审阅。除审阅上述会计资料外,还要注意审阅其他相关资料,通过审阅诸如计划方案、预算、合同等其他相关资料,以进一步获得审计证据。

（2）核对法

核对是将被审计单位历史记录中两个或两个以上的有关数据进行对照比较,用以确定其是否正确的一种审计方法。通过这种对照比较,可以查明证证、账证、账账、账表、表表之间是否相符,从而发现错误,揭露舞弊行为。在采用核对法时,主要核对下列内容:

第一,原始凭证之间的核对。原始凭证之间的核对包括核对相关原始凭证之间有关数据是否相符,如采购发票与验收单之间品种、规格、数量、单价、金额是否一致,又如核对销货发票与其存根是否相符,有无缺号现象等;核对原始凭证汇总表与原始凭证之间是否一致,包括凭证张数、金额合什及内容等是否相符。

第二，证证核对。核对记账凭证与所附原始凭证之间是否一致，包括凭证张数、金额、合计及内容是否相符；核对记账凭证与汇总记账凭证或科目汇总表是否一致。

第三，账证核对。核对记账凭证是否已录入总分类账和有关明细分类账，过账以后的总分类账、明细账的金额是否与之相符；核对汇总记账凭证或科目汇总表与登入总分类账的金额是否相符，借贷方向是否一致。

第四，账账核对。核对总账账户期末余额是否与所属明细账户期末余额之和相符；核对总分类账户的借方余额之和是否与贷方余额之和相符。

第五，账表核对。核对总分类账和有关明细分类账的余额是否与会计报表的有关项目数额相符。

第六，表表核对。核对各会计报表之间的相关数据是否相符。

第七，内外核对。核对外来账单（如银行对账单）是否与本单位有关账目（如银行存款日记账）的记载相符。

第八，各部门之间的核对。如核对账、卡、物的数量、单价、金额的记录是否相符。

☞ 小经验

核对法的综合运用

核对法的综合运用	首先，注册会计师进行表表核对、账表核对。若发现不平衡现象，再根据具体情况进一步扩大审查的范围。
	其次，账账核对。先审阅总账记录，若没有问题，可将其作为标准账户与明细账（或日记账）核对。若相符，暂时认为是正确的；若不相符，相关的明细账或日记账应作为重点追查的对象。
	最后，进一步将抽出的明细账（或日记账）中的每笔业务进行账证核对、证证核对。

（3）调节法

调节法是指由于审计单位报告日数据与审计日数据存在差异，或由于被审计项目存在未达账项时，通过调整有关数据，从而获得需要证实的数据的一种方法。有时，这种方法也称为数据调节法。

调节法主要用于以下两种情况：一是对银行存款实存数的调节，运用调节法编制银行存款余额调节表，对企业与银行之间的未达账项进行增减调节；二是对包括原材料、半成品、在产品、产成品等存货的检查，运用调节法以证实财产物资是否账实相符。

（4）监盘法

监盘是指现场监督被审计单位各种实物资产及现金、有价证券等的盘点，并进行适当的抽查。对资产进行盘点是验证账实是否相符的一种重要方法。

盘点的方式有突击盘点和通知盘点。前者一般适用于现金、有价证券和贵重物品等的盘点。后者适用于固定资产、在产品、产成品和其他财产物资等的盘点。盘点对象如果散放在几个地方的，应同时进行盘点，以防被审单位有足够的时间移东补西。对已经清点的对象应作好标记，以免重复盘点。

监盘法,实际上是检查法和观察法的结合物。

2.观察法

观察是指对被审计单位的经营场所、实物资产和有关业务活动及其内部控制的执行情况等进行实地察看,以获取审计证据的方法。例如,审计人员对被审计单位人员执行的控制活动进行观察。观察可以提供执行有关过程或程序的审计证据,但观察所提供的审计证据仅限于观察发生的时点,而且被观察人员的行为可能因被观察而受到影响,这也会使观察提供的审计证据受到限制。

3.询问法

询问是指以书面或口头方式,向被审计单位内部或外部的知情人员获取财务信息和非财务信息,并对答复进行评价的过程。作为其他审计程序的补充,询问广泛应用于整个审计过程中。

知情人员对询问的答复可能为审计人员提供尚未获悉的信息或佐证证据。另一方面,对询问的答复也可能提供与审计人员已获取的其他信息存在重大差异的信息,例如,关于被审计单位管理层凌驾于控制之上的可能性的信息。在某些情况下,对询问的答复为审计人员修改审计程序或实施追加的审计程序提供了基础。尽管对通过询问获取的审计证据予以佐证通常特别重要,但在询问管理层意图时,获取的支持管理层意图的信息可能是有限的。在这种情况下,了解管理层过去所声称意图的实现情况、选择某项特别措施时声称的原因以及实施某项具体措施的能力,可以为佐证通过询问获取的证据提供相关信息。针对某些事项,审计人员可能认为有必要向管理层(如适用)获取书面声明,以证实对口头询问的答复。

4.函证法

函证,是指直接从第三方(被询证者)获取书面答复以作为审计证据的过程,书面答复可以采用纸质、电子或其他介质等形式。当针对的是与特定账户余额及其项目相关的认定时,函证常常是相关的程序。但是,函证不必局限于账户余额。例如,审计人员可能要求对被审计单位与第三方之间的协议和交易条款进行函证。审计人员可能在询证函中询问协议是否作过修改,如果作过修改,要求被询证者提供相关的详细信息。此外,函证程序还可以用于获取不存在某些情况的审计证据,如不存在可能影响被审计单位收入确认的"背后协议"。

5.重新计算法

重新计算是指以人工方式或使用计算机辅助审计技术,对记录或文件中的数据进行验算或零星计算,以验证原来的计算结果是否正确。因此,重新计算又称为复算、验算或重算。

在审计过程中,需要重新计算的内容很多,审计人员应做到有选择、有重点地执行。重新计算通常主要是对被审计单位的凭证账簿和会计报表中的数字进行计算。此外,还需对有关事项进行重新计算,如计算销售发票和存货的总金额,加总日记账和明细账,检查折旧费用和预付费用的计算,检查应纳税额的计算以及有关补充资料、说明资料中的数据或比率等(每股收益、净资产收益率等)。

6.分析法

分析法也称分析程序,是指通过研究不同财务数据之间以及财务数据与非财务数据之间的内在关系,对财务信息作出评价的一种审计方法。

在运用分析法时,审计人员应重点关注关键的账户余额、趋势和财务比率关系等方面,对其形成一个合理的预期,并与被审计单位记录的金额、依据记录金额计算的比率或趋势相比较。如果分析法的结果显示的比率、比例或趋势与审计人员对被审计单位及其环境的了解不一致,并且被审计单位管理层无法作出合理的解释,或者无法取得相关的支持性文件证据,审计人员应当考虑其是否表明被审计单位的财务报表存在重大错报风险。

在整个审计过程中,审计人员都可采用分析法。如在审计计划阶段、审计实施阶段,可直接作为实质性程序,以获取与账户余额相应认定的证据,从而提高审计效率;在审计报告阶段,可用于对被审计报表的整体合理性作最后的复核。

☞ 小案例

分析法的运用

假设 ABC 会计师事务所接受 X 股份有限公司委托,由 ABC 注册会计师对 X 公司 2016 年度的会计报表进行审计并发表审计意见,获得的有关资料如下表所示:(假设 ABC 注册会计师已确定了会计报表的重要性水平为 4880 万元,其中存货项目的重要性水平为 976 万元)

年份	年末存货余额	主营业务成本/万元	主营业务收入/万元	存货周转率/次	毛利率/%
2016	98 954.2	389 997.4	493 856	3.94	21
2015	97 514.6	389 082.4	487 719.4	3.99	20

假定这两年市场情况平稳,X 公司生产经营平稳,并且 A 和 B 注册会计师通过对成本项目的实质性程序已合理确认主营业务成本余额。

案例分析:

上述资料直观上看并无不妥之处,但如果进一步运用分析程序对其进行分析,我们便会发现存货项目、主营业务收入项目可能存在的问题。

首先,因为企业的生产经营情况平稳。作为企业内在规律的存货周转率应当是稳定的,X 公司 2015 年度的存货周转率为 389 082.4/97 514.6＝3.99(次)。在 2016 年,如果存货周转率不变,则在已确认主营业务成本的前提下,推算的存货预期余额应为 389 997.4/3.99＝97 734.2(万元),但 X 公司列示的存货余额为 98 954.2 万元,比预期数额高出了 1220 万元,因为这一差异高于存货项目的重要性水平,故有必要将存货的高估问题列为重要问题。

其次,毛利率作为行业规律及市场规律也是稳定的,在 2015 年,公司的毛利率为 1－389 082.4/487 719.4＝20%,在毛利率不变的情况下,依据 2016 年主营业务成本推算的该年的主营业务收入应为 389 997.4/(1－0.20)＝487 493(万元),而 X 公司列示的主营业务收入为 493 856 万元,比推算的预期数额高出 6363 万元,且这一差异超过了会计报表层的重要性水平。

基于此,有理由怀疑客户的主营业务收入有重大高估。

7.重新执行法

重新执行是指以人工方式或使用计算机辅助审计技术,重新独立执行原本作为被审计单位内部控制组成部分的程序或控制的一种审计方法(属于控制测试程序)。审计人员通常会选取一定的样本量,完全按照被审计单位的内部控制独立地执行一遍,再和被审计单位执行的相比较,以确定被审计单位内部控制是否得到有效运行。例如,为了合理保证计价认定的准确性,被审计单位的一项控制是由复核人员核对销售发票上的价格与统一价格单上的价格是否一致。但是,要检查复核人员有没有认真执行核对,仅仅检查复核人员是否在相关文件上签字是不够的,注册会计师还需要自己选取一部分销售发票进行核对,这就是重新执行程序。如果需要进行大量的重新执行,注册会计师就要考虑通过实施控制测试以缩小实质性程序的范围是否有效率。再如,审计人员独立编制银行存款余额调节表,再与被审计单位编制的余额调节表相核对,看被审计单位这项内部控制是否得到有效执行。

☞ 相关案例

谈"银广厦"事件中审计方法的缺陷

"银广厦"做假事件中其管理当局固然要负首要责任,但从有关媒介披露的情况分析来看,中介机构在其审计过程因未能严格遵循审计原则和方法,未能保持应有的职业谨慎而导致审计失败亦应引起相当的重视。

首先,对"银广厦"进行年报审计的会计事务所未能对关键证据亲自取证,这些重要的证据如海关报关单,银行对账单,重要出口商品单价等均是由被审计单位提供,进行审计的会计师未能采取必要的审计程序对这些证据的真假作进一步确认。审计原则要求进行审计的会计师应对重要的外部证据亲自取证,如对应收账款、银行存款的函证,函证的询证函必须由事务所发出,但在实际操作中,许多事务所为了省事,将询证函交与被审计单位由其发出,甚至于由其收回后交与会计师事务所,这就为被审计单位作假提供了一个很大的方便,而由此取得的所谓外部证据的真实性已就大打折扣。很显然在"银广厦"事件中,被审计单位向事务所提供了假报关单及其他虚假的外部证据。而在"活力28"的年报作假案中,为了制造假报表,被审计单位居然伪造了高达几亿人民币的银行进账单。姑且不论这些作假者的胆大妄为及其做假伎俩的高超,进行年报审计的会计师如果能在执业过程中恪尽职守,到银行、海关等地亲自取证,所有这些做假行为都是不难发现的。

其次,注册会计师在其审计过程中过分依赖被审计单位提供的会计资料亦可能是"银广厦"审计失败的原因之一。这里暴露了现在国内审计工作中一个并不罕见的问题——重实质性审计,轻符合性审计。这样做的一个重要弊端就是忽略了管理当局的品性以及对内控制度的充分了解,从而导致对审计风险的低估。有人可能会辩解说重视实质性审计正是为了降低审计风险,但这里有一个问题:如果管理当局提供的重要的会计资料都是有意伪造的,这时再一味强调实质性审计岂不是正中了被审计单位为注册会计师设下的圈套。相反,如果审计人员能在审计之初多花点时间到生产、管理现场作符合性审计,与相关的工作人员——操作工、质检员、库管员、统计员、业务员等交谈询问,许多管理漏洞,真实的生产经营及销售情况是不难被发现的。另外,如果有必要,还应该对相关的供应商、代理商、消费者、类似产品的市场竞争者等外部环境进行调查。通过如此全面的调查取证,即使像"ST黎明"那样通过虚开增值税发票以虚增收入的作假行为亦不难发现。现在我们审计工作中的一个重要失误就是到生产、管理现场的时间太少,而把大量的时间浪费在对会计数据的整理和复核上,这样做的一个重大隐患是:如果被审计单位提供的会计资料严重失真,所有对这些资料的实质性审计都没有意义。因为我国证券市场不够规范等客观因素使得对国内上市公司的审计风险非常高,这时更应该注意规避由于被审计单位管理当局不诚实所带来的审计风险。

另外,分析性测试程序是判断总体合理性的有效手段。面对"银广厦"近乎奇迹般的增长时,主审会计师仍不可思义地、一如既往地相信其管理当局为其提供的所有证据;而另一方面许多"不知情"的股民及关注银广厦的社会人士却不止一次地对其惊人的业绩表示质疑,以至《财经》的两位记者甘愿为此奔波一年有余。我们不禁要问:为什么凭着普通的逻辑思维得出的结论比专业会计师们通过严密的审计程序得出的结论更为真实呢? 这究竟是巧合还是必然? 是我们的注册会计师过于疏忽呢,还是我们的审计方法并非如我们想象的那样有用? 一个不容忽视的现象是:我们的许多审计人员是乎是为了审计而审计,往往是审计底稿做得有板有眼,看起来滴水不漏,而实质上许多更重要的审计工作却有意无意地被忽视了,如对管理当局的诚信调查,如对银行存款等重要证据的亲自取证。"实质重于形式"是审计工作中一项重要的指导原则,也许是由于人与生俱来的惰性和不求有功但求无过的心理,以致该原则并没有引起足够的重视和被更有效地运用。据此也就不难理解为什么所谓的"外行",如一般股民、《财经》杂志的记者等,会对一个股价上涨440%的上市公司的业绩深表怀疑,并提出了有力的佐证;而作为专业人员的注册会计师却会连续几年对该公司的年报审计发表无保留意见(这里,我们假设签字会计师并没有参与作假)。

如果说会计师对银广厦的审计失败完全是因为重大过失所致,那么这起事件的发生无疑是对我们审计人员的"专业性"的一个绝大的讽刺。当然我们不能以偏概全,就此认为所有的审计方法都是无效的,或者认为所有的审计工作都有问题,然而毋庸置疑的是现在普遍采用的审计方法和手段确实存在着许多不容忽视的漏洞。正视存在的问题,用更挑剔的眼光审查我们的审计工作应该是每一个有着社会责任感的审计工作者的当务之急。只有这样,我们才都取信于民,才能使那些作假者无处遁形。

(资料来源:中华会计网校:www.chinaacc.com,2003 年 2 月 6 日)

第二节　审计的抽样方法

一、审计抽样的含义和特征

(一)审计抽样的含义

审计抽样是指注册会计师对某类交易或账户余额中低于百分之百的项目实施审计程序,使所有抽样单元都有被选取的机会。审计抽样使注册会计师能够获取和评价与被选取项目的某些特征有关的审计证据,以形成或帮助形成对从中抽取样本的总体结论。其中,抽样单元是指构成总体的个体项目;总体是指注册会计师从中选取样本并据此得出结论的整套数据。总体可分为多个层或子总体。每一层或子总体可予以分别检查。

审计抽样的基本目标是在有限的审计资源条件下,收集充分、适当的审计证据,以形成和支持审计结论

(二)审计抽样的特征

审计抽样应当具备三个基本特征:(1)对某类交易或账户余额中低于百分之百的项目实

施审计程序;(2)所有抽样单元都有被选取的机会;(3)审计测试的目的是为了评价该账户余额或交易类型的某一特征。

二、审计抽样的分类

在审计历史上,先后出现过任意抽样、判断抽样和统计抽样三种类型。

(一)任意抽样

任意抽样是指审计人员任意从总体中抽取一定数量的样本单位进行审查,并根据审查结果推断总体特征的一种审计方法。它是当审计从详查向抽查演变时最先运用的一种抽样方法。当时,审计人员从检查的总体中抽取样本,既无规律可循,又无合理的根据,因而抽查的结果,使审计人员承担着较大的审计风险。可以说任意抽查法仅仅是为了减少审计工作量,以适应经济发展的要求而采用的权宜之计。

(二)判断抽样

判断抽样是指根据审计人员的经验判断,有目的地从总体中抽取一定数量的样本单位进行审查,并根据审查结果推断总体特征的一种审计方法。判断抽查法同任意抽查法相比,前进了一大步。但由于在这种方法下,样本项目的选取依赖于审计人员的经验和分析判断能力,判断正确了,就会有成效;判断不准,缺乏客观性,就会影响审计工作的效果。因此,对审计结论的可信性仍有较大的影响。

以上任意抽样和判断抽样统称为非统计抽样。

(三)统计抽样

统计抽样是指以概率论为理论基础,将数理统计的方法与审计工作相结合而产生的一种审计抽样方法。统计抽样是指同时具备下列特征的抽样方法:(1)随机选取样本;(2)运用概率论评价样本结果,包括计量抽样风险。统计抽样的样本必须具有这两个特征,不同时具备上述两个特征的抽样方法为非统计抽样。

在对某类交易或账户余额使用审计抽样时,注册会计师可以使用统计抽样方法,也可以使用非统计抽样方法。注册会计师应当根据具体情况并运用职业判断,确定使用统计抽样或非统计抽样方法,以最有效率地获取审计证据。例如,在控制测试中,与仅仅对偏差的发生进行定量分析相比,对偏差的性质和原因进行定性分析通常更为重要。在这种情况下,使用非统计抽样可能更为适当。

注册会计师在统计抽样与非统计抽样方法之间进行选择时主要考虑成本效益。统计抽样的优点在于能够客观地计量抽样风险,并通过调整样本规模精确地控制风险,这是与非统计抽样最重要的区别。另外,统计抽样还有助于注册会计师高效地设计样本,计量所获取证据的充分性,以及定量评价样本结果。但统计抽样又可能发生额外的成本。首先,统计抽样需要特殊的专业技能,因此,使用统计抽样需要增加额外的支出培训注册会计师。其次,统计抽样要求单个样本项目符合统计要求,这些也可能需要支出额外的费用。非统计抽样如果设计适当,也能提供与设计适当的统计抽样方法同样有效的结果。注册会计师使用非统计抽样时,必须考虑抽样风险并将其降至可接受水平,但不能精确地测定出抽样风险。

不管统计抽样还是非统计抽样,两种方法都要求注册会计师在设计、实施抽样和评价样本时运用职业判断。另外,使用的抽样方法通常也不影响对选取的样本项目实施审计程序。

统计抽样在具体运用中,按照所了解的总体特征不同,可分为属性抽样和变量抽样两种。

1.属性抽样

属性抽样是一种用来对总体中某一事件发生率得出结论的统计抽样方法。属性抽样在审计中最常见的用途是测试某一设定控制的偏差率,以支持注册会计师评估的控制有效性。在属性抽样中,设定控制的每一次发生或偏离都被赋予同样的权重,而不管交易的金额大小。用于控制测试的属性抽样,通常有固定样本量抽样、停一走抽样、发现抽样等方法。

2.变量抽样

变量抽样是一种用来对总体金额得出结论的统计抽样方法。变量抽样通常回答下列问题:金额是多少? 或账户是否存在错报? 变量抽样在审计中的主要用途是进行细节测试,以确定记录金额是否合理。审计人员在实施实质性程序的细节测试时,通常可采用单位平均值估计抽样、差额估计抽样、比率估计抽样等变量抽样方法。

三、审计抽样的实施步骤

(一)样本的设计

在抽样之前,首要的工作是进行样本设计。样本设计是指审计人员围绕样本的性质、样本量、抽样组织方式及抽样工作质量要求等方面所进行的规划工作。审计人员在进行样本设计时,应当考虑下列五个方面的因素。

1.确定测试目标

审计抽样必须紧紧围绕审计测试的目标展开,因此确定测试目标是样本设计阶段的第一项工作。一般而言,控制测试是为了获取关于某项控制运行是否有效的证据,而细节测试的目的是确定某类交易或账户余额的金额是否正确,获取与存在的错报有关的证据。

2.定义总体与抽样单元

总体是注册会计师为形成审计结论,拟采用抽样方法审计的经济业务及有关会计或其他资料的全部项目。注册会计师在确定审计对象总体时,应注意以下几个问题:

(1)总体与审计目标的相关性。注册会计师在确定使用审计抽样之前,应当首先考虑具体审计目标,使总体符合于具体的审计目的,并考虑将要取得的审计证据的性质、可能存在误差的条件以及该项审计证据的其他特征,以正确地界定误差和总体,并确定采用何种审计程序。例如,如果审计的具体目标是审查应收账款的真实性,总体应为应收账款明细账。

(2)总体的同质性。构成总体的各单位要具有相同的特征,不同性质的总体单位不能包括在总体之内。

(3)总体的充分性。总体在数量上要达到一定的规模,这是保证样本能够充分代表总体的重要条件,也是审计结论不会出现偏差的重要因素。

抽样单元,是指构成总体的个体项目。抽样单元可能是实物项目(如支票簿上列示的支票信息,银行对账单上的贷方记录,销售发票或应收账款余额),也可能是货币单元。在定义抽样单元时,注册会计师应使其与审计测试目标保持一致。注册会计师在定义总体时通常都指明了适当的抽样单元。

3.抽样风险和非抽样风险

（1）抽样风险

抽样风险是审计人员依据抽样结果得出的结论，与审计对象总体特征不相符合的可能性。无论进行控制测试还是细节测试，审计人员都应关注抽样风险。

具体说来，审计人员在进行控制测试时，应当关注以下抽样风险：

①信赖不足风险。信赖不足风险是指在实施控制测试时注册会计师推断的控制有效性低于其实际有效性的风险。这种风险一般会导致审计人员执行额外的审计程序，降低审计效率。因为被审计单位内部控制的实际运行状况达到预期信赖程度，从而能够支持对风险的计划估计水平，但抽样结果却不能支持该风险的计划估计水平，由此使审计人员加大不必要的审计工作量，降低审计效率。

②信赖过度风险。信赖过度风险是指在实施控制测试时注册会计师推断的控制有效性高于其实际有效性的风险。这种风险影响审计效果，很可能导致审计人员形成不正确的审计结论。因为被审计单位内部控制的实际运行状况未达到预期信赖程度，不能支持对风险的计划估计水平，而抽样结果却能支持该风险的计划估计水平，由此使审计人员得出的审计结论可能不具备合理的基础。

审计人员在进行细节测试时，应关注以下抽样风险：

①误拒风险。误拒风险也称"α 风险"，指在实施细节测试时，注册会计师推断某一重大错报存在而实际上不存在的风险。这种风险一般也会导致审计人员执行额外的审计程序，降低审计效率。因为被审计单位特定账户实际上并不存在重大错误，但样本却支持得出该账户余额存在重大错误的结论，由此使审计人员加大不必要的审计工作量，降低审计效率。

②误受风险。误受风险也称"β 风险"，指在实施细节测试时，注册会计师推断某一重大错报不存在而实际上存在的风险。这种风险也影响审计效果，很可能导致审计人员形成不正确的审计结论。因为被审计单位特定账户实际上存在重大错误，但样本却支持得出该账户余额不存在重大错误的结果，由此使审计人员按照既定的审计程序可能不足以查出重大错误，得出的结论不具备合理的基础。

上述风险，会影响审计的效率或效果。前已述及，信赖不足风险与误拒风险，由于会导致审计人员执行额外的审计程序，从而降低审计效率；而信赖过度风险与误受风险，由于很可能导致审计人员形成不正确的审计结论，从而使审计工作无法达到预期的效果。因此，审计人员对信赖过度风险与误受风险，应予以特别关注。

只要使用了审计抽样，抽样风险就总会存在。在使用统计抽样时，注册会计师可以准确地计量和控制抽样风险。在使用非统计抽样时，注册会计师无法量化抽样风险，只能根据职业判断对其进行定性的评价和控制。对特定样本而言，抽样风险与样本规模反方向变动：样本规模越小，抽样风险越大；样本规模越大，抽样风险越小。既然抽样风险只与被检查项目的数量有关，那么控制抽样风险的唯一途径就是控制样本规模。无论是控制测试还是细节测试，注册会计师都可以通过扩大样本规模降低抽样风险。如果对总体中的所有项目都实施检查，就不存在抽样风险，此时审计风险完全由非抽样风险产生。

☞ 小思考

控制测试和实质性程序中各有哪些抽样风险？

提示：(1)控制测试中的抽样风险包括信赖不足风险和信赖过度风险。信赖不足风险是指抽样结果使注册会计师没有充分信赖实际上应予信赖的内部控制的可能性，其主要导致审计效率低下。信赖过度风险是指抽样结果使注册会计师对内部控制的信赖超过了其实际上可应予信赖程度的可能性，其主要导致审计效果低下，即可能导致注册会计师形成错误的审计结论。(2)实质性程序中的抽样风险包括误拒风险和误受风险。误拒风险是指抽样结果表明账户余额存在重大错误而实际上并不存在重大错误的可能性，其主要导致审计效率低下。误受风险是指抽样结果表明账户余额不存在重大错误而实际上存在重大错误的可能性，其主要导致审计效果低下。

(2)非抽样风险

非抽样风险是指由于某些与样本规模无关的因素而导致注册会计师得出错误结论的可能性。非抽样风险包括审计风险中不是由抽样所导致的所有风险。注册会计师即使对某类交易或账户余额的所有项目实施某种审计程序，也可能仍未发现重大错报或控制失效。

在审计过程中，可能导致非抽样风险的原因包括下列情况：①注册会计师选择的总体不适合于测试目标。②注册会计师未能适当地定义控制偏差或错报，导致注册会计师未能发现样本中存在的偏差或错报。③注册会计师选择了不适于实现特定目标的审计程序。例如，注册会计师依赖应收账款函证来揭露未入账的应收账款。④注册会计师未能适当地评价审计发现的情况。例如，注册会计师错误解读审计证据导致没有发现误差；对所发现误差的重要性的判断有误，从而忽略了性质十分重要的误差，也可能导致得出不恰当的结论。⑤其他原因。

非抽样风险是由人为错误造成的，因而可以降低、消除或防范。虽然在任何一种抽样方法中注册会计师都不能量化非抽样风险，但通过采取适当的质量控制政策和程序，对审计工作进行适当的指导、监督与复核，以及对注册会计师实务的适当改进，可以将非抽样风险降至可以接受的水平。注册会计师也可以通过仔细设计审计程序尽量降低非抽样风险。如果可以从两种审计程序中加以选择，且两种程序均以大致相同的成本提供相同程度的保证，注册会计师应选择非抽样风险水平较低的程序。

【例题】 有关审计抽样的下列表述中，正确的是(　　)。

A. 注册会计师可采用统计抽样或非统计抽样方法选取样本，只要运用得当，均可获得充分、适当的审计证据

B. 注册会计师在抽样审计过程中，对总体项目进行分层，目的是降低每一层中项目的变异性

C. 在控制测试中，注册会计师无论采用统计抽样或非统计抽样，都应根据样本的偏差数推断总体的偏差数，在考虑抽样风险的同时，最终确定总体的偏差率

D. 信赖过度风险和误受风险影响审计效率

【答案】 AB

4.分层

如果总体项目存在重大的变异性,注册会计师可以考虑将总体分层。分层,是指将总体划分为多个子总体的过程,每个子总体由一组具有相同特征(通常为货币金额)的抽样单元组成。分层可以降低每一层中项目的变异性,从而在抽样风险没有成比例增加的前提下减小样本规模,提高审计效率。注册会计师应当仔细界定子总体,以使每一抽样单元只能属于一个层。

5.样本规模

样本规模是指从总体中选取样本项目的数量。在审计抽样中,如果样本规模过小,就不能反映出审计对象总体的特征,注册会计师就无法获取充分的审计证据,其审计结论的可靠性就会大打折扣,甚至可能得出错误的审计结论。因此,注册会计师应当确定足够的样本规模,以将抽样风险降至可接受的低水平。相反,如果样本规模过大,则会增加审计工作量,造成不必要的时间和人力上的浪费,加大审计成本,降低审计效率,就会失去审计抽样的意义。

影响样本规模的因素主要包括:

(1)可接受的抽样风险。可接受的抽样风险与样本规模成反比。注册会计师愿意接受的抽样风险越低,样本规模通常越大。反之,注册计师愿意接受的抽样风险越高,样本规模越小。

(2)可容忍误差。可容忍误差是指注册会计师在认为测试目标已实现的情况下准备接受的总体最大误差。

在控制测试中,它指可容忍偏差率。可容忍偏差率,是指注册会计师设定的偏离规定的内部控制程序的比率,注册会计师试图对总体中的实际偏差率不超过该比率获取适当水平的保证。换言之,可容忍偏差率是注册会计师能够接受的最大偏差数量;如果偏差超过这一数量则减少或取消对内部控制程序的信赖。

在细节测试中,它指可容忍错报。可容忍错报,是指注册会计师设定的货币金额,注册会计师试图对总体中的实际错报不可超过该货币金额获取适当水平的保证。实际上,可容忍错报是实际执行的重要性这个概念在特定抽样程序中的运用。可容忍错报可能等于或低于实际执行的重要性。

当保证程度一定时,注册会计师运用职业判断确定可容忍误差。可容忍误差越小,为实现抽样的保证程度所需的样本规模越大。

(3)预计总体误差。预计总体误差是指注册会计师根据以前对被审计单位的经验或实施风险评估程序的结果而估计总体中可能存在的误差。预计总体误差越大,可容忍误差也应当越大;但预计总体误差不应超过可容忍误差。在既定的可容忍误差下,当预计总体误差增加时,所需的样本规模越大。

(4)总体变异性。总体变异性是指总体的某一特征(如金额)在各项目之间的差异程度。在控制测试中,注册会计师在确定样本规模时一般不考虑总体变异性。在细节测试中,注册会计师确定适当的样本规模时要考虑特征的变异性。总体项目的变异性越低,通常样本规模越小。注册会计师可以通过分层,将总体分为相对同质的组,以尽可能降低每一组中变异性的影响,从而减小样本规模。未分层总体具有高度变异性,其样本规模通常很大。最有效率的方法是根据预期会降低变异性的总体项目特征进行分层。在细节测试中分层的依据通常包括项目的账面金额,与项目处理有关的控制的性质,或与特定项目(如更可能包含错报的那部分总体项目)有关的特殊考虑等。分组后的每一组子总体被称为一层,每层分别独立选取样本。

(5)总体规模。除非总体非常小,一般而言,总体规模对样本规模的影响几乎为零。注册会计师通常将抽样单元超过5000个的总体视为大规模总体。对大规模总体而言,总体的实际容量对样本规模几乎没有影响。对小规模总体而言,审计抽样比其他选择测试项目的方法的效率低。

表6-1列示了审计抽样中影响样本规模的因素,并分别说明了这些影响因素在控制测试和细节测试中的表现形式。

表 6-1   影响样本规模的因素

影响因素	控制测试	细节测试	与样本规模的关系
可接受的抽样风险	可接受的信赖过度风险	可接受的误受风险	反向变动
可容忍误差	可容忍偏差率	可容忍错报	反向变动
预计总体误差	预计总体偏差率	预计总体错报	同向变动
总体变异性	—	总体变异性	同向变动
总体规模	总体规模	总体规模	影响很小

注册会计师在对以上影响样本规模的因素进行量化以后,就可以使用"样本量确定表"来确定样本规模。表6-2提供了在控制测试中确定的可接受信赖过度风险为10%时所使用的样本量表。

注册会计师根据可接受的信赖过度风险选择和相应的抽样规模表,然后,读取预计总体偏差率栏找到适当的比率。接下来注册会计师确定与可容忍偏差率对应的列。可容忍偏差率所在列与预计总体偏差率所在行的交点就是所需的样本规模。假定注册会计师确定的可接受信赖过度风险为10%,可容忍偏差率为7%,预计总体偏差为1.75%,预计总体偏差率的交叉处为55,即所需的样本规模为55。

表 6-2   样本量确定表(信赖过度风险 10%)

(括号内是可接受的偏差数)

预计总体偏差率	可容忍偏差率										
	2%	3%	4%	5%	6%	7%	8%	9%	10%	15%	20%
0.00(%)	114(0)	76(0)	57(0)	45(0)	38(0)	32(0)	28(0)	25(0)	22(0)	15(0)	11(0)
0.25	194(1)	129(1)	96(1)	77(1)	64(1)	55(1)	48(1)	42(1)	38(1)	25(1)	18(1)
0.50	194(1)	129(1)	96(1)	77(1)	64(1)	55(1)	48(1)	42(1)	38(1)	25(1)	18(1)
0.75	265(2)	129(1)	96(1)	77(1)	64(1)	55(1)	48(1)	42(1)	38(1)	25(1)	18(1)
1.00	*	176(2)	96(1)	77(1)	64(1)	55(1)	48(1)	42(1)	38(1)	25(1)	18(1)
1.25	*	*	*	*	64(1)	55(1)	48(1)	42(1)	38(1)	25(1)	18(1)
1.50	*	*	*	*	64(1)	55(1)	48(1)	42(1)	38(1)	25(1)	18(1)
1.75	*	*	*	*	88(2)	55(1)	48(1)	42(1)	38(1)	25(1)	18(1)

续　表

预计总体偏差率	可容忍偏差率										
	2%	3%	4%	5%	6%	7%	8%	9%	10%	15%	20%
2.00	*	*	*	*	88(2)	75(2)	48(1)	42(1)	38(1)	25(1)	18(1)
2.25	*	*	*	*	88(2)	75(2)	48(1)	42(1)	38(1)	25(1)	18(1)
2.50	*	*	*	*	110(3)	75(2)	65(2)	42(2)	38(2)	25(1)	18(1)
2.75	*	*	*	*	132(4)	94(3)	65(2)	58(2)	38(2)	25(1)	18(1)
3.00	*	*	*	*	132(4)	94(3)	65(2)	58(2)	52(2)	25(1)	18(1)
3.25	*	*	*	*	153(5)	113(4)	82(3)	58(2)	52(2)	25(1)	18(1)
3.50	*	*	*	*	194(7)	113(4)	82(3)	73(3)	52(2)	25(1)	18(1)
3.75	*	*	*	*	*	131(5)	98(4)	73(3)	52(2)	25(1)	18(1)
4.00	*	*	*	*	*	149(6)	98(4)	73(3)	65(3)	25(1)	18(1)
5.00	*	*	*	*	*	*	160(8)	115(6)	78(4)	34(2)	18(1)
6.00	*	*	*	*	*	*	*	182(11)	116(7)	43(3)	25(2)
7.00	*	*	*	*	*	*	*	*	199(14)	52(4)	25(2)

注1：＊表示样本规模太大，因而在大多数情况下不符合成本效益原则。
注2：本表假设总体为大总体。

（二）选取样本方法

选取样本的基本方法，包括使用随机数表或计算机辅助审计技术选样、系统选样和随意选样。

1.使用随机数表或计算机辅助审计技术选样

使用随机数表或计算机辅助审计技术选样又称随机数选样。使用随机数选样需以总体中的每一项目都有不同的编号为前提。注册会计师可以使用计算机生成的随机数，如电子表格程序、随机数码生成程序、通用审计软件程序等计算机程序产生的随机数，也可以使用随机数表获得所需的随机数。

随机数是一组从长期来看出现概率相同的数码，且不会产生可识别的模式。随机数表也称乱数表，它是由随机生成的从0到9十个数字所组成的数表，每个数字在表中出现的次数是大致相同的，它们出现在表上的顺序是随机的。表6-3就是五位随机数表的一部分。应用随机数表选样的步骤如下。

①对总体项目进行编号，建立总体中的项目与表中数字的一一对应关系。一般情况下，编号可利用总体项目中原有的某些编号，如凭证号、支票号、发票号等等。在没有事先编号的情况下，注册会计师需按一定的方法进行编号。如由40页、每页50行组成的应收账款明细表，可采用四位数字编号，前两位由01到40的整数组成，表示该记录在明细表中的页数，后两位数字由01到50的整数组成，表示该记录的行次。这样，编号0534表示第5页第34行的记录。所需使用的随机数的位数一般由总体项目数或编号位数决定。如前例中可采用4位随机数表，也可以使用5位随机数表的前4位数字或后4位数字。

②确定连续选取随机数的方法。即从随机数表中选择一个随机起点和一个选号路线，

随机起点和选号路线可以任意选择,但一经选定就不得改变。从随机数表中任选一行或任何一栏开始,按照一定的方向(上下左右均可)依次查找,符合总体项目编号要求的数字,即为选中的号码,与此号码相对应的总体项目即为选取的样本项目,一直到选足所需的样本量为止。例如,从前述应收账款明细表的 2000 个记录中选择 8 个样本,总体编号规则如前所述,即前两位数字不能超过 40,后两位数字不能超过 50。如从表 6-3 第一行第一列开始,使用前四位随机数,逐行向右查找,则选中的样本为编号 3204、0741、0903、0941、3815、2216、0141、3723 的 8 个记录。

随机数选样不仅使总体中每个抽样单元被选取的概率相等,而且使相同数量的抽样单元组成的每种组合被选取的概率相等。这种方法在统计抽样和非统计抽样中均适用。由于统计抽样要求注册会计师能够计量实际样本被选取的概率,这种方法尤其适合于统计抽样。

表 6-3　随机数表(部分列示)

行＼列	1	2	3	4	5	6	7	8
1	32044	69037	29655	92114	81034	40582	01584	77184
2	23821	96070	82592	81642	08971	07411	09037	81530
3	82383	94987	66441	28677	95961	78346	37916	09416
4	68310	21792	71635	86089	38157	95620	96718	79554
5	94856	76940	22165	01414	01413	37231	05509	37489

2.系统选样

系统选样也称等距选样,是指按照相同的间隔从审计对象总体中等距离地选取样本的一种选择方法。采用系统选样法,首先要计算选样间距,确定选样起点,然后再根据间距顺序地选取样本。选样间距的计算公式如下:

选样间距＝总体规模÷样本规模

例如,如果销售发票的总体范围是 652～3151,设定的样本量是 125,那么选样间距为 20[(3152−652)÷125]。注册会计师必须从 0 到 19 中选取一个随机数作为抽样起点。如果随机选择的数码是 9,那么第一个样本项目是发票号码为 661(652＋9)的那一张,其余的124 个项目是 681(661＋20),701(681＋20)……依此类推直至第 3141 号。

系统选样方法的主要优点是使用方便,比其他选样方法节省时间,并可用于无限总体。此外,使用这种方法时,对总体中的项目不需要编号,注册会计师只要简单数出每一个间距即可。但是,使用系统选样方法要求总体必须是随机排列的,否则容易发生较大的偏差,造成非随机的、不具代表性的样本。如果测试项目的特征在总体内的分布具有某种规律性,则选择的样本的代表性就可能较差。例如,应收账款明细表每页的记录均以账龄的长短按先后次序排列,则选中的 200 个样本可能多数是账龄相同的记录。

为克服系统选样法的这一缺点,可采用两种办法,一是增加随机起点的个数;二是在确定选样方法之前对总体特征的分布进行观察。如发现总体特征的分布呈随机分布,则采用系统选样法;否则,可考虑使用其他选样方法。

系统选样可以在非统计抽样中使用,在总体随机分布时也可适用于统计抽样。

3.随意选样

随意选样也叫任意选样,是指注册会计师不带任何偏见地选取样本,即注册会计师不考虑样本项目的性质、大小、外观、位置或其他特征而选取总体项目。随意选样的主要缺点在于很难完全无偏见地选取样本项目,即这种方法难以彻底排除注册会计师的个人偏好对选取样本的影响,因而很可能使样本失去代表性。由于文化背景和所受训练等的不同,每个注册会计师都可能无意识地带有某种偏好。例如,从发票柜中取发票时,某些注册会计师可能倾向于抽取柜子中间位置的发票,这样就会使柜子上面部分和下面部分的发票缺乏相等的选取机会。因此,在运用随意选样方法时,注册会计师要避免由于项目性质、大小、外观和位置等的不同所引起的偏见,尽量使所选取的样本具有代表性。

三种基本方法均可选出代表性样本。但随机数选样和系统选样属于随机基础选样方法,即对总体的所有项目按随机规则选取样本,因而可以在统计抽样中使用,当然也可以在非统计抽样中使用。而随意选样虽然也可以选出代表性样本,但它属于非随机基础选样方法,因而不能在统计抽样中使用,只能在非统计抽样中使用。

(三)审查样本并形成结论

注册会计师在对样本实施必要的审计后,需要对抽样结果进行推断和评价。其具体程序和内容是:首先,搜集和分析样本误差。注册会计师应采用既定的审计程序或替代程序对样本进行审计。根据预先确定的构成误差的条件,将某一有问题的项目可确定为一项误差。在分析样本误差时,还应考虑误差质的方面,包括误差的性质、原因及对其他相关审计工作的影响。其次,推断总体误差。注册会计师分析样本误差后,应根据抽样中发现的误差采用适当的方法,推断审计对象的总体误差。再次,重估抽样风险。注册会计师在实质性程序中运用审计抽样推断总体误差后,应将总体误差同可容忍误差进行比较。如果推断的总体误差明显小于可容忍误差,表明抽查的样本符合统计抽样的要求,同时也表明:抽查的样本数量偏多,但审计工作已完毕,不可能缩减样本规模;如果推断的总体误差接近可容忍误差,注册会计师应考虑,是否增加样本量或执行替代程序。如果推断的总体误差大于可容忍误差,说明经重估后的抽样风险不能接受,注册会计师应增加样本量或执行替代程序。最后,形成结论。注册会计师在抽样评价的基础上,应根据所获取的证据,形成审计结论。

第三节 审计证据

一、审计证据的含义

要实现审计目标,必须收集和评价审计证据。注册会计师形成任何审计结论和意见都必须以合理的证据作为基础。否则,审计报告就不可信赖。因此,审计证据是审计中的一个核心概念。概括地说,审计证据是指注册会计师为了得出审计结论、形成审计意见而使用的所有信息,包括财务报表依据的会计记录中含有的信息和其他信息。

财务报表依据的会计记录一般包括对初始分录的记录和支持性记录,如支票、电子资金转账记录、发票、合同、总账、明细账、记账凭证和未在记账凭证中反映的对财务报表的其他调整,以及支持成本分配、计算、调节和披露的手工计算表和电子数据表。上述会计记录是编制财务报表的基础,构成注册会计师执行财务报表审计业务所需获取的审计证据的重要部分。

会计记录中含有的信息本身并不足以提供充分的审计证据作为对财务报表发表审计意见的基础,注册会计师还应当获取用作审计证据的其他信息。可用作审计证据的其他信息包括:注册会计师从被审计单位内部或外部获取的会计记录以外的信息,如被审计单位会议记录、内部控制手册、询证函的回函、分析师的报告、与竞争者的比较数据等;通过询问、观察和检查等审计程序获取的信息,如通过检查存货获取存货存在性的证据等;自身编制或获取的可以通过合理推断得出结论的信息,如注册会计师编制的各种计算表、分析表等。

财务报表依据的会计记录中包含的信息和其他信息共同构成了审计证据,两者缺一不可。如果没有前者,审计工作将无法进行;如果没有后者,可能无法识别重大错报风险。只有将两者结合在一起,才能将审计风险降至可接受的低水平,为注册会计师发表审计意见提供合理基础。

二、审计证据的分类

审计证据由于内容不一,形式各异,取得的来源也不尽相同,为了便于对审计证据进行整理、分析和评价,注册会计师应对其所收集的证据进行适当的分类。

(一)按照审计证据的外表形式分类

按照审计证据的外表形式分类,可将其分为实物证据、书面证据、口头证据、视听或电子证据和环境证据。

1.实物证据

是指通过实际观察或盘点所取得的,用以证实某些资产实物是否确实存在的证据。例如,注册会计师可以通过监督盘点的方式,对存货的数量加以验证。实物证据通常是证明实物资产是否存在的最有说服力的证据,但实物证据并不能完全证明被审单位对实物资产拥有所有权,而且实物证据有时还无法对某些资产的价值情况作出判断。因此,还应就其所有权归属及其价值情况另行审计。

2.书面证据

是注册会计师所获取的各种以书面文件形式存在的证实经济活动的一类证据。在审计过程中,注册会计师往往要大量地获取和利用书面证据,因此,书面证据是审计证据的主要组成部分,也可称之为基本证据。其内容包括:

(1)会计记录。会计记录包括各种自制的原始凭证、记账凭证、账簿记录等,它是注册会计师所获取的,取自被审单位内部的一种极为重要的审计证据。注册会计师在审查会计报表时,往往需追溯审查被审单位的会计账簿和各种凭证。

(2)被审单位声明书。被审单位声明书是注册会计师从被审单位所获得的书面声明,其主要内容是以书面的形式确认被审单位在审计过程中所作的各种重要的陈述或保证,包括所有的会计记录、财务数据、董事会及股东大会会议记录均已提供给注册会计师;会计报表是完整的,并按国家的有关法规、制度编制;所有需揭示的事项(诸如或有负债、与关联方交易等)均已作了充分地揭示。被审单位声明书属于可靠性较低的内部证据,它不可替代注册会计师实施其他必要的审计程序,但是它却具有以下作用:第一,提醒被审单位的管理当局,它对会计报表负有主要责任;第二,将被审单位在审计期间所回答的问题予以书面化,并列入审计工作底稿中;第三,声明书可作为被审单位管理当局未来意图的证据。

（3）其他书面文件。其他书面文件是指被审单位提供的其他有助于注册会计师形成审计结论和意见的书面文件，如董事会及股东大会会议记录、被审单位的或有负债、公司章程等。

3.口头证据

是指被审单位职员或其他有关人员对注册会计师的提问作口头答复所形成的一类证据。在审计过程中，注册会计师应对各种重要的口头证据尽快做成记录，并注明是何人、何时、在何种情况下所做的口头陈述，必要时还应获得被询问者的签名。但是这类证据一般可能带有个人成见和片面观点，证明力较弱，但它具有一定的旁证作用。特别是通过口头证据的收集，可以发现一些线索，从而便于进一步调查。

4.视听或电子证据

是指以录音带、录像带、磁带及其他电子计算机储存形式存在的、用于证明审计事项的证据。随着科学技术和审计技术方法的发展，此类证据将成为经常运用的审计证据。

5.环境证据

是指对被审单位产生影响的各种环境因素所形成的一类证据。比如，被审单位的内部控制情况、管理人员和会计人员的素质、各种管理制度和管理水平、经营条件和经营方针等环境均会对被审单位产生影响。因此，收集环境证据有助于注册会计师了解被审单位及其经济活动所处的环境，便于作出合理的判断和工作安排。

（二）按照审计证据的来源分类，可将其分为外部证据、内部证据和亲历证据

1.外部证据

是由被审单位以外的组织机构或人士编制的书面证据。由于外部证据来自于被审单位以外的有关方面，虚构和篡改的可能性很小，又可以向有关方面进行查证，因此，一般具有较强的证明力。外部证据又可分为由被审单位以外有关方面编制并直接递交注册会计师的外部证据和被审单位持有的由被审单位以外有关方面编制的外部证据两种类型。前者如应收账款函证回函、被审单位律师与其他独立的专家关于被审单位资产所有权和或有负债的证明函件、保险公司、寄售企业、证券经纪人的证明等；后者如银行对账单、采购发票、应收票据、顾客订单、有关的契约、合同等。其中，前者的可靠性要强于后者。

2.内部证据

是指产生于被审单位内部的审计证据。内部证据是由被审单位内部机构或职员编制和提供的书面证据。如销售发票、收料单、会计记录、管理当局声明书等。内部证据也主要是书面证据。由于内部证据产生于被审单位内部，有被虚构和篡改的可能性，因此，其证明力不如外部证据。

3.亲历证据

是指注册会计师通过运用自己的各种感官取得反映被审事项真实情况的证据。其主要有：亲自参与监督盘点取得的实物证据；通过现场观察取得的环境证据；通过分析计算得到的证据，如对折旧额的验算、对收益情况的分析程序等。亲历证据一般具有较强的证明力，是一类非常重要的证据。

三、审计证据的特性

注册会计师执行审计业务时，应当在获取充分、适当的审计证据后，形成审计意见、出具审计报告。这里所言的充分性和适当性是审计证据的两大特性。

(一)审计证据的充分性

审计证据的充分性是对审计证据数量的衡量,主要与注册会计师确定的样本量有关。例如,对某个审计项目实施某一选定的审计程序,从 200 个样本中获得的证据要比从 100 个样本中获得的证据更充分。

注册会计师需要获取的审计证据的数量受错报风险的影响。错报风险越大,需要的审计证据可能越多。具体来说,在可接受的审计风险水平一定的情况下,重大错报风险越大,注册会计师就应实施越多的测试工作,将检查风险降至可接受水平,以将审计风险控制在可接受的低水平范围内。

例如,注册会计师对某电脑公司进行审计,经过分析认为,受被审计单位行业性质的影响,存货陈旧的可能性相当高,存货计价的错报可能性就比较大。为此,注册会计师在审计中就要选取更多的存货样本进行测试,以确定存货陈旧的程度,从而确认存货的价值是否被高估。

(二)审计证据的适当性

审计证据的适当性是审计证据的相关性和可靠性。相关性是指审计证据应与审计目标相关联;可靠性是指审计证据应能如实地反映客观事实。适当性是对审计证据质量上的规定。

1.审计证据的相关性

注册会计师要想证明和否定被审单位所认定的事项,必须利用与审计目标的相关性来收集和评价审计证据。例如,存货监盘结果只能证明存货是否存在,是否有毁损及短缺,而不能证明存货的计价和所有权的情况。应收账款的函证能证明应收款项的所有权和真实性。注册会计师在进行控制测试和实质性程序时,应采用相应的方法收集审计证据。但必须考虑相关事项。凡是与审计目标无关的事实和材料,都不能当作审计证据而被列入审计工作底稿中。

2.审计证据的可靠性

是指审计证据本身及其来源必须是真实可靠的,是按照法定程序和科学的取证方法取得的。审计证据因受其来源和其他因素的影响而呈现不同的可靠性。

☞小思考

判别审计证据是否可靠的标准有哪些?

提示:一般来说,审计证据的可靠程度通常可参照下列标准进行判断:(1)书面证据比口头证据可靠;(2)外部证据比内部证据可靠,已获独立第三者确认的内部证据比未获独立第三者确认的内部证据可靠;(3)注册会计师自行获得的审计证据比由被审单位提供的审计证据可靠;(4)内部控制较好时的内部证据比内部控制较差时的内部证据可靠;(5)不同来源或不同性质的审计证据相互印证时,审计证据较为可靠;反之,若通过某一来源所获取的证据与通过其他来源所获取的证据不相一致,或者不同性质的证据相互矛盾时,则注册会计师就需进一步审计。

　　审计证据的充分性与适当性密切相关。审计证据的适当性会影响其充分性。一般而言,审计证据的相关与可靠程度较高时,所需审计证据的数量较少;反之,所需审计证据的数量较多。同时,需要指出的是,注册会计师在获取审计证据时,应该考虑以下原则:(1)客观性原则。注册会计师要保持客观公正的态度,不带有任何主观框框,即使在判断的基础上搜集证据,这些判断也应客观、合理。(2)重要性原则。凡是对于证实被审事项重要的和必需的审计证据,都应予以收集,不应将审计成本的高低和获取审计证据的难易程度作为减少必要审计程序的理由。此时,注册会计师如若无法取得充分且适当的审计证据,则应视情况发表保留意见或拒绝表示意见的审计报告。(3)经济性原则。即注册会计师在获取审计证据时,应该考虑成本效益原则,尽量避免收集多余的证据,以免影响审计工作的效率,造成人力、时间等资源的浪费。如果获取最理想的审计证据需花费高昂的审计成本,则注册会计师可转而收集质量稍逊的其他证据予以替代,只要它能满足审计目标的要求。

　　【例题】　下列有关审计证据充分性、适当性的表述中,正确的有(　　　　)。

　　A. 审计证据的充分性是对证据在数量上的要求,而适当性是对证据在质量上的要求

　　B. 注册会计师所获取的审计证据的数量不仅受到会计报表错报风险的影响,还受到审计证据质量的影响

　　C. 审计证据的质量越高,需要的审计证据可能越少

　　D. 审计证据的质量越低,就需要更多的审计证据

　　【答案】　ABC

　　【解析】　注册会计师仅仅获取更多的审计证据可能难以弥补其质量上的缺陷。

四、审计证据的整理、鉴定和综合

　　审计证据是注册会计师发表审计意见和出具审计报告的依据,因此对审计证据的整理、鉴证和综合分析是整个审计工作的核心。

(一)审计证据的整理

　　在审计过程中,注册会计师通过检查、观察、询问、函证、重新计算、重新执行和分析程序等方法,紧紧围绕具体审计目标收集审计证据。但这时的审计证据还是一种原始状态的证据,这些证据往往是凌乱的、无序的和彼此孤立的,且证据的形式也复杂多样。因此,注册会计师只有按照一定的程序、目的和方法进行科学的加工整理,才能使其变成有序的、系统的、彼此联系的审计证据。

(二)审计证据的鉴定

　　注册会计师在对审计证据进行初步整理之后,对初步整理筛选的审计证据进行鉴定判别,以保证所收集的审计证据足以支持注册会计师发表的审计意见。注册会计师对审计证据的鉴定主要包括对审计证据的真实性、相关性和重要性的鉴定。注册会计师不必、也不可能把审计证据所反映的内容全部都包括到审计报告中,因此,应对反映不同内容的审计证据进行适当的取舍,按照重要性原则,只选择那些具有代表性、典型的审计证据在审计报告中加以反映。审计证据的取舍标准有:

（1）金额大小。对于金额较大、足以对被审单位的财务状况和经营成果的反映产生重大影响的证据,应当作为重要的审计证据。

（2）问题性质的严重程度。有的审计证据本身所揭露问题的金额也许并不很大,但这类问题的性质较为严重,它可能导致其他重要问题的产生或与其他可能存在的重要问题有关,则这类审计证据也应作为重要的证据。

（三）审计证据的综合

这一阶段的工作任务,就是将同类性质或相似性质问题的各种审计证据归集在一起,进行综合分析,以便从中找出一个比较正确的审计结论。

总括地说,审计过程就是通过对审计证据的收集、整理、鉴定和综合,最后形成审计意见和结论的过程,也就是对审计对象的不断认识、不断深化的过程。注册会计师通过上述四个阶段的工作实践,对审计对象中存在的问题和疑点,逐步形成一个比较完整的认识。

☞ 小案例

案例资料：下面是某注册会计师在审计过程中所收集的书面证据：①销售发票；②明细账；③银行对账单；④应收票据；⑤有限责任公司章程；⑥采购合同；⑦董事会会议记录；⑧应收账款函证回函；⑨管理当局声明书；⑩货运提单复印件。

要求：（1）将上述书面审计证据按其来源划分为外部证据和内部证据；（2）为什么说外部证据的可靠性要大于内部证据？（3）外部证据之间是否存在可靠性的差异？

分析要点：

（1）外部证据有③④⑥⑧⑩；内部证据有①②⑤⑦⑨。（2）由于外部证据来自于被审单位以外的有关方面,虚构和篡改的可能性较小,又可向有关方面进行查证,因此一般具有较强证明力。内部证据是由被审单位内部机构或职员编制或提供的证据。由于内部证据产生于单位内部,还可能会进行虚构和篡改,因此一般来说其可靠性不如外部证据。（3）外部证据又可分为由被审单位以外有关方面编制并直接递交注册会计师的外部证据,和被审单位持有的由被审单位以外有关方面编制的外部证据两种类型。前者如应收账款函证回函等；后者如银行对账单等。其中,前者的可靠性强于后者,因为前者是由独立于被审单位以外的机构提供的,并且未经被审单位有关职员之手,从而排除了伪造或更改证据的可能性。

第四节　审计工作底稿

一、审计工作底稿的含义和编制目的

（一）审计工作底稿的含义

审计工作底稿,是指注册会计师对制订的审计计划、实施的审计程序、获取的相关审计证据,以及得出的审计结论作出的记录。审计工作底稿是审计证据的载体,是注册会计师在审计过程中形成的审计工作记录和获取的资料。它形成于审计过程,也反映整个审计过程。

（二）审计工作底稿的编制目的

注册会计师应当及时编制审计工作底稿，以实现下列目的：

（1）提供充分、适当的记录，作为审计报告的基础。审计工作底稿是注册会计师形成审计结论，发表审计意见的直接依据。及时编制审计工作底稿有助于提高审计工作的质量，便于在出具审计报告之前，对取得的审计证据和得出的审计结论进行有效复核和评价。

（2）提供证据，证明其按照中国注册会计师审计准则的规定执行了审计工作。在会计师事务所因执业质量而涉及诉讼或有关监管机构进行执业质量检查时，审计工作底稿能够提供证据，证明会计师事务所是否按照审计准则的规定执行了审计工作。

二、审计工作底稿的内容

审计工作底稿通常包括总体审计策略、具体审计计划、分析表、问题备忘录、重大事项概要、询证函回函、管理层声明书、核对表、有关重大事项的往来信件（包括电子邮件），以及对被审计单位文件记录的摘要或复印件等。此外，审计工作底稿通常还包括业务约定书、管理建议书、项目组内部或项目组与被审计单位举行的会议记录、与其他人士（如其他注册会计师、律师、专家等）的沟通文件及错报汇总表等。

一般情况下，分析表主要是指对被审计单位财务信息执行分析程序的记录。例如，记录对被审计单位本年各月收入与上一年度的同期数据进行比较的情况，记录对差异的分析等。

问题备忘录一般是指对某一事项或问题的概要的汇总记录。在问题备忘录中，注册会计师通常记录该事项或问题的基本情况、执行的审计程序或具体审计步骤，以及得出的审计结论。例如，有关存货监盘审计程序或审计过程中发现问题的备忘录。

核对表一般是指会计师事务所内部使用的、为便于核对某些特定审计工作或程序的完成情况的表格，例如特定项目（如财务报表列报）审计程序核对表、审计工作完成情况核对表等。它通常以列举的方式列出审计过程中注册会计师应当进行的审计工作或程序以及特别需要提醒注意的问题，并在适当情况下索引至其他审计工作底稿，便于注册会计师核对是否已按照审计准则的规定进行审计。

三、编制审计工作底稿的总体要求

注册会计师编制的审计工作底稿，应当使得未曾接触该项审计工作的有经验的专业人士清楚地了解：（1）按照审计准则的规定实施的审计程序的性质、时间和范围；（2）实施审计程序的结果和获取的审计证据；（3）就重大事项得出的结论。

有经验的专业人士，是指对下列方面有合理了解的人士：（1）审计过程；（2）相关法律法规和审计准则的规定；（3）被审计单位所处的经营环境；（4）与被审计单位所处行业相关的会计和审计问题。

四、审计工作底稿的要素

通常，审计工作底稿包括下列全部或部分要素：（1）被审计单位名称；（2）审计项目名称；（3）审计项目时点或期间；（4）审计过程记录；（5）审计结论；（6）审计标识及其说明；（7）索引号及编号；（8）编制者姓名及编制日期；（9）复核者姓名及复核日期；（10）其他应说明事项。

1.被审计单位名称

每一张审计工作底稿上都应该写明被审计单位的名称。

2.审计项目名称

每一张审计工作底稿上都应该将具体的审计项目名称写清楚,如现金盘存表、原材料抽查盘点表等。

3.审计项目时点或期间

对于资产负债表项目应该注明发生的时点,对于利润表项目应该注明发生的期间。

4.审计过程记录

在记录审计过程时,应当特别注意以下几个方面:

(1)具体项目或事项的识别特征。识别特征是指被测试的项目或事项表现出的征象或标志。识别特征因审计程序的性质和测试的项目或事项不同而不同。对某一个具体项目或事项而言,其识别特征通常具有唯一性,这种特性可以使其他人员根据识别特征在总体中识别该项目或事项并重新执行该测试。在记录实施审计程序的性质、时间和范围时,审计人员应当记录测试的具体项目或事项的识别特征。如在对被审计单位生成的订购单进行细节测试时,注册会计师可以以订购单的日期或其唯一编号作为测试订购单的识别特征;对于需要选取或复核既定总体内一定金额以上的所有项目的审计程序,注册会计师可以记录实施程序的范围并指明该总体;对于需要系统化抽样的审计程序,注册会计师可能会通过记录样本的来源、抽样的起点及抽样间隔来识别已选取的样本。对于需要询问被审计单位中特定人员的审计和程序,注册会计师可能会以询问的时间、被询问人的姓名及职位作为识别特征。

(2)重大事项。注册会计师应当根据具体情况判断某一事项是否属于重大事项。重大事项通常包括:引起特别风险的事项;实施审计程序的结果,该结果表明财务信息可能存在重大错报,或需要修正以前对重大错报风险的评估和针对这些风险拟采取的应对措施;导致注册会计师难以实施必要审计程序的情形;导致出具非标准审计报告的事项。

(3)针对重大事项如何处理不一致的情况。如果识别出的信息与针对某重大事项得出的最终结论不一致,注册会计师应当记录如何处理不一致的情况。这些情况包括但不限于注册会计师针对该信息执行的审计程序、项目组成员对某事项的职业判断不同而向专业技术部门的咨询情况,以及项目组成员和被咨询人员不同意见(如项目组与专业技术部门的不同意见)的解决情况。记录如何处理识别出的信息与针对重大事项得出的结论不一致的情况是非常必要的,它有助于注册会计师关注这些不一致,并对此执行必要的审计程序以恰当地解决这些不一致。但是,对如何解决这些不一致的记录要求并不意味着注册会计师需要保留不正确的或被取代的审计工作底稿。此外,对于职业判断的差异,若初步的判断意见是基于不完整的资料或数据,则注册会计师也无须保留这些初步的判断意见。

【例题】　注册会计师通过执行分析程序判断 A 公司的存货计价可能存在重大错报,但在随后的抽样计价测试中却没有发现重大错报,则注册会计师只需在审计工作底稿中记录形成的存货计价的最终结论。(　　　)

【答案】　×

【解析】　注册会计师还应当在审计工作底稿中记录如何处理分析程序结果与存货计价测试结果的矛盾。

5.审计结论

注册会计师恰当地记录审计结论非常重要。注册会计师需要根据所实施的审计程序及获取的审计证据得出结论,并以此作为对财务报表发表审计意见的基础。在记录审计结论时需注意、在审计工作底稿中记录的审计程序和审计证据是否足以支持所得出的审计结论。

6.审计标识及其说明

审计标识被用于与已实施审计程序相关的底稿。每张底稿都应包含对已实施程序的性质和范围所作的解释,以支持每一个标识的含义。审计工作底稿中可使用各种审计标识,但应说明其含义,并保持前后一致。以下是注册会计师在审计工作底稿中列明标识并说明其含义的例子,供参考。在实务中,注册会计师也可以依据实际情况运用更多的审计标识。

∧:纵加核对;

<:横加核对;

B:与上年结转数核对一致;

T:与原始凭证核对一致;

G:与总分类账核对一致;

S:与明细账核对一致;

T/B:与试算平衡表核对一致;

C_+:已发询证函;

C_-:已收回询证函。

7.索引号及编号

审计工作底稿需要注明索引号及顺序编号,相关审计工作底稿之间需要保持清晰的钩稽关系。为了汇总及便于交叉索引和复核,每个事务所都会制定特定的审计工作底稿归档流程。因此,每张表或记录都应有一个索引号,例如,A1、D6 等,以说明其在审计工作底稿中的放置位置。工作底稿中每张表所包含的信息都应当与另一张表中的相关信息进行交叉索引,例如,现金盘点表应当与列示所有现金余额的导表进行交叉索引。利用计算机编制工作底稿时,可以采用电子索引和链接。随着审计工作的推进,链接表还可予以自动更新。

8.编制者姓名及编制日期

为了明确责任,审计工作底稿上应该写明编制者姓名及编制工作底稿的日期。

9.复核者姓名及复核日期

从事复核工作的复核人员在需要项目质量控制复核的情况下,还需要注明项目质量控制复核人员及复核日期。通常,需要在每一张审计工作底稿上注明执行审计工作的人员和复核人员、完成该项审计工作的日期以及完成复核的日期。编制者和复核者在签名和注明日期时,两者姓名均可采用简签格式,并记录于审计标识一览表内。

10.其他应说明事项

审计人员认为应该在审计工作底稿中予以记录的其他事项。

五、审计工作底稿的分类

根据审计工作底稿的性质和作用,审计工作底稿可分为三类,即综合类、业务类及备查类。

(一)综合类工作底稿

综合类工作底稿是指审计人员在审计计划和审计报告阶段,为规划、控制和总结整个审计工作,并发表审计意见所形成的审计工作底稿。该类工作底稿的内容主要包括:审计业务约定书、审计计划、审计报告书未定稿、审计工作总结及审计调整分录汇总表等审计工作记录。该类工作底稿的作用:体现了审计工作的全过程,属于综合性的工作底稿,可以有效地反映审计人员对整个审计工作的规划和控制作用,并体现审计结论和意见。这一类工作底稿一般都是在审计人员的办公室完成的。

(二)业务类工作底稿

业务类工作底稿是指审计人员在审计实施阶段执行具体审计程序所编制和取得的工作底稿。该类工作底稿内容主要包括:审计人员在按照审计计划执行控制测试和实质性程序等审计程序过程中,从被审计单位内部和外部搜集的各种审计证据资料而形成的工作底稿。业务类工作底稿可以很好地反映出审计人员执行审计计划的具体情况和实施过程。该类工作底稿一般都是在外勤工作现场编制和取得的。

(三)备查类工作底稿

备查类工作底稿是指审计人员在审计过程中形成的、对审计工作仅具有备查作用的审计工作底稿。该类工作底稿内容主要包括:与审计约定事项有关的重要法律性文件、被审计单位的营业执照及章程、重要会议记录与纪要、重要经济合同与协议等原始资料的副本或复印件,其他与完成审计约定事项有关的资料等。该类工作底稿的作用:可以用以补充说明注册会计师审计过程中的审计事项和相关审计证据。该类工作底稿一般是在审计工作开始前或辅助审计过程中取得的。

六、审计工作底稿的归档

(一)审计工作底稿归档的性质

在出具审计报告前,注册会计师应完成所有必要的审计程序,取得充分、适当的审计证据并得出适当的审计结论。由此,在审计报告日后将审计工作底稿归整为最终审计档案是一项事务性的工作、不涉及实施新的审计程序或得出新的结论。

如果在归档期间对审计工作底稿作出的变动属于事务性的,注册会计师可以作出变动,主要包括:(1)删除或废弃被取代的审计工作底稿;(2)对审计工作底稿进行分类、整理和交叉索引;(3)对审计档案归整工作的完成核对表签字认可;(4)记录在审计报告日前获取的、与审计项目组相关成员进行讨论并取得一致意见的审计证据。

审计工作底稿通常不包括已被取代的审计工作底稿的草稿或财务报表的草稿、对不全面或初步思考的记录、存在印刷错误或其他错误而作废的文本,以及重复的文件记录等。由于这些草稿、错误的文本或重复的文件记录不直接构成审计结论和审计意见的支持性证据,因此,注册会计师通常无需保留这些记录,在审计工作底稿归档时予以清理。

归整审计档案时,有些会计师事务所将审计档案分为永久性档案和当期档案。这一分类主要是基于具体实务中对审计档案使用的时间。

1.永久性档案

永久性档案是指那些记录内容相对稳定,具有长期使用价值,并对以后审计工作具有重要影响和直接作用的审计档案。例如，被审计单位的组织结构、批准证书、营业执照、章程、重要资产的所有权或使用权的证明文件复印件等。若永久性档案中的某些内容已发生变化，注册会计师应当及时予以更新。为保持资料的完整性以便满足日后查阅历史资料的需要，永久性档案中被替换下的资料一般也需保留。例如，被审计单位因增加注册资本而变更了营业执照等法律文件，被替换的旧营业执照等文件。可以汇总在一起，与其他有效的资料分开，作为单独部分归整在永久性档案中。

2.当期档案

当期档案是指那些记录内容经常变化，主要供当期和下期审计使用的审计档案。例如，总体审计策略和具体审计计划。

（二）审计工作底稿归档的期限

注册会计师应当按照会计师事务所质量控制政策和程序的规定，及时将审计工作底稿归整为最终审计档案。审计工作底稿的归档期限为审计报告日后60天内。如果注册会计师未能完成审计业务，审计工作底稿的归档期限为审计业务中止后的60天内。

如果针对客户的同一财务信息执行不同的委托业务，出具两个或多个不同的报告，会计师事务所应当将其视为不同的业务，根据会计师事务所内部制定的政策和程序，在规定的归档期限内分别将审计工作底稿归整为最终审计档案。

（三）审计工作底稿归档后的变动

1.需要变动审计工作底稿的情形

一般情况下，在审计报告归档之后不需要对审计工作底稿进行修改或增加。注册会计师发现有必要修改现有审计工作底稿或增加新的审计工作底稿的情形主要有以下两种：（1）注册会计师已实施了必要的审计程序，取得了充分、适当的审计证据并得出了恰当的审计结论，但审计工作底稿的记录不够充分；（2）审计报告日后，发现例外情况要求注册会计师实施新的或追加审计程序，或导致注册会计师得出新的结论。例外情况主要是指审计报告日后发现与已审计财务信息相关，且在审计报告日已经存在的事实，该事实如果被注册会计师在审计报告日前获知，可能影响审计报告。例如，注册会计师在审计报告日后才获知法院在审计报告日前已对被审计单位的诉讼、索赔事项作出最终判决结果。例外情况可能在审计报告日后发现，也可能在财务报表报出日后发现，注册会计师应当按照《中国注册会计师审计准则第1332号——期后事项》第四章"财务报表报出后发现的事实"的相关规定，对例外事项实施新的或追加的审计程序。

2.变动审计工作底稿时的记录要求

在完成最终审计档案的归整工作后，如果发现有必要修改现有审计工作底稿或增加新的审计工作底稿，无论修改或增加的性质如何，注册会计师均应当记录下列事项：（1）修改或增加审计工作底稿的时间和人员，以及复核的时间和人员；（2）修改或增加审计工作底稿的具体理由；（3）修改或增加审计工作底稿对审计结论产生的影响。

（四）审计工作底稿的保存期限

会计师事务所应当自审计报告日起，对审计工作底稿至少保存10年。如果注册会计师未能完成审计业务，会计师事务所应当自审计业务中止日起，对审计工作底稿至少保存10年。值得注意的是，对于连续审计的情况，当期归整的永久性档案虽然包括以前年度获取的资料(有可能是 10 年以前),但由于其作为本期档案的一部分,并作为支持审计结论的基础。因此,注册会计师对于这些对当期有效的档案,应视为当期取得并保存 10 年。如果这些资料在某个审计期间被替换,被替换资料可以从被替换的年度起至少保存 10 年。

在完成最终审计档案的归整工作后,注册会计师不得在规定的保存期限届满前删除或废弃审计工作底稿。

附件:工作底稿的参考格式(举例)

附表 6-1 应收账款审定表

被审计单位:＿＿＿＿＿＿＿＿＿＿＿＿＿＿ 索引号:＿＿＿＿＿＿＿＿＿＿＿＿＿

项目:＿＿＿应收账款审定表＿＿＿＿ 财务报表截止日/期间:＿＿＿＿＿＿＿

编制:＿＿＿＿＿＿＿＿＿＿＿＿＿＿＿ 复核:＿＿＿＿＿＿＿＿＿＿＿＿＿＿＿

日期:＿＿＿＿＿＿＿＿＿＿＿＿＿＿＿ 日期:＿＿＿＿＿＿＿＿＿＿＿＿＿＿＿

项目名称	期末未审数	账项调整		重分类调整		期末审定数	上期末审定数	索引号
		借方	贷方	借方	贷方			
一、账面余额合计								
1 年以内								
1 年至 2 年								
2 年至 3 年								
3 年以上								
......								
二、坏账准备合计								
1 年以内								
1 年至 2 年								
2 年至 3 年								
3 年以上								
......								
三、报表列报合计								
1 年以内								
1 年至 2 年								
2 年至 3 年								
3 年以上								
......								

审计结论:

附表 6-2 应收账款明细表

被审计单位：＿＿＿＿＿＿＿＿＿＿ 索引号：＿＿＿＿＿＿＿＿＿＿＿＿＿＿＿

项目： 应收账款明细表 ＿＿＿＿＿＿＿＿＿ 财务报表截止日/期间：＿＿＿＿＿＿＿＿＿

编制：＿＿＿＿＿＿＿＿＿＿＿＿＿ 复核：＿＿＿＿＿＿＿＿＿＿＿＿＿＿

日期：＿＿＿＿＿＿＿＿＿＿＿＿＿ 日期：＿＿＿＿＿＿＿＿＿＿＿＿＿＿

项目名称	期末未审数					账项调整		重分类调整		期末审定数				
	合计	1年以内	1年至2年	2年至3年	3年以上	借方	贷方	借方	贷方	合计	1年以内	1年至2年	2年至3年	3年以上
一、关联方														
二、非关联方														

编制说明：外币应收账款应列明原币金额及折合汇率。

审计说明：

本章小结

1.审计方法,是指审计人员为了行使审计职能、完成审计任务、达到审计目标所采取的方式、手段和技术的总称。审计方法有广义和狭义之分。狭义的审计方法,即认为审计方法是审计人员为取得充分有效审计证据而采取的一切技术手段。审计技术方法与审计目标、审计证据有着密切的内在联系。当审计目标确定时,审计人员必须选用相应的审计方法,以取得充分有效的审计证据。审计取证的顺序方法包括顺查法和逆查法。审计取证的数量方法包括详查法和抽查法。审计取证技术方法包括检查、观察、询问、函证、重新计算、分析、重新执行。

2.审计抽样是指注册会计师对某类交易或账户余额中低于百分之百的项目实施审计程序,使所有抽样单元都有被选取的机会。在审计历史上,先后出现过任意抽样、判断抽样和统计抽样三种类型。审计抽样方法一般都根据以下四个步骤进行:确定审查对象总体、确定样本数量、选取样本、审查样本并形成结论。审计人员在设计样本时,应当考虑的因素包括审计目标、审计对象总体、抽样单位、抽样风险、非抽样风险、可信赖程度、可容忍误差、预期总体误差以及分层等。选取样本的基本方法包括使用随机数表或计算机辅助审计技术选样、系统选样和随意选样。

3.审计证据按照外表形式分类,可将其分为实物证据、书面证据、口头证据、视听或电子证据和环境证据;按照获取来源分类,可将其分为外部证据、内部证据和亲历证据。审计证据具有充分性和适当性两大特性。充分性是注册会计师为形成审计意见所需要审计证据的最低数量要求。适当性是指相关性和可靠性,即要求注册会计师收集的证据应与审计目标密切相关,尽量收集可靠性高的审计证据。审计证据是注册会计师发表审计意见和出具审计报告的依据,对审计证据的处理过程包括收集、整理、鉴证和综合分析四个阶段。

4.审计工作底稿是审计人员在审计过程中形成的与审计事项有关的工作记录和获取的资料。审计工作底稿按照不同的划分标准有业务工作底稿、证据工作底稿;基本工作底稿、项目工作底稿和汇总工作底稿。审计工作底稿有其基本结构和规定的内容,并有一定的编制方法和审核方法。

思考题

1.试述审计方法的意义。

2.试述审计技术方法的分类。

3.什么是顺查法和逆查法?它们各有什么特点?

4.什么是检查法?试举例说明。

5.什么是观察法?试举例说明。

6.谈谈分析法在审计中的运用。

7.简述抽样审计的含义及类型。

8.简述统计抽样的步骤有哪些?

9.简述抽样方法有哪些?

10. 审计人员设计样本数量时应当考虑的因素有什么？

11. 控制测试与实质性程序中各有哪些抽样风险？

12. 什么是审计证据？审计证据有哪些主要类别？

13. 试述审计证据的特性。

14. 对不同来源的审计证据可靠性进行判断，其判断标准是什么？

15. 收集审计证据的方法有哪些？

16. 审计证据的证明力主要由什么因素决定？举例说明。

17. 什么是审计工作底稿？它有哪些作用？请举例说明。

18. 审计工作底稿的要素有哪些？

19. 编制审计工作底稿有哪些要求？

案例分析

【案例 6-1】

案例资料：

2010 年 2 月 28 日，助理人员小张经注册会计师王玲的安排，前去广生公司验证存货的账面余额。在盘点前，小张在过道上听几个工人议论，得知存货中可能存在不少无法出售的变质产品。对此，小张对存货进行实地抽样，并比较库存量与最近销量。抽样结果表明，存货数量合理，收发亦较为有序。由于该产品技术含量较高，小张无法鉴别出存货中是否有变质产品，于是，他不得不询问该公司的存货部高级主管。高级主管的答复是，该产品无质量问题。

小张在盘点工作结束后，开始编制工作底稿。在备注中，小张将听说有变质产品的事填入其中，并建议在下阶段的存货审计程序中，应特别注意是否存在变质产品。王玲在复核工作底稿时，再一次向小张详细了解存货盘点情况，特别是有关变质产品的情况。对此，还特别对当时议论此事的工人进行询问。但这些工人矢口否认了此事。于是，王玲与存货部高级主管商讨后，得出结论，认为"存货价值公允且均可出售"。底稿复核后，王玲在备注册栏后填写了"变质产品问题经核尚无证据，但下次审计时应加以考虑"。由于广生公司总经理抱怨王玲前几次出具了有保留意见的审计报告，使得他们贷款遇到了不少麻烦。审计结束后，注册会计师王玲对该年的财务报表出具了无保留意见的审计报告。

两个月后，广生公司资金周转不灵，主要是存货中存在大量的变质产品无法出售，致使到期的银行贷款无法偿还。银行拟向会计师事务所索赔，认为注册会计师在审核存货时，具有重大过失。债权人在法庭上出示了王玲的工作底稿，认为注册会计师明知存货高估，但迫于总经理的压力，没有揭示财务报表中存在问题，因此，应该承担银行的贷款损失。

案例要求：

1. 引述工人在过道上关于变质产品的议论是否应列入工作底稿？

2. 注册会计师王玲是否已尽到了责任？

3. 对于银行的指控，这些工作底稿能否支持或不利于注册会计师的抗辩立场？

4. 银行的指控是否具有充分证据？请说明理由。

【案例6-2】

案例资料：

李浩是精英会计师事务所的审计人员,但还没有取得注册会计师资格。由于华兴公司是李浩联系到的业务,精英会计师事务所就委派李浩担任该审计业务的项目经理,负责华兴公司2010年度会计报表的审计业务。李浩带领四名审计人员进驻华兴公司,分配审计任务如下:张杰负责审计销售和收款循环,李东负责生产循环,赵杰负责审计采购与付款循环,王华负责审计投资和融资循环,李浩自己负责审计货币资金和会计报表附注。李浩等审计人员经过五天的外勤工作,形成了厚厚的审计工作底稿,李浩汇总所有的审计工作底稿,形成审计差异汇总表、与客户沟通情况表和试算平衡表等汇总审计工作底稿后,就结束了外勤工作,准备出具审计报告。

案例要求：

请你从项目经理的责任角度出发分析评价该案例。

实训项目

实训目的：

通过审计程序与方法、审计证据及审计目标的实训,能够依据存在问题,确定确实可行的审计程序与方法,了解审计程序方法与审计认定、审计目标和审计证据的关系。能够举一反三,掌握财务报表项目审计目标和程序的制定原理。

实训内容：

ABC会计师事务所在接受XYZ公司的审计委托后,要求甲注册会计师将存货项目作为重点审计领域,同时要求根据企业存货类型的复杂性确定存货项目的具体审计程序以保证审计目标的实现。假定下列表格中的具体盘点程序与潜在的问题已经被甲注册会计师选定和了解,问:

(1)甲注册会计师各具体存货类型最相关的可供实施的审计程序分别是什么?

(2)上述审计程序通常能实现哪些审计目标?

存货类型	盘点程序与潜在问题	可供实施的审计程序	审计证据类型	审计目标
塑料管子	通常无标签,但在盘点时会做上标记或用粉笔标识 可能存在的问题是确定存货的数量或等级			
石灰石	通常既无标签也不做标记 在估计存货数量时存在困难			
汽油	在盘点时通常无法加以识别和确定 在估计存货数量时存在困难 在确定存货质量时存在困难			
书画	在存货辨认与数量确定方面存在困难			
牲畜	在存货辨认与质量确定方面存在困难 可能无法对此类存货的移动实施控制			

实训要求：

1. 针对具体审计环境,制定具体审计程序；

2. 依据审计程序,判断审计证据的类型；

3. 具体审计程序能够实现的审计目标。

阅读平台

• 阅读书目

1. ［美］阿尔文•A.阿伦斯、詹姆斯•K.洛布贝克.审计学——整合方法研究［M］.第 6 章、第 10 章,石爱中等译,中文 1 版,北京:中国审计出版社,2001.

2. 吴革.上市公司财务报告舞弊研究［M］.北京:高等教育出版社,2010.

3. 中国注册会计师协会.中国注册会计师执业准则应用指南(2017)［M］.北京:中国财政经济出版社,2017.

4. 刘明辉.审计学［M］.第 7 章、第 11 章,大连:东北财经大学出版社,2015.

5. ［美］里克•海斯(Rick Hayes),［荷兰］罗杰•达森(Roger Dassen),阿诺德•席尔德(Amold Schilder).审计学——基于国际审计准则的视角［M］.来明敏等译,第 9 章、第 10 章,北京:机械工业出版社,2006.

6. 颜晓燕,朱清贞,陈福庭.注册会计师审计经典案例教程［M］.北京:清华大学出版社,2010.

• 阅读资料

1. 李若山.马蒂尔公司审计案例［J］.注册会计师通讯,1996 年第 11 期.

2. 陈静修.万福生科财务造假案例分析［J］.审计与理财,2016 年第 5 期.

3. 王静静.从华锐风电审计失败案例看职业怀疑在审计中的运用［J］.财务与会计,2016 年第 8 期.

4. 高波.上市公司财务舞弊审计研究——以 KZ 公司为例［D］.北京:中国财政科学研究院硕士论文,2016.

第七章

销售与收款循环审计

学习目标

通过本章学习,你应能够:

1. 识别销售与收款业务循环相关的会计凭证、账户、主要业务活动。
2. 掌握销售与收款循环中的控制要点及控制测试。
3. 设计与执行销货与收款循环交易的实质性程序。
4. 掌握营业收入、应收账款等账户的实质性程序。

引入案例

HPL 技术公司欺骗了普华永道

HPL 技术公司(以下简称 HPL)是美国硅谷的一家软件制造商,创建于 1989 年,主营半导体软件的个性化开发、销售以及售后咨询和维护等业务。2001 年 7 月 31 日,HPL 以每股 11 美元的价格发售了 690 万股股票,筹措了 7590 万美元,并在纳斯达克上市交易。在此后的连续三次季报中,HPL 均报告了优异的业绩,股价也一度攀升至每股 17.85 美元。然而,好景不长,HPL 上市一年后便被钉在财务舞弊的耻辱柱上,其股票已于 2002 年 7 月 29 日被纳斯达克摘牌。

根据 HPL 审计委员会和美国证券交易委员会的调查,在 HPL 首发股票的前后 5 个季度内,其创始人、董事会主席兼首席执行官 David Lepejian(以下简称 Lepejian)虚构了逾 2800 万美元的销售收入。HPL 股票上市后,他又指使公司内部的高管人员借股价上扬之机抛售他们个人持有的 85 500 股公司股票。

与安然、施乐、世通等财务舞弊案相比,HPL 的造假规模似乎显得有些微不足道,但 Lepejian 在公司上市第一年就采用各种手段虚构了 80% 的销售收入,其胆大妄为令人触目惊心。SEC 在对 Lepejian 的起诉状中详细揭示了他的各种造假手法。归纳起来,主要有五种:伪造顾客订货单、伪造发运凭证、修改销售合同、篡改银行对账单和伪造询证回函等。这些手法既无新意、也不高明,但却轻易地欺骗了大名鼎鼎的普华永道会计师事务所,确实发人深思。

——资料来源:佚名.HPL 技术公司欺骗了普华永道[EB/OL].中国审计网,http://www.iaudit.cn/Article/ShowArticle.asp? ArticleID,2008—4—20.

类似 HPL 这样的案例在中国的上市公司中也可能会出现。上市公司的高管人员在发行新股(IPO)阶段,面对上市的种种业绩压力,迫切需要虚构销售收入来美化其经营业绩,而在 IPO 阶段,公司治理、内部控制制度的缺失,往往为其高管人员进行财务舞弊提供了机会。随着计算机和互联网技术的发展和普及运用，企业的经营业务和会计信息系统的无纸化运作日臻普及，或许有一天，这些企业的某些"高手"可能会做得比 Lepejian 更"周到"。针对这种审计环境的变化，注册会计师应当对可能存在的虚构销售收入行为保持高度警惕，本着谨慎执业的原则，执行更为详尽的审计程序，以防止审计失败。

第一节　销售与收款循环业务特性

销售与收款循环主要指公司接受销售订单，向顾客销售商品的过程。该循环涉及的资产负债表项目主要包括应收账款、应收票据、预收账款、应交税金、其他应交款；所涉及的利润表项目主要包括主营业务收入、主营业务税金及附加、营业费用、其他业务利润（包括其他业务收入和其他业务支出）等。销售与收款循环的审计，通常可以相对独立于其他业务循环单独进行，但这不等于说销售与收款循环的审计是孤立的。审计重要性概念要求注册会计师在审计时必须综合考虑会计报表各项目的性质及其相互关系，即注册会计师在最终判断被审单位会计报表是否公允反映时，必须综合考虑审计发现的各业务循环的错误对会计报表产生的影响。因此，即使在单独执行销售与收款循环审计时，注册会计师仍然经常地将该循环的审计情况与其他循环的审计情况结合起来加以考虑。

销售与收款循环的特性主要包括两部分内容：一是本循环中的主要业务活动；二是本循环所涉及的主要凭证和会计记录。

一、销售与收款循环中的主要业务活动

要想很好地理解和掌握销售与收款循环的审计内容，了解企业在该业务循环的典型活动是非常必要的。下面就以赊销为例，简单介绍销售与收款循环中的主要业务活动。

（一）处理订单

顾客提出订货要求是整个销售与收款循环的起点。顾客订货单只有在符合管理当局的授权标准时，才能被接受。管理当局一般都列出了已批准销售的顾客名单。在决定是否接受某顾客的订货单时，销售单管理部门应追查该顾客是否被列入已经批准销售的顾客名单。如果该顾客未被列入顾客名单，则通常需要由销售单管理部门的主管来决定是否同意销售。很多企业在批准顾客订单之后，下一步就应编制一式多联的销售单。销售单是证明管理当局对有关销售交易的"存在或发生"的凭据。也是此笔销售轨迹的起点。

（二）信用批准

赊销批准是由信用管理部门负责，根据管理当局的赊销政策，以及对每个顾客的授权信用额度来进行的。其职员在收到销售单后，将销售单与采购方已被授权的赊销额度以及欠款余额加以比较，以决定是否继续给予赊销。在执行人工赊销信用检查时，应当合理划分工作责任，以切实避免销售人员为增加销售而使企业承受不适当的信用风险。

企业应对每个新顾客进行信用调查，包括获取信用评审机构对顾客信用等级的评定报告。无论是否批准赊销，信用管理部门都要在销售单上签署意见，然后再将签署意见后的销售单送回销售部门。设计信用批准控制的目的是为了降低坏账风险，因此，这些控制与应收账款净额的"计价或分摊"认定有关。

(三)供货与发运

企业管理当局通常要求仓库只有在收到经过批准的销售单时才能供货,设立这项控制程序的目的是防止仓库在未经授权的情况下擅自发货。因此,已批准销售单的一联被送达仓库,作为仓库按销售单供货和发货给装运部门的授权依据。

装运部门的职员在装运之前,必须独立检查从仓库提取的商品是否都附有经批准的销售单,并且所提取商品的内容是否与销售单一致。仓库在装运商品的同时还要编制一式多联、连续编号的提货单,按序归档的装运凭证通常由装运部门保管。装运凭证提供了商品确实已经被装运的证据,因此,它是证实销售交易"存在或发生"认定的另一种形式的凭据。而定期对每一张装运凭证后是否附有相应的销售发票进行检查,则有助于保证销售交易"完整性"认定的正确性。

(四)开具账单

开具账单包括编制和向顾客寄送事先连续编号的销售发票。这一环节的功能在于:保证对所有装运的货物开具账单,避免遗漏;保证只对实际装运的货物开账单,避免重复开具账单或虚构交易;保证按已授权批准的商品价目表所列价格计价开具账单。为了避免在开具账单过程中出现遗漏、重复、错误计价等问题,应设计以下控制程序:

1.开具账单部门职员在编制每张销售发票之前,应独立检查装运凭证是否存在、是否有相应的经批准的销售单。

2.应根据已授权批准的商品价目表编制销售发票。

3.独立检查销售发票计价和计算的正确性。

4.将装运凭证上的商品总数与对应的销售发票上的商品总数进行比较。

上述控制程序为确保销售发票的正确性起到积极作用。因此,这些控制与销货交易的"存在或发生""完整性"及"计价或分摊"的认定有关。

(五)记录销售

为了确保正确记录销售发票,将销货交易归属于适当的会计期间,企业需设计并执行下列记录销售的控制程序:

1.只依据附有有效装运凭证和销售单的销售发票记录销售。这些装运凭证和销售单应能证明销售交易已真实发生。

2.控制所有事先连续编号的销售发票。

3.独立检查已处理销售发票上的金额同会计记录金额的一致性。

4.不相容职责分离,记录销售的职责应与处理销售交易的其他功能相分离。

5.对记录过程中所涉及的有关记录的接触予以限制,以减少未经授权批准的记录发生。

6.定期独立检查应收账款明细账与其总账的一致性。

7.定期向顾客寄送对账单,并要求顾客将任何例外情况直接向所指定的未涉及执行或记录销售交易循环的会计主管报告。

以上这些控制与"存在或发生""完整性"以及"计价或分摊"认定有关。

(六)收取和记录现金、银行存款

货款回笼一方面涉及现金、银行存款的增加,另一方面导致应收账款的减少。在办理货款业务时,人们最关心的是货币资金失窃的可能性。处理货币资金最重要的是保证全部货币资金都如数、及时地记入现金、银行存款日记账或应收账款明细账,并如数、及时地将现金存入银行。其中起到关键控制作用的是汇款通知单。

(七)对销售调整业务进行处理

销售退货、销售折扣与折让均属于销售调整业务。发生此类事项时,必须经过授权批准,并确保与办理此事有关的部门和职员各司其职,明确分工。其中,严格使用贷项通知单无疑会起到关键作用。

(八)注销坏账

不管赊销部门的工作如何主动,顾客因宣告破产、死亡等原因而不支付货款的事仍有发生。销货企业若认为某项货款再也无法收回,就必须注销这笔货款。对这些坏账,正确的处理方法应该是获取货款无法收回的确凿证据,经适当审批后及时作会计调整。

(九)提取坏账准备

坏账准备提取的数额必须能够抵补企业以后无法收回的销货款。

二、主要凭证和会计记录

(一)原始凭证类

销售与收款循环涉及的主要原始凭证包括:顾客订货单、销售单、装运凭证、销售发票、商品价目表、汇款通知书、贷项通知单和坏账审批表。

(二)记账凭证类

销售与收款循环涉及的主要记账凭证包括:收款凭证和转账凭证。

(三)日记账和明细账类

销售与收款循环涉及的主要日记账和明细账包括:现金日记账和银行存款日记账、应收账款明细账、主营业务收入明细账和折扣与折让明细账等。

(四)总账类

销售与收款循环涉及的主要总账包括:现金和银行存款、应收账款、应收票据、坏账准备、预收账款、应交税金、其他应交款、主营业务收入、主营业务税金及附加、营业费用、其他业务收入和其他业务支出等总账。

第二节　内部控制测试和交易的实质性程序

一、销售业务的内部控制和控制测试

下面结合本循环主要业务活动中的控制措施,总结归纳与销货交易有关的关键内部控制要点和采取的相应控制测试。

(一)适当的职责分离

适当的职责分离有利于防止各种有意或无意的错误。销售与收款业务涉及的职责分离包括:(1)单位在销售合同订立前,应当指定专门人员就销售价格、信用政策、发货及收款方式等具体事项与客户进行谈判。谈判人员至少应在两人以上，并与订立合同的人员相分离。（2）编制销售单的人员与开具销售发票的人员应相分离。（3）销售人员应当避免接触销售现款。（4）单位应收票据的取得和贴现必须经由保管票据以外的主管人员的批准；主营业务收入账应由记录应收账款之外的职员独立登记，并由另一位不负责账簿记录的职员定期调节总账和明细账。（5）负责主营业务收入账和应收账款的记账的职员不得经手现金。这些措施主要是确保销售与收款业务的不相容岗位相互分离、制约和监督。

注册会计师对于该控制措施的测试可以采用实地观察、询问相关人员等方法获取证据。

（二）正确的授权审批

销售业务的授权审批主要集中在以下四个关键点上：（1）信用批准；（2）发货批准；（3）价格批准；（4）限定授权范围。前两项控制的目的在于防止企业财产因向虚构的或者无力支付货款的顾客发货而蒙受损失；价格授权控制的目的在于保证销货业务按照企业定价政策规定的价格开票收款；对授权审批范围设定权限的目的在于防止因审批人决策失误而造成严重损失。

注册会计师通常采用检查相关凭证的方法，审阅四个关键点是否经过审批，以测试出授权批准方面的控制效果。如：检查销售单上授权部门的授权记录；检查销售发票上的授权价格是否符合企业的物价政策。

（三）充分的凭证和记录

销售收入内部控制的控制效果有赖于凭证处理程序的正确合理。换言之，只有具备充分的记录手续，才有可能实现其他各项控制目标。

注册会计师可以通过询问等方法，了解被审单位凭证传递程序和记录制度，在此基础上进行记录并评价该方面控制措施的设计和执行情况。

（四）凭证的预先编号

对凭证预先进行编号，其目的主要有两个：一是防止销货以后忘记向顾客开具账单或登记入账，即漏开发票；二是防止重复开具账单或重复记账。与销售有关的客户订单、销售单、发运凭单和销售发票等重要原始凭证都应连续编号并指定专人保管。

注册会计师测试这种控制内容时主要清点各种凭证。比如从主营业务收入明细账中选出发票的存根，看其编号是否连续，有无不正常的缺号发票和重号发票，这种测试同时能满足提供有关真实性和完整性目标的证据。

（五）按月对账

按月对账是一种防止记账错误和舞弊行为的有效控制程序。由不负责现金出纳和销货及应收账款记账的人员按月向顾客寄发对账单，能促使顾客在发现应付账款余额不正确后及时反馈信息。然后将账户余额中出现的所有核对不符的账项，指定一位独立的主管人员处理。

注册会计师观察指定人员寄送对账单和检查顾客复函档案，对于测试被审单位是否按月向顾客寄出对账单，是十分有效的控制测试。

（六）内部检查程序

由内部审计人员或者其他独立人员检查销货业务的处理和记录，是实现内部控制目标不可缺少的一项控制措施。其检查内容包括：(1)检查销售发票的连续性及所附的佐证凭证；(2)了解客户的信用情况，确定是否符合企业的赊销政策；(3)检查发运凭证的连续性，并将其与主营业务收入明细账核对；(4)将销售发票上的数量与发运凭单上的记录进行比较核对；(5)将登记入账的销货业务原始凭证与会计科目表核对；(6)检查开票员所保管的未开票发运凭证，确定是否包括所有应开票的发运凭证在内；(7)从发运凭证追查至主营业务收入明细账和总账。

注册会计师可以采用检查内部审计人员的报告，或者其他独立人员在他们检查的凭证上签字等方法实施控制测试。

前已述及，内部控制测试主要分三步：第一，首先采用一定的方法了解被审单位销售与收款内部控制的设计与执行情况；第二，将了解到的内容采用描述法、调查表法或绘制流程图的方式加以记录；最后，可以采用询问、观察和实验等控制程序，对记录进行检查与测试。通过确定交易样本中的差错，注册会计师可以推断总体的差错，进而确定控制风险的估计水平。

如果被审单位销售与收款循环的内部控制不存在，或尽管存在但未得到遵循，或者控制测试的工作量可能大于进行控制测试所减少的实质性程序的工作量，则注册会计师不应再继续实施控制测试，而应直接进行实质性程序。

☞ **小经验**

注册会计师通过长期对销售交易业务的深入了解，以及对以往审计工作底稿的系统分析，总结出以下执行和记录交易的差错率较高，从而形成内部控制的缺陷。对这些控制缺陷的了解将会大大提高注册会计师的工作效率。

销售交易的控制缺陷及测试方法

控制缺陷	可能的差错	控制测试方法
销售交易记录不完整	(1)已开票的货物没有发出 (2)已发出的货物没有开票	选择已入账的交易检查相关记录是否事先连续编号
没有对销售单、销售发票、发运单、贷项通知单等凭证进行编号检查 销售单上没有顾客赊销信用的批准标记	(1)记录虚假交易 (2)无法完整记录交易 (3)利用未经批准的发运凭单提货 (4)发货给未经信用批准的顾客	(1)检查对顾客赊销信用、销售价格、账务处理等适当复核与批准的证据 (2)检查是否包括顾客订单、销售单、销售发票、发运单等必要的记录
销售价格没有与总价目表相核对	以不正确的价格开单给顾客	检查销售价格与总价目表是否相符
没有使用会计手册或账务处理未经双重检查	交易或事项记录不正确	(1)追查交易至日记账和明细账以确定记录的适当性 (2)追查已入账的销售至销售发票和发运凭单以确定已入账销售的合理性 (3)追查发运凭单至销售发票和账簿以确定所有发出货物均已开票并入账

续　表

控制缺陷	可能的差错	控制测试方法
顾客欠款的冲销未经适当批准	(1)冲销可收回的欠款 (2)故意冲销顾客欠款以隐瞒挪用顾客的汇款	(1)检查当年所有应收账款的冲销记录 (2)确定冲销已作了适当记录 (3)确定冲销经过适当批准
销售退回与折让未经适当批准	(1)给未经批准的销售退回签发退回通知单 (2)给没有退回的货物签发销售退回通知单 (3)签发销售退回通知单来隐瞒挪用顾客的汇款	(1)检查当年处理的销售退回通知单是否经适当批准和复核 (2)销售退回通知单是否附有验收报告 (3)检查销售退回通知单是否事先连续编号

二、销售交易的实质性程序

实质性程序一般针对两个层面进行：一是交易实质性程序，二是账户余额实质性程序。这里所讲的交易实质性程序的目的在于确定与该交易的审计目标相关的金额是否存在错报。其关注的就是账户的发生额，因此注册会计师只要能确认交易已经正确记录并过入总账，一般就能确信总账的合计数正确。

（一）实质性分析程序

1.识别需要运用实质性分析程序的账户余额或交易

就销售与收款交易和相关余额而言，通常需要运用实质性分析程序的是销售交易、收款交易、营业收入项目和应收账款项目。

2.确定期望值

基于注册会计师对被审计单位的相关预算情况、行业发展状况、市场份额、可比的行业信息、经济形势和发展历程的了解，与营业额、毛利率和应收账款等的预期相关。

3.确定可接受的差异额

在确定可接受的差异额时，注册会计师首先应关注所涉及的重要性和计划的保证水平的影响。此外，根据拟进行实质性分析的具体指标的不同，可接受的差异额的确定有时与管理层使用的关键业绩指标相关，并需考虑这些指标的适当性和监督过程。

4.识别需要进一步调查的差异并调查异常数据关系

注册会计师应当计算实际和期望值之间的差异，这涉及一些比率和比较，包括：(1)观察月度(或每周)的销售记录趋势，与往年或预算或者同行业公司的销售情况相比较。任何异常波动都必须与管理层讨论，如果有必要的话还应作进一步的调查。(2)将销售毛利率与以前年度和预算或者同行业公司的销售毛利率相比较。如果被审计单位各种产品的销售价格是不同的，那么就应当对每个产品或者相近毛利率的产品组进行分类比较。任何重大的差异都需要与管理层沟通。(3)计算应收账款周转率和存货周转率，并与以前年度或者预算或者同行业公司的相关指标相比较。未预期的差异可能由很多因素引起，包括未记录销售、虚构销售记录或截止问题。(4)检查异常项目的销售，例如对大额销售以及未从销售记录过入销售总账的销售应予以调查。对临近年末的异常销售记录更应加以特别关注。

5.调查重大差异并作出判断

注册会计师在分析上述与预期相联系的指标后,如果认为存在未预期的重大差异,就可能需要对营业收入发生额和应收账款余额实施更加详细的细节测试。

6.评价分析程序的结果

注册会计师应当就收集的审计证据是否能支持其试图证实的审计目标和认定形成结论。

(二)销售交易的细节测试

1.登记入账的销售交易是真实的

对这一目标,注册会计师一般关心三类错误的可能性:一是未曾发货却已将销售交易登记入账;二是销售交易的重复入账;三是向虚构的客户发货,并作为销售交易登记入账。前两类错误可能是有意的,也可能是无意的,而第三类错误肯定是有意的。不难想象,将不真实的销售登记入账的情况虽然极少,但其后果却很严重,这会导致高估资产和收入。

如何以适当的细节测试来发现不真实的销售,取决于注册会计师认为可能在何处发生错误。对"发生"这一目标而言,注册会计师通常只在认为内部控制存在薄弱环节时,才实施细节测试。因此,测试的性质取决于潜在的控制弱点的性质:

(1)针对未曾发货却已将销售交易登记入账这类错误的可能性,注册会计师可以从主营业务收入明细账中抽取若干笔分录,追查有无发运凭证及其他佐证,借以查明有无事实上没有发货却已登记入账的销售交易。如果注册会计师对发运凭证等的真实性也有怀疑,就可能有必要再进一步追查存货的永续盘存记录,测试存货余额有无减少,以及考虑是否检查更多涉及外部单位的单据,例如外部运输单位出具的运输单据、客户签发的订货单据和到货签收记录等。

(2)针对销售交易重复入账这类错误的可能性,注册会计师可以通过检查企业的销售交易记录清单以确定是否存在重号、缺号。

(3)针对向虚构的客户发货并作为销售交易登记入账这类错误发生的可能性,注册会计师应当检查主营业务收入明细账中与销售分录相应的销货单,以确定销售是否履行赊销审批手续和发货审批手续。如果注册会计师认为被审计单位虚构客户和销售交易的风险较大,需要考虑是否对相关重要交易和客户的情况(例如相关客户的经营场所、财务状况和股东情况等)专门展开进一步的独立调查。

检查上述三类高估销售错误的可能性的另一有效的办法是追查应收账款明细账中贷方发生额的记录。如果应收账款最终得以收回货款或者由于合理的原因收到退货,则记录入账的销售交易一开始通常是真实的;如果贷方发生额是注销坏账,或者直到审计时所欠货款仍未收回而又没有合理的原因,就需要考虑详细追查相应的发运凭证和客户订购单等,因为这些迹象都说明可能存在虚构的销售交易。

当然,通常只在注册会计师认为由于缺乏足够的内部控制而可能出现舞弊时,才有必要实施上述细节测试。

2.已发生的销售交易均已登记入账

销售交易的审计一般更多侧重于检查高估资产与收入的问题。但是,如果内部控制不健全,比如被审计单位没有由发运凭证追查至主营业务收入明细账这一独立内部核查程序,就有必要对完整性目标实施交易的细节测试。

从发货部门的档案中选取部分发运凭证,并追查至有关的销售发票副本和主营业务收入明细账,是测试未入账的发货的一种有效程序。为使这一程序成为一项有意义的测试,注册会计师必须能够确信全部发运凭证均已归档,这一点一般可以通过检查发运凭证的顺序编号来查明。

由原始凭证追查至明细账与从明细账追查至原始凭证是有区别的:前者是用来测试遗漏的交易("完整性"目标),后者用来测试不真实的交易("发生"目标)。

测试发生目标时,起点是明细账,即从主营业务收入明细账中抽取一个销售交易明细记录,追查至销售发票存根、发运凭证以及客户订购单;测试完整性目标时,起点应是发运凭证,即从发运凭证中选取样本,追查至销售发票存根和主营业务收入明细账,以确定是否存在遗漏事项。

在测试其他目标时,方向一般无关紧要。例如,测试交易业务计价的准确性时,可以由销售发票追查至发运凭证,也可以反向追查。

3.登记入账的销售交易均经正确计价

销售交易计价的准确性包括:按订货数量发货,按发货数量准确地开具账单,以及将账单上的数额准确地记入会计账簿。对这三个方面,每次审计中一般都要实施细节测试,以确保其准确无误。

典型的细节测试程序包括复算会计记录中的数据。通常的做法是,以主营业务收入明细账中的会计分录为起点,将所选择的交易业务的合计数与应收账款明细账和销售发票存根进行比较核对。销售发票存根上所列的单价,通常还要与经过批准的商品价目表进行比较核对,对其金额小计和合计数也要进行复算。发票中列出的商品的规格、数量和客户代码等,则应与发运凭证进行比较核对。另外,往往还要审核客户订购单和销售单中的同类数据。

4.登记入账的销售交易分类恰当

如果销售分为现销和赊销两种,应注意不要在现销时借记应收账款,也不要在收回应收账款时贷记主营业务收入,同样不要将营业资产的转让(例如固定资产转让)混作正常销售。对那些采用不止一种销售分类的企业,例如需要编制分部报表的企业来说,正确的分类是极为重要的。

销售分类恰当的测试一般可与计价准确性测试一并进行。注册会计师可以通过审核原始凭证确定具体交易业务的类别是否恰当,并以此与账簿的实际记录作比较。

5.销售交易的记录及时

发货后应尽快开具账单并登记入账,以防止无意中漏记销售交易,确保它们记入正确的会计期间。在实施计价准确性细节测试的同时,一般要将所选取的提货单或其他发运凭证的日期与相应的销售发票存根、主营业务收入明细账和应收账款明细账上的日期作比较。如有重大差异,被审计单位就可能存在销售截止期限上的错误。

6.销售交易已正确地记入明细账并正确地汇总

应收账款明细账的记录若不正确,将影响被审计单位收回应收账款,因此,将全部赊销业务正确地记入应收账款明细账极为重要。同理,为保证财务报表准确,主营业务收入明细账必须正确地加总并过入总账。

以上是以企业赊销业务为例对有关的控制测试和交易的实质性程序进行了讨论。收款的交易类别测试同销售的交易类别测试一样,实质性程序的范围在一定程度上取决于关键控制是否存在以及控制测试的结果。由于销售与收款业务同属于一个循环,在经济活动中密切相关,因此,收款业务的一部分测试可与销售业务的测试一并进行,其另一部分测试仍须单独进行。关于收款的交易类别测试在第十一章相关内容中还会述及。

第三节 营业收入审计

营业收入项目核算企业在销售商品,提供劳务等主营业务活动中所产生的收入,以及企业确认的除主营业务活动以外的其他经营活动实现的收入。

一、营业收入的审计目标

营业收入的审计目标一般包括:(1)确定利润表中记录的营业收入是否已发生,且与被审计单位有关;(2)确定所有应当记录的营业收入是否均已记录;(3)确定与营业收入有关的金额及其他数据是否已恰当记录,包括对销售退回、销售折扣与折让的处理是否适当;(4)确定营业收入是否已记录于正确的会计期间;(5)确定营业收入是否已按照企业会计准则的规定在财务报表中作出恰当的列报。

营业收入包括主营业务收入和其他业务收入,下面分别介绍这两部分的实质性程序。

二、主营业务收入的实质性程序

(一)获取或编制主营业务收入明细表

审计人员获取或编制主营业务收入明细表后,要复核加计是否正确,并与总账数和明细账合计数核对是否相符。执行这一程序的目的,一是检验利润表上的主营业务收入数额是否与明细记录的每一个项目相一致,二是作为实质性程序的起点。主营业务收入明细表可向被审计单位索取或由审计人员自行编制。在审计时,审计人员必须将明细表上的数额汇总,并与总分类账和明细账核对,如不符,应查明原因并作出相应的调整。

(二)运用分析程序分析主营业务收入的变动趋势

为了在总体上确定企业主营业务收入数据的合理性,可以采用分析程序的方法,检查主营业务收入是否有异常变动,从而作出初步判断,实施这一审计程序的基本要点包括:

1. 将本期与上期的主营业务收入进行比较,分析产品销售的结构和价格的变动是否异常,并寻找异常变动的原因。

2. 比较本期各月各种主营业务收入的波动情况,分析判断其变动趋势是否正常,是否符合被审单位季节性、周期性的经营规律,并查明异常现象和重大波动的原因。

3. 计算本期重要产品的毛利率,分析比较本期与上期同类产品毛利率的变化情况,注意收入与成本是否配比,并查清重大波动和异常情况的原因。

4. 计算重要客户的销售额及其产品的毛利率,分析比较本期与上期有无异常变化。

☞ **小案例**

案情简介：

甬江公司 2016 年度销售收入分析表

月份	销售收入额			销售收入百分比/%
	甲产品/元	乙产品/元	合计/元	
1	1698 913.4	1142 122.1	2841 035.5	8.4
2	1740 861.9	1116 741.6	2857 603.5	8.5
3	1824 758.8	1002 529.4	2827 288.2	8.4
4	1971 578.5	1269 024.6	3240 603.1	9.6
5	2055 475.4	1027 909.9	3083 385.3	9.2
6	2307 166.4	1027 909.9	3335 076.3	9.9
7	2516 908.8	1218 263.6	3735 172.4	11.1
8	209 8424	1421 307.5	3519 731.5	10.4
9	1887 681.6	1167 502.6	3055 184.2	9.1
10	1950 604.3	1535 519.7	3486 124	10.4
11	587 278.7	380 707.4	967 986.1	2.9
12	335 587.8	380 707.4	716 295.2	2.1
合计	20975 239.6	1269 0246	33665 485.3	100

请你结合案情，分析注册会计师采用的是何种实质性程序方法？能揭示什么问题？

分析要点：注册会计师采用分析程序方法，通过对长华甬江公司 2016 年度销售收入明细表的分析，发现当年 11、12 月份的主营业务收入明显偏低，在当年各月供产销情况大体相当的情况下，这种现象可能揭示出该公司存在少计或隐瞒销售收入的问题。

（三）审查主营业务收入的确认原则和方法

按照《企业会计准则第 14 号——收入》的要求，企业商品销售收入应在下列条件均能满足时予以确认：(1)企业已将商品所有权上的主要风险和报酬转移给采购方；(2)企业既没有保留通常与所有权相联系的继续管理权，也没有对已售出的商品实施有效控制；(3)收入的金额能够可靠地计量；(4)相关的经济利益很可能流入企业；(5)相关的已发生或将发生的成本能够可靠地计量。因此，对主营业务收入的实质性程序，应在了解被审计单位确认产品销售收入的会计政策的基础上，重点测试被审计单位是否依据上述五个条件确认产品销售收入。具体来说，被审计单位采取的销售方式不同，确认销售的时点也是不同的：

(1)采用交款提货销售方式，通常应于货款已收到或取得收取货款的权利，同时已将发票账单和提货单交给采购单位时确认收入的实现。对此,注册会计师应着重检查被审计单位是否收到货款或取得收取货款的权利,发票账单和提货单是否已交付采购单位。应注意有无扣压结算凭证,将当期收入转入下期入账的现象,或者虚记收入、开具假发票、虚列采购单位,将当期未实现的收入虚转为收入记账,在下期予以冲销的现象。

(2)采用预收账款销售方式,通常应于商品已经发出时,确认收入的实现。对此,注册会计师应重点检查被审计单位是否收到了货款,商品是否已经发出。应注意是否存在对已收货款并已将商品发出的交易不入账、转为下期收入,或开具虚假出库凭证、虚增收入等现象。

(3)采用托收承付结算方式,通常应于商品已经发出,劳务已经提供,并已将发票账单提交银行、办妥收款手续时确认收入的实现。对此,注册会计师应重点检查被审计单位是否发货,托收手续是否办妥,货物发运凭证是否真实,托收承付结算回单是否正确。

(4)销售合同或协议明确销售价款的收取采用递延方式,可能实质上具有融资性质的,应当按照应收的合同或协议价款的公允价值确定销售商品收入金额。应收的合同或协议价款与其公允价值之间的差额,通常应当在合同或协议期间内采用实际利率法进行摊销,计入当期损益。

(5)长期工程合同的收入,如果合同的结果能够可靠估计,通常应当根据完工百分比法确认合同收入。注册会计师应重点检查收入的计算、确认方法是否合乎规定,并核对应计收入与实际收入是否一致,注意查明有无随意确认收入、虚增或虚减本期收入的情况。

(6)销售商品房的,通常应在商品房已经移交并将发票结算账单提交对方时确认收入。对此,注册会计师应重点检查已办理的移交手续是否符合规定要求,发票账单是否已交对方。如果被审计单位事先与买方签订了不可撤销合同,按合同要求开发房地产,则通常应按建造合同的处理原则处理。

☞ 小案例

案情简介:大华会计师事务所接受委托对昆仑公司 2016 年度会计报表进行审计。注册会计师在审查"主营业务收入"明细账时,发现下列情况:

1.昆仑公司将新产品甲售给 W 公司,销售合同规定:该批产品售价为 10 万元,收款付货。同时注明:W 公司若对产品不满意,可以退货。12 月 24 日,昆仑公司收到该笔业务的货款,同时,将成本为 50 000 元的甲产品发出。昆仑公司在无法合理估计退货概率的情况下,当天确认收入并登记入账。

借:发出商品——甲产品　　　　　　　　　50 000

　　贷:库存商品——甲产品　　　　　　　　　　　50 000

借:银行存款　　　　　　　　　　　　117 000

　　贷:主营业务收入——甲产品　　　　　　　　100 000

　　　　应交税金——应交增值税(销项税额)　　17 000

借:主营业务成本——甲产品　　　　　　　50 000

　　贷:发出产品——甲产品　　　　　　　　　　　50 000

2. 昆仑公司于 12 月 28 日预收乙产品货款 20 万元,会计人员根据一张 20 万元的信汇收款通知单作这样的会计处理:

借:银行存款 200 000

贷:主营业务收入 200 000

假如你是该注册会计师,请你分析上述业务的会计处理是否正确? 若不正确,如何调整?

分析要点:

1. 按照《企业会计制度》规定,附有销售退回条件的商品销售,如果企业能够按照以往方式或经验对退货的可能性作出合理估计的,在发出商品时,将估计不会发生退货的部分确认为收入,估计可能发生退货的部分,不确认收入。如果企业对所售商品的退货概率无法认定,则应在退货期满或买方正式接受该商品时确认收入。该公司却在不能确认是否退货时就确认收入。注册会计师应建议昆仑公司作如下调整:

借:主营业务收入——甲产品 100 000

应交税金——应交增值税(销项税额) 17 000

贷:银行存款 117 000

借:发出商品——甲产品 50 000

贷:主营业务成本——甲产品 50 000

2. 该公司违反了会计制度中关于预收账款销售方式销售产品时入账时间的规定,使当期主营业务收入虚增,影响会计报表的真实性。注册会计师建议昆仑公司作如下调整:

借:主营业务收入 200 000

贷:预收账款 200 000

(四)审查销售价格是否合理

审计人员应当获取产品价格目录,抽查售价是否符合价格政策,并注意销售给关联方或关系密切的重要客户的产品价格是否合理,有无以低价或高价结算的方法相互之间转移利润的现象。

(五)实施销售的截止测试

截止测试是实质性程序中常用的一种审计技术,被广泛运用于货币资金、往来款项、存货、长短期投资、主营业务收入和期间费用等诸多会计报表项目的审计中,尤其在主营业务收入项目中的运用更为典型。其目的主要为了证实主营业务收入是否已记入了合理的会计期间,这有助于实现与管理当局的"存在或发生"认定、"完整性"认定及"计价或分摊"认定相关的审计目标。

我国《企业会计准则》规定:"企业应当合理确认营业收入的实现,并将已实现的收入按时入账。"根据这一收入确认的基本原则,注册会计师在审计中应该注意把握三个与主营业务收入确认有着密切关系的日期:(1)发票开具日期或者收款日期,是指开具增值税专用发票或普通发票的日期;(2)记账日期,是指被审单位确认主营业务收入实现,并将该笔经济业务记入主营业务收入账户的日期;(3)发货日期(服务业则是指提供劳务的日期),是指仓库开具出库单并发出库存商品的日期。检查三者是否归属于同一适当会计期间是营业收入截止测试的关键所在。

　　围绕上述三个重要日期,在审计实务中,注册会计师可以考虑选择三条审计路线实施主营业务收入的截止测试,具体内容可见表 7-2 所示。

表 7-2　主营业务收入的截止测试

起点	路线	目的	优点	缺点
账簿记录	从报表日前后若干天的账簿记录追查至记账凭证,检查发票存根与发货凭证	证实已入账是否在同一期间已开具发票发货,有无多记收入,防止高估主营业务收入	比较直观,容易追查至相关凭证记录	缺乏全面性和连贯性,只能查多记,无法查漏记
销售发票	从报表日前后若干天的发票存根查至发货凭证与账簿记录	确认已开具发票的货物是否已发货,并于同一会计期间确认收入,防止低估收入	较全面、连贯,容易发现漏记收入	较费时、费力,尤其是难以查找相应的发货及账簿记录,不易发现多记收入
发运凭证	从报表日前后若干天的发货凭证查至发票开具情况与账簿记录	确认收入是否已记入适当的会计期间,防止低估收入	较全面、连贯,容易发现漏记收入	较费时、费力,尤其是难以查找相应的发货及账簿记录,不易发现多记收入

　　上述三条路线在审计实务中均被广泛采用,它们并不是孤立的,注册会计师应当根据经验和所掌握的信息,作出正确的专业判断,结合实际情况选择一条或两条,甚至同时选择三条路线实施有效的截止测试。

☞小案例

主营业务收入的截止测试

　　注册会计师李豪审计 A 公司的销售收入,通过分析程序发现 A 公司 12 月主营业业务收入变动波动异常,于是,李豪实施截止性测试,以期发现销售收入是否有高估或低估问题。

　　通过销售收入截止性测试表(如下表),李豪认定 A 公司 12 月份少计销售收入 216 000元,多计销售收入 54 376 元,提请 A 公司进行调整。

　　该案例中的截止性测试,是以销售发票为起点进行测试的。

主营业务收入的截止测试表

被审计单位名称：　　　　　　　　　编制者：　日期：　页次：

会计期间或截止日：　　　　　　　　复核者：　日期：　索引号：

客户名称	发票内容				记账凭证		出库日期	备注
	编号	日期	数量	金额	日期	编号		
B 饲料公司	282	12.20	13T	18 649	12.23	164	12.20	√J
C 饲料公司	283	12.24	22T	54 376	12.25	175	——	J 无发货记录
银河公司	284	12.26	30T	120 000	1.11	0012	12.26	√需调整
洪发公司	285	12.28	10T	28 000	1.11	0013	12.28	√需调整
三友公司	286	12.29	20T	68 000	1.11	0014	12.28	√需调整
C 饲料公司	287	1.3	22T	−54 376	1.3	175	1.3	红字冲销
昌盛公司	288	1.7	15T	28 000	1.10	007	1.7	√J
洪发公司	289	1.13	20T	28 000	1.15	0013	1.15	√J
吉利公司	290	1.18	5T	16 000	1.20	0024	1.18	√J

审计说明：对 12 月份三笔已开发票，但未入账的进行调整：

　　借：应收账款——银河公司　　　　　　　120 000

　　　　　　　　　——洪发公司　　　　　　　 28 000

　　　　　　　　　——三友公司　　　　　　　 68 000

　　　　贷：主营业务收入　　　　　　　　　　　　184 615.7

　　　　　　应交税金　　　　　　　　　　　　　　 31 384.3

　　对 12 月份多记的销售收入进行调整

　　借：主营业务收入　　　　　　　　　　　 54 376

　　　　贷：应收账款——C 饲料公司　　　　　　　 54 376

v：与存货核对相符；J：正确过入明细账、总账。

（六）销售折扣、销货退回与折让业务测试

企业在销售过程中，经常会因为产品质量、品种不符合要求以及结算方面的原因发生销货退回、销售折扣与折让业务。尽管引起三者的原因不同，其表现形式也不尽一致，但最终结果都是对收入的抵减，直接影响主营业务收入的确认和计量。因此，注册会计师应重视对销货退回、销售折扣与折让业务的审计。其测试程序主要包括：

1. 获取或编制折扣与折让明细表，复核加计正确，并与明细账合计数核对相符。

2. 抽查较大金额的折扣与折让业务，检查其是否经过授权批准，是否真实、合法。

3. 检查销售退回的产品是否已验收入库并登记入账，有无形成账外物资的情况；销售折扣与折让是否及时足额提交对方，有无转移收入、私设账外"小金库"等情况。

4. 检查折扣与折让的会计处理是否正确。

（七）审查有无特殊的销售行为

对特殊的销售行为，如附有销售退回条件的商品销售、委托代销、售后回购、以旧换新、商品需要安装和检验的销售、分期收款销售、出口销售、售后租回等，审计人员应选择恰当的

审计程序进行审核。

(八)确定主营业务收入的列报是否恰当

审计人员应审查利润表上的主营业务收入金额是否与审定数相符,主营业务收入确认所采用的会计政策是否已在会计报表附注中披露。

三、其他业务收入的实质性程序

其他业务收入的实质性程序一般包括以下内容:

1. 获取或编制其他业务收入明细表,复核加计是否正确,并与总账数和明细账合计数核对是否相符,结合主营业务收入科目与营业收入报表数核对是否相符。

2. 计算本期其他业务收入与其他业务成本的比率,并与上期该比率比较,检查是否有重大波动,如有,应查明原因。

3. 检查其他业务收入内容是否真实、合法,收入确认原则及会计处理是否符合规定,择要抽查原始凭证予以核实。

4. 对异常项目,应追查入账依据及有关法律文件是否充分。

5. 抽查资产负债表日前后一定数量的记账凭证,实施截止测试,追踪到销售发票、收据等,确定入账时间是否正确,对于重大跨期事项作必要的调整建议。

6. 确定其他业务收入在财务报表中的列报是否恰当。

第四节　应收账款审计

应收账款是指企业因销售商品、提供劳务而形成的债权,即由于企业销售商品、提供劳务等原因,应向采购客户或接受劳务的客户收取的款项或代垫的运杂费,是企业的债权性资产。企业的应收账款是在销售交易或提供劳务过程中产生的。因此,应收账款的审计应结合销售交易来进行。

一、应收账款的审计目标

应收账款的审计目标一般包括:(1)确定资产负债表中记录的应收账款是否存在;(2)确定所有应当记录的应收账款是否均已记录;(3)确定记录的应收账款是否被审计单位拥有或控制;(4)确定应收账款是否可收回,坏账准备的计提方法和比例是否恰当,计提是否充分;(5)确定应收账款及其坏账准备期末余额是否正确;(6)确定应收账款及其坏账准备是否已按照企业会计准则的规定在财务报表中作出恰当列报。

二、应收账款的实质性程序

(一)取得或编制应收账款明细表

审计人员应取得或编制应收账款明细表,复核加计正确,并与总账数和明细账合计数核对相符;结合坏账准备科目与报表数核对相符。如果出现不符情况,注册会计师应予调查并作适当的调整。

(二)检查涉及应收账款的相关财务指标

审计人员可以从两方面进行:(1)复核应收账款借方累计发生额与主营业务收入关系是

否合理,并将当期应收账款借方发生额占销售收入净额的百分比与管理层考核指标比较和被审计单位相关赊销政策比较,如存在异常应查明原因;(2)计算应收账款周转率、应收账款周转天数等指标,并与被审计单位相关赊销政策、被审计单位以前年度指标、同行业同期相关指标对比分析,检查是否存在重大异常。

(三)检查应收账款账龄分析是否正确

1. 获取或编制应收账款账龄分析表。审计人员可以通过获取或编制应收账款账龄分析表来分析应收账款的账龄,以便了解应收账款的可收回性。应收账款账龄分析表参考格式如表 7-3 所示。

表 7-3　应收账款账龄分析表

客户名称	期末余额	账　　龄			
		1 年以内	1—2 年	2—3 年	3 年以上
合计					

应收账款的账龄,通常是指资产负债表中的应收账款从销售实现、产生应收账款之日起,至资产负债表日止所经历的时间。编制应收账款账龄分析表时,可以考虑选择重要的客户及其余额列示,而将不重要的或余额较小的汇总列示。应收账款账龄分析表的合计数减去已计提的相应坏账准备后的净额,应该等于资产负债表中的应收账款项目余额。

2. 测试应收账款账龄分析表计算的准确性,并将应收账款账龄分析表中的合计数与应收账款总分类账余额相比较,并调查重大调节项目。

3. 检查原始凭证,如销售发票、运输记录等,测试账龄划分的准确性。

(四)向债务人函证应收账款

应收账款函证就是直接发函给被审单位的债务人,要求核实被审单位应收账款的记录是否正确的一种方法。函证的目的是证实应收账款账户余额的真实性、正确性,防止或发现被审单位及其有关人员在销售业务中发生的差错或弄虚作假、营私舞弊行为。通过函证,可以有效地证明债务人的存在和被审单位记录的可靠性。询证函由注册会计师利用被审单位提供的应收账款明细账户及客户地址等资料据以编制,信函的寄发由注册会计师亲自控制。由于函证所取得的是外部证据,证明力较强,这有助于实现与管理当局的"存在或发生"认定、"权利与义务"认定、"完整性"认定以及"计价分和分摊"认定相关的审计目标。因此注册会计师应把函证作为应收账款审计的一项必要程序。

☞小资料

企业询证函

_____(公司)　　　　　　　　　　　　　　　　　　编号:

本公司聘请的 ABC 会计师事务所正在对本公司会计报表进行审计,按照《中国注册会计师审计准则》的要求,应当询证本公司与贵公司的往来账项。下列数据出自本公司账簿记录,如与贵公司记录相符,请在本函下端"数据证明无误"处签章证明;如有不符,请在"数据不符"处列明不符金额。回函请直接寄至 ABC 会计师事务所。

通讯地址:

邮编: 电话: 传真:

1.本公司与贵公司的往来账项列示如下:

截止日期	贵公司欠	欠贵公司	备注

2.其他事项

本函仅为复核账目之用,并非催款结算。若款项在上述日期之后已经付清,仍请及时函复为盼。

（公司签章） （日期）

结论:1.数据证明无误

（签章） （日期）

2.数据不符,请列明不符详细情况:

（签章） （日期）

1.确定函证范围和对象。在抽样审计的情况下,函证数量的多少及范围的大小是由诸多因素决定的,主要包括:(1)应收账款在全部资产中的重要性。如果应收账款在资产总额中所占比重较大,相应扩大函证的范围;反之,缩小函证的范围。(2)被审单位内部控制的强弱。若内部控制较混乱,则相应扩大函证范围;反之,可以相应减少函证数量。(3)以前期间函证的结果。若以前期间函证时发现重大差异或有未曾回函的账户,应扩大本期函证范围,并把有问题的账户选为本期函证的样本。(4)函证方式的选择。若采用肯定式函证,则可以相应减少函证量;若采用否定式函证,则要相应增加函证量。

一般情况下,注册会计师应选择以下项目作为函证对象:大额或账龄较长的项目;与债务人发生纠纷的项目;关联方(包括持股不少于 5% 以上股东)项目;主要客户(包括关系密切的客户)项目;交易频繁但期末余额较小甚至余额为零的项目;非正常的项目。

2.选择函证方式。函证方式分为肯定式函证和否定式函证两种。(1)肯定式函证,又称正面式、积极式函证,就是向债务人发出询证函,要求他证实所函证的欠款是否正确,无论对错都要求复函。(2)否定式函证,又称反面式、消极式函证。它也是向债务人发出询证函,但所函证的款项相符时不必回函,只有在所函证的款项不符时才要求债务人向注册会计师复函。

3.选择函证时间。恰当选择函证时间,有利于提高注册会计师的审计效率和效果。在充分考虑对方复函时间的前提下,函证发送的最佳时间应是与资产负债表日接近的时间,以确保在审计工作结束前取得函证的全部资料。

4.控制函证过程。注册会计师应当直接控制询证函的发送与回收。(1)对于因无法投递而退回的信函,要进行分析、研究、处理,查明是由于被函证者地址迁移、差错而致信函无法投递,还是这笔应收账款本来就是一笔假账。(2)如果被询证者以传真、电子邮件等方式回函,注册会计师应当直接接收,并要求被询证者寄回询证函原件。(3)对于采用肯定式函证方式而没有得到复函的,应采用追查程序。一般来说,应发送第二次乃至第三次询证函,如果仍得不到答复,注册会计师则应考虑采用必要的替代审计程序,例如,检查与销售有关的文件,包括销售合同、销售订单、销售发票副本及发运凭证等,以获取具有同等证明效力的审计证据。

5. 分析函证结果。注册会计师从顾客那里收回询证函后,应对函证结果进行分析。一般情况下函证结果有两种:(1)注册会计师认为函证结果得到了对方的确认,正确可靠;(2)注册会计师认为回函结果有差异,需作进一步核实。必要时,应建议被审单位作适当调整。产生差异的原因可能是未达账项,可能是记账错误,也可能是弄虚作假或舞弊行为。

6. 对函证结果进行总结和评价。注册会计师应将函证的过程和情况记录在审计工作底稿中,并据以总结和评价应收账款。评价内容包括:(1)注册会计师应重新考虑过去对内部控制的评价是否适当;控制测试的结果是否适当;分析程序的结果是否适当;相关的风险评价是否适当等等。(2)如果函证结果表明没有审计差异,则注册会计师可以合理地推论:全部应收账款总体是正确的。(3)如果函证结果表明存在审计差异,则注册会计师应当估算应收账款总额中可能出现的累计差错是多少,估算未被选中进行函证的应收账款的累计差错是多少。为取得对应收账款累计差错更加准确的估计,也可以扩大函证范围。

☞ 小案例

案情简介:某注册会计师对 ABC 公司 2016 年度的应收账款项目进行审计时,决定对下列 5 个明细账中的 3 个进行函证:

客户名称	应收账款年末余额
甲公司	222 650 元
乙公司	198 900 元
丙公司	1000 元
丁公司	165 000 元
戊公司	19 000 元

要求:

1. 假如你是该注册会计师,你会从以上客户中选择哪三个供货人作为应收账款的函证对象?为什么?

2. 在你选中的三个函证对象中,假如按从上至下的顺序排列,三个被函证客户回函情况各不相同。第一被函证客户表示余额于 2016 年 12 月 25 日已全部付清。第二被函证客户表示询证函上所列货物从未采购过。第三被函证客户表示询证内容完全属实正确。试问,对于回函结果有差异的客户,你下一步该怎么办?

分析要点:

1. 该注册会计师应选择甲、乙、丁三家公司作为应收账款的函证对象,因为函证的主要目的在于验证各明细账期末余额的正确性,防止被审单位高估或虚构应收账款,由于甲、乙、丁三家公司在资产负债表日欠被审单位的货款最多,因而应确定为函证对象。

2.第一被函证客户应是甲公司,函证结果差异形成的原因极有可能是未达账项或记账错误所致。注册会计师应进一步查证核实。主要方法包括:一是抽取"应收账款——甲公司"明细账,采用截止测试的方法,判断是否于下年初收款入账。二是到银行查询有无款到还未通知 ABC 公司的情况。三是根据银行存款日记账的收款记录追查至应收账款明细账,查明是否存在过账错误,误将其他客户的欠款注销。

第二被函证客户应是乙公司,函证结果差异形成的原因极有可能是虚构债权和收入。注册会计师应进一步查证核实。主要方法包括:审核发运凭证及运输公司的运输发票,以查明 ABC 公司是否确实发货。如果货物确实运出,还应将有关凭证影印送乙公司查明。如果未运出,应调整会计记录。

第三被函证客户应是丁公司,函证结果无差异。

(五)确定已收回的应收账款金额

请被审计单位协助,在应收账款账龄明细表中标出至审计时已收回的应收账款金额,对已收回金额较大的款项进行常规检查,如核对收款凭证、银行对账单、销货发票等,并注意凭证发生日期的合理性,分析收款时间是否与合同相关要素一致。

(六)对未函证应收账款实施替代审计程序

通常,注册会计师不可能对所有应收账款进行函证,因此,对于未函证应收账款,注册会计师应抽查有关原始凭据,如销售合同、销售订购单、销售发票副本、发运凭证及回款单据等,以验证与其相关的应收账款的真实性。

(七)审查坏账的确认和处理

首先,注册会计师应检查被审单位已记录的坏账是否符合规定的条件。会计制度规定,如果债务人破产或者死亡,以及破产或以遗产清偿后仍无法收回的,债务人长期未履行清偿义务的应收账款可以确认为坏账。其次,检查被审单位坏账的处理是否经授权批准,有关会计处理是否正确。

(八)抽查有无不属于结算业务的债权

不属于结算业务的债权,不应在应收账款中进行核算。因此,注册会计师应抽查应收账款明细账,并追查有关原始凭证,查证被审计单位有无不属于结算业务的债权。如有,应建议被审计单位作适当调整。

(九)检查应收账款的贴现、质押或出售

检查银行存款和银行借款等询证函的回函、会议纪要、借款协议和其他文件,确定应收账款是否已被贴现、质押或出售,应收账款贴现业务属质押还是出售,其会计处理是否正确。

(十)审查外币应收账款的折算

对于外币结算的应收账款,注册会计师应审查被审单位外币应收账款的增减变动是否按业务发生时的市场汇率或期初市场汇率折合为记账本位币金额,所选折合汇率是否前后期一致;期末外币应收账款余额是否按期末市场汇率折合为记账本位币金额;折算差额的会

计处理是否正确。

（十一）分析应收账款明细账余额

应收账款明细账余额一般在借方，注册会计师如果发现应收账款出现贷方余额，应查明原因，必要时建议作重分类调整。

（十二）确定应收账款的列报是否恰当

如果被审计单位为上市公司，则其财务报表附注通常应披露期初、期末余额的账龄分析，期末欠款金额较大的单位账款，以及持有 5%以上（含 5%）股份的股东单位账款等情况。

三、坏账准备的实质性程序

企业会计准则规定，企业应当在期末对应收款项进行检查，并合理预计可能产生的坏账损失。应收款项包括应收票据、应收账款、预付款项、其他应收款和长期应收款等，下面以应收账款相关的坏账准备为例，阐述坏账准备审计常用的实质性程序。

1. 取得或编制坏账准备明细表，复核加计是否正确，与坏账准备总账数、明细账合计数核对是否相符。

2. 将应收账款坏账准备本期计提数与资产减值损失相应明细项目的发生额核对是否相符。

3. 检查应收账款坏账准备计提和核销的批准程序，取得书面报告等证明文件，评价计提坏账准备所依据的资料、假设及方法。

4. 实际发生坏账损失的，检查转销依据是否符合有关规定，会计处理是否正确。

5. 已经确认并转销的坏账重新收回的，检查其会计处理是否正确。

6. 检查函证结果。对债务人回函中反映的例外事项及存在争议的余额，注册会计师应查明原因并作记录。必要时，应建议被审计单位作相应的调整。

7. 实施分析程序。通过比较前期坏账准备计提数和实际发生数，以及检查期后事项，评价应收账款坏账准备计提的合理性。

8. 确定应收账款坏账准备的披露是否恰当。

第五节　其他项目审计

在销售与收款循环中，除以上介绍的财务报表项目外，还有应收票据、长期应收款、预收账款、应交税金、其他应交款、营业税金及附加、销售费用等项目。下面以应收票据、长期应收款、预收账款为例对其实质性程序作一简单阐述。

一、应收票据审计

应收票据核算企业因销售商品、产品、提供劳务等而收到的商业汇票，包括银行承兑汇票和商业承兑汇票。审计人员对应收票据的实质性程序主要有：

1. 获取或编制应收票据明细表。（1）复核加计是否正确，并与总账数和明细账合计数核对是否相符；结合坏账准备科目与报表数核对是否相符。应收票据明细表通常包括出票人姓名、出票日、到期日、金额和利率等资料。在复核加计正确及与上述有关数额核对相符的基础上,注册会计师应抽查部分票据,并追查至相关文件资料,判断其内容是否正确,有无应转应收账款的逾期应收票据,以及虽未逾期但有确凿证据表明不能够收回或收回可能性不大的应收票据。(2)检查非记账本位币应收票据的折算汇率及折算是否正确。(3)检查逾期票据是否已转为应收账款。

2.取得被审计单位"应收票据备查簿",核对其是否与账面记录一致。请被审计单位协助,在应收票据明细表上标出审计时已兑现或已贴现的应收票据,作常规检查,如核对收款凭证等,以确认其在资产负债表日的真实性。

3.监盘库存票据,注意票据的种类、号数、签收的日期、到期日、票面金额、合同交易号、付款人、承兑人、背书人姓名或单位名称,以及利率、贴现率、收款日期、收回金额等是否与应收票据登记簿的记录相符;关注是否对背书转让的票据负有连带责任;注意是否存在已作质押的票据和银行退回的票据。

4.函证应收票据。必要时选取部分票据向出票人函证,证实其存在性和可收回性,并编制函证结果汇总表。

5.对于大额票据,应取得相应销售合同或协议、销售发票和出库单等原始交易资料进行核对,以证实是否存在真实的交易。

6.复核带息票据的利息计算是否正确,注意逾期应收票据是否已按规定停止计提利息,并检查其会计处理是否正确。

7.对贴现的应收票据,复核其贴现息计算是否正确,会计处理是否正确。

8.请被审计单位协助,在应收票据明细表上标出至外勤审计时已兑现或已贴现的应收票据,核对收款凭证等资料,以确认其资产负债表日的真实性。

9.对应收票据相关的坏账准备进行审计(审计程序参见与应收账款相关坏账准备的审计程序)。

10.检查应收票据是否已按照企业会计准则的规定在财务报表中作出恰当的列报。

二、长期应收款审计

审计人员对长期应收款的实质性程序主要有:

1.获取或编制长期应收款明细表。(1)复核加计是否正确,并与总账数和明细账合计数核对是否相符,结合坏账准备科目和未实现融资收益科目与报表数核对是否相符;(2)检查非记账本位币长期应收款的折算汇率及折算是否正确。

2.分析长期应收款账龄及余额构成,了解每一明细项目的性质,查阅长期应收款相关合同协议,了解长期应收款是否按合同或协议规定按期收款,检查长期应收款是否真实。

3.选择长期应收款的重要项目函证其余额和交易条款,对未回函的再次发函或实施替代的审计程序。

4.对于融资租赁产生的长期应收款,取得相关的合同和契约。(1)关注租赁合同的主要条款,检查是否满足企业会计准则对于融资租赁的相关规定,检查授权批准手续是否齐全;(2)根据合同及协议,检查最低租赁收款额、每期租金、租赁期、担保余值和未担保余值等项目的金额是否正确;检查初始直接费用及其相关会计处理是否正确;(3)检查租赁资产在租赁期开始日的公允价值,如与账面价值有差额,检查其会计处理是否正确。

5.对于采用递延方式、有融资性质的销售形成的长期应收款,取得相关的销售合同或协议,检查是否满足确认销售收入的条件;检查合同规定的售价、每期租金、收款期等要素;检查所销售资产在销售收入确认日的公允价值;检查会计处理是否正确。

6.对有实质上构成对被投资单位净投资的长期权益,检查在"长期股权投资"的账面价值减记至零以后还需承担的投资损失,检查是否冲减长期应收款,若无,应作出记录,必要时建议作适当调整。

7.检查长期应收款的坏账准备。确定长期应收款是否可收回,了解有无未能按合同规定收款或延期收款现象,坏账准备的计提方法和比例是否恰当,计提是否充分。

8.检查未实现融资收益。检查未实现融资收益的入账金额是否正确,摊销年限是否恰当,会计处理是否正确;检查未实现融资收益本期摊销是否正确;检查期末租赁资产的未担保余值是否有变动;如果未实现融资收益对应的长期应收款的收回存在问题,检查未实现融资收益的会计处理是否恰当。

9.检查长期应收款是否已按照企业会计准则的规定在财务报表中作出恰当的列报。

三、预收账款审计

审计人员对预收账款的实质性程序主要有:

1.获取或编制预收账款明细表,并进行以下检查:(1)复核加计是否正确,并与报表数、总账数和明细账合计数核对是否相符;(2)以非记账本位币结算的预收账款,检查其采用的折算汇率及折算是否正确;(3)检查是否存在借方余额,必要时进行重分类调整;(4)结合应收账款等往来款项目的明细余额,检查是否存在应收、预收两方挂账的项目,必要时作出调整;(5)标识重要客户。

2.请被审计单位协助,在预收账款明细表上标出截至审计日已转销的预收账款,对已转销金额较大的预收账款进行检查,核对记账凭证、仓库发货单、货运单据、销售发票等,并注意这些凭证日期的合理性。

3.抽查预收账款有关的销货合同、仓库发货记录、货运单据和收款凭证,检查已实现销售的商品是否及时转销预收账款,确定预收账款期末余额的正确性和合理性。

4.选择预收账款的若干重大项目函证,根据回函情况编制函证结果汇总表。

5.检查预收账款长期挂账的原因,并作出记录,必要时提请被审计单位予以调整。检查账龄超过一年的预收账款未结转的原因并作出记录。

6.对预收账款中按税法规定应预缴税费的预收销售款,结合应交税费项目检查是否及时、足额缴纳有关税费。

7.通过货币资金的期后测试,以确定预收账款是否已计入恰当期间。

8.标明预收关联方[包括持股5%以上(含5%)股东]的款项,执行关联方及其交易审计程序,并注明合并报表时应予抵销的金额。

9.检查预收账款是否已按照企业会计准则的规定在财务报表中作出恰当的列报。

本章小结

1.销售与收款循环的特性包括销售与收款循环中的主要业务活动和销售与收款循环所涉及的主要凭证及账户两部分内容。销售与收款循环控制测试主要对职责分离、授权审批、凭证和记录、凭证编号、按月对账、内部检查等关键控制点进行控制测试。

2.主营业务收入的余额测试中,主要测试程序包括编制主营业务收入明细表、检查收入的确认、执行分析程序、相关凭证的审查、实施销售的截止测试、销售折扣、销货退回与折让业务测试和检查报表披露的恰当性。

3.应收账款的余额测试中,主要测试程序包括核对应收账款、分析应收账款账龄、对未函证的应收账款应抽查原始凭证、分析应收账款明细账的余额、检查应收账款在会计报表上的披露是否恰当等等。

思考题

1.比较说明对销货业务的真实性和完整性的测试程序有何区别?

2.执行应收账款函证程序时,如何确定函证的范围、对象和方式?

3.注册会计师如何实施销售业务的截止测试?

案例分析

【案例 7-1】

案例资料:

审计人员对某企业的应收账款进行审计,该企业应收账款账户有 100 户,除有 10 户应收账款每户超过 10 万元以上外,其余 90 户都在 5 万元左右。审计人员首先对应收账款内部控制进行调查、研究和评价,发现各控制点均有良好的控制。

案例要求:

1. 请确定函证的范围和对象,并说明理由。

2. 起草一份肯定式询证函。

3. 假定回函全部收到,但复函中有 6 户提出如下意见:

(1)无法复核。

(2)所欠余额 20 000 元已于当年 12 月 25 日支付。

(3)大体一致。

(4)经查,12 月 30 日第 456 号发票(金额为 25 000 元)系目的地交货,本公司收货日期是次年 1 月 5 日,因此询证函所称 12 月 30 日欠款之事与事实不符。

(5)本公司曾于 10 月份预付款 7500 元,足以抵付对账单所列两张发票的金额 5000 元。

(6)所采购物从未收到。

针对上述意见,审计人员应作何种处理?

【案例 7-2】

案例资料:

A 和 B 审计人员对 XYZ 股份有限公司 2016 年度会计报表进行审计,该公司 2016 年度未发生购并、分立和债务重组行为,供产销形势与上年相当。该公司提供的未经审计的 2016 年度合并会计报表附注的部分内容如下:

(1)坏账核算的会计政策:坏账核算采用备抵法。坏账准备按期末应收账款余额的 5‰

计提。

应收账款和坏账准备项目附注：

应收账款/坏账准备：16 553/52.77。

应收账款账龄分析(2016年年末余额)见下表：

单位:万元

账龄	年初数	年末数
1年以内	8392	10 915
1—2年	1186	1399
2—3年	1161	1365
3年以上	1421	2874
合计	12 160	16 553

(2)主营业务收入和主营业务成本项目附注：

主营业务收入/主营业务成本 2016年度发生额：61 020/52 819。

单位:万元

品名	主营业务收入		主营业务成本	
	2015年发生额	2016年发生额	2015年发生额	2016年发生额
X产品	40 000	41 000	38 000	33 800
Y产品	20 000	20 020	19 000	19 019
合计	60 000	61 020	57 000	52 819

案例要求：

假定上述附注内容中的年初数和上年比较数均已审定无误，你作为A和B审计人员，在审计计划阶段，请运用专业判断，必要时运用分析程序方法，分别指出上述附注内容中存在或可能存在的不合理之处。并简要说明理由。

实训项目

实训目的：

通过营业收入实质性程序的实务操作，熟悉营业收入实现的确认条件。

实训内容：

注册会计师李明在审计A公司2016年度营业收入时，抽查了该公司12月份的销售业务，发现下列情况：

(1)12月10日，采用交款提货销售方式售给B公司甲产品10 000万元(不含税,增值税税率为17%)，货款已收到，发票账单和提货单交给B公司，但产品仍在仓库，尚未入账。

(2)12月15日，A公司收到C公司退回2015年销售的甲产品2000万元(不含税,增值税税率为17%)，产品已收到，未作账务处理。

(3)12月20日，A公司确认售给某商场丙产品25 000万元收入(不含税,增值税税率为17%)。相关资料显示：合同规定A公司需对出售的商品负责安装检验，A公司5个月后才能完善安装、检验任务，但A公司在交付丙产品后，马上进行收入实现的账务处理。

(4)12 月 24 日,A 公司确认对 D 公司销售收入计 2000 万元(不含税,增值税税率为17％)。相关记录显示:销售给 D 公司的产品系按其要求定制,成本为 1800 万元;D 公司监督该产品生产完工后,支付了 1000 万元款项;但该产品尚存放于 A 公司,且 A 公司尚未开具增值税发票。

(5)12 月 25 日,A 公司确认对 E 公司销售收入计 3000 万元(不含税,增值税税率为17％)。相关记录显示:根据双方签订的协议,销售给 E 公司该批产品所形成的债权直接冲抵 A 公司所欠 E 公司原材料采购款;相关冲抵手续办妥后,A 公司已经向 E 公司开具增值税发票,该批产品的成本为 2500 万元。

(6)12 月 27 日,A 公司确认对 F 公司销售收入计 1000 万元(不含税,增值税税率为17％)。相关记录显示:销售给 F 公司的产品系 A 公司生产的半成品,其成本为 900 万元,A公司已开具增值税发票且已经收到货款;F 公司对其购进的上述半成品进行加工后又以1287 万元的价格(含税,增值税税率为 17％)销售给 A 公司,F 公司已开具增值税发票且已收到货款,A 公司已作存货购进处理。

实训要求:

1.指出 A 公司 2016 年应调整的主营业务收入的数额;

2.指出 A 公司在销货交易中存在的问题。

阅读平台

• 阅读书目

1.中国注册会计师协会.审计[M].第九章,北京:经济科学出版社,2017.

2.葛家澍.会计数字游戏——美国十大财务舞弊案例剖析[M].北京:中国财政经济出版社,2003.

3.叶陈刚.审计学[M].第九章,北京:机械工业出版社,2015.

4.秦荣生,卢春泉.审计学(第 9 版)[M].第九章,北京:中国人民大学出版社,2017.

5.陈汉文.审计[M].第十章,北京:中国人民大学出版社,2016.

• 阅读资料

1.王康.上市公司财务造假问题分析及治理[J].财会学习,2017 年第 6 期.

2.李佳楠.新三板农业类挂牌企业财务造假频发[N].财会信报,2017-02-20.

3.何欣哲.东芝卷入会计造假丑闻 加强审计质量一直在路上[N].中国会计报,2017-01-20.

4.徐惠珍,周亚玲.销售与收款循环审计实务关键点研究[J].中国集体经济,2017 年第 1 期.

5.吴辉.销售与收款循环审计在实务中的应用[J].财会学习,2015 年第 8 期.

第八章

采购与付款循环审计

学习目标

通过本章学习,你应能够:

1. 识别采购与付款业务循环相关的会计凭证、账户、主要业务活动。
2. 掌握采购与付款循环中的控制要点及控制测试。
3. 设计与执行采购与付款循环交易的实质性程序。
4. 掌握应付账款、固定资产、累计折旧等账户的实质性程序。

引入案例

美国巨人零售公司审计案

巨人零售公司是美国一家大型的零售折扣商店,也是一家上市公司,1959年建立,总部设在马萨诸塞州的詹姆斯福特。由于竞争的压力,该公司在应付账款、销售退回以及进价差额的退回方面弄虚作假,将1971年发生的250万美元的经营损失篡改为150万美元的收益,并且提高了与之有关的流动比率和周转率。而审计该公司的塔奇·罗斯会计师事务所的有关合伙人由于屈服于客户施加的压力,在该公司的控制下对有关单位进行询证,执行并无实效的审计程序;对该公司提出的更换审计合伙人、将某位助理审计人员赶出事务所等无理要求"委曲求全";对审计助理人员发现的公司舞弊嫌疑听之任之。更有甚者,当塔奇·罗斯会计师事务所在与巨人零售公司讨论审计中所发现的问题时,巨人零售公司的有关人员是当面计算各种财务指标,以能否达到预期目标作为是否接受塔奇·罗斯会计师事务所调整意见的原则。

1972年巨人零售公司向美国证券交易委员会提交了1971年度财务报表和塔奇·罗斯会计师事务所出具的无保留意见审计报告,申请并获准发行了300万美元的普通股,还获取了1200万美元的贷款。但1973年该公司突然宣布:由于存在潜在的会计错误可能会影响1971年度的报告收益。大约一个月以后塔奇·罗斯会计师事务所撤回了上述无保留意见审计报告。1973年8月巨人零售公司向波士顿法院提交破产申请,两年后法庭宣布公司破产,该公司的有关人员则被判有罪。美国证券交易委员会在经过调查后,严厉谴责了塔奇·罗斯会计师事务所,并且在联邦法院处理此事前,暂停该所负责巨人零售公司审计的合伙人执业5个月。美国证券交易委员会同时要求由独立专家中的一位陪审员,对塔奇·罗斯会计师事务所的审计程序进行一次大规模的检查,内容包括了事务所的独立性以及如何接受聘约、保留客户等。

——资料来源:李若山《审计案例——国外审计诉讼案例》,辽宁人民出版社,1998。

美国巨人零售公司审计案的出现说明,由于企业常常低估负债,这就要求审计人员在检查时要保持应有的职业谨慎,充分关注审计是否存在未入账的应付账款,如虚列未入账的预付广告费用,购入价高的商品退回、总价折扣以及折扣优惠等。

在本案例中,塔奇·罗斯会计师事务所在询问客户相关问题未得到答复后,就在证据不充分的前提下出具了无保留意见的审计报告,甚至纵容巨人零售公司的有关人员任意篡改会计数据,完全丧失了注册会计师应有的职业道德。这充分说明,在审计过程中,充分审计证据的获取、恰当审计程序的选用及职业谨慎的关注在审计工作中的作用是不可忽视的。

第一节　采购与付款循环业务特性

企业的采购与付款循环包括购买商品、劳务和固定资产,以及企业在经营活动中为获取收入而发生的直接或间接的支出,它主要影响资产负债表项目,具体包括:预付账款、固定资产、工程物资、在建工程、固定资产清理、应付票据和应付账款等账户。采购与付款循环的业务特性包括两部分内容:一是本循环中的主要业务活动;二是本循环所涉及的主要凭证和账户。

一、采购与付款循环中的主要业务活动

在一个企业,如可能的话,应将各项职能活动指派给不同的部门或职员来完成。这样,每个部门或职员都可以独立检查其他部门和职员工作的正确性。下面以采购商品为例,分别阐述采购与付款循环所涉及的主要业务活动及其适当的控制程序和相关的认定。

(一)请购商品和劳务

仓库负责对需要购买的已列入存货清单的项目填写请购单,其他部门也可以对所需要购买的未列入存货清单的项目编制请购单。大多数企业对正常经营所需物资的购买均作一般授权,比如,仓库在现有库存达到再订购点时就可直接提出采购申请,其他部门也可为正常的维修工作和类似工作直接申请采购有关物品。但对资本支出和租赁合同,企业则通常要求作特别授权,只允许指定人员提出请购。请购单可由手工或计算机编制。由于企业内不少部门都可以填列请购单,可能不便事先编号,为加强控制,每张请购单必须经过对这类支出预算负责的主管人员签字批准。请购单是证明有关采购交易的"发生"认定的凭据之一,也是采购交易轨迹的起点。

(二)编制订购单

采购部门在收到请购单后,只能对经过批准的请购单发出订购单。对每张订购单,采购部门应确定最佳的供应来源。对一些大额、重要的采购项目,应采取竞价方式来确定供应商,以保证供货的质量、及时性和成本的低廉。

订购单应正确填写所需要的商品名称、数量、价格、厂商名称和地址等,预先编号并经过被授权的采购人员签名。其正联应送交供应商,副联则送至企业内部的验收部门、应付凭单部门和编制请购单的部门。随后,应独立检查订购单的处理,以确定是否确实收到商品并正确入账。这项检查与采购交易的"完整性"认定有关。

(三)验收商品

验收部门主要做好两方面的工作:一是盘点商品,将所收商品与订购单上的内容逐项进

行核对,如商品的品名、说明、数量、到货时间等,同时应注意商品有无损坏。二是根据已收货的每张订购单编制一式多联、预先编号的验收单,作为验收和检验商品的依据。验收人员将货品送交仓库或其他请购部门时,应取得经过签字的收据,或要求其在验收单的副联上签收,以确立他们对所采购的资产应负的保管责任。验收人员还应将其中的一联验收单送交应付凭单部门。验收单既与资产或费用以及与采购有关的负债的"存在或发生"认定有关,也与采购交易的"完整性"认定有关。

(四)保管商品

将已验收商品的保管与采购的其他职务相分离,可减少未经授权的采购和盗用商品的风险。存放商品的仓储区应相对独立,限制无关人员接近。这些控制与商品的"存在或发生"认定有关。

(五)编制付款凭单

在记录采购交易之前,应编制付款凭单。这里需要说明两点:第一,为采购交易编制的付款凭单所要求具有的原始凭证的种类,会随着交易对象的不同而不同;第二,所有未付凭单的副联应保存在未付凭单部门的未付凭单的档案中,以待日后付款。这些控制与"存在或发生""完整性""估价或分摊"认定有关。

☞ 小思考

编制付款凭单过程中应建立哪些控制措施?

提示:(1)搜集订购单、验收单和供应商发票等与采购业务相关的凭证,并复核供应商发票的内容与相关的验收单、订购单是否一致,供应商发票计算是否正确;(2)编制有预先编号的付款凭单,并附上相关的原始凭证,如订购单、验收单和供应商发票等;(3)在付款凭单上填入应借记的资产或费用账户名称;(4)独立检查付款凭单计算的正确性;(5)由被授权人员在凭单上签字,以示批准照此凭单要求付款。

(六)确认与记录负债

在手工系统下,应将已批准的未付款凭单送达财会部门,据以编制有关记账凭证和登记有关账簿。

(七)支付负债

对于已发生的采购业务,企业应及时在应付账款到期日前付款。支付方式以支票结算方式为主。在付款活动中,相关的内部控制措施有:(1)独立检查已签发支票的总额与所处理的付款凭单的总额是否一致;(2)应由被授权的财务部门的人员负责签署支票;(3)被授权签署支票的人员应确定每张支票都附有一张已经批准的未付款凭单,并确定支票收款人姓名和金额与凭单内容的一致;(4)支票一经签署应在其凭单和支持性凭证上以加盖印戳或打洞等方式将其注销,以免重复付款;(5)支票签署人不应签发无记名甚至空白支票;(6)支票应预先连续编号,保证支出支票存根的完整性和作废支票处理的恰当性;(7)应确保只有被授权的人员才能接近未经使用的空白支票。

（八）记录现金、银行存款的支出

在支票结算方式下，会计部门应根据已签发的支票编制付款记账凭证，并据以登记银行存款日记账和其他相关账簿。该业务活动中的相关控制措施有：（1）会计主管独立检查记入银行存款日记账和应付账款明细账的金额的一致性，以及与支票汇总记录的一致性；（2）定期比较银行存款日记账记录的日期与支票副本的日期，独立检查入账的及时性；（3）独立编制银行存款余额调节表。

二、采购与付款循环所涉及的主要凭证和账户

（一）原始凭证类

采购与付款循环涉及的主要原始凭证包括：请购单、订购单、验收单、供应商发票和付款凭单。

（二）记账凭证类

采购与付款循环涉及的主要记账凭证包括：付款凭证和转账凭证。

（三）日记账和明细账类

采购与付款循环涉及的主要日记账和明细账包括：现金日记账和银行存款日记账、应付账款、固定资产明细账等。

（四）总账类

采购与付款循环涉及的主要总账包括：现金和银行存款、应付账款、库存商品、固定资产总账。

第二节　内部控制测试和交易的实质性程序

一、采购业务的内部控制要点和控制测试

（一）适当的职责分离

为防止出现各种有意或无意的错误，采购与付款业务也需要适当的职务分离。本业务循环涉及的职责分离包括：（1）请购与审批；（2）询价与确定供应商；（3）采购合同的订立与审批；（4）采购与验收；（5）采购、验收与会计记录；（6）付款审批与付款执行。这些都是对单位提出的有关采购与付款方面相关职责适当分离的基本要求，以确保办理采购与付款业务的不相容职务相互分工、制约和监督。

注册会计师对于该控制措施的测试可以采用实地观察、询问相关人员等方法获取证据。

（二）正确的授权审批

采购与付款业务的授权审批主要集中在以下三个关键点上：（1）采购预算批准，请购的货物经过负责采购预算人员的审批；（2）采购价格授权，为保证供货的质量、及时性和成本的低廉，企业应采取竞价方式来确定供应商，经主管领导签字后采购人员才能办理采购业务；（3）付款授权，由被授权人员在付款凭单上签字，以示批准照此凭单要求付款。

注册会计师通常采用检查相关凭证的方法，审阅以上关键点是否经过审批，以测试出授

权批准方面的控制效果。如：检查请购单上授权部门的授权记录等。

（三）单证控制

虽然存货收入、发出、结存具有业务频繁、流动性强、种类繁多、核算复杂等特点，但只要加强对请购单、订购单、入库单、付款凭单等单据的管理，尤其是保管部门只要盯着这些单据的来龙去脉，就不怕存货有闪失。同时，企业将所有存货都按品种、规格、型号等建立仓库明细卡，妥善保管。

注册会计师通常采用检查相关凭证的方法，审阅采购业务发生的原始凭单是否齐全；也可采用试验或观察的方法验证业务的处理程序是否得到有效执行。

（四）内部检查程序

企业应当建立对采购与付款业务内部控制的监督检查制度。监督检查的内容包括：(1)采购与付款业务相关岗位及人员的设置情况，重点检查是否存在采购与付款业务不相容职务混岗的现象。(2)采购与付款业务授权批准制度的执行情况，重点检查大宗采购与付款业务的授权批准手续是否健全，是否存在越权审批的行为。(3)应付账款和预付账款的管理，重点审查应付账款和预付账款支付的正确性、时效性和合法性。(4)有关单据、凭证和文件的使用和保管情况，重点检查凭证的登记、领用、传递、保管、注销手续是否健全，使用和保管制度是否存在漏洞。

注册会计师可以采用检查内部审计人员的报告，或者其他独立人员在他们检查凭证上签字等方法实施控制测试。

采购业务内部控制测试的步骤主要分三步：第一，首先采用一定的方法了解被审单位采购与付款内部控制的建立与执行情况；将了解到的内容采用记述法、调查表法或绘制流程图的方式加以记录。第二步可以采用询问和观察、实验的控制程序，对记录进行检查与测试。最后，通过确定交易样本中的差错，注册会计师可以推断总体的差错，进而确定控制风险的估计水平。

☞ 小经验

采购交易的控制缺陷及相关控制测试

控制缺陷	可能的差错	控制测试
采购交易记录不完整	未收到货物或劳务却给供应商付款	选取一些已记录的交易，检查是否具有以下特征：记录完整；记录事先连续编号；记录经适当授权与复核；供应商发票上的商品或劳务类别、价格与订购单中的一致；供应商发票上的商品的类别、数量与验收报告的一致；账务处理正确。
记录未经适当批准和复核 记录未事先连续编号	采购未经授权 收到未订购的货物并付款	
未使用会计手册 账务处理未经复核	采购交易记录中的差错	
未检查债权人对账单中可能存在的差错 缺乏存货的永续盘存记录	采购交易记录中未发现的差错	

二、固定资产的内部控制要点和控制测试

(一)固定资产的预算制度

预算制度是固定资产内部控制中最重要的部分。通常,大企业应编制旨在预测与控制固定资产增减和合理运用资金的年度预算;小企业即使没有正规的预算,对固定资产的购建也要事先加以计划。

对于固定资产的预算制度,注册会计师应选取固定资产投资预算和投资可行性项目论证报告,检查是否编制预算并进行论证,以及是否经适当层次审批;对实际支出与预算之间的差异以及未列入预算的特殊事项,应检查其是否履行特别的审批手续。如果固定资产增减均能处于良好的经批准的预算控制之内,注册会计师即可适当减少针对固定资产增加、减少实施的实质性程序的样本量。

(二)授权批准制度

完善的授权批准制度包括:企业的资本性预算只有经过董事会等高层管理机构批准方可生效;所有固定资产的取得和处置均需经企业管理当局的书面认可。

对于固定资产的授权批准制度,注册会计师不仅应检查被审计单位固定资产授权批准制度本身是否完善,还应选取固定资产请购单及相关采购合同,检查是否得到适当审批和签署,关注授权批准制度是否得到切实执行。

(三)账簿记录制度

除固定资产总账外,被审单位还须设置固定资产明细分类账和固定资产登记卡,按固定资产类别、使用部门和每项固定资产进行明细分类核算。固定资产的增减变化均应有充分的原始凭证。

注册会计师应当认识到,一套设置完善的固定资产明细分类账和登记卡,将为注册会计师分析固定资产的取得和处置、复核折旧费用和修理支出的列支带来帮助。

(四)职责分工制度

对固定资产的取得、记录、保管、使用、维修、处置等,均应明确划分责任,由指定部门和专人负责。

注册会计师应当认识到,明确的职责分工制度,有利于防止舞弊,降低注册会计师的审计风险。

(五)资本性支出和收益性支出的区分制度

企业应制定区分资本性支出和收益性支出的书面标准。通常须明确资本性支出的范围和最低金额,凡不属于资本性支出的范围、金额低于下限的任何支出,均应列作费用并抵减当期收益。

注册会计师应当检查该制度是否遵循企业会计准则的要求,是否适应被审计单位的行业特点和经营规模,并抽查实际发生与固定资产相关的支出时是否按照该制度进行恰当的会计处理。

(六)固定资产的维护保养制度

固定资产应有严密的维护保养制度,以防止其因各种自然和人为的因素而遭受损失,并

应建立日常维护和定期检修制度,以延长其使用寿命。严格地讲,固定资产的保险不属于企业固定资产的内部控制范围,但它作为一项针对企业重要资产的特别保障,往往对企业非常重要。

对于固定资产的保险情况,注册会计师应抽取固定资产保险单盘点表,检查是否已办理商业保险。

(七)固定资产的处置制度

固定资产的处置包括投资转出、报废、出售等,均要有一定的申请报批程序。

注册会计师应当关注被审计单位是否建立了有关固定资产处置的分级申请报批程序;抽取固定资产盘点明细表,检查账实之间的差异是否经审批后及时处理;抽取固定资产报废单,检查报废是否经适当批准和处理;抽取固定资产内部调拨单,检查调入、调出是否已进行适当处理;抽取固定资产增减变动情况分析报告,检查是否经复核。

(八)固定资产的定期盘点制度

对固定资产的定期盘点,是验证账面各项资产是否真实存在和了解资产放置地点和使用状况以及发现是否存在未入账固定资产的必要手段。

注册会计师应了解和评价企业固定资产盘点制度,并应注意查询盘盈、盘亏固定资产的处理情况。

三、采购与付款交易的实质性程序

采购与付款交易的主要重大错报风险通常是低估费用和应付账款,从而高估利润、粉饰财务状况。因此,实施实质性程序,如对收到的商品和付款实施截止测试,以获取交易是否已被计入正确的会计期间的证据就显得非常重要;该交易循环中的另一项重大错报风险是采购的商品、资产被错误分类,即对本应资本化的予以费用化,或对本应费用化的予以资本化。这都将影响利润和资产或负债。此外,对于付款交易,还应关注被审计单位是否存在未经授权或无效的付款,是否将应计入费用的付款有意无意地冲销了不相关的应付账款。

针对上述重大错报风险实施实质性审计程序的目标在于获取关于发生、完整性、准确性、截止、存在、权利和义务、计价和分摊、分类等多项认定的审计证据。

为实现上述审计目标,注册会计师应当通过识别管理层用于监控费用和应付账款的关键业绩指标,来识别重要类别的采购交易和应付账款余额;将有关资产或负债项目的期初余额与以前年度工作底稿核对相符;复核管理层对主要费用和负债项目(如采购支出、资产的修理和维护支出、应付账款项目)出现的异常情况采取的措施;并将期末余额或本期发生额与总分类账核对相符。在此基础上,对采购与付款交易实施的实质性程序通常包括以下两个方面。

(一)实质性分析程序

1.根据对被审计单位的经营活动、供应商的发展历程、贸易条件和行业惯例的了解,确定应付账款和费用支出的期望值。

2.根据本期应付账款余额组成与以前期间交易水平和预算的比较,定义采购和应付账款可接受的重大差异额。

3.识别需要进一步调查的差异并调查异常数据关系,如与周期趋势不符的费用支出。

这类程序通常包括：

（1）观察月度（或每周）已记录采购总额趋势，与往年或预算相比较。

（2）将实际毛利与以前年度和预算相比较。

（3）计算记录在应付账款上的赊购天数，并将其与以前年度相比较。

（4）检查常规账户和付款。例如，租金、电话费和电费。这些费用是日常发生的，通常按月支付。通过检查可以确定已记录的所有费用及其月度变动情况。

（5）检查异常项目的采购。

（6）无效付款或金额不正确的付款，可以通过检查付款记录和付款趋势得以发现。例如，注册会计师通过查找金额偏大的异常项目并深入调查，可能发现重复付款或记入不恰当应付账款账户的付款。

4.通过询问管理层和员工，调查重大差异额是否表明存在重大错报风险，是否需要设计恰当的细节测试程序以识别和应对重大错报风险。

5.形成结论，即实质性分析程序是否能够提供充分、适当的审计证据，或需要对交易和余额实施细节测试以获取进一步的审计证据。

（二）采购与付款交易和相关余额的细节测试

当出现下列情形时，注册会计师通常应考虑对采购与付款交易和相关余额实施细节测试：（1）重大错报风险评估为高，例如，存在非正常的交易，包括在期末发生对账户的非正常调整和缺乏支持性文件的关联方交易等；（2）实质性分析程序显示出未预期的趋势；（3）需要在财务报表中单独披露的金额或很可能存在错报的金额，例如，差旅费、修理和维护费、广告费、税费、咨询费等；（4）对需要在纳税申报表中单独披露的事项进行分析；（5）需要为有些项目单独出具审计报告，例如，被审计单位如果要向国外的特许权授予方支付特许权使用费，就可能存在这种需要。

1.交易的细节测试

（1）注册会计师应从被审计单位业务流程层面的主要交易流中选取样本，检查其支持性证据。例如，从采购和付款记录中选取样本：①检查支持性的订购单、商品验收单、发运凭证和发票，追踪至相关费用或资产账户以及应付账款账户；②必要时，检查其他支持性文件，如交易合同条款；③检查已用于付款的支票存根或电子货币转账付款证明以及相关的汇款通知。如果付款与发票对应，则检查相关供应商发票，并追踪付款至相关的应付账款或费用账户。

（2）对主要交易流实施截止测试。采购交易的截止测试包括：①选择已记录采购的样本，检查相关的商品验收单，保证交易已计入正确的会计期间；②确定期末最后一份验收单的顺序号码并审查代码报告，以检测记录在本会计期间的验收单是否存在更大的顺序号码，或因采购交易被漏记或错计入下一会计期间而在本期遗漏的顺序号码。

付款交易的截止测试包括：①确定期末最后签署的支票的号码，确保其后的支票支付未被当作本期的交易予以记录；②追踪付款至期后的银行对账单，确定其在期后的合理期间内被支付；③询问期末已签署但尚未寄出的支票，考虑该项支付是否应在本期冲回，计入下一会计期间。

寻找未记录的负债的截止测试主要包括：①确定被审计单位期末用于识别未记录负债的程序，获取相关交易已记入应付账款的证据；②复核供应商付款通知和供应商对账单；获取发票被遗失或未计入正确的会计期间的证据;询问并确定在资产债表日是否应增加一项应计负债;③调查关于订购单、商品验收单和发票不符的例外报告,识别遗漏的交易或计入不恰当会计期间的交易;④复核截至审计外勤结束日记录在期后的付款,查找其是否在年底前发生的证据;⑤询问审计外勤结束时仍未支付的应付账款;⑥对于在建工程,检查承建方的证明或质量监督报告,以获取存在未记录负债的证据;⑦复核资本预算和董事会会议纪要,获取是否存在承诺和或有负债的证据。

2.余额的细节测试

(1)复核供应商的付款通知,与供应商对账,获取发票遗漏、未计入正确的会计期间的证据。询问并检查对收费存在争议的往来信函,确定在资产负债表日是否应增加一项应计负债。

(2)在特殊情况下,注册会计师需要决定是否应通过供应商来证实被审计单位期末的应付余额。这种情况通常在被审计单位对采购与付款交易的控制出现严重缺失,记录被毁损时才会发生,或者在怀疑存在舞弊或会计记录在火灾或水灾中遗失时才会发生。

第三节　应付账款审计

应付账款是企业在正常经营过程中,因购买材料、商品和接受劳务供应等而应付给供应单位的款项。可见,应付账款是随着企业赊购交易的发生而发生的,注册会计师应结合赊购业务进行应付账款的审计。

一、应付账款的审计目标

应付账款的审计目标包括:(1)确定资产负债表中记录的应付账款是否存在;(2)确定所有应当记录的应付账款是否均已记录;(3)确定资产负债表中记录的应付账款是否为被审计单位应当履行的现时义务;(4)确定应付账款是否以恰当的金额包括在财务报表中,与之相关的计价调整是否已恰当记录;(5)确定应付账款是否已按照企业会计准则的规定在财务报表中作出恰当的列报。

二、应付账款的实质性程序

(一)获取或编制应付账款明细表

审计人员获取或编制应付账款明细表后,应复核加计是否正确,并与报表数、总账数和明细账合计数核对是否相符。

(二)执行实质性分析程序

(1)将期末应付账款余额与期初余额进行比较,分析波动原因。

(2)分析长期挂账的应付账款,要求被审计单位作出解释,判断被审计单位是否缺乏偿债能力或利用应付账款隐瞒利润,并注意其是否可能无须支付。对确实无须支付的应付账款的会计处理是否正确,依据是否充分;关注账龄超过3年的大额应付账款在资产负债表日后是否偿付,检查偿付记录、单据及披露情况。

(3)计算应付账款与存货的比率,应付账款与流动负债的比率,并与以前年度相关比率对比分析,评价应付账款整体的合理性。

(4)分析存货和营业成本等项目的增减变动,判断应付账款增减变动的合理性。

(三)函证应付账款

一般情况下,并非必须函证应付账款,这是因为函证不能保证查出未记录的应付账款,况且注册会计师能够取得采购发票等外部凭证来证实应付账款的余额。但如果控制风险较高,某应付账款明细账户金额较大,则应考虑进行应付账款的函证。

进行函证时,注册会计师应选择较大金额的债权人,以及那些在资产负债表日金额不大,甚至为零,但为被审计单位重要供应商的债权人,作为函证对象。函证最好采用积极函证方式,并具体说明应付金额。与应收账款的函证一样,注册会计师必须对函证的过程进行控制,要求债权人直接回函,并根据回函情况编制与分析函证结果汇总表,对未回函的,应考虑是否再次函证。

☞小思考

某注册会计师正在对甲公司的应付账款项目进行审计。根据需要,该注册会计师决定对甲公司下列四个明细账户中的两个进行函证:

	应付账款年末余额	本年度进货总额
A 公司	22 650 元	46 100 元
B 公司	—	1 980 000 元
C 公司	65 000 元	75 000 元
D 公司	190 000 元	2 123 000 元

试问该注册会计师应该选择哪两位供货商进行函证,为什么?

提示:该注册会计师应选择 B 公司和 D 公司进行应付账款余额的函证。因为函证客户的应付账款,应选择那些可能存在较大余额而并非在会计决算日有较大余额的债权人。函证的目的在于查实有无未入账负债,而不在于验证具有较大年末余额的债务。本年度甲公司从 B、D 两家公司采购了大量商品,存在漏记负债业务的可能性更大。

如果存在未回函的重大项目,注册会计师应采用替代审计程序。比如,可以检查决算日后应付账款明细账及库存现金和银行存款日记账,核实其是否已支付,同时检查该笔债务的相关凭证资料,如合同、发票、验收单,核实应付账款的真实性。

(四)检查应付账款是否计入了正确的会计期间,是否存在未入账的应付账款

(1)检查债务形成的相关原始凭证,如供应商发票、验收报告或入库单等,查找有无未及时入账的应付账款,确认应付账款期末余额的完整性。

(2)检查资产负债表日后应付账款明细账贷方发生额的相应凭证,关注其购货发票的日期,确认其入账时间是否合理。

(3)获取被审计单位与其供应商之间的对账单,并将对账单和被审计单位财务记录之间的差异进行调节(如在途款项、在途商品、付款折扣、未记录的负债等),查找有无未入账的应付账款,确定应付账款金额的准确性。

（4）针对资产负债表日后付款项目,检查银行对账单及有关付款凭证（如银行汇款通知、供应商收据等）,询问被审计单位内部或外部的知情人员,查找有无未及时入账的应付账款。

（5）结合存货监盘程序,检查被审计单位在资产负债日前后的存货入库资料（验收报告或入库单）,检查是否有大额货到单未到的情况,确认相关负债是否计入了正确的会计期间。

如果注册会计师通过这些审计程序发现某些未入账的应付账款,应将有关情况详细记入审计工作底稿,并根据其重要性确定是否需建议被审计单位进行相应的调整。

（五）检查已偿付的应付账款

针对已偿付的应付账款,追查至银行对账单、银行付款单据和其他原始凭证,检查其是否在资产负债表日前真实偿付。

（六）检查异常或大额交易及重大调整事项

针对异常或大额交易及重大调整事项（如大额的购货折扣或退回,会计处理异常的交易,未经授权的交易,或缺乏支持性凭证的交易等）,检查相关原始凭证和会计记录,以分析交易的真实性、合理性。

（七）检查债务重组的会计处理

被审计单位与债权人进行债务重组的,检查不同债务重组方式下的会计处理是否正确。

（八）检查应付关联方交易的款项

标明应付关联方[包括持 5% 以上（含 5%）表决权股份的股东]的款项,执行关联方及其交易审计程序,并注明合并报表时应予抵消的金额。

（九）检查应付账款是否已按照企业会计准则的规定在财务报表中作出恰当列报

一般来说,"应付账款"项目应根据"应付账款"和"预付账款"科目所属明细科目的期末贷方余额的合计数填列。如果被审计单位为上市公司,则通常在其财务报表附注中应说明有无欠持有 5% 以上（含 5%）表决权股份的股东账款;说明账龄超过 3 年的大额应付账款未偿还的原因,并在期后事项中反映资产负债表日后是否偿还。

☞ 小案例

案情简介:注册会计师李宏和王明对甬江股份有限公司 2009 年度会计报表中"应付账款"项目进行审计。通过核对明细账,发现 2009 年末余额中有应付 A 公司及 B 公司款项各 60 万元为借方余额,另外,应付 C 公司款项 90 万元属于临时借入工程结算资金。

如果你是注册会计师,你将对被审单位提出什么建议呢?

分析要点:

A 公司和 B 公司账户借方余额 60 万元,均属正常经济业务往来款项。根据《企业会计制度》的规定,应作重分类调整。为此,注册会计师应建议甬江股份有限公司作如下调整分录

借:预付账款——A 公司	600 000
——B 公司	600 000

　　　　贷：应付账款——A 公司　　　　　　　　600 000
　　　　　　　　　　——B 公司　　　　　　　　600 000

　　C 公司账户贷方余额 90 万元,经审查为甬江股份有限公司临时借入款项,主要用于在建工程项目结算工程价款。注册会计师应建议甬江股份有限公司作如下审计调整:

　　　　借：应付账款——C 公司　　　　　　　　900 000
　　　　　　贷：其他应付款——C 公司　　　　　　　　900 000

第四节　固定资产审计

一、固定资产的实质性程序

(一)固定资产的审计目标

　　固定资产审计目标一般包括:(1)确定资产负债表中记录的固定资产是否存在;(2)确定所有应记录的固定资产是否均已记录;(3)确定记录的固定资产是否由被审计单位拥有或控制;(4)确定固定资产以恰当的金额包括在财务报表中,与之相关的计价或分摊已恰当记录;(5)确定固定资产原价、累计折旧和固定资产减值准备是否已按照企业会计准则的规定在财务报表中作出恰当列报。

(二)固定资产账面余额的实质性程序

1.获取或编制固定资产及累计折旧分类汇总表进行核对

　　检查固定资产的分类是否正确,复核加计正确,并与报表数、总账数和明细账合计数核对是否相符。

　　固定资产及累计折旧汇总表又称综合分析表,是审计固定资产和累计折旧的重要工作底稿,其格式如表 8-1 所示。

表 8-1　固定资产及累计折旧汇总表

年　　月　　日

编制人:　　　　　　　　　　日期:

被审计单位:　　　　复核人:　　　　　　　　日期:

固定资产类别	固定资产				累计折旧					
	期初余额	本期增加	本期减少	期末余额	折旧方法	折旧率%	期初余额	本期增加	本期减少	期末余额
合　计										

　　汇总表包括固定资产与累计折旧两部分,应按照固定资产类别分别填列。需要解释的是期初余额栏,注册会计师对其审计应分三种情况:一是在连续审计情况下,应注意与上期审计工作底稿中的固定资产和累计折旧的期末余额审定数核对相符。二是在变更会计师事务所时,后任注册会计师应查阅前任注册会计师有关工作底稿。三是如果被审计单位以往

未经注册会计师审计，即在首次接受审计情况下，注册会计师应对期初余额进行较全面的审计，尤其是当被审计单位的固定资产数量多、价值高、占资产总额比重大时，最理想的方法是全面审计被审计单位设立以来"固定资产"和"累计折旧"账户中的所有重要的借贷记录。这样，既可核实期初余额的真实性，又可从中加深对被审计单位固定资产管理和会计核算工作的了解。

2.实施实质性分析程序

注册会计师实施实质性分析程序，通过相关比率的分析，确定固定资产和折旧业务是否真实、账务处理是否正确、固定资产和累计折旧变动是否合理。

（1）基于对被审计单位及其环境的了解，通过进行以下比较，并考虑有关数据间关系的影响，建立有关数据的期望值：①分类计算本期计提折旧额与固定资产原值的比率，并与上期比较；②计算固定资产修理及维护费用占固定资产原值的比例，并进行本期各月、本期与以前各期的比较。

（2）确定可接受的差异额。

（3）将实际情况与期望值相比较，识别需要进一步调查的差异。

（4）如果其差额超过可接受的差异额，调查并获取充分的解释和恰当的佐证审计证据，如检查相关的凭证。

（5）评估实质性分析程序的测试结果。

3.检查固定资产的所有权或控制权

对新增固定资产所有权检查时应验证所有权或使用权的证明文件。具体验证时应注意：（1）对外购的机器设备等固定资产，应对采购发票、采购合同等进行验证；（2）对于房地产类固定资产，可查阅有关的合同、产权证明、财产税单、抵押贷款的还款凭据、保险单等书面文件；（3）对融资租入的固定资产，应验证有关融资租赁合同、产权证明、财产税单、抵押贷款的还款凭据、保险单等书面文件，以证实融资租赁，如有经营租赁固定资产和代管固定资产混入，应予剔除；（4）对汽车等运输设备，应验证有关运营执照等证件。

4.检查固定资产的增加

固定资产增加核算的正确与否，将对资产负债表和利润表产生长期的影响。因此审计固定资产增加，是固定资产实质性程序的重要内容。固定资产的增加有多种途径，包括购入、自制自建、投资者投入、更新改造增加、债务人抵债增加等多种来源渠道。审计中应注意：（1）询问管理层当年固定资产的增加情况，并与获取或编制的固定资产明细表进行核对；（2）检查本年度增加固定资产的计价是否正确，手续是否齐备，会计处理是否正确。（3）检查固定资产是否存在弃置费用，如果存在弃置费用，检查弃置费用的估计方法和弃置费用现值的计算是否合理，会计处理是否正确。

5.测试固定资产的减少

固定资产的减少主要包括出售、报废、毁损、向其他单位投资转出、盘亏等。为了保护固定资产的安全和完整，必须对固定资产的减少进行严格的审查，从而确定资产减少的合法性、真实性。审查固定资产减少的主要目的就在于查明已减少固定资产是否已作适当的会计处理。

6.实地观察固定资产盘点

实施实地观察审计程序时，注册会计师可以以固定资产明细分类账为起点，进行实地追查,以证明会计记录中所列固定资产确实存在,并了解其目前的使用状况;也可以以实地为起点,追查至固定资产明细分类账,以获取实际存在的固定资产均已入账的证据。

7.审查固定资产的租赁

企业在生产经营过程中,有时可能有闲置的固定资产供其他单位租用;有时由于生产经营的需要,又需临时租用固定资产。租赁一般分为经营租赁和融资租赁两种。对经营租赁和融资租赁要分别查明租赁合同是否合法、合规,手续是否完备;租入固定资产是否属企业必需的;出租是否确属企业多余、闲置;有关会计处理是否正确等。

8.调查未使用和不需用的固定资产

注册会计师应调查被审单位有无已完工或已购建但尚未交付使用的新增固定资产,因改扩建等原因暂停使用的固定资产,以及多余或不适用的需要进行处理的固定资产,如有,应予以调查,以确定其是否真实。同时,还应调查未使用、不需用固定资产的购建启用及停用时点,并作出记录。

9.检查固定资产的抵押、担保情况

结合对银行借款等的检查,了解固定资产是否存在重大的抵押、担保情况。如存在,应取证、记录,并提请被审单位作必要披露。

10.确定固定资产是否已按照企业会计准则的规定在财务报表中做出恰当列报

财务报表附注通常应说明固定资产的标准、分类、计价方法和折旧方法;固定资产的预计使用寿命和预计净残值;按类别分项列示固定资产期初余额、本期增加额、本期减少额及期末余额情况;用作抵押、担保固定资产等情况。

二、固定资产——累计折旧的实质性程序

影响固定资产折旧的基本因素主要有:折旧的基数、折旧的范围、预计净残值、预计使用年限和折旧方法。在这些基本因素中,预计净残值、预计使用年限两个因素只能根据有关人员的职业判断来加以估计。因此,固定资产折旧带有一定程度的主观性。累计折旧实质性程序的主要程序是:

1.编制或索取累计折旧分类汇总表,复核加计正确,并与总账数和明细账合计数核对相符。

2.检查被审计单位制定的折旧政策和方法是否符合相关会计准则的规定,确定其所采用的折旧方法能否在固定资产预计使用寿命内合理分摊其成本,前后期是否一致,预计使用寿命和预计净残值是否合理。

3.对固定资产的累计折旧进行分析程序。

(1)对折旧计提的总体合理性进行复核,是测试折旧正确与否的一个有效办法。在不考虑固定资产减值准备的前提下,计算、复核的方法是用应计提折旧的固定资产原值乘本期的折旧率。计算之前,注册会计师应对本期增加和减少固定资产、使用年限长短不一的和折旧方法不同的固定资产作适当调整。如果总的计算结果和被审单位的折旧总额相近,且固定资产及累计折旧的内部控制较健全时,就可以适当减少累计折旧和折旧费用的其他实质性工作量。

(2)计算本期计提折旧额占固定资产原值的比率,并与上期比较,分析本期折旧计提额的合理性和准确性。

（3）计算累计折旧占固定资产原值的比率，评估固定资产的老化率，并估计因闲置、报废等原因可能发生的固定资产损失，结合固定资产减值准备，分析其是否合理。

4.复核本期折旧费用的计提和分配。

（1）了解被审计单位的折旧政策是否符合规定，计提折旧的范围是否正确，确定的使用寿命、预计净残值和折旧方法是否合理；如采用加速折旧法，是否取得批准文件。

（2）检查被审计单位折旧政策前后期是否一致。如果折旧政策或者相关会计估计（例如使用寿命、预计净残值）有变更，变更理由是否合理；如果没有变更，是否存在需要提请被审计单位关注的对折旧政策或者会计估计产生重大影响的事项（例如重大技术更新或者设备使用环境的恶化等）。

（3）复核本期折旧费用的计提是否正确。

5.检查折旧费用的分配是否合理，与上期分配方法是否一致。

6.注意固定资产增减变动时，有关折旧的会计处理是否符合规定，查明通过更新改造、接受捐赠或融资租入而增加的固定资产的折旧费用计算是否正确。

7.将"累计折旧"账户贷方的本期计提折旧额与相应的成本费用中的折旧费用明细账户的借方相比较，以查明所计提折旧金额是否已全部摊入本期产品成本或费用。一旦发现差异，应及时追查原因，并考虑是否应建议作适当调整。

8.结合固定资产审计，检查其折旧的计提是否正确无误，并追查至固定资产登记卡。特别应注意，有无已提足折旧的固定资产继续超提折旧的情况和应计提折旧的固定资产不提或少提折旧的情况。

9.检查累计折旧的披露是否恰当。如果被审单位是上市公司，应在其会计报表附注中按固定资产类别分项列示累计折旧期初余额、本期计提额、本期减少额及期末余额。

三、固定资产——固定资产减值准备的实质性程序

固定资产的可收回金额低于其账面价值称为固定资产减值。这里的可收回金额应当根据固定资产的公允价值减去处置费用后的净额与资产预计未来现金流量的现值两者之间的较高者确定。这里的处置费用包括与固定资产处置有关的法律费用、相关税费、搬运费以及为使固定资产达到可销售状态所发生的直接费用等。固定资产减值准备的实质性程序一般包括：

1.获取或编制固定资产减值准备明细表，复核加计是否正确，并与总账数和明细账合计数核对是否相符。

2.检查被审计单位计提固定资产减值准备的依据是否充分，会计处理是否正确。

3.获取闲置固定资产的清单，并观察其实际状况，识别是否存在减值迹象。

4.检查资产组的认定是否恰当，计提固定资产减值准备的依据是否充分，会计处理是否正确。

5.计算本期末固定资产减值准备占期末固定资产原值的比率，并与期初该比率比较，分析固定资产的质量状况。

6.检查被审计单位处置固定资产时原计提的减值准备是否同时结转，会计处理是否正确。

7.检查是否存在转回固定资产减值准备的情况。按照企业会计准则的规定，固定资产减值损失一经确认，在以后会计期间不得转回。

8.确定固定资产减值准备的披露是否恰当。

☞小案例

案情简介：注册会计师张雷审计 B 公司"固定资产"和"累计折旧"项目，对 2003 年 12 月底的固定资产进行清点，发现下列情况：

名称	明细账	卡片	实存价值	每台单价
甲	80 000	80 000	78 000	2000
乙	70 000	70 000	80 000	10 000
丙	100 000	90 000	100 000	10 000
丁	29 500	28 000	28 000	500

分析要点：

1.甲种设备账卡相符，实物短缺 1 台，有可能是该设备已报废处理，但账卡未注销，查明后应予以注销账卡；也可能是因保管不善，设备被盗，查明后要追究保管者的责任；也有可能是设备出租，但没有计入"出租固定资产"账户，应补记。

2.乙设备账卡相符，实物多出 1 台，有可能是该设备已报废处理，卡片已注销，但实物仍在使用；也有可能是购进时未作固定资产入账，而作低值易耗品入账，但盘点时作为固定资产，查明后，应对照其价值和使用年限，确认其符合标准，则补记固定资产明细账和明细卡，若不符合标准，则不作盘盈，不记入固定资产账簿；也可能是将租入固定资产误记作盘盈，查明后应将设备在备查簿上登记。

3.丙设备明细账与实物相符，但卡片少 1 台，有可能是购进时，有 1 台没有在卡片上登记，查明后要补记卡片。

4.丁设备卡片与实物相符，但固定资产明细账多出 3 台，有可能是该 3 台设备已出售，但明细账没有注销，查明后应予注销。

注册会计师在抽查固定资产时，关注固定资产的账、卡、物是否相符，如果不相符，应查明原因，提请被审计单位纠正。同时，对于造成被审计单位的账、卡、物不相符的内部控制度，应提出改善的意见。

第五节　其他项目审计

在采购与付款循环中，除以上介绍的财务报表项目外，还有预付账款、在建工程、工程物资、固定资产清理、无形资产、开发支出、商誉、长期待摊费用、应付票据、长期应付款等项目。下面以预付账款、在建工程、固定资产清理为例对其实质性程序作一简单阐述。

一、预付账款审计

审计人员对预付账款的实质性程序主要有：

1.获取或编制预付账款明细表：(1)复核加计是否正确，并与总账数和明细账合计数核对是否相符,结合坏账准备科目与报表数核对是否相符;(2)结合应付账款明细账审计,查核有无重复付款或将同一笔已付清的账款在预付账款和应付账款两个科目中同时挂账的情况;(3)分析出现贷方余额的项目,查明原因,必要的建议进行重新分类调整;(4)对期末预付账款余额与上期期末余额进行比较,解释其波动原因。

2.分析预付账款账龄及余额构成,确定:(1)该笔款项是否根据有关购货合同支付;(2)检查一年以上预付账款未核销的原因及发生坏账的可能性,检查不符合预付账款性质的或因供货单位破产、撤销等原因无法再收到所购货物的是否已转入其他应收款。

3.选择大额或异常的预付账款重要项目(包括零账户),函证其余额是否正确。

4.检查资产负债表日后的预付账款、存货及在建工程明细账,并检查相关凭证,核实期后是否已收到实物并转销预付账款,分析资产负债表日预付账款的真实性和完整性。

5.实施关联方及其交易的审计程序,检查对关联方的预付账款的真实性、合法性,检查其会计处理是否正确。

6.检查预付账款的坏账准备是否正确。

7.检查预付账款是否已按照企业会计准则的规定在财务报表中作出恰当列报。

二、在建工程审计

审计人员对在建工程的实质性程序主要有:

1.获取或编制在建工程明细表,复核加计是否正确。并与总账数和明细账合计数核对相符,结合减值准备科目与报表数核对是否相符。

2.实施分析程序。基于对被审计单位及其环境的了解,通过进行以下比较,并考虑有关数据间关系的影响,建立有关数据的期望值:(1)依据借款和工程建设情况计算借款费用资本化金额,并与被审计单位实际的借款费用资本化情况进行比较;(2)确定可接受的差异额;(3)将实际情况与期望值相比较,识别需要进一步调查的差异;(4)如果其差额超过可接受的差异额,调查并获取充分的解释和恰当的佐证审计证据(如检查相关的凭证);(5)评估分析程序的测试结果。

3.检查本期在建工程的增加数:(1)询问管理层当年在建工程的增加情况,并与获取或编制的在建工程的明细表进行核对;(2)查阅公司资本支出预算、公司相关会议决议等,检查本年度增加的在建工程是否全部得到记录;(3)检查本年度增加的在建工程的原始凭证是否完整,如立项申请、工程借款合同、施工合同、发票、工程物资请购申请、付款单据、建设合同、运单、验收报告等是否完整,计价是否正确。

4.检查本期在建工程的减少数:(1)了解在建工程结转固定资产的政策,并结合固定资产审计。检查在建工程结转是否正确,是否存在将已经达到预计可使用状态的固定资产挂列在建工程,少计折旧的情况。(2)检查在建工程其他减少情况,入账依据是否齐全,会计处理是否正确。

5.检查利息资本化是否正确。

6.实施在建工程实地检查程序(全部或部分)。

7.检查在建工程减值准备,关注停建工程。

8.检查在建工程是否已按照企业会计准则的规定在财务报表中作出恰当的列报。

三、固定资产清理审计

审计人员对固定资产清理的实质性程序主要有：

1. 获取或编制固定资产清理明细表，复核加计是否正确，并与报表数、总账数和明细账合计数核对是否相符。

2. 检查固定资产清理的发生是否有正当理由，是否经有关技术部门鉴定，固定资产清理的发生和转销是否经授权批准，相应的会计处理是否正确：(1)结合固定资产等账项的审计，检查固定资产、累计折旧和固定资产减值准备等账面转入额是否正确；(2)检查固定资产清理收入和清理费用的发生是否真实，清理净损益的计算是否正确，会计处理是否正确。

3. 由对外投资、非货币性资产交换、债务重组等原因转出产生固定资产清理的，检查相关的合同协议以及股东(大)会、董事会的决议，确定合同或协议约定的价值是否公允，检查其会计处理是否正确。

4. 检查固定资产清理是否长期挂账，如有，应作出记录，必要时建议作适当调整。

5. 检查固定资产清理是否已按照企业会计准则的规定在财务报表中作出恰当列报。

本章小结

1. 采购与付款循环的特性包括采购与付款循环中的主要业务活动和采购与付款循环所涉及的主要凭证和账户两部分内容。

2. 采购与付款循环控制测试主要包括职责分离、授权审批、单证控制、内部检查程序等关键控制点进行控制测试。固定资产的控制测试包括固定资产的预算制度、授权批准、职责分工、划清资本性支出和收益性支出的界限、维护保养、处置、定期盘点等关键控制点的测试。

3. 应付账款的余额测试中，主要的程序包括核对应付账款、实施分析程序、函证应付账款、查找未入账的应付账款、分析应付账款明细账的余额、检查应付账款在会计报表上的披露是否恰当等等。

4. 固定资产的余额测试程序包括获取或编制固定资产及累计折旧分类汇总表、实施分析程序、测试固定资产的增加、测试固定资产的减少、实地观察固定资产盘点、审查固定资产的租赁、审查固定资产保养和维修费用、确定被审单位估计的固定资产使用期限和残值是否合理、检查固定资产的披露等内容。固定资产折旧的测试程序包括编制或索取固定资产及累计折旧分类汇总表、审查折旧政策的执行情况、分析程序、复核本期折旧费用和分配、检查累计折旧的披露是否恰当。

思考题

1. 注册会计师在取得决算日被审单位应付账款试算表后，应实施哪些基本审计程序对试算表进行审计？

2. 直接向供货方函证应付账款的审计程序是否和函证应收账款一样有用和重要？试说明理由。

3.注册会计师应如何查找未入账的应付账款?

4.固定资产的实质性程序包括哪些内容?

5.累计折旧的实质性程序包括哪些内容?

案例分析

【案例 8-1】

案例资料:

某注册会计师正在对 H 公司的应付账款项目进行审计。根据需要,该注册会计师决定对 H 公司下列四个明细账户中的两个进行函证:

单位:元

公司名称	应付账款年末余额	本年度供货总额
A 公司	42 650	66 100
B 公司	0	2 880 000
C 公司	85 000	95 000
D 公司	289 000	3032 000

案例要求:

1.针对应付账款重大错报风险,注册会计师实施的实质性分析程序有哪些?

2.该注册会计师应选择的函证对象是哪两个? 理由是什么?

3.假定上述四家公司均为 H 公司的采购人,上表中后两栏分别是应收账款年末余额和本年销货总额,该注册会计师应选择哪两家公司进行函证? 为什么?

【案例 8-2】

案例资料:

注册会计师肖勇等人对北京某公司的年度财务报表进行审计。该公司总经理罗锋向肖勇等人介绍了公司基本情况,同时希望肖勇特别注意采购部在工作中是否存在损害公司利益的舞弊行为,因为有人举报采购部经理有贪污以及吃回扣的嫌疑。据了解,现任采购部经理担任该职位已有 5 年,有权签发 10 000 元以下的订货单,超过 10 000 元的采购订货单须与分管供销的公司副总经理共同签发。

案例要求:

1.对于公司总经理罗锋的特别请求(注意采购部在工作中是否存在损害公司利益的舞弊行为),肖勇该如何回应?

2.如果肖勇答应上述请求,肖勇应考虑追加哪些审计程序,以便能够收集到采购部经理在采购工作中有无舞弊的证据。

实训项目[①]

实训目的：

通过分析实训资料以及小组讨论、演讲，熟悉采购与付款循环控制活动，识别出采购与付款循环中控制缺陷与风险，理解采购与付款循环中关键控制措施。

实训内容：

今明会计师事务所注册会计师接受委派，对华兴上市公司（以下简称华兴公司）2016年度会计报表进行审计。注册会计师于2016年11月1-7日对华兴公司的内部控制制度进行了解和测试，注意到华兴公司在采购与付款循环中控制活动有：

1.采购物资须由请购部门编制请购单，经请购部门经理批准后，送采购部门。

2.公司采购金额在10万元以下的，由采购部经理批准，采购金额超过10万元的，由总经理批准，由于总经理出差而生产车间又急需采购材料，采购部经理多次批准了单笔金额超过10万元的采购申请。

3.根据请购单中所列信息，采购人员冯某编制订购单寄至供应商处。

4.采购完成后，由采购部门指定采购部业务人员进行验收，并编制一式多联的未连续编号的验收单，仓库根据验收单验收货物，在验收单上签字后，将货物移入仓库加以保管。验收单一联交采购部登记采购明细账和编制付款凭单，付款凭单经批准后，月末交会计部；一联交会计部登记材料明细账，一联由仓库保留并登记材料明细账。

5.应付凭单部门核对供应商发票、入库单和采购订单，并编制预先连续编号的付款凭单。会计部门在接到经应付凭单部门审核的上述单证和付款凭单后，登记原材料和应付账款明细账。月末，在与仓库核对连续编号的入库单和采购订单后，应付凭单部门对相关原材料入库数量和采购成本进行汇总。应付凭单部门对已经验收入库但尚未收到供应商发票的原材料编制清单，会计部门据此将相关原材料暂估入账。

6.采购退货由采购部负责，采购部集中在每个季度末向财会部提供退货清单。

实训要求：

1.分小组分别扮演不同部门的不同角色，让学生理解在采购与付款循环中不相容职责的相互牵制。

2.案例讨论小组围绕以下问题展开讨论：

（1）根据实训资料，假定未描述的其他内部控制不存在缺陷，指出华兴公司内部控制在设计与运行方面的缺陷，并提出改进建议。

（2）根据对华兴公司内部控制的了解和测试，分别指出上述内部控制缺陷与哪些会计报表项目或科目的何种认定相关。

（3）为华兴公司采购与付款循环的内部控制设计控制测试程序。

3.每个小组推荐一名同学对讨论情况进行汇报，其他同学提问，小组成员回答。

4.老师点评。

---

① 资料来源：《审计学：实务与案例（学习指导书）》，李晓慧主编，中国人民大学出版社，2008。

阅读平台

- ## 阅读书目

    1.中国注册会计师协会.中国注册会计师执业准则应用指南(2017)[M].北京:中国财政经济出版社,2017.

    2.秦荣生,卢春泉.审计学(第9版)[M].第十章,北京:中国人民大学出版社,2017.

    3.陈汉文.审计[M].第十章,北京:中国人民大学出版社,2016.

    4.中国注册会计师协会.审计[M].第十章,北京:经济科学出版社,2017.

- ## 阅读资料

    1.周立云.基于风险导向的物资采购和存货审计[J].中国内部审计,2014年第9期.

    2.石振河.企业采购与付款循环业务内部控制审计研究[J].商业会计,2016年第4期.

    3.洪新世、沈幸福.企业内部物资采购审计的难点及对策[J].审计月刊,2012年第12期.

第九章

生产循环审计

学习目标

通过本章学习,你应能够:

1. 识别生产循环相关的会计凭证、账户、主要业务活动。

2. 掌握生产循环中控制要点及控制测试。

3. 设计与执行生产循环交易的实质性程序。

4. 掌握存货成本、主营业务成本、应付职工薪酬等账户的实质性程序。

引入案例

"郑百文"任意改变存货核算方法

"郑州百文"的前身是郑州百货文化用品采购供应站,1988年12月股份制试点改制后定名为郑州市百货文化用品股份有限公司,并向社会公开发行股票。经中国证监会批准,"郑州百文"于1996年4月18日在上海证券交易所挂牌交易。公司主营:百货文化用品、五金交电、油墨及印刷器材、家具、食品、针纺织品、日用杂货、烟酒,等等。

上市一年后,由于"郑州百文"骄人的业绩,不仅使其股价飙升,也使"郑州百文"成为沪深两市商贸股中的领头羊。1998年3月11日,公司公布1997年年报。年报显示,公司1997年度业务迅速扩张,其销售额在1996年度比前一年翻一番的情况下,1997年以惊人的速度在1996年的基础上又翻了一番。与此同时,每股收益和净资产收益率均比1996年有所增长。

进入1998年,局势骤然急转。"郑州百文"在1998年度发生巨亏,净利润从1997年盈利7800余万元变为1998年亏损超过50 000万元。一夜间,一个绩优股沦落为巨亏股。经过1997年非常规发展之后,堆砌在沙地上的高楼再也撑不住了。虽然公司管理层越发地想去"粉饰太平",但其财务报表反映出的问题也越来越多,所披露会计信息的价值也越发受到了质疑。

在这种情况下公司管理层想通过改变会计核算方法来"渡过难关"。公司自上市后一直采用"先进先出"的存货核算方法,但在1998年年报中,却未作任何说明地将其变更为"加权平均法",以至于会计报表信息的可比性荡然无存。"郑州百文"是一个商业企业,其企业性质决定了其流动资产占公司资产总额的90%以上,而存货又在其中占到40%(根据公司1997、1998年年报计算得出)。因此,改变存货的计价方法对资产总额和利润总额会产生巨大影响。"郑州百文"是为了尽可能消除电视机削价风潮所带来的购销价格倒挂的窘境,不得已而出此下策,以降低期末的存货价格。由此,公司的存货金额从1997年年底的

13 亿元下降为 1998 年年末的 3.4 亿元。虽然这个结果有客观因素的作用(比如业务量急剧萎缩,主动消化清理库存等),但是会计方法的随意变更严重影响了公司资产的真实价值,令投资者无法通过前后期财务报表的对比,来判别会计报表信息的真伪。

由于公司管理层的上述行为及其他类似行为,注册会计师认为:"公司……缺乏可信赖的内部控制制度,会计核算方法具有较大的随意性……致使无法取得充分适当的审计证据。"因此,对其 1998 年年度报告和 1999 年中期报告均出具了无法表示意见的审计报告。

——资料来源:《审计学》,郝振平、刘霄仑主编,北京大学出版社,2007。

第一节　生产循环业务特性

生产循环是指从请购原材料到形成完工产品的过程,涉及的内容主要是存货的管理及生产成本的计算等。该循环所涉及的资产负债表项目主要是存货、待摊费用、应付职工薪酬、应付福利费、预提费用等,利润表项目主要是主营业务成本等项目。

生产循环的特性主要包括两部分内容:一是本循环中的主要业务活动;二是本循环所涉及的主要凭证和账户。

一、生产循环中的主要业务活动

生产循环所涉及的主要业务活动包括:计划和安排生产;发出原材料;生产产品;核算产品成本;储存产成品;发出产成品。上述业务活动通常涉及以下部门:生产计划部门、仓库、生产部门、人事部门、销售部门、会计部门等。

1.计划和安排生产

生产计划部门的职责是根据顾客订单或者对销售预测和存货需要的分析来决定生产授权。如决定授权生产,即签发预先编号的生产通知单。该部门通常应将发出的所有生产通知单编号并加以记录控制。此外,还需要编制一份材料需求报告,列示所需要的材料和零件及其库存。

2.发出原材料

仓库部门的责任是根据从生产部门收到的领料单发出原材料。领料单上必须列示所需的材料数量和种类,以及领料部门的名称。领料单可以一料一单,也可以一单多料,通常需一式三联。仓库发料后,以其中一联连同材料交还领料部门,其余两联经仓库登记材料明细账后,送会计部门进行材料收发核算和成本核算。

3.生产产品

生产部门在收到生产通知单及领取原材料后,便将生产任务分解到每一个生产工人,并将所领取的原材料交给生产工人,据以执行生产任务。生产工人在完成生产任务后,将完成的产品交生产部门查点,然后转交检验员验收并办理入库手续;或是将所完成的产品移交下一个部门,以进一步加工。

4.核算产品成本

为了正确地核算产品成本,对在产品进行有效控制,必须建立健全成本会计制度,将生产控制和成本核算有机结合在一起。一方面,生产过程中的各种记录、生产通知单、领料单、计工单、入库单等文件资料都要汇集到会计部门,由会计部门对其进行检查和核对,了解和控制生产过程中存货的实物流转。另一方面,会计部门要设置相应的会计账户,会同有关部门对生产过程中的成本进行核算和控制。成本会计制度可以非常简单,只是在期末记录存货余额;也可以是完善的标准成本制度,它持续地记录所有材料处理、在产品和产成品,并产生对成本差异的分析报告。完善的成本会计制度应该提供原材料转为在产品,在产品转为产成品,以及按成本中心、分批生产任务通知单或生产周期所消耗的材料、人工和间接费用的分配与归集的详细资料。

5.储存产成品

产成品入库,须由仓库部门先行点验和检查,然后签收。签收后,将实际入库数量通知会计部门。据此,仓库部门确立了本身应承担的责任,并对验收部门的工作进行验证。除此之外,仓库部门还应根据产成品的品质特征分类存放,并填制标签。

6.发出产成品

产成品的发出须由独立的发运部门进行。装运产成品时必须持有经有关部门核准的发运通知单,并据此编制出库单。出库单至少一式四联:一联交仓库部门;一联发运部门留存;一联送交顾客;一联作为给顾客开发票的依据。

二、生产循环的主要凭证和会计记录

以制造业为例,该循环所涉及的凭证和记录主要包括:

1.生产通知单

生产通知单又称"生产任务通知单"或"生产指令",是企业下达制造产品等生产任务的书面文件,用以通知生产车间组织产品制造、供应部门组织材料发放、会计部门组织成本计算。

2.领发料凭证

领发料凭证是企业为了控制材料发出所采用的各种凭证,如材料发出汇总表、领料单、限额领料单、领料登记表、领料登记簿、退料单等。

3.产量和工时记录

产量和工时记录是登记工人或生产班组在出勤日内完成的产品数量、质量和生产这些产品所耗工时数量的原始记录。产量和工时记录的内容与格式是多种多样的,在不同的生产企业中,甚至在同一企业的不同生产车间中,由于生产类型不同而采用不同格式的产量和工时记录。常见的产量和工时记录主要有工作通知单、工序进程单、工作班产量报告、产量通知单、产量明细表、废品通知单等。

4.工资汇总表及人工费用分配表

工资汇总表是为了反映企业工资的结算情况,并据以进行工资结算总分类核算和汇总整个企业工资费用而编制的,它是企业进行工资费用分配的依据。人工费用分配表反映了各生产车间各产品应负担的生产工人工资及福利费。

5.材料费用分配表

材料费用分配表是用来汇总反映各生产车间各产品所耗费的材料费用的原始记录。

6.制造费用分配汇总表

制造费用分配汇总表是用来汇总反映各生产车间各产品所应负担的制造费用的原始记录。

7.成本计算单

成本计算单是用来归集某一成本计算对象所应承担的生产费用,计算该成本计算对象的总成本和单位成本的记录。

8.存货明细账

存货明细账是用来反映各种存货增减变动情况、期末库存数量及相关成本信息的会计记录。

9.存货盘点报告表

存货盘点报告表是由存货清查小组据实填制、用以记录并报告存货品种、规格、数量、质量情况的凭证,可以作为按规定报经有关部门批准后进行账务处理的原始依据。

第二节　内部控制测试和交易的实质性程序

一、生产循环内部控制及其测试

总体上看,生产循环内部控制一般包括存货的内部控制、成本会计制度和工薪的内部控制三项内容。

(一)存货内部控制及其测试

1.适当的职责分离

存货内部控制的职责分离包括:(1)采购部门的工作人员应与验收、保管部门的人员适当分离;(2)存货部门的职责主要是记录各种入库材料、商品的种类、数量以及实物上的保管;(3)生产计划的编制者应同其复核和审批人员适当分离;(4)产成品的验收部门应同产成品制造部门相互独立;(5)负责产成品储存保管职责的人不能同时负责产成品账户的会计记录;(6)存货的盘点不能只由负责保管、使用或负责记账职能的职员来进行,应由负责保管、使用、记账职能的职员以及独立于该职能的其他人员共同进行。

注册会计师对于该控制测试可以采用实地观察、询问相关人员等方法获取证据。

2.正确的授权审批

生产业务的授权审批主要集中在以下两个关键点上:(1)生产指令的授权批准。每张生产通知单必须经主管人员或者经授权的生产人员签字。该部门应将发出的所有生产通知单编号并加以记录控制。(2)领料单的授权批准。领料单上必须列示所需的材料数量和种类,以及生产通知单的号码。

注册会计师可以检查相关凭证中是否包括这两个关键点的恰当审批。

3.正确的成本核算

成本的核算是以经过审核的生产通知单、领发料凭证、产量和工时记录、人工费用分配表、材料费用分配表、制造费用分配表为依据的。采用适当的成本核算方法,并且前后各期一致;采用适当的费用分配方法,并且前后各期一致;采用适当的成本核算流程和账务处理流程。

注册会计师可以检查有关成本的记账凭证是否附有生产通知单领发料凭证、产量和工时记录、人工费用分配表、材料费用分配表、制造费用分配表等原始凭证的顺序编号是否完整;选取样本测试各种费用的归集和分配以及成本的计算;测试是否按照规定的成本核算流程和账务处理流程进行核算和账务处理。

☞小经验

对生产的内部控制进行测试时,注册会计师主要关注的是正确记录存货成本结转过程的充分性。注册会计师通过长期对生产交易处理业务的深入了解,以及对以往审计工作底稿的系统分析,总结出以下执行和记录交易的差错率较高,从而形成内部控制的缺陷。对这些控制缺陷的了解将会大大提高注册会计师的工作效率。

生产的控制缺陷及相关控制测试

控制缺陷	可能的差错	控制测试
记录存货成本结转、维护存货记录、确定制造费用分配率、制定标准成本或计算存货实际成本的职员不能胜任 存货流转记录不完整	存货成本结转的记录差错 存货成本和销售成本计算差错 永续盘存记录差错 未经批准领用原材料 存货记录不正确	选取一些完工产品,进行如下测试: 检查完工产品所需原材料的类别和数量的确定是否适当 检查用于计算完工产品成本的原材料价格、工时工资率、制造费用分配率的合理性 选取一些完工的生产指令,进行如下测试: 生产过程记录的完整性 记录和过账的正确性 领料单和生产通知单经适当批准的标志
缺乏严格的成本会计制度,表现为:没有记录成本结转的日记账、没有利用标准成本及其差异分析、没有维护制造费用明细账、没有利用标准分录结转每月生产成本	销售成本计算和记录差错无法快速地确定并纠正不利差异
没有定期盘点实物并与永续盘存记录相核对	不能发现存货的缺陷或记录差错
在一般情况下制造费用明细账与总账核对不相符	记录和结转中费用未发现的差错

(二)成本会计制度和工薪控制测试

1.成本会计制度和控制测试

(1)生产业务是根据管理层一般或特定的授权进行的,对以下三个关键点,应履行恰当手续,经过特别审批或一般审批:①生产指令的授权批准;②领料单的授权批准;③工薪的授权批准。

注册会计师可以检查凭证中是否包括这三个关键点恰当审批。

(2)成本的核算是以经过审核的生产通知单、领发料凭证、产量和工时记录、工薪费用分配表、材料费用分配表、制造费用分配表为依据的。

注册会计师可以检查有关成本的记账凭证是否附有生产通知单、领发料凭证、产量和工时记录、工薪费用分配表、材料费用分配表、制造费用分配表等,原始凭证的顺序编号是否完整。

（3）生产通知单、领发料凭证、产量和工时记录、工薪费用分配表、材料费用分配表、制造费用分配表均事先编号并已经登记入账。

注册会计师可以检查生产通知单、领发料凭证、产量和工时记录、工薪费用分配表、材料费用分配表、制造费用分配表的顺序编号是否完整。

（4）采用适当的成本核算方法，并且前后各期一致；采用适当的费用分配方法，并且前后各期一致；采用适当的成本核算流程和账务处理流程；内部核查。

注册会计师可以选取样本测试各种费用的归集和分配以及成本的计算；测试是否按照规定的成本核算流程进行核算和账务处理。

（5）存货保管人员与记录人员职务相分离。

注册会计师可以询问和观察存货与记录的接触控制以及相应的批准程序。

（6）定期进行存货盘点。

注册会计师可以询问和观察存货盘点程序。

2.工薪内部控制和控制测试

（1）工薪账项均经恰当的批准，对以下五个关键点，应履行恰当的批准手续，经过特别审批或一般审批：批准上工；工作时间，特别是加班时间；工薪、薪金或佣金；代扣款项；工薪结算表和工薪汇总表。

注册会计师可以检查人事档案；检查工时卡的有关核准；检查工薪记录中有关内部检查标记；检查人事档案中的授权；检查工薪记录中有关核准的标记。

（2）记录的工薪为实际发生的而非虚构的。工时卡经领班核准；用生产记录钟记录工时。

注册会计师可以检查工时卡的核准说明；检查工时卡；复核人事政策、组织结构图。

（3）所有已发生的工薪支出已记录。工薪分配表、工薪汇总表完整反映已发生的工薪支出。

注册会计师可以检查工薪分配表、工薪汇总表、工薪结算表，并核对员工工薪手册、员工手册等。

（4）工薪以正确的金额，在恰当的会计期间及时记录于适当的账户。采用适当的工薪费用分配方法，并且前后各期一致；采用适当的账务处理流程。

注册会计师可以选取样本测试工薪费用的归集和分配；测试是否按照规定的账务处理流程进行账务处理。

（5）人事、考勤、工薪发放、记录等职务相互分离。

注册会计师可以询问和观察各项职责执行情况。

（三）评价内部控制风险

前已述及，内部控制测试主要分三步：第一步，采用一定的方法了解被审单位生产循环内部控制制度的建立与执行情况；第二步，将了解到的内容采用记述法、调查表法或绘制流程图的方式加以记录；第三步，可以采用询问和观察、实验的控制程序，对记录进行检查与测试。注册会计师完成了控制测试程序之后，应根据所收集的证据，结合自己的专业分析与职业判断，对生产循环内部控制进行评价，评价的主要内容包括以下几个方面：一是生产循环内部控制是否健全完善；二是生产循环内部控制是否得到有效执行；三是生产与循环内部控制的整体强弱及各个部分的强弱;四是生产循环内部控制可依赖性及内部控制风险的大小。通过评价,了解哪些属于控制较强的部分,哪些属于控制较弱的部分,并依据对内部控制的可信赖程度,确定生产循环实质性的程序和重点。一般来说,如果控制测试结果表明,生产循环内部控制较强,则控制风险较低,相应的实质性程序可以适当简化;反之,如果控制测试结果表明,生产循环内部控制较弱,则控制风险较大,注册会计师为了将审计风险降低至可接受水平,必须扩大实质性程序。

二、生产循环交易的实质性程序

生产循环的实质性程序,与企业的内部控制目标直接关联,可作为证明具体审计目标的证据,即确定该循环中的交易与具体控制目标有关的金额是否正确,其性质、时间和范围,在一定程度上取决于关键的内部控制是否存在和控制测试的结果。

(一)实施实质性分析程序

1. 了解被审计单位的经营活动、供应商的背景沿革、贸易条件以及行业惯例,确定营业收入、营业成本、毛利以及存货周转和费用支出项目的期望值。

2. 将本期存货余额组成、存货采购、生产水平与以前期间及预算进行比较,确定营业收入、营业成本和存货可接受的重大差异额。

3. 计算存货余额与预期周转率,比较其实际数与预计数,并同管理层使用的关键业绩指标对比。

4. 通过询问管理层和员工,调查实质性分析程序得出的重大差异额是否表明存在重大错报风险,是否需要设计恰当的细节测试程序以识别和应对重大错报风险。

5. 分析和判断实质性分析程序是否能够提供充分、适当的审计证据,或需要对交易和余额实施细节测试以获取进一步的审计证据。

审计人员实施实质性分析程序,其目的在于获取支持相关审计目标的证据,因而审计人员在具体实施上述分析程序时还应注意下列几点:

(1)运用计算机辅助审计方法下载被审计单位存货主文档和总分类账户,据以计算财务、经营指标,并将计算结果与期望值相比较。比如,审计人员利用所掌握的适用于被审计单位的销售毛利率指标,分析和判断各类产品的销售毛利率是否符合期望值、存货周转率(或者周转能力)是否随着重要存货项目的变化而变化。

(2)按区域分析被审计单位各月存货变动情况,并考虑其是否与季节性变动和经济因素变动一致。

(3)对周转缓慢、长时间没有周转(如超过半年)以及出现负余额的存货项目,单独摘录并列表。

(4)由于可能隐含着重要的潜在趋势,审计人员应注意不宜过度依赖计算的平均值。各个存货项目的潜在重大错报风险可能并不一致,实质性分析程序应当用来查明单项存货或分类存货的一些指标关系。

(二)细节测试

1.交易的细节测试

即从业务流程的主要交易中选取样本,检查其支持性证据,并对期末前后发生的主要交易实施截止测试。

（1）从被审计单位存货业务流程层面的主要交易中选取一个样本，检查其支持性证据。比如，从存货的采购、完工产品的转移、销售和销售退回记录中选取一个样本，检查支持性的供应商文件、生产成本分配表、完工产品报告、销售和销售退回文件；从供应商文件、生产成本分配表、完工产品报告、销售和销售退回文件中选取一个样本，追踪至存货总分类账户的相关分录；重新计算样本所涉及的金额，检查交易经授权批准而发生的证据。

（2）对期末前后发生的采购、销售、存货转移、销售退回等主要交易，实施截止测试。比如，确认本期期末存货收发记录的最后一个顺序号码，详细检查此后的记录，以检测在本期间存货收发记录中是否存在更大的顺序号码，或因存货收发交易被漏记或错计入下一期间而在本期遗漏的顺序号码。

2.余额的细节测试

存货余额的细节测试通常包括：观察被审计单位存货的实地盘存；通过询问确定现有存货是否存在寄存情形，或者查明被审计单位的存货在盘点日是否寄存他处；获取最终的存货盘点表，并对存货的完整性、存在及计价进行测试；检查、计算、询问和函证存货的价格和可变现净值；检查存货的抵押合同和寄存合同等。

在上述生产循环的控制测试的基础上，审计人员应明确本业务循环的审计目标，并围绕审计目标收集充分、适当的审计证据。

第三节　存货成本审计

一、存货成本的审计目标

存货成本审计所要实现的目标包括：（1）确定存货成本是否真实发生；（2）确定存货成本的计算是否符合企业会计准则的规定；（3）确定存货成本的计算对象、计算方法的正确性；（4）确定存货在会计报表上的列报是否恰当。

由于存货成本包括生产成本和主营业务成本。因此，存货成本审计通常包括两部分内容，即生产成本审计、主营业务成本审计。

二、生产成本审计

生产成本审计包括直接材料成本的审计、直接人工成本的审计和制造费用的审计。

（一）直接材料成本审计

直接材料成本的审计一般应从审阅材料和生产成本明细账入手，抽查有关的费用凭证，验证企业产品直接耗用材料的数量、计价和材料费用分配是否真实、合理。其实质性程序主要包括：

1.抽查产品成本计算单，检查直接材料成本的计算是否正确，材料费用的分配标准与计算方法是否合理和适当，是否与材料费用分配汇总表中该产品分摊的直接材料费用相符。

2.检查直接材料耗用数量的真实性，可抽查领料凭证，并与有关的发料凭证汇总表相核对，看材料是否按用途分配有无将非生产用材料计入直接材料费用。

3.分析比较同一产品前后各年度的直接材料成本，如有重大波动，应查明原因。

4.抽查材料发出及领用的原始凭证,检查领料单的签发是否经过授权,材料发出汇总表是否经过适当的人员复核,除了单位成本计价是否适当,是否正确及时入账。

5.对采用定额成本或标准成本的企业,应检查直接材料成本差异的计算、分配与会计处理是否正确,并查明直接材料的定额成本、标准成本在本年度内有无重大变更。

☞相关案例

将材料采购成本计入当期损益:注册会计师在审查某企业 2015 年 6 月份"管理费用——其他"明细账时,发现 6 月 6 日 13 号记账凭证中摘要说明含混不清,其内容如下:

借:管理费用——其他 8500

　　贷:银行存款 8500

经检查该记账凭证的原始凭证,发现是两张运费清单,即铁路运费 8000 元和市内运费 500 元。查阅与该运费有关的材料采购业务,是该年 6 月 1 日 10 号凭证,其会计分录为:

借:在途物资 26 000

　　应交税金——应交增值税(进项税额) 4420

　　贷:银行存款 30 420

同年 6 月 15 日材料入库的会计分录为(该企业对材料采用实际成本进行核算):

借:原材料 26 000

　　贷:在途物资 26 000

由以上分析可得出,按材料计价的有关规定,材料的运费应计入材料的成本,很显然该单位将支付材料的运费计入管理费用是不正确的。该企业将应计入原材料的运杂费用 8500 元列入管理费用,一方面使该批材料少计成本 7650 元(假设运费的增值税税率是 10%),进项税额少计 850 元,另一方面影响了本月及以后各期经营成果的准确性。

如果该年 6 月份已查清材料尚未领用,可作下调账处理:

借:在途物资 7650

　　应交税金——应交增值税(进项税额) 850

　　贷:管理费用 8500

借:原材料 7650

　　贷:在途物资 7650

如果该年 6 月份当期查清材料已被领用,应编制如下调账分录:

借:在途物资 7650

　　应交税金——应交增值税(进项税额) 850

　　贷:管理费用 8500

借:原材料 7650

　　贷:在途物资 7650

借:生产成本 7650

　　贷:原材料 7650

如果问题查清时,该材料已制成产成品,应编制如下调账分录:

借:在途物资 7650

应交税金——应交增值税(进项税额)		850
贷:管理费用		8500
借:原材料	7650	
贷:在途物资		7650
借:库存商品	7650	
贷:原材料		7650

(二)直接人工成本审计

直接人工成本实质性程序主要包括:

1.抽查产品成本计算单,检查直接人工成本的计算是否正确,人工费用的分配标准与计算方法是否合理和适当,是否与人工费用分配汇总表中该产品分摊的直接人工费用相符。

2.将本年度直接人工成本与前期进行比较,查明其异常波动的原因。

3.分析比较本年度各个月份的人工费用发生额,如有异常波动,应查明原因。

4.结合应付工资的审查,抽查人工费用会计记录及会计处理是否正确。

5.对采用标准成本法的企业,应抽查直接人工成本差异的计算、分配与会计处理是否正确,并查明直接人工的标准成本在本年度内有无重大变更。

(三)制造费用审计

制造费用的实质性程序主要包括:

1.获取或编制制造费用汇总表,并与明细账、总账核对相符,抽查制造费用中的重大数额项目及例外项目是否合理。

2.审阅制造费用明细账,检查其核算内容及范围是否正确,并应注意是否存在异常会计事项,如有,则应追查至记账凭证及原始凭证,重点查明企业有无将不应列入成本费用的支出(如投资支出、被没收的财务、支付的罚款、违约金、技术改造支出等)计入制造费用。

3.必要时,对制造费用实施截止测试,即检查资产负债表日前后若干天的制造费用明细账及其凭证,确定有无跨期入账的情况。

4.审查制造费用的分配是否合理。重点查明制造费用的分配方法是否符合企业自身的生产技术条件,是否体现受益原则,分配方法一经确定,是否在相当时期内保持稳定,有无随意变更的情况;分配率和分配额的计算是否正确,有无以人为估计数代替分配数的情况。对按预定分配率分配费用的企业,还应查明计划与实际差异是否及时调整。

5.对于采用标准成本法的企业,应抽查标准制造费用的确定是否合理,记入成本计算单的数额是否正确,并查明标准制造费用在本年度内有无重大变动。

三、主营业务成本审计

对主营业务成本的审计,应通过审阅主营业务成本明细账、产成品明细账等记录并核对有关的原始凭证和记账凭证进行。其实质性程序主要包括:

1.获取或编制主营业务成本明细表,复核加计正确,并与报表数、总账数及明细账合计数核对相符。

2.编制生产成本及销售成本倒轧表,与总账核对相符。

3. 分析比较本年度与上年度主营业务成本总额，以及本年度各月份的主营业务成本金额，如有重大波动和异常情况，应查明原因。

4. 结合生产成本的审计，抽查销售成本和销售收入结转数额的正确性，并看其是否遵循配比原则。

5. 检查主营业务成本账户中重大调整事项是否有其充分理由。

6. 确定主营业务成本在利润表中是否已恰当披露。

第四节　存货监盘和计价审计

存货是指企业在日常活动中持有以备出售的产成品或商品、处在生产过程中的在产品、在生产过程或提供劳务过程中耗用的材料和物料等。

通常，存货的重大错报对于财务状况和经营成果都会产生直接的影响。审计中许多复杂和重大的问题都与存货有关。存货、产品生产和销售成本构成了会计、审计乃至企业管理中最为普遍、重要和复杂的问题。

存货审计，尤其是对年末存货余额的测试，通常是审计中最复杂也最费时的部分。

一、存货的监盘

(一)存货监盘的定义

存货监盘，是指注册会计师现场监督被审计单位存货的盘点，并进行适当的抽查。相应地存货监盘有两层含义，一是注册会计师现场监督被审计单位存货的盘点，二是注册会计师根据需要进行适当的抽查。

注册会计师对存货审计的目标是获取充分、适当的审计证据，以便确证被审计单位管理当局对会计报表的有关认定。与存在、完整性和所有权相关的审计目标是获取证据以确证被审计单位记录的所有存货确实存在，并属于被审计单位的合法财产。同时也已经反映了被审计单位拥有全部存货。存货监盘作为一项核心的审计程序。通常可同时实现上述多项审计目标。

(二)存货监盘的计划

1.制订存货监盘计划的基本要求

注册会计师应当根据被审单位存货的特点、盘存制度和存货内部控制的有效性等情况，在评价被审单位存货盘点计划的基础上，编制存货监盘计划，对存货监盘作出合理安排。

有效的存货监盘需要制订周密、细致的计划。为了避免误解并有助于有效地实施存货监盘，注册会计师通常需要与被审单位就存货监盘等问题达成一致意见。存货存在与完整性的认定具有较高的重大错报风险，而且注册会计师通常只有一次机会通过存货的实地监盘对有关认定作出评价。根据计划过程所搜集到信息，有助于注册会计师合理确定参与监盘的地点以及存货监盘的程序。

2.存货监盘计划的主要内容

存货监盘计划应当包括以下主要内容：

(1)存货监盘的目标、范围及时间安排。存货监盘的主要目标包括获取被审计单位资产负债表日有关存货数量和状况以及有关管理层存货盘点程序可靠性的审计证据,检查存货的数量是否真实完整,是否归属被审计单位,存货有无毁损、陈旧、过时、残次和短缺等状况。

存货监盘范围的大小取决于存货的内容、性质以及与存货相关的内部控制的完善程度和重大错报风险的评估结果。

存货监盘的时间,包括实地察看盘点现场的时间、观察存货盘点的时间和对已盘点存货实施检查的时间等,应当与被审计单位实施存货盘点的时间相协调。

(2)存货监盘的要点及关注事项。存货监盘的要点主要包括注册会计师实施存货监盘程序的方法、步骤,各个环节应注意的问题以及所要解决的问题。注册会计师需要重点关注的事项包括盘点期间的存货移动、存货的状况、存货的截止确认、存货的各个存放地点及金额等。

(3)参加存货监盘人员的分工。注册会计师应当根据被审计单位参加存货盘点人员分工、分组情况、存货监盘工作量的大小和人员素质情况,确定参加存货监盘的人员组成以及各组成人员的职责和具体的分工情况,并加强督导。

(4)检查存货的范围。注册会计师应当根据对被审计单位存货盘点和对被审计单位内部控制的评价结果确定检查存货的范围。在实施观察程序后,如果认为被审计单位内部控制设计良好且得到有效实施,存货盘点组织良好,可以相应缩小实施检查程序的范围。

3.存货监盘程序

在存货盘点现场实施监盘时,注册会计师应当实施下列审计程序。

(1)评价管理层用以记录和控制存货盘点结果的指令和程序。注册会计师需要考虑这些指令和程序是否包括下列方面:①适当控制活动的运用,例如,收集已使用的存货盘点记录,清点未使用的存货盘点表单,实施盘点和复盘程序;②准确认定在产品的完工程度,流动缓慢(呆滞)、过时或毁损的存货项目,以及第三方拥有的存货(如寄存货物);③在适用的情况下用于估计存货数量的方法,如可能需要估计存货的重量;④对存货在不同存放地点之间的移动以及截止日前后期间出入库的控制。

(2)观察管理层制定的盘点程序(如对盘点时及其前后的存货移动的控制程序)的执行情况。这有助于注册会计师获取有关管理层指令和程序是否得到适当设计和执行的审计证据。尽管盘点存货时最好能保持存货不发生移动,但在某些情况下存货的移动是难以避免的。如果在盘点过程中被审计单位的生产经营仍将持续进行,注册会计师应通过实施必要的检查程序,确定被审计单位是否已经对此设置了相应的控制程序,确保在适当的期间内对存货作出了准确记录。

此外,注册会计师可以获取有关截止性信息(如存货移动的具体情况)的复印件,有助于日后对存货移动的会计处理实施审计程序。具体来说,注册会计师一般应当获取盘点日前后存货收发及移动的凭证,检查库存记录与会计记录期末截止是否正确。注册会计师在对期末存货进行截止测试时,通常应当关注:

所有在截止日期以前入库的存货项目是否均已包括在盘点范围内,并已反映在截止日以前的会计记录中。任何截止日期以后入库的存货项目是否均未包括在盘点范围内,也未反映在截止日以前的会计记录中。

所有截止日以前装运出库的存货商品是否均未包括在盘点范围内,且未包括在截止日的存货账面余额中;所有已记录为购货但尚未入库的存货是否均已包括在盘点范围内,并已反映在会计记录中。

在途存货和被审计单位直接向顾客发运存货是否均已得到了适当的会计处理。

注册会计师通常可观察存货的验收入库地点和装运出库地点以执行截止测试。在存货入库和装运过程中采用连续编号的凭证时，注册会计师应当关注截止日期前的最后编号。如果被审计单位没有使用连续编号的凭证，注册会计师应当列出截止日期以前的最后几笔装运和入库记录。如果被审计单位使用运货车厢或拖车进行存储、运输或验收入库，注册会计师应当详细列出存货场地上满载和空载的车厢或拖车，并记录各自的存货状况。

（3）检查存货。在存货监盘过程中检查存货，虽然不一定确定存货的所有权，但有助于确定存货的存在，以及识别过时、毁损或陈旧的存货。注册会计师应当把所有过时、毁损或陈旧存货的详细情况记录下来，这既便于进一步追查这些存货的处置情况，也能为测试被审计单位存货跌价资金准备计提的准确性提供证据。

（4）执行抽盘。在对存货盘点结果进行测试时，注册会计师可以从存货盘点记录中选取项目追查至存货实物，以及从存货实物中选取项目追查至盘点记录，以获取有关盘点记录准确性和完整性的审计证据。需要说明的是，注册会计师应尽可能避免让被审计单位事先了解将抽盘的存货项目。除记录注册会计师对存货盘点结果进行的测试情况外，获取管理层完成的存货盘点记录的复印件也有助于注册会计师日后实施审计程序，以确定被审计单位的期末存货记录是否准确地反映了存货的实际盘点结果。

注册会计师在实施抽盘程序时发现差异，很可能表明被审计单位的存货盘点在准确性或完整性方面存在错误。由于检查的内容通常仅仅是已盘点存货中的一部分，所以在检查中发现的错误很可能意味着被审计单位的存货盘点还存在着其他错误。一方面，注册会计师应当查明原因，并及时提请被审计单位更正；另一方面，注册会计师应当考虑错误的潜在范围和重大程度，在可能的情况下，扩大检查范围以减少错误的发生。注册会计师还可要求被审计单位重新盘点。重新盘点的范围可限于某一特殊领域的存货或特定盘点小组。

（5）需要特别关注的情况。

①存货盘点范围。在被审计单位盘点存货前，注册会计师应当观察盘点现场，确定应纳入盘点范围的存货是否已经适当整理和排列，并附有盘点标识，防止遗漏或重复盘点。对未纳入盘点范围的存货，注册会计师应当查明未纳入的原因。

对所有权不属于被审计单位的存货，注册会计师应当取得其规格、数量等有关资料，确定是否已单独存放、标明，且未被纳入盘点范围。在存货监盘过程中，注册会计师应当根据取得的所有权不属于被审计单位的存货的有关资料，观察这些存货的实际存放情况，确保其未被纳入盘点范围。即使在被审计单位声明不存在受托代存存货的情形下，注册会计师在存货监盘时也应当关注是否存在某些存货不属于被审计单位的迹象，以避免盘点范围不当。

②对特殊类型存货的监盘。对某些特殊类型的存货而言，被审计单位通常使用的盘点方法和控制程序并不完全适用。这些存货通常或者没有标签，或者其数量难以估计，或者其质量难以确定，或者盘点人员无法对其移动实施控制。在这些情况下，注册会计师需要运用职业判断，根据存货的实际情况，设计恰当的审计程序，对存货的数量和状况获取审计证据。

☞ 小资料

特殊类型存货的监盘程序

存货类型	盘点方法与潜在问题	可供实施的审计程序
木材、钢筋盘条、管子	通常无标签,但在盘点时会作上标记或用粉笔标识。 难以确定存货的数量或等级	检查标记或标识 利用专家或被审计内部有经验人员的工作
堆积型存货(如糖、煤、钢废料)	通常既无标签也不作标记。 在估计存货数量时存在困难	运用工程估测、几何计算、高空勘测,并依赖详细的存货记录。 如果堆场中的存货堆不高,可进行实地监盘,或通过旋转存货堆加以估计
使用磅秤测量的存货	在估计存货数量时存在困难	在监盘前和监盘过程中均应检验磅秤的精准度,并留意磅秤的位置移动与重新调校程序。 将检查和重新衡量程序相结合。 检查称量尺度的换算问题
散装物品(如贮窖存货,使用桶、箱、罐、槽等容器储存的液、气体、谷类粮食、流体存货等)	在盘点时通常难以识别和确定。 在估计存货数量时存在困难。 在确定存货质量时存在困难	使用容器进行监盘或通过预先编号的清单列表加以确定 使用浸蘸、测量棒、工程报告以及依赖永续存货记录 选择样品进行化验与分析,或利用专家的工作
贵金属、石器、艺术品与收藏品	在存货辨认与质量确定方面存在困难	选择样品进行化验与分析,或利用专家的工作
生产纸浆用木材,牲畜	在存货辨认与数量确定方面存在困难。 可能无法对此类存货的移动实施控制	通过高空摄影以确定其存在性,对不同时点的数量进行比较,并依赖永续存货记录

(6)存货监盘结束时的工作。在被审计单位存货盘点结束前,注册会计师应当:①再次观察盘点现场,以确定所有应纳入盘点范围的存货是否均已盘点;②取得并检查已填用、作废及未使用盘点表单的号码记录,确定其是否连续编号,查明已发放的表单是否均已收回,并与存货盘点的汇总记录进行核对。注册会计师应当根据自己在存货监盘过程中获取的信息对被审计单位最终的存货盘点结果汇总记录进行复核,并评估其是否正确地反映了实际盘点结果。

如果存货盘点日不是资产负债表日,注册会计师应当实施适当的审计程序,确定盘点日与资产负债表日之间存货的变动是否已得到恰当的记录。

如果被审计单位采用永续盘存制,管理层可能执行实地盘点或其他测试方法,确定永续盘存记录中的存货数量信息的可靠性。在某些情况下,管理层或注册会计师可能识别出永续盘存记录和现有实际存货数量之间的差异,这可能表明对存货变动的控制没有有效运行。

当设计审计程序以获取关于盘点日的存货总量与期末存货记录之间的变动是否已被适当记录的审计证据时,注册会计师考虑的相关事项包括:①对永续盘存记录的调整是否适当;②被审单位永续盘存记录的可靠性;③从盘点获取的数据与永续盘存记录存在重大差异的原因。

☞小案例

案情简介: 注册会计师王明在观察被审单位存货实地盘点时,注意到下列特殊的项目:

1. 产成品储藏室有数台电动马达没有悬挂盘点单。经查询,这些马达属被审单位的承销品。

2. 验收部门有切片机一台(为被审单位主要产品之一,盘点单上标明"重做"字样)。

3. 运输部门有一台已装箱的切片机,没有悬挂盘点单,据称该机已售给顺发公司。

4. 一间小型仓库内存有五种布满灰尘的原材料,每种原材料均挂有盘点单,经王明抽点,与盘点单上记录相符。

王明对这些项目应进一步实施哪些审计程序?

分析要点: 1. 承销品的口头凭证应通过下列步骤证实:审查承销品记录、寄销合同和往来信函。向寄销人直接函证等。2. 从切片机的存放地点和盘点单上的"重做"字样看,可能是退回的货物,应审核验收报告、销售退回和折让通知单、应收账款函证回函等,查明切片机的所有权。如果所有权仍属顾客,则不应列入被审单位的存货中。3. 查阅有关购销协议、结算凭证,查证装箱切片机的所有权,如果销售尚未实现,则应将切片机列入被审单位存货之中。4. 应向生产主管查询这些原材料还能否用于生产,如果属于毁损、报废材料,则不应列入被审单位的存货。

二、存货计价测试

监盘程序主要是对存货的结存数量予以确认。为验证财务报表上存货余额的真实性,还必须对存货的计价进行审计,即确定存货实物数量和永续盘存记录中的数量是否经过正确地计价和汇总。存货计价测试主要是针对被审计单位所使用的存货单位成本是否正确所做的测试,当然,广义地看,存货成本的审计也可以被视为存货计价测试的一项内容。存货计价审计表详见表9-1。

单位成本的充分的内部控制与生产和会计记录结合起来,对于确保用于期末存货计价的成本的合理性十分重要。一项重要的内部控制是使用标准成本记录来反映原材料、直接人工和制造费用的差异,它还可以用来评价生产。使用标准成本时,应设置相应程序及时反映生产过程与成本的变化。由独立于成本核算部门的雇员来复核单位成本的合理性,也是一项有用的计价控制。

表 9-1　存货计价审计表

日期	品名及规格	购入			发出			余额		
		数量	单价	金额	数量	单价	金额	数量	单价	金额

1. 计价方法说明：
2. 情况说明及审计结论：

（1）样本的选择。计价审计的样本，应从存货数量已经盘点、单价和总金额已经计入存货汇总表的结存存货中选择。选择样本时应着重选择结存余额较大且价格变化比较频繁的项目，同时考虑所选样本的代表性。抽样方法一般采用分层抽样法，抽样规模应足以推断总体的情况。

（2）计价方法的确认。存货的计价方法多种多样，被审计单位应结合企业会计准则的基本要求选择符合自身特点的方法。注册会计师除应了解掌握被审计单位的存货计价方法外，还应对这种计价方法的合理性与一贯性予以关注，没有足够理由，计价方法在同一会计年度内不得变动。

（3）计价测试。进行计价测试时，注册会计师首先应对存货价格的组成内容予以审核，然后按照所了解的计价方法对所选择的存货样本进行计价测试。测试时，应尽量排除被审计单位已有计算程序和结果的影响，进行独立测试。测试结果出来后，应与被审计单位账面记录对比，编制对比分析表，分析形成差异的原因。如果差异过大，应扩大测试范围，并根据审计结果考虑是否应提出审计调整建议。

在存货计价审计中，由于被审计单位对期末存货采用成本与可变现净值孰低的方法计价，所以注册会计师应充分关注其对存货可变现净值的确定及存货跌价准备的计提。

可变现净值是指企业在日常活动中，存货的估计售价减去至完工时估计将要发生的成本、估计的销售费用以及相关税费后的金额。企业确定存货的可变现净值，应当以取得的确凿证据为基础，并且考虑持有存货的目的以及资产负债表日后事项的影响等因素。

☞小案例

案情简介:H公司是一家上市公司,注册会计师在进行年度会计报表审计时了解到该公司对存货的期末计价采用成本与可变现净值孰低法,2016年H公司经年末盘点,认定有关存货及其会计处理的信息资料如下:

1.库存商品A:账面余额10万元,已提取跌价准备5000元,该商品市价持续下跌,并且在可预见的未来无回升的希望。H公司对该商品全额补提跌价准备。

2.库存商品B:账面余额6万元,无跌价准备,该商品不再为消费者所偏爱,从目前情况分析,其市价将会持续下跌。H公司全额提取跌价准备。

3.库存商品C:账面余额20万元,已提取跌价准备2万元,由于此类商品的更新换代,该商品已经落伍,目前已经形成滞销。H公司全额补提跌价准备。

4.库存商品D:账面余额50万元,无跌价准备,目前该商品供销两旺,未发现减值情况。H公司按10%提取跌价准备5万元。

5.库存商品E:账面余额20万元,无跌价准备,该商品市价持续下跌,并且在可预见的未来无回升的希望。H公司未计提跌价准备。

6.库存原材料F:账面余额15万元,无跌价准备,现有条件下使用该原材料生产的产品成本大于产品的销售价格。H公司未计提跌价准备。

分析要点:库存商品A、B、C均不应全额计提跌价准备。A商品只是市价下跌,价值减少,但仍有一定的使用价值和转让价值。B商品虽然不为消费者所偏爱,但也只是价值下跌,还未到完全丧失价值的程度。C商品即使已经滞销,但起码还有转让价值。所以,注册会计师应建议H公司首先根据各种存货的物理状况及减值情况,推断出其期末应提足的跌价准备数额,然后与已提取的跌价准备比较,按其差额补提存货跌价准备。

对于商品D,由于没有任何减值的迹象,H公司按10%的比例计提了5万元的跌价准备,没有根据。注册会计师应建议H公司调账,冲回所提取的跌价准备。

对于商品E和原材料F的处理则不同,这两项存货实际上已经发生了减值,而H公司却未计提相应的跌价准备,注册会计师应建议H公司根据具体情况确定计提减值准备的数量,并作相应的调账处理。

第五节　应付职工薪酬审计

一、应付职工薪酬的审计目标

应付职工薪酬的审计目标一般包括:确定资产负债表中记录的应付职工薪酬是否存在;确定所有应当记录的应付职工薪酬是否均已记录;确定记录的应付职工薪酬是否为被审计单位应当履行的现时义务;确定应付职工薪酬是否以恰当的金额包括在财务报表中,与之相关的计价调整是否已恰当记录;确定应付职工薪酬是否已按照企业会计准则的规定在财务报表中作出恰当列报。

二、应付职工薪酬的实质性程序

1. 审计人员应获取或编制应付职工薪酬明细表,复核加计是否正确,并与报表数、总账数和明细账合计数核对是否相符。

2. 实施实质性分析程序。

(1)针对已识别需要运用分析程序的有关项目,并基于对被审计单位及其环境的了解,通过进行以下比较,同时考虑有关数据间关系的影响,以建立有关数据的期望值:①比较被审计单位员工人数的变动情况,检查被审计单位各部门各月工薪费用的发生额是否有异常波动,若有,则查明波动原因是否合理;②比较本期与上期工薪费用总额以及预期的工薪费用总额,要求被审计单位解释其增减变动或差异原因,或取得公司管理层关于员工工薪标准的决议;③比较社会保险费(包括医疗、养老、失业、工伤、生育保险费)、住房公积金、工会经费、职工教育经费和辞退福利等项目的本期实际计提数与按照相关规定独立计算的预期计提数,要求被审计单位解释其增减变动或差异原因;④核对下列相互独立部门的相关数据:工薪部门记录的工薪支出与出纳记录的工薪支付数,工薪部门记录的工时与生产部门记录的工时;⑤比较本期应付职工薪酬余额与上期应付职工薪酬余额,是否有异常变动。

(2)确定可接受的差异额。

(3)将实际的情况与期望值相比较,识别需要进一步调查的差异。

(4)如果其差额超过可接受的差异额,调查并获取充分的解释和恰当的佐证审计证据(如通过检查相关的凭证)。

(5)评估实质性分析程序的测试结果。

3. 检查工薪、奖金、津贴和补贴。

(1)计提是否正确,依据是否充分。将执行的工薪标准与有关规定核对,并对工薪总额进行测试;被审计单位如果实行工效挂钩的,应取得有关主管部门确认的效益工薪发放额认定证明,结合有关合同文件和实际完成的指标,检查其计提额是否正确,是否应作纳税调整;结合员工社保缴纳情况,明确被审计单位员工范围,检查是否与关联公司员工工薪混淆列支。

(2)检查分配方法与上年是否一致。除因解除与职工的劳动关系给予的补偿直接计入管理费用外,被审计单位是否根据职工提供服务的受益对象,对下列情况分别进行处理:①应由生产产品、提供劳务负担的职工薪酬,计入产品成本或劳务成本;②应由在建工程、无形资产负担的职工薪酬,计入相关资产成本;③被审计单位为外商投资企业,按规定从净利润中提取的职工奖励及福利基金,是否以董事会决议为依据,是否相应记入"利润分配—提取的职工奖励及福利基金"科目;④其他职工薪酬,是否计入当期损益。

(3)检查发放金额是否正确,代扣的款项及其金额是否正确。

(4)检查是否存在属于拖欠性质的职工薪酬,并了解拖欠的原因。

4. 检查社会保险费(包括医疗、养老、失业、工伤、生育保险费)、住房公积金、工会经费和职工教育经费等计提(分配)和支付(使用)的会计处理是否正确,依据是否充分。

5. 检查辞退福利。

(1)对于职工没有选择权的辞退计划,检查按辞退职工数量、辞退补偿标准计提辞退福利负债金额是否正确;

(2)对于自愿接受裁减的建议,检查按接受裁减建议的预计职工数量、辞退补偿标准(该标准确定)等计提辞退福利负债金额是否正确；

（3）检查实质性辞退工作在一年内完成、但付款时间超过一年的辞退福利，是否按折现后的金额计量，折现率的选择是否合理；

（4）检查计提辞退福利负债的会计处理是否正确，是否将计提金额计入当期管理费用；

（5）检查辞退福利支付凭证是否真实正确。

6. 检查非货币性福利。

（1）检查以自产产品发放给职工的非货币性福利，是否根据受益对象，按照该产品的公允价值，计入相关资产成本或当期损益，同时确认应付职工薪酬；对于难以认定受益对象的非货币性福利，是否直接计入当期损益和应付职工薪酬。

（2）检查无偿向职工提供住房的非货币性福利，是否根据受益对象，将该住房每期应计提的折旧计入相关资产成本或当期损益，同时确认应付职工薪酬。对于难以认定受益对象的非货币性福利，是否直接计入当期损益和应付职工薪酬。

（3）检查租赁住房等资产供职工无偿使用的非货币性福利，是否根据受益对象，将每期应付的租金计入相关资产成本或当期损益，并确认应付职工薪酬。对于难以认定受益对象的非货币性福利，是否直接计入当期损益和应付职工薪酬。

7. 检查以现金与职工结算的股份支付。

（1）检查授予后立即可行权的以现金结算的股份支付，是否在授予日以企业承担负债的公允价值计入相关成本或费用。

（2）检查完成等待期内的服务或达到规定业绩条件以后才可行权的以现金结算的股份支付，在等待期内的每个资产负债表日，是否以可行权情况的最佳估计为基础，按照企业承担负债的公允价值金额，将当期取得的服务计入成本或费用。在资产负债表日，后续信息表明企业当期承担债务的公允价值与以前估计不同的，是否进行调整，并在可行权日调整至实际可行权水平。

（3）检查在可行权日，实际以现金结算的股份支付金额是否正确，会计处理是否恰当。

8. 检查应付职工薪酬的期后付款情况，并关注在资产负债表日至财务报表批准报出日之间，是否有确凿证据表明需要调整资产负债表日原确认的应付职工薪酬事项。

9. 检查应付职工薪酬是否已按照企业会计准则的规定在财务报表中作出恰当的列报。

（1）检查是否在附注中披露与职工薪酬有关的下列信息：①应当支付给职工的工资、奖金、津贴和补贴，及其期末应付未付金额；②应当为职工缴纳的医疗、养老、失业、工伤和生育等社会保险费，及其期末应付未付金额；③应当为职工缴存的住房公积金，及其期末应付未付金额；④为职工提供的非货币性福利，及其计算依据；⑤应当支付的因解除劳动关系给予的补偿，及其期末应付未付金额；⑥其他职工薪酬。

（2）检查因自愿接受裁减建议的职工数量、补偿标准等不确定而产生的预计负债（应付职工薪酬），是否按照《企业会计准则第13号——或有事项》进行披露。

☞ 小案例

案情简介：注册会计师王明对巨力公司上年"应付工资"账户进行审查时，发现12月较11月多50 000元，小刘怀疑其中有许多虚列工资或其他问题，故决定作进一步审查。王明调阅 12 月份应付工资的原始凭证,发现在"工资结算单"中,食堂人员工资 48 000 元,附食堂负责人收据一张,未具体列明发放工资人员名单。查问食堂负责人时,他供认因本企业业务招待费超支,财务科长让他领取,并提供了原始凭证。财务科长对此供认不讳。假定该企业适用的所得税税率为 33%,福利费计提比例为 14%。

假如你是注册会计师王明,请偿结合案情分析该公司存在的问题,并提出处理意见。

分析要点:该公司违反财务制度的规定,利用"应付工资"账户,隐瞒超支的业务招待费,偷漏所得税款,应责成该公司调整有关账簿记录。

调整分录如下:

借:以前年度损益调整

　　　　　　　　　　　　　　　　 11 337.60

　应付福利费　　　　　　　　　　　6720

　贷:应交税金——应交所得税　　　　18 057.60

第六节　其他项目审计

在生产循环中,除以上介绍的财务报表项目外,还有物资采购、原材料、库存商品、包装物、低值易耗品、委托加工物资、存货跌价准备和管理费用等项目。下面以物资采购、存货跌价准备、管理费用为例对其实质性程序作一简单阐述。

一、物资采购审计

审计人员对物资采购的实质性程序主要有:

1. 获取或编制物资采购明细表,复核加计是否正确,与总账数、明细账合计数核对是否相符。

2. 检查物资采购:(1)对大额物资采购,追查至相关的购货合同及购货发票,复核采购成本的正确性,并抽查期后入库情况,必要时发函询证;(2)检查期末物资采购,核对有关凭证,查看是否存在不属于物资采购核算的交易或事项;(3)检查月末转入原材料等科目的会计处理是否正确。

3. 检查物资采购是否存在长期挂账事项,如有,应查明原因,必要时提出建议调整。

4. 查阅资产负债表日前后若干天物资采购增减变动的有关账簿记录和收料报告单等资料,检查有无跨期现象,如有,则应作出记录,必要时作调整。

5. 如采用计划成本核算,审核物资采购账项有关材料成本差异发生额的计算是否正确。

6. 检查物资采购是否已按照企业会计准则的规定在财务报表中作出恰当的列报。

二、存货跌价准备审计

审计人员对存货跌价准备的实质性程序主要有:

1. 获取或编制存货跌价准备明细表,复核加计是否正确,并与总账数和明细账合计数核对是否相符。

2. 检查存货跌价准备计提和存货损失转销的批准程序,取得书面报告、销售合同或劳务合同等证明文件。

3. 检查分析存货是否存在减值迹象以判断被审计单位计提存货跌价准备的合理性。

4. 根据成本与可变现净值孰低的计价方法，评价存货跌价准备所依据的资料、假设及计提方法，考虑是否有确凿证据为基础计算确定存货的可变现净值，检查其合理性及方法是否前后一致。

5. 考虑不同存货的可变现净值的确定原则，复核其可变现净值计算正确性。

6. 对从合并范围内部购入存货计提的跌价准备，关注其在合并时是否已作抵销。

7. 检查债务重组、非货币性资产交换和企业合并等涉及存货跌价准备的会计处理是否正确。

8. 若被审计单位为建造承包商，对其执行中的建造合同，应检查预计总成本是否超过合同总收入，如果超过，跌价准备计提是否合理，会计处理是否正确。

9. 如果被审计单位出售或核销已经计提跌价准备的存货，应检查相应的跌价准备的会计处理是否正确。

10. 已计提跌价准备的存货价值又得以恢复的，检查是否在原已计提的跌价准备的范围内转回，依据是否充分，并记录转回金额。

11. 检查存货跌价准备的计算和会计处理是否正确，本期计提或转销是否与有关损益科目金额核对一致。

12. 抽查计提存货跌价准备的项目，其期后售价是否低于原始成本。

13. 检查被审计单位是否于期末对存货进行了检查分析，存货跌价准备的计算和会计处理是否正确。

14. 确定存货跌价准备是否已按照企业会计准则的规定在财务报表中作出恰当的列报。

三、管理费用审计

审计人员对管理费用的实质性程序主要有：

1. 取得或编制管理费用明细表，复核加计是否正确，与报表数、总账数及明细账数合计数核对是否相符。

2. 检查管理费用的明细项目的设置是否符合规定的核算内容与范围，结合成本费用的审计，检查是否存在费用分类错误，若有，应提请被审计单位调整。

3. 对管理费用进行分析：(1)计算分析管理费用中各项目发生额及占费用总额的比率，将本期、上期管理费用各主要明细项目作比较分析，判断其变动的合理性；(2)将管理费用实际金额与预算金额进行比较；(3)比较本期各月份管理费用，对有重大波动和异常情况的项目应查明原因，检查费用的开支是否符合有关规定，计算是否正确，原始凭证是否合法，会计处理是否正确，必要时作适当处理。

4. 将管理费用中的职工薪酬、无形资产摊销、长期待摊费用摊销额等项目与各有关账户进行核对，分析其钩稽关系的合理性，并作出相应记录。

5. 选择重要或异常的管理费用，检查费用的开支标准是否符合有关规定，计算是否正确。

6. 检查库存现金、存货等流动资产盘盈盘亏处理是否符合规定。

7. 复核本期发生的车船使用税、印花税等税费是否正确。

8. 针对特殊行业，检查排污费等环保费用是否合理计提。

9. 检查大额支出、不均匀支出和有疑问支出的内容和审批手续、权限是否符合有关规定。

10. 对管理费用中的支出内容,关注有无不正常开支。

11. 抽取资产负债表日前后若干天的一定数量的凭证,实施截止性测试,对于重大跨期项目,应作必要调整。

12. 检查管理费用是否已按照企业会计准则的规定在财务报表中作出恰当的列报。

本章小结

1. 生产循环的特性主要包括生产循环中的主要业务活动和生产循环所涉及的主要凭证和账户两部分内容。

2. 生产循环内部控制测试对职责分离、授权审批、成本核算、存货余额的正确性等关键控制点进行控制测试。存货循环内部控制测试主要对职责分离、人事管理、考勤记录、工资单审核、工资发放、记录和分配工资费用等关键控制点进行控制测试。

3. 存货成本实质性程序包括生产成本实质性程序、主营业务成本实质性程序和运用的分析程序的方法对存货成本进行分析。

4. 存货的监盘是注册会计师在对存货进行实质性程序中必须采用的步骤。监盘步骤主要包括制定存货监盘计划、确定存货监盘程序等工作。存货截止测试的主要方法是抽查存货盘点日期前后的采购发票与验收报告,其次是审阅验收部门的业务记录。存货计价审计首先要求注册会计师应对存货价格的组成内容予以审核,然后按照所了解的计价方法对所选择的存货样本进行计价审计。

5. 应付职工薪酬的实质性程序包括获取或编制应付工资明细表、执行分析性程序、检查工资的计提与分配方法是否正确、验明应付工资的列报是否恰当。

思考题

1. 如何进行成本会计制度和工薪的控制测试?

2. 如何进行生产循环的交易实质性程序?

3. 如何进行生产成本和主营业务成本的审计?

4. 存货监盘是观察、询问和实物检查工作的集合程序,请具体说明。

5. 存货的计价测试的主要程序包括哪些?

6. 应付职工薪酬审计要点有哪些?

案例分析

【案例 9-1】

案例资料:

ABC 会计师事务所的 A 注册会计师和 B 注册会计师负责审计甲公司 2016 年度会计报表。2016 年 11 月,A 和 B 对甲公司的内部控制进行了初步了解和测试。

资料一:通过对甲公司内部控制的了解,A 和 B 注意到下列情况:

(1)甲公司主要生产和销售电视机。

(2)甲公司生产的电视机全部发往各地办事处和境外销售分公司销售。办事处除自行销售外,还将一部分电视机寄销在各商场。各月初,办事处将上月收、发、存的数量汇总后报甲公司财务部门和销售部门,财务部门作相应会计处理。甲公司生产的电视机约有 30% 出口,出口的电视机先发往境外销售分公司,再分销到世界各地。境外销售分公司历年未经审计,2016 年度也未安排审计计划。

(3)鉴于各年年末均处于电视机销售旺季,为保证各办事处和境外销售分公司货源,甲公司本部仓库在各年年末不保留产成品。

资料二:通过对甲公司内部控制的测试,A 和 B 注意到,除下列情况表明存货相关内部控制可能存在缺陷外,其他内部控制均健全、有效:

(1)甲公司在以前年度未对存货实施盘点,但有完整的存货会计记录和仓库记录。

(2)甲公司发出电视机时未全部按顺序记录。

(3)甲公司生产电视机所需的零星 c 材料由 XYZ 公司代管,但甲公司未对 c 材料的变动进行会计记录。

(4)甲公司每年 12 月 25 日后发出的存货在仓库的明细账上记录,但未在财务部门的会计账上反映。

(5)甲公司发出材料存在不按既定计价方法核算的现象。

(6)甲公司财务部门会计记录和仓库明细账均反映了代 XYZ 公司保管的 E 材料。

资料三:2016 年 12 月 27 日,甲公司编制了存货盘点计划,并与 A 和 B 讨论。存货盘点计划的部分内容如下:

(1)甲公司本部的存货由采购、生产、销售、仓库和财务等部门相关人员组成的盘点小组,在 2016 年 12 月 31 日进行盘点。办事处及境外存货的盘点分别由各办事处和境外销售分公司负责,在 12 月 31 日前后进行。盘点结束后,分别将盘点资料报送财务部门和仓库部门。

(2)限于人力,在各商场寄销的电视机以办事处的账面记录为准,不进行盘点。

(3)由于年度前后是销售旺季,在 2016 年 12 月 31 日,生产 86.36 厘米(34 寸)背投彩电的生产线不停产,仓库除对外发出 86.36 厘米(34 寸)背投彩电之外,不再对外发出其他存货。

(4)各盘点单位按存货类别和相关明细记录填写盘点清单、摆放存货,并填写连续编号的盘点标签。

(5)由于 XYZ 公司寄存的 E 材料与公司自身的 E 材料并无区别,故未单独摆放。E 材料的库存数以盘点数扣除 XYZ 公司寄存 E 材料的账面数确定;由 XYZ 公司代管的 c 材料不安排盘点,库存数直接根据 XYZ 公司的记录确定。

(6)废品与毁损品不进行盘点,以财务部门和仓库部门的账面记录为准。

资料四:根据甲公司存货的内部控制情况和盘点计划,A 和 B 决定实施监盘计划,其内容如下:

(1)随机选择 1/3 的办事处进行存货监盘,其余直接审阅其盘点记录及账面记录。

(2)对在各商场寄销的电视机以经审阅的办事处的账面记录为准。

（3）对境外销售分公司的存货不进行监盘，直接审阅其盘点记录及账面记录。

（4）对 XYZ 公司代管的 c 材料，采取向 XYZ 公司函证的方式确认。

（5）在甲公司盘点后，审计人员按存货期末余额的 5％复盘，若复盘结果表明误差低于 2％的，则不要求甲公司重新盘点。

（6）审计人员在复盘结束后，与公司盘点人员分别在清单上签字，并视情况考虑是否索取盘点前的最后一张验收报告单（或入库单）和最后一张货运单（或出库单）。

案例要求：

1．A 和 B 通过内部控制测试所注意到的各种情况是否为实际构成的存货内部控制缺陷？并简要说明理由。

2．对于上述情况中确实存在内部控制缺陷的，为了证实其可能导致的会计报表错误，请代注册会计师分别确定一项最主要的实质性程序的步骤，并分别说明实施各项程序能够实现的审计目标。

3．甲公司编制的上述盘点计划的相关内容有无不妥当之处？若有，请予以更正。

4．注册会计师编制的上述监盘计划的相关内容有无不妥当之处？若有，请予以更正。

5．如果注册会计师以甲公司境外销售分公司的存货未经实地监盘为由，决定对甲公司 2016 年度会计报表出具拒绝表示意见的审计报告，请判断是否妥当，并简要说明理由。

【案例 9-2】

案例资料：

B 注册会计师负责对乙公司 2015 年度财务报表进行审计。乙公司为玻璃制造企业，2015 年末存货余额占资产总额比重重大。存货包括玻璃、煤炭、烧碱、石英砂，其中 60％的玻璃存放在外地公用仓库。乙公司对存货核算采用永续盘存制，与存货相关的内部控制比较薄弱。乙公司拟于 2015 年 11 月 25 日至 27 日盘点存货，盘点工作和盘点监督工作分别由熟悉相关业务且具有独立的人员执行。存货盘点计划的部分内容摘录如下：

（1）存货盘点范围、地点和时间安排

地点	存货类型	估计占存货总额的比例	盘点时间
A 仓库	烧碱、煤炭	烧碱 10％，煤炭 5％	2015 年 11 月 25 日
B 仓库	烧碱、石英砂	烧碱 10％，石英砂 10％	2015 年 11 月 26 日
C 仓库	玻璃	玻璃 26％	2015 年 11 月 27 日
外地公用仓库	玻璃	玻璃 39％	—

（2）存放在外地公用仓库存货的检查

对存放在外地公用仓库的玻璃，检查公用仓库签收单，请公用仓库自行盘点，并提供 2015 年 11 月 27 日的盘点清单。

（3）存货数量的确定方法

对于烧碱、煤炭和石英砂等堆积型存货，采用观察以及检查相关的收、发、存凭证和记录的方法，确定存货数量；对于存放在 C 仓库的玻璃，按照包装箱标明的规格和数量进行盘点，并辅以适当的开箱检查。

（4）盘点标签的设计、使用和控制

对存放在 C 仓库玻璃的盘点，设计预先编号的一式两联的盘点标签。使用时，由负责盘点存货的人员将一联粘贴在已盘点的存货上，另一联由其留存；盘点结束后，连同存货盘点表交存财务部门。

（5）盘点结束后，对出现盘盈或盘亏的存货，由仓库保管员将存货实物数量和仓库存货记录调节相符。

案例要求：

针对上述存货盘点计划第（1）至第（5）项，逐项判断上述存货盘点计划是否存在缺陷。如果存在缺陷，简要提出改进建议。

实训项目

实训目的：

通过存货监盘计划制定的实验，熟悉在了解被审计单位及其环境的基础上，评估认定层次的重大错报风险，制订存货监盘的具体审计计划。在此基础上，掌握有关资产盘点计划的制订。

实训内容：

李豪注册会计师接受委托，对常年审计客户丙公司 2015 年度财务报表进行审计。丙公司为玻璃制造企业，存货主要有玻璃、煤炭和烧碱，其中少量玻璃存放于外地公用仓库。另有丁公司部分水泥存放于丙公司的仓库。丙公司拟于 2015 年 12 月 29 日至 12 月 31 日盘点存货。以下是李豪注册会计师撰写的存货盘点计划的部分内容。

存货监盘计划

一、存货监盘目标

检查丙公司 2015 年 12 月 31 日存货数量是否真实完整。

二、存货监盘范围

2015 年 12 月 31 日库存的所有存货，包括玻璃、煤炭和烧碱。

三、存货监盘时间

存货的观察与检查时间均为 2015 年 12 月 31 日。

四、存货监盘的主要程序

1. 与管理层讨论存货监盘计划。

2. 观察丙公司盘点人员是否按照盘点计划盘点。

3. 检查相关凭证以证实盘点截止日前所有已确认为销售但尚未装运出库的存货均已纳入盘点范围。

4. 对于存放于外地公用仓库的玻璃，主要实施检查货运文件、出库记录等替代程序。

实训要求：

1. 请指出存货监盘计划中的目标、范围和时间存在的错误，并简要说明理由。

2. 请判断存货监盘计划中列示的主要程序是否恰当，若不恰当，请予以修改。

阅读平台

• 阅读书目

1. 中华人民共和国财政部. 中国注册会计师执业准则（2017）［M］. 北京：中国财政经济出版社，2017.

2. 中华人民共和国财政部. 企业会计准则（2015 年版）［M］. 上海：立信会计出版社，2015.

3. 中国注册会计师协会. 审计［M］. 第 11 章，北京：经济科学出版社，2017 年版.

4. ［美］A. A. 阿伦斯等：《审计学——整合方法研究》，石爱中等译，第 22 章，中文 1 版，北京，中国审计出版社，2001.

5. 李晓慧. 审计学：实务与案例（第二版）［M］. 第 6 章，北京：中国人民大学出版社，2015.

6. 刘静. 审计案例与模拟实验［M］. 北京：经济科学出版社，2014.

7. 宋常. 审计学（第 7 版）［M］. 第 10 章，北京：中国人民大学出版社，2014.

8. 陈汉文. 审计［M］. 第 10 章，北京：中国人民大学出版社，2016.

9. 秦荣生、卢春泉. 审计学（第 9 版）［M］. 第 11 章，北京：中国人民大学出版社，2017.

• 阅读资料

1. 马妍. 存货监盘实务中存在的问题及对策［J］. 财务与会计，2015 年第 11 期.

2. 李春燕. 财务报表舞弊的形式及审计策略［J］. 财会学习，2016 年第 7 期.

3. 张换利. 农业企业存货舞弊审计对策刍议［J］. 中国农业会计，2016 年第 8 期.

4. 强薇. 医药企业销售与收款循环内部控制研究——以葛兰素史克为例［D］. 北京：中国财政科学研究院硕士论文，2016.

第十章

筹资与投资循环审计

学习目标

通过本章学习,你应能够:

1. 识别筹资与投资业务循环相关的会计凭证、账户、主要业务活动。

2. 掌握筹资与投资循环中的控制要点及控制测试。

3. 设计与执行筹资与投资循环交易的实质性程序。

4. 掌握银行借款、所有者权益项目及投资项目的实质性程序。

引入案例

达尔曼的八年造假史(ST 达尔曼的退市)

2005 年 3 月 25 日,ST 达尔曼成为中国第一个因无法披露定期报告而遭退市的上市公司。从上市到退市,在长达八年的时间里,达尔曼极尽造假之能事,通过一系列精心策划的系统性舞弊手段,制造出具有欺骗性的发展轨迹,从股市和银行骗取资金高达 30 多亿元,给投资者和债权人造成严重损失。

调查表明,达尔曼从上市到退市,在长达八年之久的时间里都是靠造假过日子的。达尔曼虚假陈述、欺诈发行、银行骗贷、转移资金等行为是一系列有计划、有组织的系统性财务舞弊和证券违法行为。在上市的八年时间里,达尔曼不断变换造假手法,通过虚增销售收入,虚构公司经营业绩和生产记录、虚假采购、虚增存货、虚构往来,虚增在建工程、固定资产和对外投资以及伪造与公司业绩相关的资金流,并大量融资等手段持续地编造公司经营业绩和生产记录。

——资料来源:马军生等.达尔曼的八年造假史[J].财务与会计,2006 年第 2 期。

第一节 筹资与投资循环业务特性

筹资活动是指企业为满足生存和发展的需要,通过改变企业资本及债务规模和构成而筹集资金的活动。投资活动是指企业为享有被投资单位分配的利润,或为谋求其他利益,将资产让渡给其他单位而获得另一项资产的活动。投资和筹资活动为企业完成其经营目标和战略措施奠定了基础。

筹资与投资循环由筹资活动和投资活动的交易事项构成。投资活动主要由权益性投资交易和债权性投资交易组成。筹资活动主要由借款交易和股东权益交易组成。筹资与投资循环中所涉及的资产负债表项目主要有:短期投资、应收股利、应收利息、其他应收款、应收补贴款、长期股权投资、长期债权投资、无形资产、长期待摊费用、短期借款、应付股利、其他应付款、预计负债、长期借款、应付债券、长期应付款、专项应付款、递延税款、股本、资本公积、盈余公积、未分配利润。筹资与投资循环中所涉及的利润表项目主要有：管理费用、财务费用、投资收益、补贴收入、营业外收入、营业外支出、所得税等。

筹资与投资循环的特性主要包括三部分内容：一是本循环的特点，二是本循环中的主要业务活动；三是本循环所涉及的主要凭证和账户。

一、筹资与投资循环具有如下特点

1. 对一般工商企业而言，与其他循环相比，企业每年投资与筹资循环涉及的交易数量较少，而每笔交易的金额通常较大。这就决定了对该循环涉及的财务报表项目审计，更可能采用实质性方案。

2. 筹资活动在遵守国家法律、法规和相关契约的规定下进行。例如，债务契约可能限定借款人向股东分配利润，或规定借款单位的流动比率和速动比率不能低于某一水平。注册会计师了解被审计单位的筹资活动，可能对评估财务报表舞弊的风险、从性质角度考虑审计重要性、评估持续经营假设的适用性等有重要影响。

3. 漏记或不恰当地对一笔业务进行会计处理，将会导致重大错误，从而对企业财务报表的公允反映产生较大的影响。例如，对于从事衍生金融工具交易的企业而言，尤为如此。公允价值的确定和交易记录的完整性等可能存在重大错报风险。

二、筹资与投资循环中的主要业务活动

(一)筹资所涉及的主要业务活动

1. 审批授权。企业筹集资金必须经管理当局的审批，其中债券的发行每次均要由董事会授权；企业发行股票必须依据国家有关法规和企业章程的规定，并报经企业最高权力机构（如董事会或股东大会）及国家有关管理部门批准。

2. 签订合同或协议。企业公开发行债券或股票，必须同证券公司签订债券承销或包销合同或协议，企业向银行或其他金融机构融资须签订借款合同。

3. 取得资金。企业取得银行或其他金融机构划入的融资款项。

4. 计算利息或股利。企业应按照有关合同或协议的规定，及时计算利息或股利。

5. 偿还本息或发放股利。银行借款或债券应按照有关合同或协议的规定偿还本息，融入的股本根据董事会提议和股东大会的决议发放股利。

(二)投资所涉及的主要业务活动

1. 投资交易的发生。由管理层对所有投资交易进行授权。交易的数量越多，授权程序必须越正式。

对上市性投资的购买应当由交易经纪人的买入公告支持，对非上市性投资的购买应当由相关合同支持。两者都应当由董事会纪要（或其他授权文件）批准购买。高级员工应当在结算买价之前核对这些文件。本项职能应当同投资购买业务的批准和记录职能分离。

投资的销售（售出）业务一般由下列文件支持：经纪人的销售公告、合同，董事会批准非上市性投资业务销售的会议纪要，高级员工核对收据和银行存款的详细信息。这一职能应

当与投资销售业务的批准和记录分开。

2.有价证券的收取和保存。企业所收到的凭证和有价证券应当保存在其经纪人处或由企业的银行保存在保管箱里。注册会计师应当对这些凭证和有价证券的真实性以及管理层伪造或修改这些凭证和有价证券的风险保持警惕。如果注册会计师怀疑可能存在上述情况，则应当向被投资企业询证以确定投资企业是否对被审计单位真正投资。

3.取得投资收益。企业可以取得股权投资的股利收入、债券投资的利息收入和其他投资收益。

4.转让证券或收回其他投资。企业可以通过转让证券实现投资的收回，其他投资如已经投出，除联营合同期满，或由于其他特殊原因联营企业解散外，一般不得抽回投资。

三、筹资与投资活动所涉及的主要凭证和会计记录

（一）筹资活动涉及的主要凭证和会计记录

1.公司债券。公司债券是公司依据法定程序发行、约定在一定期限内还本付息的有价证券。

2.股本凭证。股本凭证是公司签发的证明股东所持股份的凭证。

3.债券契约。债券契约是一张明确债券持有人与发行企业双方所拥有的权利与义务的法律性文件。其内容通常包括：债券发行的标准；债券的明确表述；利息或利息率；受托管理认证书；登记和背书；抵押债券的所担保的财产；债券发生拖欠情况如何处理；对偿债基金、利息支付、本金偿还等的处理；通过审查债券契约，注册会计师可了解被审单位有无违反有关的法律规定。

4.股东名册。股东名册对于记名股票和无记名股票记载的内容不同。发行记名股票应记载的内容一般包括：股东姓名或名称及住所；各股东所持股份数；各股东所持股票的编号。

各股东取得其股份的日期，发行无记名股票的，公司应记载其股票数量、编号及发行日期。

5.公司债券存根簿。发行记名公司债券的公司应记载的内容一般包括：债券持有人的姓名或名称及住所；债券持有人取得债券的日期及债券的编号；债券总额、债券的票面金额、债券的利率、债券还本付息的期限和方式；债券的发行日期，发行无记名债券的，公司应记载债券总额、利率、偿还期限和方式、发行日期和债券编号。

6.承销或报销协议。公司向社会公开发行股票或债券时，应由依法设立的证券公司承销或包销，公司应与证券公司签订承销或包销协议。

7.借款合同或协议。公司在向银行或其他非银行金融机构借入款项时，与其签订的合同或协议。

8.有关记账凭证。

9.有关会计科目的明细账和总账。

（二）投资活动涉及的主要凭证和会计记录

投资活动涉及的主要凭证和会计记录包括：

1.债券投资凭证。载明债券持有人与发行企业双方所拥有的权利与义务的法律性文件，其内容一般包括：债券发行的标准；债券的明确表述；利息或利息率；受托管理人证书；登

记和背书。

2.股票投资凭证。买入凭证记载股票投资购买业务,包括购买股票数量、被投资公司、股票买价、交易成本、购买日期、结算日期、结算日应付金额合计。卖出凭证记载股票投资卖出业务,包括卖出股票数量、被投资公司、股票卖价、交易成本、卖出日期、结算日期、结算日金额合计。

3.股票证书。载明股东所有权的证据,记录所有者持有被投资公司所有股票数量。如果被投资公司发行了多种类型的股票,也反映股票的类型,如普通股、优先股。

4.股利收取凭证。向所有股东分发股利的文件,标明股东、股利数额、每股股利、被审计单位在交易最终日期持有的总股利金额。

5.长期股权投资协议。

6.投资总分类账。对被投资单位所持有的投资,记录所有的详细信息,包括所获得或收取的投资收益。总分类账中的投资账户记录初始购买成本和之后的账面价值。

7.投资明细分类账。由投资单位保存,以用来记录所有的非现金性投资交易,如期末的市场对市场调整、公允价值的反映,以及记录与处置投资相关的损益。

第二节　内部控制测试与交易的实质性程序

一、筹资循环内部控制及其测试

(一)筹资循环内部控制

1.筹资的授权审批控制

一般董事会都事先授权财务经理编制筹资计划,由董事会审批。对于债务筹资,无论是贷款、交易还是结算发生的债务,总有一定的经济业务根据,协议、合同、凭证或有关文件只有经过有关主管人员批准后,才能据以执行业务活动;对于权益筹资,无论是最初的资本投入,或者以后的增资、减资、转让以及企业在经营结束或破产清算时的结算、分配、归还资本金等业务,以及形成资本公积、提取盈余公积及分配股利等业务都必须经过企业最高权力机构审核与授权,方可办理。

2.筹资循环的职务分离控制

职责分工、明确责任是筹资循环内部控制的重要手段,筹资业务中应职务分离的包括:(1)筹资计划编制人与审批人适当分离,以利于审批人从独立的立场来评判计划的优劣;(2)经办人员不能接触会计记录,通常由独立的机构代理发行债券和股票;(3)会计记录人员同负责收、付款的人员相分离,有条件的应聘请独立的机构负责支付业务;(4)证券保管人员同会计记录人员分离。

3.筹资收入款项的控制

筹资金额大,最好委托独立的代理机构代为发行。因为代理机构本身所负有的法律责任、客观立场,既从外部协助了企业内部控制的有效执行,也从客观、公正的角度证实了公司会计记录的可信性,防止以筹资业务为名进行不正当活动或者以伪造会计记录来掩盖不正当活动的事项发生。

4.还本付息、支付股利等付出款项的控制

无论是何种筹资形式,都面临支付款项的问题,主要是利息的支付或股利的发放。由于企业债券受息人社会化的特征,企业可开出单张支票,委托有关代理机构代发,从而减少支票签发次数,降低舞弊可能。除此之外,应定期核对利息支付清单和开出支票总额。股利发放,要以董事会有关发放股利的决议文件为依据。对于无法递交的支付利息或股利的支票要及时注销或加盖作废标记。另外,对各种费用的开支,要核查金额是否正确、依据是否真实有效,尽量避免支付不合理的费用。

5.实物保管的控制

债券和股票都应设立相应的筹资登记簿,详细登记核准已发行的债券和股票有关事项,如签发日期、到期日期、支付方式、支付利率、当时市场利率、金额等。登记的同时应对不同的筹资项目进行编号,对于增资配股更要详细登记,可以备注充分说明。相应地未发行的债券应加强保管,并定期盘点,定期核对筹资登记簿的记录与清点、盘点记录,以及银行或受托公司的相关记录。对于已收回的债券要及时注销或盖章作废,防止被不合法地多次使用。

6.会计记录的控制

如前所述,筹资业务的会计处理较复杂,会计记录的控制就十分重要。必须保证及时地按正确的金额、合理的方法,在适当的账户和合理的会计期间予以正确记录。对股票、债券的溢价、折价,应选用适当的摊销方法;对发行在外的股票要设置股东明细账加以控制;利息、股利的支付必须计算正确后记入对应账户;对未领利息、股利也必须全面反映,单独列示。

(二)筹资循环内部控制测试

测试筹资循环的内部控制是在了解内部控制要点后,测试其执行是否有效,从而最终对筹资循环的内部控制作出评价。其常用的控制测试程序是:索取借款或发行股票的授权批准文件,检查权限是否恰当,手续是否齐全;查看借款合同或协议、债券契约、承销或包销协议;观察并描述筹资业务的职责分工,了解债券持有人明细资料的保管制度,检查被审单位是否与总账或外部机构核对;抽查筹资业务的会计记录,从明细账抽取部分会计记录,按原始凭证到明细账、总账的顺序核对有关数据和情况,判断其会计处理过程是否合规完整。

具体来说,对筹资循环内部控制的测试应确定以下事项:(1)筹资活动是否经过授权批准。(2)筹资活动的授权、执行、记录、实物保管等是否严格分工。(3)筹资活动是否建立了严密的账簿体系和记录制度,并定期检查。

二、投资循环内部控制及其测试

(一)投资循环内部控制

一般来讲,投资活动的内部控制主要包括下列内容:

1.合理的职责分工

这是指合法的投资业务,应在业务的授权、业务的执行、业务的会计记录以及投资资产的保管等方面都有明确的分工,不得由一人同时负责上述任何两项工作。比如,投资业务在企业高层管理机构核准后,可由高层负责人员授权签批,由财务经理办理具体的股票或债券的买卖业务,由会计部门负责进行会计记录和财务处理,并由专人保管股票或债券。这种合理的分工所形成的相互牵制机制有利于避免或减少投资业务中发生错误或舞弊的可能性。

2.健全的资产保管制度

企业对投资资产(指股票和债券资产)一般有两种保管方式:一种方式是由独立的专门机构保管,如在企业拥有较大的投资资产的情况下,委托银行、证券公司、信托投资公司等机构进行保管。这些机构拥有专门的保存和防护措施,可以防止各种证券及单据的失窃或毁损,并且由于它与投资业务的会计记录工作完全分离,可以大大降低舞弊的可能性。另一种方式是由企业自行保管,在这种方式下,必须建立严格的联合控制制度,即至少要由两名以上人员共同控制,不得一人单独接触证券。对于任何证券的存入或取出,都要将证券名称、数量、价值及存取的日期、数量等详细记录于证券登记簿内,并由所有在场的经手人员签名。

3.详细的会计核算制度

企业的投资资产无论是自行保管还是由他人保管,都要进行完整的会计记录,并对其增减变动及投资收益进行相关会计核算。具体而言,应对每一种股票或债券分别设立明细分类账,并详细记录其名称、面值、证书编号、数量、取得日期、经纪人(证券商)名称、购入成本、收取的股息或利息等;对于联营投资类的其他投资,也应设置明细分类账,核算其他投资的投出及其投资收益和投资收回等业务,并对投资的形式(如流动资产、投资性房地产、无形资产)、投向(即接受投资单位)、投资的计价以及投资收益等作出详细的记录。

4.严格的记名登记制度

除无记名证券外,企业在购入股票或债券时应在购入的当日尽快登记于企业名下,切忌登记于经办人员名下,防止发生冒名转移并借其他名义牟取私利的舞弊行为。

5.完善的定期盘点制度

对于企业所拥有的投资资产,应由内部审计人员或不参与投资业务的其他人员进行定期盘点,检查是否确实存在,并将盘点记录与账面记录相互核对以确认账实的一致性。

(二)投资循环内部控制测试

对投资循环的内部控制测试,常用的控制测试程序有:索取投资的授权批准文件,检查权限是否恰当,手续是否齐全;索取投资合同或协议,检查是否合理有效;索取被投资单位的投资证明,检查其是否合理有效;观察并描述投资业务的职责分工,了解证券资产的保管制度,检查被审单位自行保管时,存取证券是否进行详细的记录并由所有经手人员签字;了解企业是否定期进行证券投资资产的盘点,审阅盘核报告,检查盘点方法是否恰当,盘点结果与会计记录核对情况以及出现差异的处理是否合规;抽查投资业务的会计记录从明细账抽查部分会计记录,按原始凭证到明细账、总账的顺序核对有关数据和情况,判断其会计处理过程是否合规完整。

具体来说,对投资循环内部控制的测试应确定以下事项:(1)投资项目是否经授权批准;(2)投资项目的授权、执行、保管和记录是否严格分工;(3)有无健全的有价证券保管制度;(4)有关的核算方式是否符合有关财务会计制度的规定,相关的投资收益会计处理是否正确;(5)是否对投资效益进行适当的监控。

三、筹资与投资循环交易的实质性程序

(一)筹资循环交易的实质性程序

在一些大型公司中,董事会下设的战略委员会负责处理借款合同的谈判为其资本性购置筹集资金,然后由董事会批准该合同。在这种情况下,注册会计师可能决定对应付利息和股利的计算主要实施实质性分析程序,而对新股和债券的发行、股票回购、可赎回优先股及可赎回债券的赎回、期间内贷款的偿还情况以及所欠余额和权利与义务实施有限的细节测试程序。

1.实质性分析程序

实质性分析程序包括与上年度或预算的比较、比率分析、财务与非财务信息的比较等,是在注册会计师对企业业务进行了解的基础上实施的。

当对权益和借款交易与余额执行实质性分析程序时,这些步骤为:

(1)建立预测或预期。主要采用资本绩效和财务管理有关的比率。资本绩效和财务管理比率可能在行业基础上并不具有可比性,但对企业不同时间内经营业绩的比较可能是更好的办法。

(2)计算真实数据与预期之间的差异。计算差异包括各种比率的计算,包括管理层用来监控企业的关键业绩指标。将计算结果与上期结果、预算数以及与客户的历史记录相比较。对管理层所使用关键业绩指标的计算,以及对发现问题时相关纠正措施的询问程序,可以提供管理层监控程序运行是否有效的证据。管理层使用的关键业绩指标可能包括:①资本绩效,如股东权益回报率、每股收益、市盈率、资本税前收益、税后收益留存率等;②财务管理,如平均利率(包括税前和税后)、总资本利息率和股利率、财务杠杆等。

(3)调查重大差异并运用判断。注册会计师应当根据前述预期值来进行比率分析。任何未预期的波动都应当与管理层进行讨论,并在必要时进一步调查。

(4)确定重大差异或临界值。注册会计师应当通过询问程序确定管理层用来作为关键业绩指标的比率或基准数据是否表明存在重大错报风险,并考虑影响盈利能力、现金流量、业务持续性和管理层监控程序的趋势。

(5)记录得出结论的基础。注册会计师应当就所收集到的审计证据能否支持所选择的认定或审计目标得出结论。

2.交易的细节测试

注册会计师对筹资交易实施的细节测试,主要包括就权益和长期借款的发生、完整性、准确性、截止和分类认定获取审计证据。在期末,注册会计师应当主要就账户余额的存在性、权利和义务、完整性、计价和分摊认定,以及权益和长期借款以账面价值列报与披露的情况获取审计证据。

借款是企业承担的一项经济义务,是企业的负债项目,包括短期借款、长期借款和应付债券。在一般情况下,被审计单位不会高估负债,因为这样于自身不利,且难以与债权人的会计记录相互印证。为了正确反映企业的财务状况和经营成果,必须将企业的负债完整地列示在资产负债表中,并正确地予以计价。注册会计师对于负债项目的审计,主要是防止企业低估债务。低估债务经常伴随着低估成本费用,从而高估利润的目的。因此,低估债务不仅影响财务状况的反映,而且还会极大地影响企业经营成果的反映。所以,注册会计师在执

行借款业务审计时,应将被审计单位是否低估借款作为一个关注的要点。

所有者权益,是企业投资者对企业净资产的所有权,包括投资者对企业的投入资本以及企业存续过程中形成的资本公积、盈余公积和未分配利润。根据资产负债表的平衡原理,所有者权益在数量上等于企业的全部资产减去全部负债后的余额,即企业净资产数额。如果注册会计师能够对企业的资产和负债进行充分的审计,证明两者的期初余额、期末余额和本期变动都是正确的,这便从侧面为所有者权益的期末余额和本期变动的正确性提供了有力的证据。同时,由于所有者权益增减变动的业务较少、金额较大的特点,注册会计师在审计了企业的资产和负债之后,往往只花费相对较少的时间对所有者权益进行审计。尽管如此,在审计过程中,对所有者权益进行单独审计仍是十分必要的。

(二)投资循环交易的实质性程序

为确定检查风险的可接受水平,注册会计师应当考虑投资交易和余额的重要性水平,以及对管理层所实施控制有效性的评估。如果投资交易不具有重要性,或具有重要性但控制具有有效性,则注册会计师应将可接受的检查风险水平评估为中到高。在很多情况下,投资交易业务量很少,注册会计师通常在了解相关内部控制后,即对期末投资的存在性和账面价值实施细节测试。

1.实质性分析程序

实质性分析程序的有效性取决于企业的权益性投资和债权性投资交易及其余额的重要性。如果会计期间内投资交易的买入和卖出业务较少,注册会计师可以通过细节测试有效地获取充分适当的审计证据。然而,如果投资交易业务频繁和重要,注册会计师可以考虑通过比较投资和投资收益本期数、前期数和预期数等实质性分析程序来获取充分适当的审计证据。

如果被审计单位持有不同类型的投资业务,如各种类型的上市性投资、债券和贷款,企业应当对持有的投资组合制定政策,管理层可能使用关键业绩指标来进行管理。注册会计师应当重新计算相关比率以测试管理层所使用的关键业绩指标的有效性。如果该指标不能符合预期,注册会计师应当询问管理层所采取的行动。任何偏差或未预期的趋势都应当同管理层讨论,因为它们可能表明存在潜在的错误或舞弊。

由于影响衍生金融工具价值的各种因素之间复杂的相互作用往往掩盖了可能出现的异常趋势,实质性分析程序通常不能提供衍生金融工具相关认定的充分证据。注册会计师通常使用细节测试程序来证实期末衍生金融工具的完整性和估价认定。

2.交易的细节测试

(1)投资购入。在制造业企业或贸易行业中,投资交易往往较少发生,审计方法通常是细节测试。然而,如果投资交易业务量非常大,注册会计师应当评估对内部控制的依赖程度,复核管理层证实该复核程序是否频繁执行。注册会计师应当检查购买业务的授权情况。如果投资是通过证券交易买入的,则买入的证据是经纪人的交易清单。

(2)投资卖出。注册会计师应当检查出售的授权情况。

(3)投资收益。持有公司股票所获得的收益来源于该公司所宣告的股利。如果注册会计师已就上年度期末持有股票的存在性和所有权进行了审计,并就本年度股票的买入和卖出情况获取了审计证据,则注册会计师可以以此为基础进一步检查相关公司宣告的股利是否已经收到并记录。

如果投资数量很多,注册会计师应当从被审计单位获得清单并与总分类账和其他证据相核对。针对所有投资的已记录收益都应当在该清单中作出标注,这将有助于投资收益审计工作的开展。注册会计师对应收股利的相关证据可以从以下渠道获得:①从股票发行公司的已公布财务报表获得;②从股利报表或股利公告获得;③从报纸关于公司宣告股利的消息、证券交易官方报告或其他知名金融杂志获得;④通过直接询问股票发行公司来获得。

☞小案例

案情简介:甬江股份有限公司是一家上市公司,从事投资、设备制造等方面的业务。四明会计师事务所 2016 年 9 月份接受了甬江公司 2015 年度会计报表的审计业务,并指派注册会计师王明于 2016 年 12 月份对甬江公司 2015 年度投资业务的相关内部控制进行了解和控制测试。在预审过程中王明了解到,甬江公司的股票、债券的买卖业务须由董事会批准、经董事长签字后,由财务经理王宏具体办理股票、债券的买卖业务,但在具体办理的过程中,遇有股票价格大幅波动等的异常情况时,王宏可自行决定买进或卖出,并在渡过紧急情况后及时向董事长汇报并备案。由指定专职财务人员甲负责进行会计记录和财务处理,财务人员乙负责股票及债券的保管。每月末,由内部审计人员丙组织财务经理、财务人员甲、乙和其他人员共同参与股票、债券的定期盘点以及账面记录的核对,以确定股票、债券的真实性、完整性、所有权、正确性。

分析要点:股票、债券买卖业务的内部控制中存有两处缺陷:一是在紧急情况下由王宏自行决定并实施,这实际上使得王宏失去制约,董事会的批准流于形式,无法保证股票、债券的安全完整;二是每月末由内部审计人员丙组织财务经理王宏、财务人员甲、乙参与股票、债券的盘点违反了不相容职务分离的基本要求。股票、债券的盘点工作应由不参与股票、债券业务的独立人员进行,不应有股票、债券的经办人员、记录人员甲及保管人员乙参与。

第三节　短期借款审计

一、短期借款的审计目标

短期借款的审计目标一般包括:确定资产负债表中列示的短期借款是否存在;确定所有应当列示的短期借款是否均已列示;确定列示的短期借款是否为被审计单位应当履行的现时义务;确定短期借款是否以恰当的金额列示在财务报表中,与之相关的计价调整是否已恰当记录;确定短期借款是否已按照企业会计准则的规定在财务报表中作出恰当列报。

二、短期借款的实质性程序

短期借款的实质性程序通常包括:

1.获取或编制短期借款明细表。注册会计师应首先获取或编制短期借款明细表,复核其加计数是否正确,并与明细账和总账核对相符。

2.函证短期借款的实有数。注册会计师应在期末短期借款余额较大或认为必要时向银行或其他债权人函证短期借款。

3.检查短期借款的增加。对年度内增加的短期借款,注册会计师应检查借款合同和授权批准,了解借款数额、借款条件、借款日期、还款期限、借款利率,并与相关会计记录相核对。

4.检查短期借款的减少,对年度内减少的短期借款,注册会计师应检查相关记录和原始凭证,核实还款数额。

5.检查有无到期未偿还的短期借款。注册会计师应检查相关记录和原始凭证,检查被审单位有无到期未偿还的短期借款,如有,则应查明是否已向银行提出申请并经同意后办理延期手续。

6.复核短期借款利息。注册会计师应根据短期借款的利率和期限,复核被审单位短期借款的利息计算是否正确,有无多算或少算利息的情况,如有未计利息和多计利息,应作出记录,必要时进行调整。

7.检查外币借款的折算。如果被审单位有外币短期借款,注册会计师应检查外币借款的增减变动是否按业务发生时的市场汇率或期初汇率折合为记账本位币金额;期末是否按市场汇率将外币短期借款余额折合为记账本位币金额;折算差额是否按规定进行会计处理;折算方法是否前后期一致。

8.检查短期借款在资产负债表上的反映是否恰当。企业的短期借款在资产负债表上通常设"短期借款"项目单独列示,对于因抵押而取得的短期借款,应在资产负债表附注中揭示,注册会计师应注意被审单位对短期借款项目的反应是否充分。

第四节　长期借款审计

一、长期借款的审计目标

长期借款的审计目标一般包括:确定资产负债表中列示的长期借款是否存在;确定所有应当列示的长期借款是否均已列示;确定列示的长期借款是否为被审计单位应当履行的现时义务;确定长期借款是否以恰当的金额列示在财务报表中,与之相关的计价调整是否已恰当记录;确定长期借款是否已按照企业会计准则的规定在财务报表中作出恰当列报。

二、长期借款的实质性程序

长期借款同短期借款一样,都是企业向银行或其他金融机构借入的款项,因此,长期借款的实质性程序同短期借款的实质性程序较为相似。长期借款的实质性程序通常包括:

(1)获取或编制长期借款明细表,复核其加计数是否正确,并与明细账和总账核对相符。

(2)了解金融机构对被审计单位的授信情况以及被审计单位的信用等级评估情况,了解被审计单位获得短期借款和长期借款的抵押和担保情况,评估被审计单位的信誉和融资能力。

(3)对年度内增加的长期借款,应检查借款合同和授权批准,了解借款数额、借款条件、借款日期、还款期限、借款利率,并与相关会计记录相核对。

(4)检查长期借款的使用是否符合借款合同的规定,重点检查长期借款使用的合理性。

(5)向银行或其他债权人函证重大的长期借款。

（6）对年度内减少的长期借款，注册会计师应检查相关记录和原始凭证，核实还款数额。

（7）检查年末有无到期未偿还的借款，逾期借款是否办理了延期手续，分析计算逾期借款的金额、比率和期限，判断被审计单位的资信程度和偿债能力。

（8）计算短期借款、长期借款在各个月份的平均余额，选取适用的利率匡算利息支出总额，并与财务费用的相关记录核对，判断被审计单位是否高估或低估利息支出，必要时进行适当调整。

（9）检查非记账本位币折合记账本位币时采用的折算汇率，折算差额是否按规定进行会计处理。

（10）检查借款费用的会计处理是否正确。

（11）检查企业抵押长期借款的抵押资产的所有权是否属于企业，其价值和实际状况是否与抵押契约中的规定相一致。

（12）检查企业重大的资产租赁合同，判断被审计单位是否存在资产负债表外融资的现象。

（13）检查长期借款是否已在资产负债表中充分披露。

长期借款在资产负债表中列示于长期负债类下，该项目应根据"长期借款"科目的期末余额扣减将于一年内到期的长期借款后的数额填列，该项扣除数应当填列在流动负债类下的"一年内到期的长期负债"项目单独反映。注册会计师应根据审计结果确定被审计单位长期借款在资产负债表中的列示是否恰当，并注意长期借款的抵押和担保是否已在财务报表附注中作了充分的说明。

☞ 相关案例

案情简介：ABC会计师事务所受托对大名公司2016年度的会计报表进行审计，发现以下问题：

（1）由于甬江公司生产A—130产品的原料需要从国外进口，2016年发生一笔外币短期借款业务：10月20日，甬江公司以1美元兑换8.3元人民币的市场汇率从M银行借入美元100万元，作了借记"银行存款830万"、贷记"短期借款830万元"的会计记录（甬江公司没有发生其他短期借款业务）。年末，美元对人民币的市场汇率上升为1∶8.4，甬江公司编制会计报表时，短期借款项目的金额仍为830万元。经查，甬江公司为简化处理，减少差错的发生，财务部门发生外币短期借款业务及期末编制会计报表时均按发生当时的市场汇率折算，折算差额计入财务费用。

（2）甬江公司为新建加工车间，于2015年1月初从B银行借入年利率为6%、期限为2年的长期借款1000万元。该车间自2015年7月1日开工建设，于2016年6月30日交付使用，但至2016年12月31日仍未办理竣工决算。甬江公司以该项建筑工程尚未转入固定资产为由，未对新建车间计提折旧，并将2016年度发生的60万元借款费用计入在建工程。

（3）甬江公司于2016年12月将本公司长期积压、已被市场淘汰的Y产品以2000万元的价格销售给其关联企业X公司。当月已发出产品、开具销售发票并收到货款。该批不合格产品的账面价值为1500万元。假定不考虑相关税费，甬江公司对此笔交易所作的会计处理为：

借：银行存款	20 000 000	
贷：主营业务收入		15 000 000
资本公积——关联交易差价		5000 000
借：主营业务成本	15 000 000	
贷：存货		15 000 000

年底，甬江公司将已记入"资本公积——关联交易差价"的 500 万元作如下会计处理：

借：资本公积——关联交易差价	5 000 000	
贷：实收资本		5 000 000

分析要点：(1)针对情况一，按照会计制度规定，甬江公司在发生外币短期借款业务时按当时的市场汇率折算是恰当的，但在编制会计报表时应按期末市场汇率1：8.4折算。企业在期末仍然按生当时的市场汇率1：8.3进行折算，违反了财务制度的规定。应建议甬江公司作以下调整：

借：银行存款	100 000	
贷：短期借款		100 000

(2)针对情况二，甬江公司的会计处理有两处不符合会计制度规定。一是将 2016 年发生的借款费用 60 万元全部计入在建工程，应建议甬江公司将 7 月 1 日至 12 月 31 日之间的借款费用从在建工程冲回，计入财务费用科目。

借：财务费用	300 000	
贷：在建工程		300 000

二是未将已投入使用的新建车间转入固定资产。按照会计制度规定，在建工程在交付使用时应按暂估价转入固定资产，并到期末为止计提半年折旧，待竣工决算后按决算价值进行适当调整。为此应建议甬江公司作如下会计调整：

借：固定资产	××	
贷：在建工程		××
借：制造费用	××	
贷：累计折旧		××

(3)针对情况三，按财政部关于相关规定，甬江公司向关联方出售非正常商品的，应将商品的账面价值与实际交易价值之间的差异计入"资本公积——关联交易差价"明细科目核算，但这种差价不得用于转增资本或弥补亏损。应建议其作如下调整分录：

借：实收资本	5 000 000	
贷：资本公积——关联交易差价		5 000 000

第五节　长期股权投资审计

长期股权投资核算企业持有的采用权益法或成本法核算的长期股权投资，具体包括：企业持有的能够对被投资单位实施控制的权益性投资，即对子公司的投资；企业持有的能够与其他合营方一同对被投资单位实施共同控制的权益性投资，即对合营企业的投资；企业持有的能够对被投资单位施加重大影响的权益性投资，即对联营企业的投资；企业对被投资单位不具有控制、共同控制或重大影响,且在活跃市场中没有报价、公允价值不能可靠计量的权益性投资。

一、长期股权投资的审计目标

长期股权投资的审计目标一般包括:确定资产负债表中列示的长期股权投资是否存在;确定所有应当列示的长期股权投资是否均已列示;确定列示的长期股权投资是否由被审计单位拥有或控制;确定长期股权投资是否以恰当的金额包括在财务报表中,与之相关的计价调整是否已恰当记录;确定长期股权投资是否已按照企业会计准则的规定在财务报表中作出恰当列报。

二、长期股权投资的实质性程序

长期股权投资的实质性程序通常包括:

1. 获取或编制长期股权投资明细表,复核加计正确,并与总账数和明细账合计数核对相符;结合长期股权投资减值准备科目与报表数核对相符。

2. 根据有关合同和文件,确认股权投资的股权比例和持有时间,检查股权投资核算方法是否正确。

3. 对于重大的投资,向被投资单位函证被审计单位的投资额、持股比例及被投资单位发放股利等情况。

4. 对于应采用权益法核算的长期股权投资,获取被投资单位已经注册会计师审计的年度财务报表,如果未经注册会计师审计,则应考虑对被投资单位的财务报表实施适当的审计或审阅程序。

(1)复核投资收益时,应以取得投资时被投资单位各项可辨认资产等的公允价值为基础,对被投资单位的净利润进行调整(包括实施必要的关联交易抵销)后加以确认;被投资单位采用的会计政策及会计期间与被审计单位不一致的,应当按照被审计单位的会计政策及会计期间对被投资单位的财务报表进行调整,据以确认投资损益。

(2)将重新计算的投资收益与被审计单位所计算的投资收益相核对,如有重大差异,则查明原因,并提出适当的审计调整建议。

(3)检查被审计单位按权益法核算长期股权投资,包括确认应分担被投资单位发生的净亏损。审计时,应检查被审计单位会计处理是否正确。

(4)检查除净损益以外被投资单位所有者权益的其他变动,是否调整计入所有者权益。

5. 对于采用成本法核算的长期股权投资,检查股利分配的原始凭证及分配决议等资料,确定会计处理是否正确;对被审计单位实施控制而采用成本法核算的长期股权投资,比照权益法编制变动明细表,以备合并报表使用。

6. 对于成本法和权益法相互转换的,检查其投资成本的确定是否正确。

7. 确定长期股权投资的增减变动的记录是否完整。

(1)检查本期增加的长期股权投资,追查至原始凭证及相关的文件或决议及被投资单位验资报告或财务资料等,确认长期股权投资是否符合投资合同、协议的规定,并已确实投资,会计处理是否正确。

(2)检查本期减少的长期股权投资,追查至原始凭证,确认长期股权投资的收回有合理的理由及授权批准手续,并已确实收回投资,会计处理是否正确。

8. 期末对长期股权投资进行逐项检查,以确定长期股权投资是否已经发生减值。

9. 结合银行借款等的检查,了解长期股权投资是否存在质押、担保情况。如有,则应详细记录,并提请被审计单位进行充分披露。

10. 确定长期股权投资在资产负债表中已恰当列报。与被审计单位人员讨论确定是否存在被投资单位由于所在国家和地区及其他方面的影响,其向被审计单位转移资金的能力受到限制的情况。如存在,应详细记录受限情况,并提请被审计单位充分披露。

☞小思考

长期股权投资采用权益法核算时,因被投资单位会计政策变更或其他原因进行追溯调整的情况下,长期股权投资的账面价值是否应当调整?

提示:长期股权投资采用权益法核算时,因被投资单位会计政策变更、发生重大会计差错及其他原因而调整前期留存收益的,投资企业也应按持股比例计算调整期初留存收益。如果被投资单位调整前期资本公积的,投资企业应当按持股比例计算调整前期资本公积各项目。

第六节　投资收益审计

一、投资收益的审计目标

投资收益的审计目标一般包括:确定利润表中列示的投资收益是否已真实赚取,且与被审计单位有关;确定所有应当列示的投资收益是否均已列示;确定与投资收益有关的金额及其他数据是否已恰当记录;确定投资收益是否已反映于正确的会计期间;确定投资收益是否已记录于恰当的账户;确定投资收益是否已按照企业会计准则的规定在财务报表中作出恰当的列报。

二、投资收益的实质性程序

投资收益的实质性程序通常包括:

1. 获取或编制投资收益分类明细表,复核加计正确,并与总账数和明细账合计数核对相符,与报表数核对相符。

2. 与以前年度投资收益比较,结合投资本期的变动情况,分析本期投资收益是否存在异常现象。如有,应查明原因,并作出适当的调整。

3. 与长期股权投资、交易性金融资产、交易性金融负债、可供出售金融资产、持有至到期投资等相关项目的审计结合,验证确定投资收益的记录是否正确,确定投资收益被计入正确的会计期间。

4. 确定投资收益已恰当列报。检查投资协议等文件,确定国外的投资收益汇回是否存在重大限制,若存在重大限制,应说明原因,并作出恰当披露。

☞ 相关案例

案情简介：注册会计师王某和陈某在审计 G 公司 2009 年度会计报表时，分别发现以下问题：问题一：长期股权投资—甲公司账面价值为 200 万元，甲公司已经破产且无财产可偿债。问题二：被投资单位 B 公司为海外公司，长期股权投资占股权份额为 60%，累计确认投资收益 600 万元，其中本年度确认 200 万元。注册会计师没有获取 B 公司的会计报表。问题三：2009 年 12 月又对外投资，至此，所有长期投资的初始成本合计超过净资产 50%。针对上述问题，注册会计师应当如何处理？

分析要点：针对问题一，注册会计师应获取被投资单位破产公告和已审计的清算报表，建议甲公司确认资产损失。

借：投资收益　　　　　　　　　　　20 000 000
　贷：长期股权投资——损益调整　　　　　20 000 000

针对问题二，应视同审计范围受到限制，考虑发表保留或无法表示意见的审计报告。说明为："贵公司在海外投资的 B 公司，占股权份额为 60%，累计确认投资收益 600 万元，其中本年度确认 200 万元。由于贵公司不能提供 B 公司的会计报表，我们无法获取充分、适当的证据予以确认。"

针对问题三，注册会计师应当建议 G 公司在会计报表附注中对此予以充分披露。否则，考虑出具保留或否定意见的审计报告。

第七节　其他项目审计

在筹资与投资循环中，除以上介绍的财务报表项目外，还有应付债券、财务费用、所有者权益（实收资本、资本公积、盈余公积、未分配利润）、应付股利、交易性金融资产、可供出售金融资产、持有至到期投资、投资性房地产、应收利息、应收股利、交易性金融负债、其他应收款、其他应付款、长期应付款、预计负债、所得税费用、递延所得税资产、递延所得税负债、资产减值准备、公允价值变动损益、营业外收入、营业外支出等项目。下面以实收资本、其他应收款、营业外收入为例对其实质性程序作一简单阐述。

一、实收资本审计

审计人员对实收资本的实质性程序主要有：

1. 获取或编制实收资本（股本）增减变动情况明细表，复核加计是否正确，与报表数、总账数和明细账合计数核对是否相符。

2. 查阅公司章程、股东大会、董事会会议记录中有关实收资本（股本）的规定。收集与实收资本（股本）变动有关的董事会会议纪要、合同、协议、公司章程及营业执照。公司设立批文、验资报告等法律性文件，并更新永久性档案。

3. 检查实收资本（股本）增减变动的原因，查阅其是否与董事会纪要、补充合同、协议及其他有关法律性文件的规定一致，逐笔追查至原始凭证，检查其会计处理是否正确。注意有无抽资或变相抽资的情况，如有，应取证核实，作恰当处理。对首次接受委托的客户，除取得验资报告外,还应检查并复印记账凭证及进账单。

4.对于以资本公积、盈余公积和未分配利润转增资本的,应取得股东(大)会等资料,并审核是否符合国家有关规定。

5.以权益结算的股份支付,取得相关资料,检查是否符合相关规定。

6.中外合作企业根据合同规定在合作期间归还投资的,检查归还的投资是否符合有关的决议与公司章程和投资协议的规定,款项是否已付出,会计处理是否正确;对于以利润归还投资的,还需检查是否与利润分配的决议相符,并检查与利润分配有关的会计处理是否正确。

7.根据证券登记公司提供的股东名录,检查被审计单位及其子公司、合营企业与联营企业是否有违反规定的持股情况。

8.以非记账本位币出资的,检查其折算汇率是否符合规定。

9.检查认股权证及其有关交易,确定委托人及认股人是否遵守认股合约或认股权证中的有关规定。

10.检查实收资本(股本)是否已按照企业会计准则的规定在财务报表中作出恰当的列报。

二、其他应收款审计

审计人员对其他应收款的实质性程序主要有:

1.获取或编制其他应收款明细表,复核加计是否正确,并与报表数、总账数和明细账合计数核对是否相符;检查其他应收款的账龄分析是否正确;分析有贷方余额的项目,查明原因,必要时作重新分类调整;结合应收账款明细余额查验是否有双方同时挂账的项目,核算内容是否重复,必要时作出适当调整;标明应收关联方(包括持股5%以上的股东)的款项,并注明合并报表时应予抵销的数字。

2.判断选择一定金额以上、账龄较长或异常的明细账户余额发函询证,编制函证结果汇总表。

3.对发出询证函未能收到回函的样本,采用替代审计程序,如查核下期明细账,或追踪至其他应收款发生时的原始凭证。特别注意是否存在抽逃资金、隐藏费用的现象。

4.检查资产负债表日后的收款事项,确定有无未及时入账的债权。

5.分析明细账户,对于长期未能收回的项目,应查明原因,确定是否可能发生坏账损失。

6.对非记账本位币结算的其他应收款,检查其采用的折算汇率是否正确。

7.检查转作坏账损失项目,是否符合规定并办妥审批手续。

8.检查其他应收款是否已按照企业会计准则的规定在财务报表中作出恰当的列报。

三、营业外收入审计

审计人员对营业外收入的实质性程序主要有:

1.获取或编制营业外收入明细表,复核加计是否正确,并与报表数、总账数及明细账合计数核对是否相符。

2.检查营业外收入的核算内容是否符合会计准则的规定。

3.抽查营业外收入中金额较大或性质特殊的项目,审核其内容的真实性和依据的充分性。

4. 对营业外收入中各项目,包括非流动资产处理利得、非货币性资产交换利得、债务重组利得、政府补助、盘盈利得、接受捐赠利得等相关账户记录核对相符,并追查至相关原始凭证。

5. 检查营业外收入是否已按照企业会计准则的规定在财务报表中作出恰当的列报。

本章小结

1. 筹资与投资业务循环特性主要包括筹资与投资业务循环的特点、本循环中的主要业务活动和本循环所涉及的主要凭证和账户。

2. 筹资与投资业务循环内部控制测试主要是对筹资与投资的授权审批控制、筹资与投资的职务分离控制、筹资与投资保管的控制和会计记录的控制等控制要点进行的测试。

3. 筹资循环的实质性程序主要包括短期借款审计、长期借款审计。投资循环的实质性程序主要包括长期股权投资审计和投资收益审计。

思考题

1. 试说明筹资和投资的主要业务活动和内部控制。

2. 注册会计师应如何对筹资活动的内部控制进行控制测试?

3. 注册会计师应如何对投资活动的内部控制进行控制测试?

4. 注册会计师应如何进行筹资和投资循环交易的实质性程序?

5. 如何进行短期借款和长期借款的实质性程序?

6. 如何进行长期股权投资的实质性程序?

7. 如何进行投资收益的实质性程序?

案例分析

案例资料:

审计人员对某公司今年会计报表进行审计。本年度内公司向银行借入一笔长期贷款,贷款合同规定:(1)公司以固定资产和存货为贷款担保;(2)公司债务总额与所有者权益之比不得超过 2：1;(3)非经银行同意不得派发股利;(4)自明年 7 月 1 日起分期归还贷款。

案例要求:

如果不考虑相关的内部控制,审计人员对上述借款项目应采用哪些审计程序?

阅读平台

- **阅读书目**

1. 中华人民共和国财政部.中国注册会计师执业准则（2017）［M］.北京：中国财政经济出版社，2017.

2. 宋常.审计学（第 7 版）［M］.第 12 章，北京：中国人民大学出版社，2014.

3. 秦荣生、卢春泉.审计学（第 9 版）［M］.第 12 章，北京：中国人民大学出版社，2017.

- **阅读资料**

1. 裘理瑾、李若山.琼民源公司审计案例［J］.财务与会计，1999 年第 5 期.

2. 牛俊杰.企业投资循环内部控制机制研究［J］.财会通讯，2016 年第 7 期.

3. 张凌.长期股权投资成本法与权益法转换会计处理的探讨［J］.现代商业，2017 年第 1 期.

4. 宗萍等.权益法下长期股权投资成本核算存在的问题与改进建议［J］.中国注册会计师，2017 年第 4 期.

第十一章

货币资金与特殊项目审计

学习目标

通过本章学习,你应能够:

1. 明确货币资金循环与其他业务循环的关系。

2. 识别货币资金循环相关的会计凭证、账户和账簿。

3. 掌握货币资金循环中的控制要点及控制测试。

4. 掌握现金、银行存款、其他货币资金账户的实质性程序。

5. 掌握期初余额、期后事项、或有事项和持续经营等特殊项目的审计程序。

引入案例

达美公司货币资金审计案例

诚信会计师事务所自 2004 年开始接受达美股份有限公司委托,对达美股份有限公司进行年度会计报表审计。达美股份有限公司是一家上市较早的商业类公司,公司主营零售业务,同时兼营一部分房地产开发业务,并与某网站合作开展网上售货业务。公司对零售业务部分采用售价金额核算法,毛利率的计算结转采用分类毛利率法,定期对库存商品进行盘点,有一套相对严密的内部管理制度。公司自上市后业绩一直较为平稳,股价波动不大。项目经理杨福曾多次参与零售企业的审计业务,经验较为丰富,在零售企业因为现金流量比较大,对货币资金审计作为重点项目来安排,重要性水平确定的也较低,定为 5 000 元。并安排经验丰富的刘为负责货币资金的审计实施。

审计人员在对该公司货币资金的内部控制采用"调查表法""检查凭证法"和"实地观察法"进行控制测试的基础上,发现该公司货币资金的内部控制存在一定的漏洞,主要表现在以下几个方面:

(1)财务部稽核人员对收款台的现金盘点上坚持不够好,未能经常进行不定期盘点。

(2)通过查看支票登记本发现,领用的票据号码不连续,存在领用支票不登记的现象。

(3)对现金和银行存款的支付基本能坚持审批制度,但在审批的职责权限划分上不够明确,从抽查的支付凭证来看,经常出现对相同业务的审批有时是财务经理的签字,有时是业务经理的签字,控制不够严格。

在发现了上述问题之后,审计人员确认该公司的内部控制属于中信赖程度,因此,适当地扩大了对达美股份有限公司货币资金进行实质性程序范围。如采取盘存法对现金进行突击性盘点;采取抽查法对现金日记账和银行存款日记账进行审查;采取审阅法、调节法和函证法对银行存款的真实性和合法性进行审查。

经过审计人员对上述内容进行认真的检查、仔细的核对,针对审计过程中发现的达美股份有限公司"服装柜组发生短款次数频繁""私设小金库""出租出借银行账号""因采购单位支付空头支票而未及时调账""短期贷款未入账""达美劳动仓储公司明显存在开阴阳发票"和"短期投资记账错误"等问题与达美股份有限公司进行了沟通,并严肃地提出了限期改正的要求及其纠正错误的建议。

货币资金审计需要关注的问题:

(1)为避免舞弊的情况发生,必须健全有效的货币资金内控制度。货币资产是极易被贪污挪用的对象,在内控制度中要充分体现不相容职务的分离,并要坚持良好的审核和核对制度。当然再好的内控制度也要人来执行,若有关人员蓄意舞弊,再好的控制制度也只流于形式,在本案例中就是一很好的例证,尽管该公司有相对完善的货币资金的内控制度,但在执行中未能得到很好地坚持,致使收款人员有机可乘,从中贪污现金。

(2)应当运用调节法对现金进行突击式盘点。对现金盘点是证实现金存在的重要审计程序,但盘点日与会计截止日一般不一致,在编制盘点表时必须注意调整,并关注盘点日到会计截止日之间的收支是否真实;在盘点时应确保存放在不同地点的现金同时盘点,不能相互流动。

(3)对货币资金大额收支凭证的抽查应结合其他业务的处理进行分析。在进行凭证抽查时,不能仅停留在账户对应关系、审批手续、金额相符等表面现象上,要深入分析业务内容和其合理性,对发现的疑点要紧追不放,这样才能将问题查清。

(4)对银行存款的审查应当注意未达账项,尤其对长期未达账项要进行分析。为了验证未达账项的真实性,应向银行取得会计截止期后一段时间的对账单,对长期的未达账项要提请被审计单位进行调整,必要时应验证有关的支持性凭证,对在途时间较长的货币资金应持怀疑态度,验证其真实性。

(5)利用银行存款的函证程序,发现企业可能存在的账外资金和贷款。银行存款函证程序是证实银行存款存在的重要证据,除了对经常提供对账单的开户行进行函证外,企业经常多头开户,有些账户较少发生业务,尤其是一些专用存款账户,函证时不能漏掉。有些户头年末存款余额也许为零,但也应进行必要的函证。

——资料来源:《审计案例研究》,赵宝卿主编,中国广播电视大学出版社,2010年第三版。

第一节　货币资金循环业务特性

　　根据存放地点及用途的不同,企业的货币资金分为库存现金、银行存款及其他货币资金。货币资金是企业流动性最强的资产,大部分的经济业务都需要通过货币资金的收付来实现。由于收付业务量大,出现记账差错的可能性也大,加之货币作为主要的流通手段,容易被贪污、挪用、盗窃,因此,对货币资金审计十分重要。

一、货币资金循环与其他业务循环的关系

　　企业的货币资金循环与其他业务循环存在直接或间接的联系,不仅货币资金会影响其他业务循环,而且其他业务循环的畅通与否也会直接或间接影响到货币资金的循环状况,那么,货币资金循环与其他业务循环究竟存在哪些直接或间接的联系呢?请看图 11-1。

　　在图 11-1 中,我们列示了销售与收款循环、筹资与投资循环、生产循环、采购与付款循环的关系,从该表我们可以看出货币资金循环对企业整体资金运作的重要性,同时也向我们表明了货币资金审计在整个企业审计过程中的重要性。

　　需要说明的是,图 11-1 中仅选取各业务循环中具有代表性的科目予以图示,并未包括各业务循环中与货币资金有关的全部会计科目。

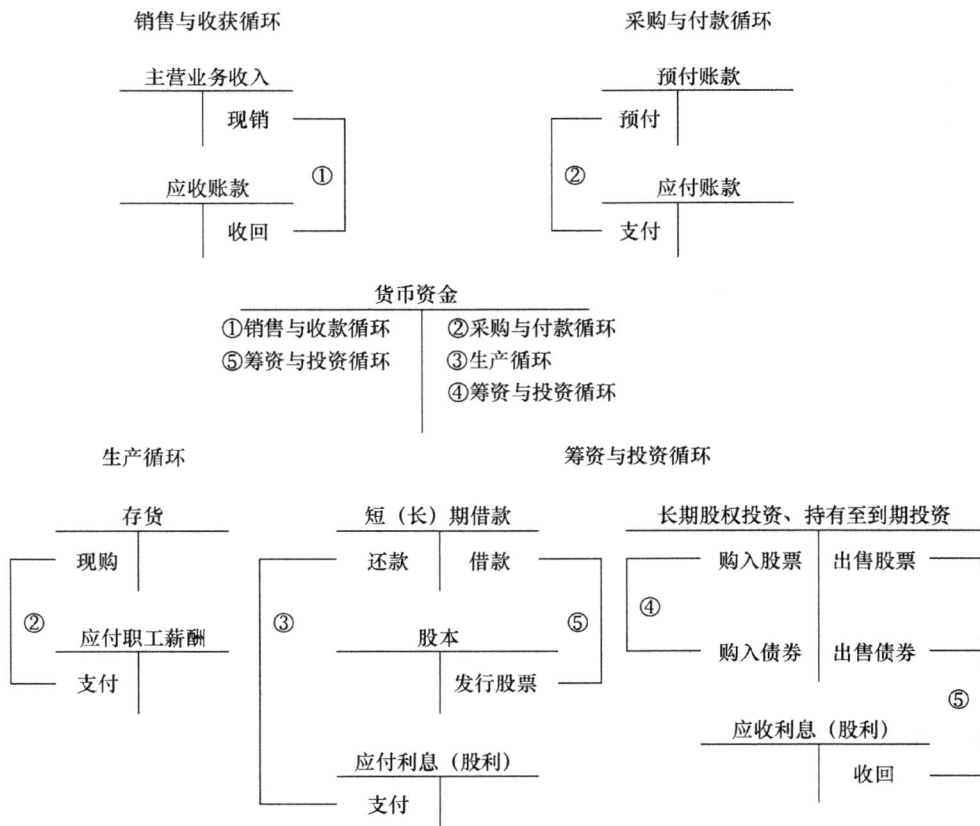

图 11-1　货币资金与各交易循环的关系

二、货币资金业务涉及的主要凭证和会计记录

货币资金涉及的主要凭证和会计记录主要有:(1)现金盘点表。(2)银行对账单。(3)银行存款余额调节表。(4)有关科目的记账凭证。(5)有关会计账簿。

第二节　货币资金内部控制测试

一、货币资金的内部控制要点

由于货币资金是企业资产中流动性最强的一种资产,企业必须加强对货币资金的管理,建立良好的货币资金内部控制,有利于确保货币资金的安全与完整。一般而言,货币资金内部控制包括:

(一)岗位分工及授权批准

1.单位应当建立货币资金业务的岗位责任制,明确相关部门和岗位的职责权限,确保办理货币资金业务的不相容岗位相互分离、制约和监督。出纳人员不得兼管稽核、会计档案保管和收入、支出、费用、债权、债务账目的登记工作;单位不得由一人办理货币资金业务的全过程。

2.单位应当对货币资金业务建立严格的授权批准制度,明确审批人对货币资金业务的授权方式、权限、程序、责任和相关控制措施,规定经办人员办理货币资金业务的职责范围和工作要求。审批人应当根据货币资金授权批准制度的规定,在授权范围内进行审批,不得超越审批权限。经办人应当在职责范围内,按照审批人的批准意见办理货币资金业务。未经授权的部门和人员一律不得办理货币资金业务。

3.单位应当按照支付的申请、审批、复核和办理的规定程序办理货币资金支付业务。

4.单位对于重要货币资金支付业务,应当实行集体决策和审批,并建立责任追究制度,防止贪污、侵占、挪用货币资金等行为。

5.严禁未经授权的机构或人员办理货币资金业务或直接接触货币资金。

☞小案例

基本案情:某公司出纳员张某兼管销售账目,在月结现金收入日记账和编制汇总记账凭证时,故意把现金收入合计 128 925 元列为 128 295 元,少列 630 元,使现金日记账余额减少 630 元,并将少列的 630 元占为已有。为了取得试算平衡,同时在月结销售收入合计时,把销售收入合计 1 635 810 元,故意列为 1 635 180 元,少列 630 元。注册会计师在审计过程中发现,该公司销售收入的合计数有误,经与原始凭证核对,终于发现该出纳员贪污了现金 630 元。

案例点评:本案例中,张某一人兼作出纳和销售两种账目,不符合现金收入内控制度中不相容职位分离的原则,这也为张某贪污现金提供了便利,因此,要从根本上杜绝这种类型的现金舞弊案出现,还是应建立健全公司的内部控制制度。

(二)现金和银行存款的管理

1.单位应当加强现金库存限额的管理,超过库存限额的现金应及时存入银行。

2.确定本单位现金的开支范围。不属于现金开支范围的业务一律通过银行办理转账结算。

3.单位现金收入应当存入银行,不得用于直接支付单位自身的支出。因特殊情况需坐支现金的,应事先报开户银行审查批准。单位借出款项必须执行严格的授权批准程序,严禁挪用、接触货币资金。

4.单位取得的货币资金的收入必须及时入账,不得私设"小金库",不得账外设账,严禁收款不入账。

5.单位应当严格按照《支付结算办法》等国家规定,加强银行账户的管理,严格按照规定开立账户,办理存款、取款和结算。定期检查,加强对银行结算凭证的填制、传递及保管等环节的管理与控制。

6.单位只能选择一家银行的一个营业机构开立一个基本存款账户,办理存款、取款和转账结算。企业不得在多家银行机构开立基本存款账户,也不得在同一个银行的几个分支机构开立一般存款账户。

7.单位应当遵守银行结算纪律,不准签发没有资金保证的票据或远期支票套取银行信用;不准签发、取得和转让没有真实交易和债权债务的票据,套取银行和他人现金;不准无理拒绝付款,任意占用他人资金;不准违反规定开立和使用银行账户。

8.单位应当及时核对银行账户,确保银行存款账面余额与银行对账单相符。对银行账户核对过程中发现的未达账项,应查明原因,及时处理。

9.定期和不定期地进行现金盘点,确保现金账面余额与实际库存相符。不得白条抵库和挪用现金。

☞小资料

《人民币单位存款管理办法》规定(部分内容)

第八条　任何单位和个人不得将公款以个人名义转为储蓄存款。任何个人不得将私款以单位名义存入金融机构;任何单位不得将个人或其他单位的款项以本单位名义存入金融机构。

第十一条　存款单位支取定期存款只能以转账方式将存款转入其基本存款账户,不得将定期存款用于结算或从定期存款账户中提取现金。

第十二条　单位定期存款在存期内按存款存入日挂牌公告的定期存款利率计付利息,遇利息调整,不分段计息。

(三)票据及有关印章的管理

1.单位应加强货币资金票据(银行汇票、银行本票等)的管理,明确各种票据的购买、保管、领用、注销等环节的职责权限和程序,并专设登记簿进行记录,防止空白票据的遗失和盗用。

2.单位应加强银行预留印鉴的管理。财务专用章应由专人管理,个人名章必须由本人或其授权人员保管。严禁一人保管支付款项所需的全部有关印章。

(四)监督检查

单位应当建立对货币资金业务的监督检查制度,明确监督检查机构或人员的职责权限,定期或不定期地对货币资金的安全性进行检查。对监督检查过程中发现的货币资金内部控制的薄弱环节,应当及时采取措施,加以纠正和完善。

☞小思考

单位主要针对哪些内容对货币资金业务进行监督检查?

提示:对货币资金监督检查的内容包括:(1)检查相关岗位及人员的设置情况,重点关注货币资金业务不相容职务混岗问题;(2)检查授权批准制度的执行,重点关注审批手续与越权批准问题;(3)检查支付款项印章的保管,重点关注付款业务所需的所有印章集中一人手里的问题;(4)检查票据的保管,重点关注购买、领用、保管等手续不齐全问题。

二、货币资金内部控制测试

(一)了解内部控制

对货币资金内部控制制度的调查了解,除了可以利用以往的审计经验外,通常还可以实施如下的程序:(1)询问被审单位的有关人员,并查阅相关内部控制文件;(2)检查内部控制生成的文件和记录;(3)观察被审单位的业务活动和内部控制的运行情况;(4)选择若干具有代表性的交易和事项进行"穿行测试"(追踪交易在财务报告信息系统中的处理过程)等,通过这些方法和途径进行调整了解后,注册会计师就会对被审单位的内部控制有较为深刻地认识。在深入了解被审单位内部控制的基础上,注册会计师便可对内部控制制度进行描述。一般地讲,对中小型企业内部控制可采用文字说明的方法,对规模较大的企业则采用流程图或调查表形式描述。需要特别说明的是,在了解货币资金的内部控制制度时,注册会计师不仅要注意检查被审单位是否建立了货币资金内部控制,而且更应该检查被审单位对货币资金内部控制的执行情况。

(二)货币资金内部控制制度的初步评价

对被审单位内部控制制度描述后,注册会计师可以对此进行评价。对货币资金内部控制进行初步评价常用的方法是将被审单位实际的货币资金内部控制制度与理想的货币资金内部控制制度进行比较,以评价被审单位货币资金内部控制中的弱点和多余控制,并且从以下几个方面评价被审单位的货币资金内部控制制度是否健全、是否合理:

1.有关货币资金业务处理的各职能部门的设置是否合理?其职、权、责的界定是否合理?其相互关系是否明确?是否能起到有效的制约作用?

2.有关货币资金业务处理的各不相容职务是否分离?

3. 有关货币资金收支业务是否存在合理的授权审批制度？

4. 有关货币资金收支业务处理的各相关人员是否胜任？是否存在定期的轮岗制度？

5. 是否建立了有关货币资金收支业务的稽核制度？包括是否对原始凭证进行审计，记账凭证是否依据经审核无误的原始凭证进行，记账凭证是否与原始凭证进行核对，记账凭证是否与日记账进行核对，日记账和总分类账是否核对等内容。

6. 是否存在货币资金收支业务处理的标准业务程序？即被审单位的货币资金收支业务是否按"申请、审批、复核、支付"的程序办理？是否及时、准确入账？

7. 是否存在定期盘点核对制度？包括是否对库存现金进行盘点和及时编制银行存款余额调节表等内容。

8. 是否存在对货币资金收支业务的内部审计制度？

9. 是否存在对银行票据、收据和发票、内部自制票据和各种印章的管理制度？

10. 是否存在对库存现金的管理制度？

如果通过上述的审计程序，注册会计师发现：(1)货币资金业务内部控制各关键点不存在；(2)内部控制失败；(3)难以对内部控制的有效性作出评估，即可以认为被审单位的货币资金内部控制制度不可信，审计的控制风险很高，因此可以不对本审计单位的货币资金内部控制制度进行控制测试，而直接进行实质性程序。

如果通过上述的审计程序，注册会计师发现：(1)与货币资金业务相关的内部控制关键点存在；(2)较少或没有内部控制失败现象；(3)各种控制措施可能在不同程度上防止、发现或纠正错弊的发生，则可以认为被审单位货币资金的内部控制制度是值得信赖的，可以对内部控制进行控制测试。

（三）货币资金内部控制的控制测试

货币资金内部控制制度控制测试包括以下内容：

1. 抽取并检查收款凭证。如果货币资金收款内部控制不强，很可能会发生贪污舞弊或挪用等情况。为测试货币资金收款的内部控制，注册会计师应选取适当样本的收款凭证，进行如下检查：(1)核对收款凭证与存入银行账户的日期和金额是否相符。(2)核对货币资金、银行存款日记账的收入金额是否正确。(3)核对收款凭证与银行对账单是否相符。(4)核对收款凭证与应收账款等相关明细账的有关记录是否相符。(5)核对实收金额与销货发票等相关凭据是否一致等等。

2. 抽取并检查付款凭证。为测试货币资金付款内部控制，注册会计师应选取适当样本的货币资金付款凭证，进行如下检查：(1)检查付款的授权批准手续是否符合规定；(2)核对货币资金、银行存款日记账的付出金额是否正确；(3)核对付款凭证与银行对账单是否相符；(4)核对付款凭证与应付账款等相关明细账的记录是否一致；(5)核对实付金额与采购发票等相关凭据是否相符等。

3. 抽取一定期间的现金、银行存款日记账与总账核对。首先，注册会计师应抽取一定期间的现金、银行存款日记账，检查其有无计算错误，加总是否正确无误，如果检查中发现问题较多，说明被审单位货币资金的会计记录不够可靠；其次，注册会计师应根据日记账提供的线索，核对总账中的现金、银行存款、应收账款、应付账款等有关账户的记录。

4. 抽取一定期间银行存款余额调节表，查验其是否按月正确编制并经复核。为证实银行存款记录的正确性，注册会计师必须抽取一定期间的银行存款余额调节表，将其同银行对账单、银行存款日记账及总账进行核对,确定被审单位是否按月正确编制并复核银行存款余额调节表。

5. 检查外币资金的折算方法是否符合有关规定,是否与上年度一致。对于有外币货币资金、外币银行存款的被审单位,注册会计师应检查外币货币资金日记账、外币银行存款日记账及"财务费用""在建工程"等账户的记录,确定企业有关外币货币资金、外币银行存款的增减变动是否按业务发生时的市场汇率或业务发生当期期初的市场汇率折合为记账本位币,选用方法是否前后期保持一致;检查企业的外币货币资金、银行存款账户的余额是否按期末市场汇率折合为记账本位币金额,有关汇兑损益的计算和记录是否正确。

第三节　库存现金审计

一、库存现金的审计目标

库存现金是指企业的库存现金,包括人民币现金和外币现金。现金是企业流动性最强的资产,尽管其在企业资产总额中的比重不大,但企业发生的舞弊事件大都与现金有关,因此,注册会计师应该重视现金的审计。

库存现金的审计目标一般应包括:(1)确定被审计单位资产负债表的货币资金项目中的库存现金在资产负债表日是否确实存在;(2)确定被审计单位所有应当记录的现金收支业务是否均已记录完毕,有无遗漏;(3)确定记录的库存现金是否为被审计单位所拥有或控制;(4)确定库存现金以恰当的金额包括在财务报表的货币资金项目中,与之相关的计价调整已恰当记录;(5)确定库存现金是否已按照企业会计准则的规定在财务报表中作出恰当列报。

二、库存现金的实质性程序

现金的实质性程序一般包括:

1. 核对现金日记账余额与总账余额是否相符。注册会计师测试现金余额的起点是核对现金日记账与总账的余额是否相符。如果不相符,应查明原因,并作出适当调整。

2. 分析性程序。注册会计师应比较现金余额的本期实际数与预算数以及上年度账户余额的差异变动,还要比较有关项目的一些比率(如流动比率、速动比率、现金周转率等)的变动情况。对本期数字与上期实际数或本期预算数的异常差异或显著波动必须进一步追查原因,确定审计重点。

3. 盘点库存现金。盘点库存现金是证实资产负债表中所列现金是否存在的一项重要程序。盘点库存现金,通常包括对已收到但未存入银行的现金、零用金、找换金等的盘点。盘点库存现金的时间和人员应视被审单位的具体情况而定,但必须有出纳员和被审单位会计主管人员参加,并由注册会计师进行监盘。盘点库存现金的步骤和方法有:

(1)制定库存现金盘点程序,实施突击性的检查,时间最好选择在上午上班前或下午下班时进行,盘点的范围一般包括企业各部门经管的现金。在进行现金盘点前应由出纳员将现金集中起来存入保险柜。必要时可加以封存,然后由出纳员把已办妥现金收付手续的收付款凭证登入现金日记账。如企业现金存放部门有两处或两处以上的,应同时进行盘点。

(2)审阅现金日记账并同时与现金收付凭证相核对。一方面检查日记账的记录与凭证的内容和金额是否相符;另一方面了解凭证日期与日记账日期是否相符或接近。

(3)由出纳员根据现金日记账进行加计累计数额结出现金结余额。

(4)盘点保险柜的现金实存数,同时编制"库存现金盘点表",分币种、面值列示盘点金额。(库存现金盘点表的格式参见表 11-1)

(5)资产负债表日后进行盘点时,应调整至资产负债表日的金额。

(6)盘点金额与现金日记账余额进行核对,如有差异,应查明原因,并作出记录或适当调整。

(7)若有冲抵库存现金的借条、未提现支票、未作报销的原始凭证,应在"库存现金盘点表"中注明或作出必要的调整。

☞小思考

现金盘点与存货盘点有何区别?

提示:(1)盘点的主体不同。注册会计师参与现金盘点,而对于存货盘点一般是进行实地观察。(2)盘点的范围不同。注册会计师参与全部现金盘点,而对存货进行抽点。(3)盘点的对象不同。注册会计师进行现金盘点,盘点的是现金,而进行存货盘点,盘点的是存货。(4)盘点的程序不同。注册会计师进行存货盘点,要进行问卷调查,而进行现金盘点则不需要。(5)盘点的时间不同。现金盘点一般在外勤审计过程中进行,而存货盘点一般在资产负债表日前进行。(6)盘点的要求不同。现金盘点要求实施突击性检查,而存货盘点则要求事前通知、召开盘点预备会议。

4. 验证现金收支的截止日期,并审查截止日期前后的现金收支情况。被审单位资产负债表中的现金数额,应以结账日实有数额为准。因此,注册会计师必须验证现金收支的截止日期。通常,注册会计师可以对结账日前后一段时期内现金收支凭证进行审计,以确定是否存在跨期事项。

5. 抽查大额现金收支。注册会计师应抽查大额现金收支的原始凭证内容是否完整,有无授权批准,并核对相关账户的进账情况,如有与被审单位生产经营业务无关的收支事项,应查明原因,并作相应的记录。

6. 审查外币现金的折算是否正确。对于有外币现金的被审单位,注册会计师应检查被审单位对外币现金的收支是否按所规定的汇率折合为记账本位币金额,外币现金期末余额是否按期末市场汇率折合为记账本位币金额;外币折合差额是否按规定记入相关账户。

7. 检查现金是否在资产负债表上恰当列报。根据有关会计制度的规定,现金在资产负债表中"货币资金"项下反映,注册会计师应在实施上述审计程序后,确定现金账户的期末余额是否恰当,据以确定货币资金是否在资产负债表上恰当披露。

表 11-1 库存现金盘点表

客户:_____ 编制人: 日期: 索引号:

项目:_____ 符合人: 日期: 页次:

会计期间:_____

盘点日期: 年 月 日

检查核对记录						实有现金盘点记录					
						人民币		美元		某外币	
项　目	项　次	人民币	美元	某外币	面额	张数	金额	张数	金额	张数	金额
上一日账面库存余额	①				100						
盘点日未记账传票收入金额	②				50						
盘点日未记账传票支出金额	③				10						
盘点日账面应有余额	④＝①＋②－③				5						
盘点日实有现金余额	⑤				2						
盘店日应有与实有金额的差异	⑥＝④－⑤				1						
差异原因分析											
					合计						
追溯调整	报表日至查账日现金付出总额（＋）										
	报表日至查账日现金收入总额（一）										
	报表日库存现金应有余额										
	报表日账面汇率										
	报表日余额折合本位币金额										
本位币合计											

盘点人：　　　　监盘人：　　　　复核：

☞ 小案例

基本案情：注册会计师在审计某公司账目时,发现现金支出日记账的一项摘要栏记录有"付拆除设备劳务费600元",在"现金收入日记账"和"银行存款收入日记账"中却没有发现相应的记载。注册会计师怀疑该公司可能将报废固定资产的清理收入转入了"小金库"。注册会计师首先审阅该记账凭证,其原始凭证为一张领导批准的白条"支付给王某设备拆除费600元",该公司会计处理为：

借：管理费用　　　　　　　　　　　　　　　600
　　贷：现金　　　　　　　　　　　　　　　　　600

同时,注册会计师审查了该公司的固定资产明细账,发现本月份的一张凭证的摘要栏记录有"报废设备一台",调出该凭证,其会计处理为：

借：累计折旧　　　　　　　　　　　　　80 000
　　营业外支出　　　　　　　　　　　　20 000

　　贷:固定资产　　　　　　　　　　　　　　　　　　　100 000

　　根据调查,该设备已经被运往 LM 公司,而且 LM 公司出价 40 000 元购买该报废设备,并有该公司的白条收据。

　　分析要点:被审单位上述的会计处理表明了什么?指出被审单位应如何进行调整?

　　答案提示:上述事实表明,该公司在清理固定资产过程中,通过将清理支出记入管理费用,而将出售固定资产的收入转入"小金库",在账务处理上不通过"固定资产清理"科目,以掩人耳目。

　　建议被审单位作如下调账分录为:

　　(1)调整支付拆除费

　　借:固定资产清理　　　　　　　　　　　　　600

　　　　贷:管理费用　　　　　　　　　　　　　　　　　600

　　(2)收到清理收入

　　借:现金　　　　　　　　　　　　　　40 000

　　　　贷:固定资产清理　　　　　　　　　　　　　40 000

　　(3)计算应交营业税金(40 000×5％＝2000)

　　借:固定资产清理　　　　　　　　　　　2 000

　　　　贷:应交税金——应交营业税　　　　　　　　2 000

　　(4)调整营业外收支

　　借:固定资产清理　　　　　　　　　　　20 000

　　　　贷:营业外支出　　　　　　　　　　　　　20 000

　　(5)结转清理结果

　　借:固定资产清理　　　　　　　　　　　17 400

　　　　贷:营业外收入　　　　　　　　　　　　　17 400

☞小经验

现金审计中常见弊端

　　第一,现金短缺和挪用现金。通常表现为采用"白条抵库"或将短缺数计入其他应收款,表面上保持账款相符。

　　第二,账外现金(也称小金库、小钱柜)。

　　第三,以少报多或以多报少。汇总原始凭证时,现金支出多计账,现金收入少记账,差额据为己有。该弊端通常在依据汇总原始凭证记账时发生。无证无账。现金收入不开收据、发票,不记账,直接侵吞现金。此类弊端通常在企业自设门市部零售以及对方不需报销的交款情况下发生。签发空头支票和远期支票。

　　第四,重复报账。对一笔现金支出业务两次或多次报账,是贪污现金的常用方法。采用的手段为:采取正本、副本二次或多次报账;用以往年度签字齐全的已报账单据重复报账;以单据遗失为由,请对方单位或经手人补开单据或证明再次报账。

　　第五,现金日记账余额差错。该种错误系出纳员登记现金日记账时,少列收入(或多列支出),减少账面余额,将多余现金据为己有。为保持账目平衡,在其他账户中制造相应余额的差错,或在月终汇总时,在其他科目错汇相应的余额。

第六,分录差错。会计分录与经济业务不符是常见现象,其中有无意错误,也有故意作弊,后者较前者更为隐蔽。

【例题】　在对 G 公司 2016 年度会计报表进行审计时,M 注册会计师负责审计货币资金项目。G 公司在总部和营业部均设有出纳部门。为顺利监盘库存现金,M 注册会计师在监盘前一天通知 G 公司会计主管人员做好监盘准备。考虑到出纳日常工作安排,对总部和营业部库存现金的监盘时间分别定在上午十点和下午三点。监盘时,出纳把现金放入保险柜,并将已办妥现金收付手续的交易登入现金日记账,结出现金日记账余额;然后,M 注册会计师当场盘点现金,在与现金日记账核对后填写"库存现金盘点表",并在签字后形成审计工作底稿。

要求:请指出上述库存现金监盘工作中有哪些不当之处,并提出改进建议。

【答案】

(1)提前通知 G 公司会计主管人员做好监盘准备的做法不当。M 注册会计师应当实施突击性的检查。

(2)没有同时监盘总部和营业部库存现金的做法不当。M 注册会计师应组织同时监盘总部和营业部的库存现金,若不能同时监盘,则应对后监盘的库存现金实施封存。

(3)G 公司会计主管人员没有参与盘点的做法不当。盘点人员应包括出纳、会计主管人员和注册会计师。

(4)现金盘点操作程序不当。库存现金应由出纳盘点,由注册会计师监盘。

(5)"库存现金盘点表"签字人员不当。"库存现金盘点表"应由公司相关人员和注册会计师共同签字。

【提示】　库存现金的监盘时间分别定在上午十点和下午三点不恰当,盘点时间最好安排在上午上班前或下午下班时,但是并不能说明监盘时间不能定在其他时间。

第四节　银行存款审计

一、银行存款的审计目标

银行存款是指企业存放在银行或其他金融机构的货币资金。按照国家有关规定,凡是独立核算的企业都必须在当地银行开设账户。企业在银行开设账户以后,除按核定的限额保留库存现金外,超过限额的现金必须存入银行;除了在规定的范围内可以用现金直接支付的款项外,在经营过程中所发生的一切货币收支业务,都必须通过银行存款账户进行结算。

银行存款的审计目标主要包括:(1)确定被审计单位资产负债表的货币资金项目中的银行存款在资产负债表日是否确实存在;(2)确定被审计单位所有应当记录的银行存款收支业务是否均已记录完毕,有无遗漏;(3)确定记录的银行存款是否为被审计单位所拥有或控制;(4)确定银行存款以恰当的金额包括在财务报表的货币资金项目中,与之相关的计价调整已恰当记录;(5)确定银行存款是否已按照企业会计准则的规定在财务报表中作出恰当列报。

二、银行存款的实质性程序

银行存款的实质性程序一般包括：

1. 银行存款日记账与总账的余额是否相符。注册会计师核对银行存款日记账与总账的余额是否相符。如果不相符，应查明原因，并作出适当调整。

2. 分析程序。计算定期存款占银行存款的比例，了解被审单位是否存在高息资金拆借，如存在高息资金拆借，应进一步分析拆借资金的安全性，检查高额利差入账情况；计算存放于非银行金融机构的存款占银行存款的比例，分析这些资金的安全性。

3. 检查银行存款余额调节表是证实资产负债表中所列银行存款是否存在的一个重要程序。银行存款余额调节表通常应由被审单位根据不同的银行账户及货币种类分别编制，其格式如表 11-2 所示。如果调整后的银行存款余额存在差异，注册会计师应查明原因，并作出记录或进行适当的调整。

值得注意的是，审查银行存款余额是否真实并不能仅仅满足于调节以后的银行对账单余额与银行存款日记账余额相等，在查明余额相等的基础上，还有必要将对账单与银行存款日记账逐笔进行核对，因为有时在银行对账单上有一收一付、多收一付、一收多付，而银行存款日记账上并无收付记录，尽管余额相等，仍有可能存在出借银行账户，违反结算纪律的非法活动，应该注意审核，不可轻易放过。

表 11-2　银行存款余额调节表

年　月　日

编制人：　　　　　　　　　　日期：　　　　　　　索引号：

复核人：　　　　　　　　　　日期：　　　　　　　页　次：

户别：　　　　　　　　　　　　　　　　　　　　币　种：

项　　目
银行对账单余额（　　年　　月　　日）
加：企业已收而银行尚未入账金额
其中：1. ＿＿＿＿＿＿＿＿
2. ＿＿＿＿＿＿＿＿
减：企业已付而银行尚未入账金额
其中：1. ＿＿＿＿＿＿＿＿
2. ＿＿＿＿＿＿＿＿
3. ＿＿＿＿＿＿＿＿
调整后银行对账余额
企业银行存款日记账余额（　　年　　月　　日）
加：银行已收而企业尚未入账金额
其中：1. ＿＿＿＿＿＿＿＿
2. ＿＿＿＿＿＿＿＿
3. ＿＿＿＿＿＿＿＿
减：银行已付而企业尚未入账金额
其中：1. ＿＿＿＿＿＿＿＿
2. ＿＿＿＿＿＿＿＿
3. ＿＿＿＿＿＿＿＿
调整后企业银行存款日记账余额
经办会计人员（签字）　　　　　　　　　　　　　　会计主管（签字）

☞小思考

注册会计师审查银行存款余额调节表的目的和程序是什么？

提示：审查银行存款余额调节表的目的主要是检查未达账项的真实性，确认银行存款余额是否存在。

审查银行存款余额调节表的程序：（1）核对银行存款日记账余额与银行对账单余额。（2）调查未达账项的真实性。包括列示未提现支票清单，并注明开票日期和收票人姓名或单位；追查截止日期银行对账单上的在途存款，并在银行账户调节表上注明存款日期；追查截止日期银行已收、被审单位未收的款项的性质及其款项来源；追查截止日期银行已付、被审单位未付的款项的性质及其款项来源。（3）验算调节表的数字计算，如果计算结果相符，说明银行存款余额正确，如果不符，说明存在错账，应进一步查明原因。

4. 函证银行存款余额

为验证被审单位银行存款的真实性、合法性和完整性目标，注册会计师在执行审计业务过程中，需要以被审单位的名义按照财政部、中国人民银行规定的格式向被审单位在本年存过款、借过款的所有银行发函，其中包括企业已结清的银行。因为有可能存款账户已结清，但仍有银行借款或其他负债存在。同时，虽然注册会计师已直接从某一银行取得了银行对账单和所有已付支票的情况下，但仍应向这一银行进行函证。银行询证函参考格式见表11-3所示。

表 11-3　银行询证函

编号：

＿＿＿＿＿＿＿＿（银行）：

本公司聘请的＿＿＿＿＿＿会计师事务所正在对本公司的会计报表进行审计，按照中国注册会计师独立审计准则的要求，应当询证本公司于贵行的存款、借款往来等事项。下列数据出自本公司账簿记录，如与贵行记录相符，请在本函下端"数据证明无误"处签章证明；如果不符，请在"数据不符"处列明不符金额。有关询证费用可直接从本公司＿＿＿＿＿＿＿账户中收取，回函请直接寄至＿＿＿＿＿＿＿会计师事务所。

通信地址：

邮编：　　　　　电话：　　　　　传真：

截至　　年　　月　　日止，本公司银行存款、借款账户的余额等列示如下：

1. 银行存款

账户名称	银行账号	币种	利率	余额	备注

2. 银行借款

银行账号	币种	余额	借款日期	还款日期	利率	借款条件	备注

3. 其他事项

（公司签章）　　　　　　　　（日期）

（银行签章）　　　　　　　　（日期）

结论：1. 数据证明无误

　　　2. 数据不符,请列明不符金额

（银行签章）　　　　　　　　（日期）

5. 检查限定用途的存款或一年以上的定期存款。用途有限定的银行存款和一年以上的定期存款,不属于被审单位的流动资产,应列入其他资产类下,对此,注册会计师应查明相关情况,单独记录。

6. 抽查大额银行存款的收支。大额银行存款的收支,对被审单位财务报表的真实、公允表达的影响很大,因此,注册会计师应抽查一定比例的大额银行存款收支,着重检查大额银行存款收支的原始凭证内容是否完整,有无授权批准,并核对相关账目的进账情况,如有与客户生产经营业务无关的银行存款收支事项,应查明原因,并作相应的记录。

7. 检查银行存款收支的正确截止。被审单位资产负债表上的现金数额,应以结账日实有数额为准。因此,注册会计师必须验证现金收支的截止日期。通常,注册会计师可以对结账日前后一段时期内现金收支凭证进行审计,以确定是否存在跨期事项。

被审计资产负债表上银行存款数字应当包括当年最后一天收到的所有存放于银行的款项,而不得包括其后收到的款项;同样,被审单位结账日前开出的支票,不得在结账日之后入账。为了确保银行存款收付的正确截止,注册会计师应当在清点支票及支票存根时,确定各银行账户最后一张支票的号码,同时查实该号码之前的所有支票均已开出,在结账日未开出的支票及其后开出的支票,均不得作为结账日的存款收付入账。

8. 检查外币银行存款的折算是否正确。对于有外币银行存款的被审单位,注册会计师应检查被审单位对外币银行存款的收支是否按所规定的汇率折合为记账本位币金额,外币银行存款期末余额是否按期末市场汇率折合为记账本位币金额;外币折合差额是否按规定记入相关账户。

9. 检查银行存款是否在资产负债表上恰当列报。根据有关会计制度的规定,企业的银行存款在资产负债表上"货币资金"项目下反映,所以,注册会计师应在实施上述审计程序后,确定银行存款账户的期末余额是否恰当,从而确定资产负债表上"货币资金"项目中的数字是否在资产负债表上恰当披露。

【例题】注册会计师实施的下列程序中,属于控制测试程序的是(　　)。

A. 取得银行存款余额调节表并检查未达账项的真实性

B. 检查银行存款收支的正确截止

C. 检查是否定期取得银行对账单并编制银行存款余额调节表

D. 函证银行存款余额

【答案】　C

【提示】　选项 ABD 均属于实质性程序。

【试题点评】　本题考核的是银行存款审计中实质性程序和控制测试判断,从题目中四个选项分析,选项 C 明显是属于控制测试程序,被审计单位的内部控制中应该设置定期取得对账单并编制银行存款余额调节表的内部控制,而注册会计师对该项控制的检查,即属于是控制测试。

☞ 小经验

银行存款审计常见错弊

第一,账外存款。

第二,私领存款。出纳员私自签发现金支票领款后,不留现金支票存根,也不记账;或签发转账支票套购商品。该种情况一般是在支票管理制度不健全时发生的,即支票存根不单独保管,附在记账凭证后面,以致不易发现支票存根缺号,月终由出纳员核对对账单、日记账,并编制银行存款余额调节表。

第三,虚报冒领。用伪造的和不经审批的自制假凭证,登记银行存款日记账,虚列开支。然后开出支票,或用银行本票、银行汇票或汇兑等结算方式支出存款贪污或转移资金。

第四,转借银行账号。通过被审单位银行账户为其他单位或个人进行结算。通常是为外地关系户转账,或借用本单位银行账号套购物资或转移资金。表现形式是:银行对账单一收一付,收付相抵,日记账不作反映,或在日记账中一收一付。

第五,金额差错。为弥补漏洞或保持"银行存款余额调节表"的平衡,故意算错日记账余额,而后再在有关账户的对方制造相同金额的差错,以求账目的虚假平衡,或者月终试算不平时,乘机制造存款余额差错,为日后贪污作准备。

第六,涂改对账单。

为掩饰日记账中的问题,采取涂改对账单,保持日记账与对账单相符。该种情况下,需向开户行发询证函,取得对账单。

第七,抵减现金。通过银行账户,故意用错对方科目,抵减账面现金,然后从库存中取出现金占为已有,这是贪污公款的常用方法。

第八,贪污利息。企业的借款利息支出,按规定抵减存款利息收入后,差额列入"财务费用"。如果月终结算利息时,只记借款利息不计存款利息,日记账余额会小于对账单余额,而后支出存款不记账,余额自动平衡,利息被贪污。该弊端在对账单和调节表由一人负责的情况下很难发现。

☞小案例

基本案情：注册会计师在审计某企业"银行存款日记账"时，发现 7 月 5 日的一张收款凭证摘要栏记录为"存入暂存款"60 000 元。7 月 10 日、15 日、25 日凭证摘要栏记录为"提现"，金额均为 20 000 元。注册会计师调出 7 月 5 日 1 张凭证，其会计分录为：

借：银行存款　　　　　　　　　　　　　60 000

　　贷：其他应付款　　　　　　　　　　　　　　　　60 000

所附的原始凭证仅为一张进账单。调出 7 月 10 日的凭证，支票用途为"差旅费"；7 月 15 日的凭证，支票用途为"支付季度奖"；7 月 25 日的凭证，支票用途为"备用金"。根据这一线索，审计"现金日记账"时，发现 7 月 30 日的一张凭证摘要栏记录为"付暂存款"30 000 元，其会计分录为：

借：其他应付款　　　　　　　　　　　　60 000

　　贷：现金　　　　　　　　　　　　　　　　　　60 000

其原始凭证为其他单位开出的白条，注册会计师审计该单位的账簿记录，并没有 60 000 元的收入，后来查阅商品销售明细账，发现该单位在 7 月 4 日销售商品一批，价款 60 000 元，采购方已经付款，与银行联系，款项已划到该单位。后经查实，会计和出纳各得好处费 6000 元，其余款项被经办人贪污。

案例点评：被查单位出租账户，其收入属其他单位，被查单位可不调账。

第五节　其他货币资金审计

一、其他货币资金的审计目标

其他货币资金审计包括外埠存款、银行汇票存款、银行本票存款、信用卡存款和信用证存款等内容的审查。

其他货币资金的审计目标包括：

1. 确定被审单位其他货币存款在会计报表上是否存在，是否为被审单位所拥有。

2. 确定被审单位在特定期间内发生的其他货币存款收支业务是否均已记录完毕，有无遗漏。

3. 确定其他货币存款余额是否正确。

4. 确定其他货币存款在会计报表上的列报是否恰当。

二、其他货币资金的实质性程序

其他货币资金的实质性程序主要包括：

1. 核对外埠存款、银行汇票存款、银行本票存款等各明细账期末合计数与总账数是否相符。

2. 函证外埠存款户、银行汇票存款户、银行本票存款户期末余额。

3.对于非记账本位币的其他货币资金,检查其折算汇率是否正确。

4.抽查一定样本数量的原始凭证进行测试,检查其经济内容是否完整,有无适当的审批授权,并核对相关账户的进账情况。

5.抽取资产负债表日后的大额收支凭证进行截止测试,如有跨期收支事项,应作适当调整。

6.检查其他货币资金的列报是否恰当。

☞小经验

其他货币资金审计常见错弊类型:

1.非法开设外埠存款账户;

2.外埠存款支出不合理、不合法;

3.银行汇票或银行本票使用不合理、不合法;

4.非法转让或贪污银行汇票或银行本票款项。

第六节　特殊项目审计

一、期初余额的审计

注册会计师首次接受委托对被审计单位的财务报表进行审计时,必然会面临如何审计财务报表期初余额的问题。

(一)期初余额的含义

期初余额是指期初已存在的账户余额。期初余额以上期期末余额为基础,反映了以前期间的交易和上期采用的会计政策的结果。正确理解期初余额概念,需要把握以下三点:

1.期初余额是期初已存在的账户余额。期初已存在的账户余额是由上期结转至本期的金额,或是上期期末余额调整后的金额。期初余额与上期期末余额是一个事物的两个方面。通常而言,期初余额是上期账户结转至本期账户的余额,在数额上与相应账户的上期期末余额相等。但是,由于受上期期后事项、会计政策变更、前期会计差错更正等诸因素的影响,上期期末余额结转至本期时,有时需经过调整或重新表述。

2.期初余额反映了以前期间的交易和上期采用的会计政策的结果。期初余额应以客观存在的经济业务为根据,是被审计单位按照上期采用的会计政策对以前会计期间发生的交易和事项进行处理的结果。

3.期初余额与注册会计师首次接受委托相联系。首次接受委托是指注册会计师在被审计单位财务报表首次接受审计,或上期财务报表由前任注册会计师审计的情况下接受的审计委托。

(二)期初余额的审计目标

对首次接受委托业务,注册会计师应当获取充分、适当的审计证据以确定:(1)期初余额是否含有对本期财务报表产生重大影响的错报;(2)期初余额反映的恰当的会计政策是否在本期财务报表中得到一贯运用,或会计政策的变更是否已按照适用的财务报告编制基础作出恰当的会计处理和充分的列报与披露。

(三)期初余额的审计程序

为达成上述期初余额的审计目标,注册会计师对期初余额的审计程序通常包括:

1.考虑被审计单位运用会计政策的恰当性和一贯性

如果被审计单位上期适用的会计政策不恰当或与本期不一致,注册会计师在实施期初余额审计时应提请被审计单位进行调整或予以披露。

2.上期财务报表由前任注册会计师审计情况下的审计程序

(1)查阅前任注册会计师的工作底稿。征得被审计单位同意后,考虑与前任注册会计师沟通,查阅前任注册会计师的审计工作底稿。查阅的重点通常限于对本期审计产生重大影响的事项,如前任注册会计师对上期财务报表发表的审计意见的类型和主要内容,针对上期财务报表的审计计划和审计总结等。

(2)考虑前任注册会计师的独立性和专业胜任能力。注册会计师能否通过查阅前任注册会计师的审计工作底稿获取有关期初余额的充分、适当的审计证据,在很大程度上依赖于注册会计师对前任注册会计师的独立性和专业胜任能力的判断。如果认为前任注册会计师不具有独立性,或者不具有应有的专业胜任能力,则无法通过查阅其审计工作底稿获取有关期初余额的充分、适当的审计证据。

3.上期财务报表未经审计或审计结论不满意时的审计程序

注册会计师应当根据期初余额有关账户的不同性质,按照审计准则的要求,实施相应的审计程序。账户的性质主要按照账户属于资产类还是负债类、属于流动性还是非流动性等标准加以区分。

4.考虑账户的性质和本期财务报表中的重大错报风险

期初余额涉及的各财务报表项目的性质不同,对本期财务报表中的重大错报风险的影响程度也不同。注册会计师应当重点关注期初余额中性质重要、对本期财务报表中的重大错报风险产生较大影响的财务报表项目。

5.考虑期初余额对于本期财务报表的重要程度

注册会计师接受委托进行审计并发表审计意见的对象毕竟是被审计单位本期的财务报表而不是期初余额,因此,在审计期初余额时,无论是考虑被审计单位运用的会计政策,还是上期财务报表是否经过审计,或者是考虑期初余额相关账户的性质,都应该同时考虑期初余额对于本期财务报表而言是否重要。如果期初余额本身并不重要,或者虽然对于上期财务报表是重要的,但由于本期被审计单位资产规模和经营规模的迅速扩大,期初余额对于本期财务报表而言已经变得不重要,则注册会计师无须对其予以特别关注。只有当期初余额对于本期财务报表重要时,注册会计师才需要对其予以特别关注并实施专门的审计程序。

(四)期初余额审计对审计报告的影响

在对期初余额实施审计程序后,注册会计师应当分析已获取的审计证据,区分不同情况形成对被审计单位期初余额的审计结论,在此基础上确定其对本期财务报表出具审计报告的影响。

1.审计后无法获取有关期初余额的充分、适当的审计证据

如果实施相关审计程序后无法获取有关期初余额的充分、适当的审计证据,注册会计师应当出具保留意见或无法表示意见的审计报告。

2.期初余额存在重大错报对审计报告的影响

如果期初余额存在对本期财务报表产生重大影响的错报,注册会计师应当告知管理层;如果上期财务报表由前任注册会计师审计,注册会计师还应当考虑提请管理层告知前任注册会计师。如果错报的影响未能得到正确的会计处理和恰当的列报,注册会计师应当出具保留意见或否定意见的审计报告。

3.会计政策变更对审计报告的影响

如果与期初余额相关的会计政策未能在本期得到一贯运用,并且会计政策的变更未能得到正确的会计处理和恰当的列报,应先提请被审计单位进行调整,如果被审计单位拒绝调整,注册会计师应当出具保留意见或否定意见的审计报告。

4.前任注册会计师对上期财务报表发表了非无保留意见

如果前任注册会计师对上期财务报表发表了非无保留意见,注册会计师应当考虑该审计报告对本期财务报表的影响。如果导致出具非标准审计报告的事项对本期财务报表仍然相关和重大,注册会计师应当对本期财务报表发表非无保留意见。

【例题】　注册会计师如果认为期初余额对本期财务报表存在重大影响,但无法对其获取充分、适当的审计证据,则可能发表的审计意见为(　　　　)。

A. 带强调事项段的无保留意见

B. 保留意见

C. 否定意见

D. 无法表示意见

【答案】　BD

【解析】　在这种情况下注册会计师应根据期初余额对财务报表整体的影响程度,出具保留意见或无法表示意见。

二、期后事项的审计

(一)期后事项的概念

期后事项是指资产负债表日至审计报告日之间发生的事项以及审计报告日后发现的事实。具体而言,期后事项包括:资产负债表日后至审计报告日之间发生的事项(第一时段期后事项);审计报告日后至财务报表报出日之间发现的事实(第二时段期后事项);财务报表报出日后发现的事实(第三时段期后事项)。

(二)期后事项的种类

根据期后事项对财务报告和审计报告产生的影响,将期后事项分为两类,即资产负债表日后调整事项和资产负债表日后非调整事项。

1.资产负债表日后调整事项

即对资产负债表日已经存在的情况提供了新的或进一步证据的事项。这类事项影响财务报表金额,需提请被审计单位管理层调整财务报表及与之相关的披露信息;这类事项既为被审计单位管理层确定资产负债表日账户余额提供信息,也为注册会计师核实这些余额提

供补充证据。如果这类期后事项的金额重大,应提请被审计单位对本期财务报表及相关的账户金额进行调整。诸如:

(1)资产负债表日后诉讼案件结案,法院判决证实了企业在资产负债表日已经存在现时义务,需要调整原先确认的与该诉讼案件相关的预计负债,或确认一项新负债。

(2)资产负债表日后取得确凿证据,表明某项资产在资产负债表日发生了减值或者需要调整该项资产原先确认的减值金额。

(3)资产负债表日后进一步确定了资产负债表日前购入资产的成本或售出资产的收入。例如,被审计单位在资产负债表日前购入项固定资产,并投入使用。由于购入时尚未确定准确的购买价款,故先以估计的价格考虑其达到预定可使用状态前所发生的可归属于该项固定资产的运输费、装卸费、安装费和专业人员服务费等因素暂估入账,并按规定计提固定资产折旧。如果在资产负债表日后商定了购买价款,取得了采购发票,被审计单位就应该据此调整该固定资产原价。

(4)资产负债表日后发现了财务报表舞弊或差错。

2.资产负债表日后非调整事项

即表明资产负债表日后发生的情况的事项。这类事项虽不影响财务报表金额,但可能影响财务报表的正确理解,需提请被审计单位管理层在财务报表的附注中作适当披露。这类事项因不影响资产负债表日财务状况,所以不需要调整被审计单位的本期财务报表。但如果被审计单位的财务报表因此可能受到误解,就应在财务报表中以附注的形式予以适当披露。

被审计单位在资产负债表日后发生的,需要在财务报表上披露而非调整的事项通常包括:(1)资产负债表日后发生重大诉讼、仲裁、承诺;(2)资产负债表日后资产价格、税收政策、外汇汇率发生重大变化;(3)资产负债表日后因自然灾害导致资产发生重大损失;(4)资产负债表日后发行股票和债券以及其他巨额举债;(5)资产负债表日后资本公积转增资本;(6)资产负债表日后发生巨额亏损;(7)资产负债表日后发生企业合并或处置子公司;(8)资产负债表日后企业利润分配方案中拟分配的以及经审议批准宣告发放的股利或利润。

(三)截至审计报告日发生的事项

1.主动识别第一时段期后事项

注册会计师应当实施必要的审计程序,获取充分、适当的审计证据,以确定截至审计报告日发生的、需要在财务报表中调整或披露的事项是否均已得到识别。

资产负债表日至审计报告日之间发生的期后事项属于第一时段期后事项。对于这一时段的期后事项,注册会计师负有主动识别的义务,应当设计专门的审计程序来识别这些期后事项,并根据这些事项的性质判断其对财务报表的影响,进而确定是进行调整,还是披露。

2.用以识别期后事项的审计程序

注册会计师应当尽量在接近审计报告日时,实施旨在识别需要在财务报表中调整或披露事项的审计程序。

通常情况下,针对期后事项的专门审计程序,其实施时间越接近审计报告日越好。越接近审计报告日,也就意味着离资产负债表日越远,被审计单位这段时间内累积的对资产负债表日已经存在的情况提供的进一步证据也就越多;越接近审计报告日,注册会计师遗漏期后事项的可能性也就越低。

用以识别第一时段期后事项的审计程序通常包括：

（1）复核被审计单位管理层建立的用于确保识别期后事项的程序。

（2）取得并审阅股东大会、董事会和管理当局的会议记录以及涉及诉讼的相关文件等，查明识别资产负债表日后发生的对本期财务报表产生重大影响的调整事项和非调整事项。

（3）在尽量接近审计报告日时，查阅股东会、董事会及其专门委员会在资产负债表日后举行的会议的纪要，并在不能获取会议纪要时询问会议讨论的事项。

（4）在尽量接近审计报告日时，查阅最近的中期财务报表、主要会计科目、重要合同和会计凭证；如认为必要和适当，还应当查阅预算、现金流量预测及其他相关管理报告。

（5）在尽量接近审计报告日时，查阅被审计单位与客户、供应商、监管部门等的往来信函。

（6）在尽量接近审计报告日时，向被审计单位律师或法律顾问询问有关诉讼和索赔事项。

（7）在尽量接近审计报告日时，向管理层询问可能影响财务报表的期后事项。

3.知悉对财务报表有重大影响的期后事项时的考虑

在实施了相应的审计程序后，如果知悉对财务报表有重大影响的期后事项，注册会计师应当考虑这些事项在财务报表中是否得到恰当的会计处理或予以充分披露。

如果所知悉的期后事项属于调整事项，注册会计师应当考虑被审计单位是否已对财务报表作出适当的调整。如果所知悉的期后事项属于非调整事项，注册会计师应当考虑被审计单位是否在财务报表附注中予以充分披露。

（四）审计报告日后至财务报表报出日前发现的事实

1.被动识别第二时段期后事项

在审计报告日后，注册会计师没有责任针对财务报表实施审计程序或进行专门查询。审计报告日后至财务报表报出日前发现的事实属于"第二时段期后事项"，注册会计师针对被审计单位的审计业务已经结束，要识别可能存在的期后事项比较困难，因而无法承担主动识别第二时段期后事项的审计责任。但是，在这一阶段，被审计单位的财务报表并未报出，管理层有责任将发现的可能影响财务报表的事实告知注册会计师。因此，在审计报告日至财务报表报出日期间，管理层有责任告知注册会计师可能影响财务报表的事实。当然，注册会计师还可能从媒体报道、举报信或者证券监管部门告知等途径获悉影响财务报表的期后事项。

2.知悉第二时段期后事项时的考虑

在审计报告日后至财务报表报出日前，如果知悉可能对财务报表产生重大影响的事实，注册会计师应当考虑是否需要修改财务报表，并与管理层讨论，同时根据具体情况采取适当措施。

如果注册会计师认为期后事项的影响足够重大，确定需要修改财务报表的，还需要根据管理层是否同意修改财务报表，或审计报告是否已经提交等具体情况采取适当措施。

（1）管理层修改财务报表时的处理

如果管理层修改了财务报表，注册会计师应当根据具体情况实施必要的审计程序。此时，注册会计师需要获取充分、适当的审计证据，以验证管理层根据期后事项所作出的财务报表调整或披露是否符合企业会计准则和相关会计制度的规定。例如，被审计单位在财务报表报出日前取得了法院关于诉讼赔偿案的最终判决,因此,管理层根据企业会计准则的相关规定,将应支付的该笔赔偿款反映于财务报表中。在这种情况下,注册会计师就应当实施与预计负债相关的审计程序。

由于管理层修改了财务报表,注册会计师除了根据具体情况实施必要的审计程序外,还要针对修改后的财务报表出具新的审计报告和索取新的管理层声明书。新的审计报告日期不应早于董事会或类似机构批准修改后的财务报表的日期。

由于审计报告日的变化,注册会计师应当将用以识别期后事项的审计程序延伸至新的审计报告日,以避免重大遗漏。

(2)管理层不修改财务报表且审计报告未提交时的处理

如果注册会计师认为应当修改财务报表而管理层没有修改,并且审计报告尚未提交给被审计单位,注册会计师应当按照《中国注册会计师审计准则第1502号——非标准审计报告》的规定,出具保留意见或否定意见的审计报告。

(3)管理层不修改财务报表且审计报告已提交时的处理

如果注册会计师认为应当修改财务报表而管理层没有修改,并且审计报告已提交给被审计单位,注册会计师应当通知治理层不要将财务报表和审计报告向第三方报出。

如果财务报表仍被报出,注册会计师应当采取措施防止财务报表使用者信赖该审计报告。例如,针对上市公司,注册会计师可以利用证券传媒,刊登必要的声明,防止使用者信赖审计报告。注册会计师采取的措施取决于自身的权利和义务以及所征询的法律意见。

(五)财务报表报出后发现的事实

1.没有义务识别第三时段的期后事项

在财务报表报出后,注册会计师没有义务针对财务报表作出查询。财务报表报出日后发现的事实属于第三时段期后事项,注册会计师没有义务针对财务报表作出查询。但是,并不排除注册会计师通过媒体等其他途径获悉可能对财务报表产生重大影响的期后事项的可能性。

2.知悉第三时段期后事项时的考虑

在财务报表报出后,如果知悉在审计报告日已存在的、可能导致修改审计报告的事实,注册会计师应当考虑是否需要修改财务报表,并与管理层进行讨论。同时,注册会计师还需要根据管理层是否修改财务报表、是否采取必要措施确保所有收到原财务报表和审计报告的人士了解这一情况、是否临近公布下一期财务报表等具体情况采取适当措施。

【例题】 以下关于注册会计师对期后事项责任的表述中,正确的有( )。

A.注册会计师应当实施必要的审计程序,获取充分、适当的审计证据,以确定截止审计报告日发生的、需要在会计报表中调整或披露的事项是否均已得到识别

B.在外勤审计工作完成后,注册会计师没有责任针对期后事项实施审计程序

C.在审计报告日至会计报表公布日之间获知可能影响会计报表的期后事项,注册会计师应当及时与被审计单位讨论,必要时实施适当的审计程序

D.在会计报表公布后,注册会计师没有义务专门对会计报表进行查询

【答案】 ACD

三、或有事项的审计

(一)或有事项的含义

或有事项,是指过去的交易或事项形成的,其结果须由某些未来事项的发生或不发生时才能决定的不确定事项。常见的或有事项主要包括:未决诉讼或仲裁、债务担保、产品质量保证(含产品安全保证)、承诺、亏损合同、重组义务、环境污染整治等。

(二)或有事项的审计目标

注册会计师对或有事项进行审计所要达到的审计目标一般包括:确定或有事项是否存在和完整;确定或有事项的确认和计量是否符合企业会计准则的规定;确定或有事项的列报或披露是否恰当。

(三)或有事项的审计程序

在审计或有事项时,注册会计师尤其要关注财务报表反映的或有事项的完整性。由于或有事项的种类不同,注册会计师在审计被审计单位的或有事项时,所采取的程序也各不相同。但总结起来,针对或有事项的审计程序通常包括:

1. 了解被审计单位与识别或有事项有关的内部控制。

2. 审阅截至审计工作完成日被审计单位历次董事会纪要和股东大会会议记录,确定是否存在未决诉讼或仲裁、未决索赔、税务纠纷、债务担保、产品质量保证、财务承诺等方面的记录。

3. 向与被审计单位有业务往来的银行函证,或检查被审计单位与银行之间的借款协议和往来函件,以查找有关票据贴现、背书、应收账款抵借、票据背书和担保。

4. 检查与税务征管机构之间的往来函件和税收结算报告,以确定是否存在税务争议。

5. 向被审计单位的法律顾问和律师进行函证,分析被审计单位在审计期间发生的法律费用,以确定是否存在未决诉讼、索赔等事项。

6. 向被审计单位管理层获取书面声明,声明其已按照企业会计准则的规定,对全部或有事项作了恰当反映。

(四)获取律师声明书

在对被审计单位期后事项和或有事项等进行审计时注册会计师往往要向被审计单位的法律顾问和律师进行函证,以获取其对资产负债表日业已存在的,以及资产负债表日至他们复函日这一时期内存在的期后事项和或有事项等的确认证据。被审计单位律师对函证问题的答复和说明,就是律师声明书。

对律师的函证,通常以被审计单位的名义,通过寄发审计询证函的方式实施。

注册会计师应根据该律师的职业水准和声誉情况来确定律师声明书的可靠性。如果注册会计师对代理被审计单位重大法律事务的律师并不熟悉,则应查询诸如该律师的职业背景、声誉及其在法律界的地位等情况,并考虑从律师协会获取信息。

对于律师声明书应从整体上分析,以便确定它对审计询证函的总体反应,确定它与注册会计师所知的情况是否矛盾。如果律师声明书表明或暗示律师拒绝提供信息,或隐瞒信息,注册会计师应将其视为审计范围受到限制。

律师声明书所用的格式和措辞并没有定式。单位不同或情况不同,律师出具的声明书也不相同。参考格式 11-1 和参考格式 11-2 分别列示了律师询证函和律师询证函复函的范例。

格式 11-1

律师询证函

××律师事务所并××律师：

本公司已聘请××会计师事务所对本公司＿＿＿＿＿＿年 12 月 31 日（以下简称资产负债表日）的资产负债表以及截至资产负债表日的该年度利润表、股东权益变动表和现金流量表进行审计。为配合该项审计，谨请贵律师基于受理本公司委托的工作（诸如常年法律顾问、专项咨询和诉讼代理等），提供下述资料，并函告××会计师事务所：

一、请说明存在于资产负债表日并且自该日起至本函回复日止本公司委托贵律师代理进行的任何未决诉讼。该说明中谨请包含以下内容：

1. 案件的简要事实经过与目前的发展进程；

2. 在可能范围内，贵律师对于本公司管理层就上述案件所持看法及处理计划（如庭外和解设想）的了解，及您对可能发生结果的意见；

3. 在可能范围内，您对损失或收益发生的可能性及金额的估计。

二、请说明存在于资产负债表日并且自该日起至本函回复日止，本公司曾向贵律师咨询的其他诸如未决诉讼、追索债权、被追索债务以及政府有关部门对本公司进行的调查等可能涉及本公司法律责任的事件。

三、请说明截至资产负债表日，本公司与贵律师事务所律师服务费的结算情况（如有可能，请依服务项目区分）。

四、若无上述一、二事项，为节省您宝贵的时间，烦请填写本函背面《律师询证函复函》并签章后，按以下地址，寄往××会计师事务所（地址：××市××路××号；邮编××××××）。

谢谢合作！

××公司（盖章）

公司负责人（签章）

年　　月　　日

格式 11-2

律师询证函复函

××会计师事务所：

本律师于××期间，除向××公司提供一般性法律咨询服务，并未接受委托，代理进行或咨询如律师询证函中一、二项所述之事宜。

另截至　　　　年　　　月　　　　日止，该公司

□ 未积欠本律师事务所任何律师服务费。

□ 尚有本律师事务所的律师服务费计人民币＿＿＿＿元，未予付清。

＿＿＿＿＿＿＿＿＿＿律师事务所

律师：＿＿＿＿＿＿＿（签章）

年　　月　　日

注册会计师应根据该律师的职业水准和声誉情况来确定律师声明书的可靠性。如果注册会计师对代理被审计单位重大法律事务的律师并不熟悉，则应查询诸如该律师的职业背景、声誉及其在法律界的地位等情况，并考虑从律师协会获取信息。

如果律师声明书表明或暗示律师拒绝提供信息，或隐瞒信息，注册会计师应将其视为审计范围受到限制。

四、持续经营的审计

持续经营假设是指被审计单位在编制财务报表时，假定其经营活动在可预见的将来会继续下去，不拟也不必终止经营或破产清算，可以在正常的经营过程中变现资产、清偿债务。持续经营假设是会计确认和计量的四项基本假定之一，对财务报表的编制和审计关系重大。是否以持续经营假设为基础编制财务报表，对会计确认、计量和列报将产生很大影响。例如，对于固定资产，企业在持续经营假设基础下，以历史成本计价，并在预计使用年限内对该项资产计提折旧。通过此方式，可将资产的成本分摊到不同期间的费用中去，据以核算各个期间的损益。如果这一假设不再成立，该项资产应以清算价格计价。

(一)管理层的责任和注册会计师的责任

1.管理层的责任

管理层应当根据企业会计准则的规定，对持续经营能力作出评估，考虑运用持续经营假设编制财务报表的合理性。如果认为以持续经营假设为基础编制财务报表不再合理时，管理层应当采用其他基础编制，如清算基础。

2.注册会计师的责任

在执行财务报表审计业务时，注册会计师的责任是考虑管理层运用持续经营假设的适当性和披露的充分性。注册会计师应当按照审计准则的要求，实施必要的审计程序。获取充分、适当的审计证据，确定可能导致对持续经营能力产生重大疑虑的事项或情况是否存在重大不确定性，并考虑对审计报告的影响。

(二)计划审计工作与实施风险评估程序

在计划审计工作和实施风险评估程序时，注册会计师应当考虑是否存在可能导致对持续经营能力产生重大疑虑的事项或情况及相关的经营风险，评价管理层对持续经营能力作出的评估，并考虑已识别的事项或情况对重大错报风险评估的影响。

被审计单位在财务、经营以及其他方面存在的某些事项或情况可能导致经营风险，这些事项或情况单独或连同其他事项或情况可能导致对持续经营假设产生重大疑虑。

在企业运行中，导致对持续经营假设产生重大疑虑的事项或情况如表11-4所示。

表 11-4 导致对持续经营假设产生重大疑虑的事项或情况

风险类别	具体事项或情况
1. 财务方面	(1)净资产为负或营运资金出现负数; (2)定期借款即将到期,但预期不能展期或偿还,或过度依赖短期借款为长期资产筹资; (3)存在债权人撤销财务支持的迹象; (4)历史财务报表或预测性财务报表表明经营活动产生的现金流量净额为负数; (5)关键财务比率不佳; (6)发生重大经营亏损或用以产生现金流量的资产的价值出现大幅下跌; (7)拖欠或停止发放股利; (8)在到期日无法偿还债务; (9)无法履行借款合同的条款; (10)与供应商由赊购变为货到付款; (11)无法获得开发必要的新产品或进行其他必要的投资所需的资金。
2. 经营方面	(1)管理层计划清算被审计单位或终止经营; (2)关键管理人员离职且无人替代; (3)失去主要市场、关键客户、特许权、执照或主要供应商; (4)出现用工困难问题; (5)重要供应短缺; (6)出现非常成功的竞争者。
3. 其他方面	(1)违反有关资本或其他法定要求; (2)未决诉讼或监管程序,可能导致其无法支付索赔金额; (3)法律法规或政府政策的变化预期会产生不利影响; (4)对发生的灾害未购买保险或保额不足。

需要说明的是,以上是单独或汇总起来可能导致对持续经营假设产生重大疑虑的事项或情况的示例。这些示例并不能涵盖所有事项或情况,也不意味着存在其中一个或多个项目就一定表明存在重大不确定性,就必然导致被审计单位无法持续经营。某些措施通常可以减轻这些事项或情况的严重性,注册会计师对此应作出职业判断。

针对有关可能导致对被审计单位持续经营能力产生重大疑虑的事项或情况的审计证据,注册会计师应当在整个审计过程中保持警觉。注册会计师对此类事项或情况的考虑应当随着审计工作的开展而不断深入。如果被审计单位存在资不抵债、无法偿还到期债务等事项或情况,这可能表明被审计单位存在因持续经营问题导致的重大错报风险,该项风险与财务报表整体广泛相关,从而会影响多项认定。

(三)评价管理层对持续经营能力作出的评估

(1)注册会计师应当确定管理层评估持续经营能力涵盖的期间是否符合适用的会计准则和相关会计制度的规定。如果评估期间少于资产负债表日起的 12 个月,注册会计师应当提请管理层将其至少延长至自财务报表日起的 12 个月。

(2)在评价管理层作出的评估时,注册会计师应当考虑管理层作出评估的过程、依据的假设以及应对计划。在考虑管理层的评估程序时,注册会计师应当关注管理层是如何识别可能导致对其持续经营能力产生重大疑虑的事项或情况的,所识别的事项或情况是否完整,是否已对注册会计师在实施审计程序过程中发现的所有相关信息进行了充分考虑。在考虑管理层作出的评估所依据的假设时,注册会计师应当考虑管理层对相关事项或情况结果的预测所依据的假设是否合理,并特别关注具有以下几类特征的假设:(1)对预测性信息具有重大影响的假设;(2)特别敏感的或容易发生变动的假设;(3)与历史趋势不一致的假设。注册会计师应当基于对被审计单位的了解，比较以前年度的预测与实际结果、本期的预测和截至目前的实际结果。如果发现某些因素的影响尚未反映在相关预测中，注册会计师应当与管理层讨论这些因素，必要时，要求管理层对相关预测所依据的假设作出修正。

（四）进一步审计程序

如果识别出可能导致对持续经营能力产生重大疑虑的事项或情况，注册会计师应当通过实施追加的审计程序（包括考虑缓解因素）获取充分、适当的审计证据，以确定是否存在重大不确定性。这些程序应当包括：

1. 如果管理层尚未对被审计单位持续经营能力作出评估，提请其进行评估。

2. 评价管理层与经营能力评估相关的未来应对计划，这些计划的结果是否可能改善目前的状况，以及管理层的计划对于具体情况是否可行。

3. 如果被审计单位已编制现金流量预测，且对预测的分析是评价管理层未来应对计划时考虑的事项或情况的未来结果的重要因素，评价用于编制预测的基础数据的可靠性，并确定预测所基于的假设是否具有充分的支持。

4. 考虑自管理层作出评估后是否存在其他可获得的事实或信息。

5. 要求管理层和治理层（如适用）提供有关未来应对计划及其可行性的书面声明。

（五）审计结论与报告

注册会计师应当根据获取的审计证据，确定可能导致对被审计单位持续经营能力产生重大疑虑的事项或情况是否存在重大不确定性，并考虑对审计报告的影响。注册会计师进行持续经营审计对审计结论与审计报告的影响，见图11-3所示。

（1）审计师应当提请管理层对持续经营能力作出评估，或将评估期间延伸至自资产负债表日起的12个月。如果管理层拒绝审计师的要求，审计师应当将其视为审计范围受到限制，考虑出具保留意见或无法表示意见的审计报告。

（2）如果认为被审计单位在编制财务报表时运用持续经营假设是适当的，但可能导致对持续经营能力产生重大疑虑的事项或情况存在重大不确定性，审计师应当考虑：1）财务报表是否已充分描述导致对持续经营能力产生重大疑虑的主要事项或情况，以及管理层针对这些事项或情况提出的应对计划；2）财务报表是否已清楚指明可能导致对持续经营能力产生重大疑虑的事项或情况存在重大不确定性，被审计单位可能无法在正常的经营过程中变现资产、清偿债务。

如果财务报表已作出充分披露，审计师应当出具无保留意见的审计报告，并在审计意见段之后增加强调事项段，强调可能导致对持续经营能力产生重大疑虑的事项或情况存在重大不确定性的事实，并提醒财务报表使用者注意财务报表附注中对有关事项的披露。并在审计报告中增加以"与持续经营相关的重大不确定性"为标题的单独部分，以：①提醒财务报表使用者关注财务报表附注中对所述事项的披露；②说明这些事项或情况表明存在可能导致对被审计单位持续经营能力产生重大疑虑的重大不确定性，并说明该事项并不影响发表的审计意见。

在极少数情况下，当存在多项对财务报表整体具有重要影响的重大不确定性时，审计师可能认为发表无法表示意见而非增加以"与持续经营相关的重大不确定性"为标题的单独部分是适当的。当被审计单位多项可能导致对持续经营能力产生重大疑虑的事项或情况存在重大不确定性时,如果审计师难以判断财务报表的编制基础是否适合继续采用持续经营假设,并且财务报表已作出充分披露,审计师应当考虑出具无法表示意见的审计报告。

(3)如果判断被审计单位将不能持续经营,但财务报表仍然按照持续经营假设编制,审计师应当出具否定意见的审计报告。

(4)如果管理层认为编制财务报表时运用持续经营假设不再适当,选用了其他基础编制财务报表,在这种情况下,审计师应当实施补充的审计程序。如果认为管理层选用的其他编制基础是适当的,且财务报表已作出充分披露,审计师可以出具无保留意见的审计报告,但也可能认为在审计报告中增加强调事项段是适当或必要的,提醒财务报表使用者关注管理层选用的其他编制基础。

(5)如果管理层在资产负债表日后严重拖延对财务报表的签署,审计师应当考虑拖延签署或批准的原因。当拖延原因涉及与管理层作出持续经营能力评价有关的事项或情况,审计师应当考虑是否有必要实施追加的审计程序,是否存在可能导致对持续经营能力产生重大疑虑的事项或情况以及这些事项或情况是否存在重大不确定性。

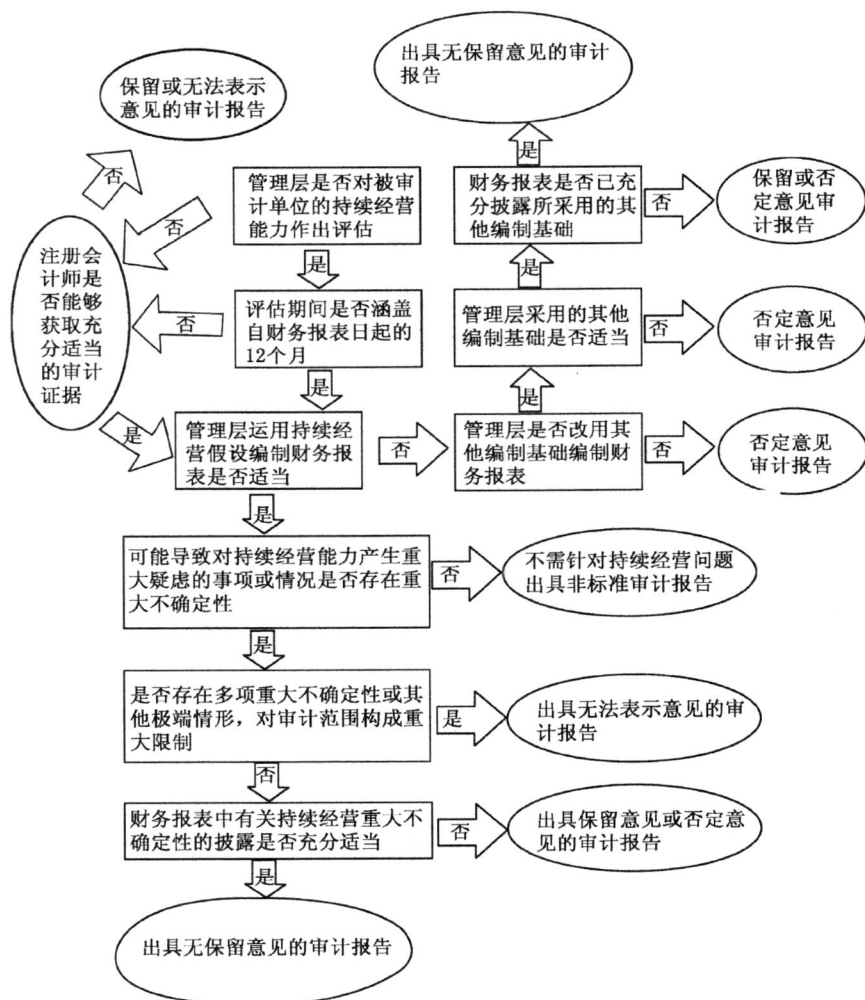

图 11-3 注册会计师针对持续经营问题出具审计报告的决策

本章小结

　　1.企业的货币资金包括库存现金、银行存款、其他货币资金。企业的货币资金循环特性包括货币资金与其他业务循环的关系和货币资金业务涉及的主要凭证和会计记录。

　　2.货币资金的内部控制包括岗位分工及授权批准、现金和银行存款的管理、票据及有关印章的管理、监督检查等关键控制制度,注册会计师应首先了解和记录被审单位货币资金内部控制制度的设计和执行情况,并采用一定的方法进行控制测试,在此基础上评价其控制风险。

　　3.现金的实质性程序一般包括核对现金日记账余额与总账余额是否相符;分析程序;盘点库存现金;验证现金收支的截止日期,并审查截止日期前后的现金收支情况;抽查大额现金收支;审查外币现金的折算是否正确;检查现金是否在资产负债表上恰当披露。

　　4.银行存款的实质性程序一般包括银行存款日记账与总账的余额是否相符;分析程序;取得并检查银行存款余额调节表;函证银行存款余额;检查限定用途的存款或一年以上的定期存款;检查银行存款收支的正确截止;检查外币银行存款的折算是否正确;检查银行存款是否在资产负债表上恰当披露。其他货币资金的实质性程序与银行存款测试大体相同。

　　5.在完成各业务循环审计的基础上,注册会计师还应当对特殊项目安排专门的审计程序。这包括期初余额审计、期后事项审计、或有事项审计、持续经营审计等内容。这些特殊项目的审计结论将影响着注册会计师出具审计报告的意见类型和措辞。

思考题

　　1.现金的审计目标是什么? 如何进行现金的实质性程序?

　　2.注册会计师执行库存现金的盘点程序和存货的监盘程序有何区别?

　　3.银行存款的审计目标是什么? 如何进行银行存款的实质性程序?

　　4.银行存款的函证与应收账款、应付账款的函证有何区别?

　　5.期初余额的审计目标和审计程序有哪些?

　　5.期后事项有哪些类型? 对会计报表和审计意见有何影响?

　　6.期后事项的审计程序包括哪些内容?

　　7.或有事项的审计程序包括哪些内容?

　　8.持续经营的审计程序包括哪些内容?

案例分析

【案例 11-1】

案例资料:

　　注册会计师在审查某机器制造公司的银行存款账时,发现该公司 2016 年 5 月 31 日的银行存款日记账账面余额为 168 800 元,银行对账单余额为 166 000 元。注册会计师将银行

存款日记账和银行对账单逐笔核对后,发现下列情况:

(1)5月15日银行对账单上收到外地某加工厂的托收承付货款60 000元,公司的银行存款日记账上没有记录。

(2)5月19日银行向外地某钢厂支付钢材采购款60 000元,公司的银行存款日记账上没有记录。

(3)5月29日公司开出转账支票1张,金额6400元,银行对账单上没有记录。

(4)5月30日公司银行存款日记账记载存入转账支票1张,余额9200元,银行对账单上没有记录。

案例要求:

根据上述情况,验证公司5月31日的银行存款日记账余额是否正确,分析公司银行存款管理中可能存在的问题,并提出进一步的审查意见。

【案例11-2】

案例资料:

注册会计师A首次接受XYZ股份有限公司的委托,对其2015年度会计报表进行审计。2016年3月15日完成外勤审计工作,现准备拟订审计报告。假定除了以下情况(这些情况对XYZ股份有限公司均符合审计重要性)以外,其余各项目均符合出具无保留意见审计报告的要求。

(1)XYZ股份有限公司对ST公司有一项长期股权投资,账面成本为60万元,2015年12月,XYZ股份有限公司得知ST公司经营状况恶化,预计将导致XYZ股份有限公司的长期股权投资损失,并计提了10万元长期投资减值准备。2016年2月10日,注册会计师A在审计时发现,ST公司经营状况恶化,XYZ股份有限公司的投资金额最多能收回10万元。

(2)注册会计师A于2016年3月18日得知XYZ股份有限公司于2016年3月17日收购了一家公司。

(3)2016年2月18日,XYZ股份有限公司原材料仓库因为火灾造成原材料毁损70万元,原因尚未查明,XYZ公司未作会计处理。

案例要求:

1.期后事项主要有几种?上述事项分别属于哪种期后事项?

2.如果注册会计师A认为需要扩大对期后事项的审计,有几种方式可以选择?分别对注册会计师的责任有何影响?

3.对以上的3种情形,注册会计师应当提出怎样的处理意见?如果对以上3种情况单独考虑,当XYZ股份有限公司拒绝注册会计师的建议时,对出具的审计报告有何影响?

实训项目

实训目的:

关注上市公司的特殊事项处理。了解上市公司年报中的持续经营、担保抵押、关联方披露、债务重组等重大资产交易等特殊事项产生的原因,掌握这些特殊事项如何影响财务报表以及审计师在审计中如何关注这些特殊事项。

实训内容与要求：

通过学生亲自从报纸、网络上搜集上市公司年报情况，选择一家最近一年在持续经营、担保抵押、关联方披露、债务重组等重大资产交易中出现问题的上市公司，分析持续经营、担保抵押、关联方披露、债务重组等重大资产交易等特殊事项产生的原因，分析不同情况下对财务报表的影响、对审计工作及其审计意见的影响。

1. 分析持续经营、担保抵押、关联方披露、债务重组等重大资产交易等特殊事项产生的原因。

2. 分析持续经营、担保抵押、关联方披露、债务重组等重大资产交易等特殊事项的特殊风险。

3. 分析持续经营、担保抵押、关联方披露、债务重组等重大资产交易等特殊事项对上市公司财务报表的影响。

4. 分析在审计中审计师应该如何关注持续经营、担保抵押、关联方披露、债务重组等重大资产交易等特殊事项。

根据分析和讨论，编制案例分析文章，并在课堂上陈述。

阅读平台

• 阅读书目

1. 中国注册会计师协会. 审计[M]. 第 12 章，北京：经济科学出版社，2017.

2. 宋常. 审计学（第 7 版）[M]. 第 13 章，北京：中国人民大学出版社，2014.

3. 秦荣生、卢春泉. 审计学（第 9 版）[M]. 第 13 章，北京：中国人民大学出版社，2017.

4. 中华人民共和国财政部. 中国注册会计师执业准则（2017）[M]. 北京：中国财政经济出版社，2017.

5. 中华人民共和国财政部. 企业会计准则（2015 年版）[M]. 上海：立信会计出版社，2015.

• 阅读资料

1. 程维. "出纳员盗用 197 万元社保资金事件"启示：会计三年未对账[EB/OL]. http://finance sina. com. cn，2006-12-14.

2. 李茂菊. 对"小金库"审计方法的探讨[J]. 财会学习，2017 年第 5 期.

3. 徐鹤田. 审计亮剑：1500 万元小金库浮出水面[J]. 审计月刊，2017 年第 1 期.

4. 王婧婧. 基于云会计下以智库为基础搭建企业司库的问题探讨[J]. 中国注册会计师，2017 年第 5 期.

5. 周楷唐等. 持续经营审计意见是否具有额外价值？——来自债务融资的证据[J]. 会计研究，2016 年第 8 期.

6. 张立民、李琰. 持续经营审计意见、公司治理和企业价值——基于财务困境公司的经验证据[J]. 审计与经济研究，2017 年第 2 期.

7. 宋夏云、曾丹丹. 关联方交易审计风险控制对策研究[J]. 中国注册会计师，2017 年第 5 期.

第十二章

终结审计与审计报告

学习目标

通过本章学习,你应能够:

1. 了解审计终结阶段的流程。
2. 掌握审计差异汇总表、试算平衡表等综合类底稿的编制。
3. 理解评价审计结果。
4. 明确审计报告的含义和种类。
5. 掌握审计报告的基本要素。
6. 掌握审计报告的意见类型。

引入案例

中国证券市场第一份无法表示意见的审计报告

宝石公司的前身是石家庄显像管总厂(以下简称石显总厂)。1992 年 5 月,经政府有关部门批准,石显总厂以其下属的黑白玻壳生产线、黑白显像管生产线为主体开始进行股份制试点,并以走向募集方式设立股份有限公司。公司的主营业务为生产黑白显像管玻壳及黑白显像管。石显总厂则改组为石家庄宝石电子集团公司,成为股份公司的控股公司。1995 年 6 月和 9 月,宝石公司又先后在深圳证券交易所上网定价发行了 B 股 10 000 万股和 A 股 2 620 万股,并上市流通。

从财务报表来看,宝石公司从成立伊始至上市,业绩一直是良好的。从 1993 年度至 1996 年度,该公司的净资产收益率分别为 4.16%、26.88%、35.15% 和 8.8%。从招股说明书中所反映的过去的成就和展望的前景来看,公司的整体状况也是比较好的。然而,市场经济这只无形之手也是无情之手。由于黑白电视机市场的快速萎缩、导致其上游产品的需求、价格大幅度下降。公司 1997 年度的财务报表反映出的企业经营成果和财务状况令人大失所望,出现每股 0.872 元的严重亏损。更为严重的是,为公司进行年度报表审计的注册会计师认为,由于产品积压、生产停顿,已无法判定该公司是否保有持续经营能力,因此,对公司出具了一份无法表示意见的审计报告。

——资料来源:马银兰、李若山、覃东.缄默的含义——析中国证券市场中的第一份拒绝表示意见的审计报告[J].财务与会计,1999 年第 8 期。

第一节　终结审计

一、审计终结阶段的流程

审计终结阶段是审计的最后一个阶段。审计师在完成信息获取、风险评估和财务报表认定测试后,将执行终结审计程序,目的是消除那些尚未解决的问题,并确保所有可用信息均得到了适当考虑,最终对整个财务报表是否在所有重大方面按照财务报告编制基础编制并实现公允反映作出总体结论并将审计结果传递给相关利益方。审计终结阶段的实务流程如表 12-1 所示。

表 12-1　审计终结阶段的实务流程

1.召开项目组会议,汇总审计过程中发现的审计差异,根据错报的重要性确定建议被审计单位调整的事项,编制账项调整分录汇总表、重分类调整分录汇总表、列报调整汇总表、未更正错报汇总表以及试算平衡表草表。
2.与被审计单位召开总结会,就下列事项进行沟通,形成总结会会议纪要并经双方签字认可: (1)审计意见的类型及审计报告的措辞。 (2)账项调整分录汇总表、重分类调整分录汇总表、列报调整汇总表、未更正错报汇总表以及试算平衡表草表。 (3)对被审计单位持续经营能力具有重大影响的事项。 (4)含有已审计财务报表的文件中的其他信息对财务报表的影响。 (5)对完善内部控制的建议。 (6)执行该项审计业务的审计师的独立性。 　　获得被审计单位同意账项调整、重分类调整和列报调整事项的书面确认;如果被审计单位不同意调整,应要求其说明原因。根据未更正错报的重要性,确定是否在审计报告中予以反映,以及如何反映。在就上述有关问题与治理层沟通时,提交书面沟通函,并获得治理层的确认。
3.编制正式的试算平衡表。
4.对财务报表进行总体复核,评价财务报表总体合理性。如果识别出以前未识别的重大错报风险,应重新考虑对全部或部分交易、账户余额、列报评估的风险是否恰当,并在此基础上重新评价之前实施的审计程序是否充分,是否有必要追加审计程序。
5.将项目组成员间意见分歧的解决过程,记录于专业意见分歧解决表中。汇总重大事项,编制重大事项概要。
6.评价审计结果,形成审计意见,并草拟审计报告: (1)对重要性和审计风险进行最终评价,确定是否需要追加审计程序或提请被审计单位作出必要调整: 1)按财务报表项目确定可能的错报金额; 2)确定财务报表项目可能错报金额的汇总数(即可能错报总额)对财务报表层次重要性水平的影响程度。 (2)对被审计单位已审计财务报表形成审计意见并草拟审计报告。
7.由项目负责经理复核工作底稿。
8.由项目负责合伙人复核工作底稿。
9.必要时,实施项目质量控制复核。
10.向适当的高级管理人员获取经签署的管理层声明书,并确定其日期与审计报告的日期一致。
11.撰写审计总结。
12.完成审计工作完成情况核对表。
13.完成业务复核核对表。
14.正式签发审计报告。

二、汇总审计差异

在完成按业务循环进行的控制测试、交易与财务报表项目的实质性程序以及特殊项目的审计后，对审计项目组成员在审计中发现的被审计单位的会计处理方法与企业会计准则的不一致，即审计差异，审计项目经理应根据审计重要性原则予以初步确定并汇总，并建议被审计单位进行调整，使经审计的财务报表所载信息能够公允地反映被审计单位的财务状况、经营成果和现金流量。对审计差异内容的"初步确定并汇总"直至形成"经审计的财务报表"的过程，主要是通过编制审计差异调整表和试算平衡表得以完成的。

(一)编制审计差异调整表

审计差异按是否需要调整账户记录可分为核算错误和重分类错误。核算错误是因企业对经济业务进行了不正确的会计核算而引起的错误，用审计重要性原则来衡量每一项核算错误，又可把这些核算错误区分为建议调整的不符事项和不建议调整的不符事项（即未调整不符事项）；重分类错误是因企业未按企业会计准则列报财务报表而引起的错误。例如，企业在应付账款项目中反映的预付款项、在应收账款项目中反映的预收款项等。

审计差异调整的工作底稿包括"账项调整分录汇总表""重分类调整分录汇总表"、"列报调整汇总表"与"未更正错报汇总表"。四张汇总表的参考格式分别见表 12-2、表 12-3、表 12-4 和表 12-5。

表 12-2　账项调整分录汇总表

被审计单位：＿＿＿＿＿＿＿＿＿＿　　索引号：EA＿＿＿＿＿＿＿＿

项目：＿＿＿＿＿＿＿＿＿＿＿　　　　财务报表截止日/期间：＿＿＿＿＿＿

编制：＿＿＿＿＿＿＿＿＿＿＿　　　　复核：＿＿＿＿＿＿＿＿＿＿＿

日期：＿＿＿＿＿＿＿＿＿＿＿　　　　日期：＿＿＿＿＿＿＿＿＿＿＿

序号	内容及说明	索引号	调整内容				影响利润表 +（—）	影响资产负债表 +（—）
			借方项目	借方金额	贷方项目	贷方金额		

与被审计单位的沟通：＿＿＿＿＿＿＿＿＿＿＿＿＿＿＿＿＿＿＿＿＿＿＿＿＿＿

参加人员：＿＿＿＿＿＿＿＿＿＿＿＿＿＿＿＿＿＿＿＿＿＿＿＿＿＿＿＿＿＿

被审计单位：＿＿＿＿＿＿＿＿＿＿＿＿＿＿＿＿＿＿＿＿＿＿＿＿＿＿＿＿

审计项目组：＿＿＿＿＿＿＿＿＿＿＿＿＿＿＿＿＿＿＿＿＿＿＿＿＿＿＿＿

被审计单位的意见：

＿＿＿＿＿＿＿＿＿＿＿＿＿＿＿＿＿＿＿＿＿＿＿＿＿＿＿＿＿＿＿＿＿＿＿＿

结论：＿＿＿＿＿＿＿＿＿＿＿＿＿＿＿＿＿＿＿＿＿＿＿＿＿＿＿＿＿＿＿＿＿

是否同意上述审计调整：＿＿＿＿＿＿＿＿＿＿＿＿＿＿＿＿＿＿＿

被审计单位授权代表签字：＿＿＿＿＿＿＿＿＿＿＿＿＿＿　日期：＿＿＿＿＿＿＿

表 12-3　重分类调整分录汇总表

被审计单位：_____　　索引号：EB_____

项目：_____　　财务报表截止日/期间：_____

编制：_____　　复核：_____

日期：_____　　日期：_____

序号	内容及说明	索引号	调整项目和金额			
			借方项目	借方金额	贷方项目	贷方金额

与被审计单位的沟通：_____

参加人员：_____

被审计单位：_____

审计项目组：_____

被审计单位的意见：

_____

_____

结论：_____

是否同意上述审计调整：_____

被审计单位授权代表签字：_____　　日期：_____

表 12-4　列报调整汇总表

被审计单位：_____　　索引号：ED_____

项目：　列报调整_____　　财务报表截止日/期间：_____

编制：_____　　复核：_____

日期：_____　　日期：_____

一、被审计单位财务报表附注中的漏报项目包括：

_____

二、被审计单位财务报表附注中的错报调整项目包括：

_____

与被审计单位的沟通：_____

参加人员：_____

被审计单位：_____

审计项目组：_____

被审计单位的意见：

_____

_____

结论：_____

是否同意上述审计调整：_____

被审计单位授权代表签字：_____ 日期：_____

表 12-5 未更正错报汇总表

被审计单位：_____ 索引号：ED_____

项目：未更正错报_____ 财务报表截止日/期间：_____

编制：_____ 复核：_____

日期：_____ 日期：_____

序号	内容及说明	索引号	未调整内容				备　注
			借方项目	借方金额	贷方项目	贷方金额	

未更正错报的影响：

项目	金额	百分比	计划百分比
1.总资产	_____	_____	_____
2.净资产	_____	_____	_____
3.销售收入	_____	_____	_____
4.费用总额	_____	_____	_____
5.毛利	_____	_____	_____
6.净利润	_____	_____	_____

结论：_____

被审计单位授权代表签字：_____ 日期：_____

　　注册会计师确定了建议调整的不符事项和重分类错误后,应以书面方式及时征求被审计单位对需要调整财务报表事项的意见。若被审计单位予以采纳,应取得被审计单位同意调整的书面确认;若被审计单位不予采纳,应分析原因,并根据未调整不符事项的性质和重要程度,确定是否在审计报告中予以反映,以及如何反映。

(二)编制试算平衡表

　　注册会计师编制试算平衡表的目的是验证被审计单位未审财务报表、调整分录、重分类分录、调整后的金额(审定数)的借贷是否平衡。由于报表项目众多,通常将试算平衡表分为资产负债类项目试算平衡表和利润表项目试算平衡表。

　　为了提高审计效率,在审计计划阶段执行分析程序时,注册会计师会对试算平衡表中的资产、负债及所有者权益的期末数与期初数进行绝对数比较和相对数比较,对利润表中的损益项目进行本期数据与上期数据的绝对数比较和相对数比较。在审计完成阶段,则填制试算平衡表的后半部分,包括调整分录、重分类分录、调整后的金额。调整后的金额应与审计工作底稿各报表项目的审定数核对一致,并与已审会计报表核对相符。有关资产负债表和利润表的试算平衡表的参考格式分别见表 12-6 和表 12-7。

表 12-6　资产负债表试算平衡表

被审计单位：＿＿＿＿＿＿＿＿＿＿　　　索引号：＿＿＿＿＿＿＿＿＿＿

项目：＿＿＿＿＿＿＿＿＿＿＿＿　　　财务报表截止日/期间：＿＿＿＿＿

编制：＿＿＿＿＿＿＿＿＿＿＿＿　　　复核：＿＿＿＿＿＿＿＿＿＿＿＿

日期：＿＿＿＿＿＿＿＿＿＿＿＿　　　日期：＿＿＿＿＿＿＿＿＿＿＿＿

项　目	期末未审数	账项调整		重分类调整		期末审定数	项目	期末未审数	账项调整		重分类调整		期末审定数
		借方	贷方	借方	贷方				借方	贷方	借方	贷方	
货币资金							短期借款						
应收票据							应付票据						
应收账款							应付账款						
……							……						
合　计							合　计						

表 12-7　利润表试算平衡表

被审计单位：＿＿＿＿＿＿＿＿＿＿　　　索引号：＿＿＿＿＿＿＿＿＿＿

项目：＿＿＿＿＿＿＿＿＿＿＿＿　　　财务报表截止日/期间：＿＿＿＿＿

编制：＿＿＿＿＿＿＿＿＿＿＿＿　　　复核：＿＿＿＿＿＿＿＿＿＿＿＿

日期：＿＿＿＿＿＿＿＿＿＿＿＿　　　日期：＿＿＿＿＿＿＿＿＿＿＿＿

项　目		未审数	调整金额		审定数	索引号
			借方	贷方		
一	营业收入					
	减：营业成本					
	营业税金及附加					
	销售费用					
	管理费用					
	财务费用					
	资产减值损失					
	加：公允价值变动损益					
	投资收益					
二	营业利润					
	加：营业外收入					
	减：营业外支出					
三	利润总额					
	减：所得税费用					
四	净利润					

【例题】　注册会计师王某针对资产负债表日后的销货退回列示了如下审计调整分录："借：主营业务收入 100 万元、应交税金——应交增值税（销项）17 万元，贷：应收账款 117 万元"，"借：存货 90 万元，贷：主营业务成本 90 万元"。在与分录中各项目的重要性水平进行比较后，王某发现仅应收账款的调整金额达到了所属项目的重要性，主营业务收入、主营业务成本、存货及应交税金的调整金额均低于所属项目的重要性。针对这一情况，王某应（　　）。

A. 不建议调整任何项目

B. 仅建议调整应收账款项目，其余项目不建议调整

C. 仅建议调整主营业务收入、应交税金和应收账款，其余不建议调整

D. 建议对调整分录中所列的所有项目进行调整

【答案】　D

【解析】　针对一笔业务所列的调整分录应作为一项整体对待。只要注册会计师建议调整其中的一个项目，就应对该分录中的所有项目进行调整。

三、评价审计结果

注册会计师评价审计结果，主要为了确定将要发表的审计意见的类型以及在整个审计工作中是否遵循了审计准则。为此，注册会计师必须完成以下两项工作。

（一）对重要性和审计风险进行最终的评价

对重要性和审计风险进行最终评价，是注册会计师决定发表何种类型审计意见的必要过程。该过程可通过以下两个步骤来完成：

1. 确定可能的错报金额。这里的可能错报总额一般是指各财务报表项目可能的错报金额的汇总数，但也可能包括上一期间的任何未更正可能错报对本期财务报表的影响。上一期间的未更正可能错报与本期未更正可能错报累计起来，可能会导致本期财务报表产生重大错报。

2. 根据财务报表层次重要性水平，确定可能的错报金额的汇总数（即可能错报总额）对整个财务报表的影响程度。这里的"财务报表层次的重要性水平"是指审计计划阶段确定的重要性水平，如果该重要性水平在审计过程中已作过修正，则应当按修正后的财务报表层次重要性水平进行比较。

通过比较分析，如果注册会计师得出审计风险处在一个可接受的水平这一结论，则可以直接提出审计结果所支持的意见；如果注册会计师认为审计风险不能接受，则应追加审计测试或者说服被审计单位作必要调整，以便将重要错报的风险降低到可接受的水平。否则，注册会计师应慎重考虑该审计风险对审计报告的影响。

（二）对被审计单位已审计财务报表形成审计意见并草拟审计报告

在审计过程中实施的各种测试通常是由参与本次审计工作的审计项目组成员来执行的，而每个成员所执行的测试可能只限于某几个领域或账项。所以在完成审计工作阶段，为了对财务报表整体发表适当的意见，必须将这些分散的审计结果加以汇总和评价，综合考虑在审计过程中所收集到的全部证据。

在对审计意见形成最后决定之前，会计师事务所通常要与被审计单位召开沟通会，会上

注册会计师可口头报告本次审计所发现的问题,并说明建议被审计单位作必要调整或表外披露的理由。被审计单位管理层也可以在会上申辩其立场。最后,通常会对需要被审计单位作出的改变达成协议。如达成了协议,注册会计师一般即可签发标准审计报告,否则,注册会计师则可能不得不发表其他类型的审计意见。

四、与治理层的沟通

(一)治理层的概念

治理层,是指对被审计单位战略方向以及管理层履行经营管理责任负有监督责任的人员或组织。治理层的责任包括对财务报告过程的监督。在某些被审计单位,治理层可能包括管理层成员。管理层,是指对被审计单位经营活动的执行负有管理责任的人员。在某些被审计单位,管理层包括部分或全部的治理层成员。

现代企业普遍存在由于所有权和经营权的分离而引发的代理问题,部分公司还可能存在处于控制地位的大股东与中小股东之间的代理问题,因此,为了合理保证企业(公司)目标,包括中小股东在内的所有者(股东)价值最大化的实现,需要引入一系列的结构和机制,即公司治理。一般认为,公司治理主要解决的是股东、董事会和经理之间的关系(有时也包括控股股东与中小股东之间的关系)。

不同国家或地区之间,由于法律结构、经济体制、社会文化等方面的差别,其公司治理结构也呈现出不同的模式和特点。即使在同一个国家或地区之内,由于企业组织形式、规模乃至经济成分的不同,其治理结构也不尽相同。

在公司治理所涉及的机构中,经理的主要职责是经营管理,因而属于管理层而非治理层(需要强调的是,《公司法》中所称的"经理",指的是企业层次上的经营管理负责人,即通常所说的总经理。除了经理以外,管理层还包括副经理,以及相当于副经理职位的财务总监、总会计师等其他高级管理人员)。董事会的主要职责是制定战略、进行重大决策、聘任经理并对经营管理活动进行监督;监事会的主要职责是对公司财务以及公司董事、经理的行为进行监督。因此,一般认为,董事会和监事会属于治理层。但是,往往不同程度地存在着董事兼任高级管理人员的情形,即治理层参与管理的情形。股东大会(股东会)一般具有选举董事和监事、进行重大决策以及审议批准公司财务预算、决算方案和利润分配(亏损弥补)方案等法定职责,因而显然属于重要的治理机构。但是,由于它属于以会议形式存在的公司权力机关,并非常设机构,所以一般不把它列为注册会计师应予沟通的治理层。但是,在有必要与治理层整体进行沟通的情况下,尤其是在公司章程规定对注册会计师的聘任、解聘由股东大会(股东会)决定时,注册会计师可能也需要与股东大会(股东会)进行沟通。

(二)治理层对财务报告的监督职责

编制财务报告一般是企业管理层的责任,其具体工作由管理层领导下的财务会计部门承担。但是,对于财务报告的编制和披露过程,治理层负有监督职责。这种监督职责主要有:审核或监督企业的重大会计政策;审核或监督企业财务报告和披露程序;审核或监督与财务报告相关的企业内部控制;组织和领导企业内部审计;审核和批准企业的财务报告和相关信息披露;聘任和解聘负责企业外部审计的注册会计师并与其进行沟通等。

(三)注册会计师与治理层沟通的方式

有效的沟通可能包括结构化的陈述、书面报告以及不太正式的沟通(包括讨论)。对于审计中发现的重大问题,如果根据职业判断认为采用口头形式沟通不恰当,注册会计师应当以书面形式与治理层沟通,当然,书面沟通不必包括审计过程中的所有事项;对于审计准则要求的注册会计师的独立性,注册会计师也应当以书面形式与治理层沟通。除上述事项外,对于其他事项,注册会计师可以采取口头形式或书面的方式沟通。

除特定事项的重要程度外,沟通的形式(口头沟通或书面沟通,沟通的内容的详略程序,以正式或非正式的方式沟通)可能还受下列因素的影响:

(1)特定事项是否已经得到满意的解决。

(2)管理层是否已事先就该事项进行沟通。通常,在注册会计师确信管理层已经就拟沟通事项与治理层有效沟通的情况下,如果该事项属于审计准则规定应当直接与治理层沟通的事项,注册会计师在与治理层进行沟通时可以相对简略;如果沟通事项属于审计准则规定的补充事项,注册会计师可能就没有必要就该事项再与治理层进行沟通。

(3)被审计单位的规模、经营结构、控制环境和法律结构。通常,被审计单位的规模越大、经营和法律结构越复杂,注册会计师就越趋向于采取书面的、更为详细的和更加正式的沟通形式。相对于上市实体或大型被审计单位,在小型被审计单位中,注册会计师可以以不太正式的方式来与治理层沟通。

(4)在特殊目的财务报表审计中,注册会计师还审计被审计单位的通用目的财务报表。在同时审计的情况下,对于已经在通用目的财务报表审计中充分沟通的事项,就可以仅作简要沟通。

(5)法律法规的要求。如果法律法规规定对某些特定事项的沟通必须采用书面、正式形式,应当从其规定。

(6)治理层的期望,包括与注册会计师定期会谈或沟通的安排。在不违背法律法规和审计准则要求、有利于实现沟通目的的前提下,注册会计师在确定沟通形式时一般会尽可能地尊重治理层的预期和愿望。

(7)注册会计师与治理层持续接触和对话的次数。如果双方保持频繁的有效联系和对话,对于一些治理层已经了解的事项,沟通的形式就可以比较简略。

(8)治理机构的成员是否发生重大变化。通常,如果治理层成员发生了重大变化,注册会计师对相关事项的沟通就应当更加详细,以便让新接任的治理层成员全面了解相关的情况。

(四)沟通的事项

注册会计师应当直接与治理层沟通的事项包括:

1.注册会计师与财务报表审计相关的责任

注册会计师应当向治理层说明:(1)注册会计师负责对管理层在治理层监督下编制的财务报表形成和发表意见;(2)财务报表审计并不减轻管理层或治理层的责任。

2.计划的审计范围和时间安排

就计划的审计范围和时间安排进行沟通可以:(1)帮助治理层更好地了解注册会计师工作结果,与注册会计师讨论风险问题和重要性的概念,以及识别可能需要注册会计师追加审计程序的领域;(2)帮助注册会计师更好地了解被审计单位及其环境。

在与治理层就计划的审计范围和时间安排进行沟通时,尤其是在治理层部分或全部成员参与管理被审计单位的情况下,注册会计师需要保持职业谨慎,避免损害审计的有效性。

例如,沟通具体审计程序的性质和时间安排,可以因这些程序易于被预见而降低其有效性。

3.审计中发现的重大问题

注册会计师应当与治理层沟通审计中发现的下列重大问题:

(1)注册会计师对被审计单位会计实务重大方面的质量的看法;

(2)审计工作中遇到的重大困难;

(3)已与管理层讨论或需要书面沟通的审计中出现的重大事项,以及注册会计师要求提供的书面声明,除非治理层全部成员参与管理被审计单位;

(4)审计中出现的、根据职业判断认为对监督财务报告过程重大的其他事项。

4.注册会计师的独立性

注册会计师需要遵守与财务报表审计相关的职业道德要求,包括对独立性的要求。拟沟通的关系和其他事项以及防范措施因业务具体情况的不同而不同,但是通常包括:

(1)对独立性的不利影响,包括因自身利益、自我评价、过度推介、密切关系和外在压力产生的不利影响。

(2)法律法规和职业规范规定的防范措施、被审计单位采取的防范措施,以及会计事务所内部自身的防范措施。

如果被审计单位是上市实体,注册会计师还应当与治理层沟通下列内容:

(1)就项目组成员、会计师事务所其他相关人员以及会计师事务所和网络事务所按照相关职业道德要求保持了独立性作出声明。

(2)根据职业判断,注册会计师认为会计师事务所、网络事务所与被审计单位之间存在的可能影响独立性的所有关系和其他事项,包括会计师事务所和网络事务所所在财务报表涵盖期间为被审计单位和受被审计单位控制的部分提供审计、非审计服务的收费总额。这些收费应当分配到适当的业务类型中,以帮助治理层评估这些服务对注册会计师独立性的影响。

(3)为消除对独立性产生的不利影响或将其降低至可接受的水平,已经采取的相关防范措施。

在审计实务中,对于审计准则规定的应当以书面形式沟通的事项,注册会计师一般采用致治理层的沟通函件的方式进行书面沟通。参考格式12-1列示了沟通函件的形式。

格式 12-1　　与治理层的沟通函　　　　　索引号:EG

××公司董事会(审计委员会):

根据《中国注册会计师审计准则第1151号——与治理层的沟通》的规定,在上市公司审计中,注册会计师应当就自身的独立性与治理层进行书面沟通。此外,注册会计师还应当就与财务报表审计相关且根据职业判断认为与治理层责任相关的重大事项,以适当的方式及时与治理层沟通。保持有效的双向沟通关系,有利于注册会计师与治理层履行各自的职责。

必须特别强调的是,除法律法规和审计准则另有规定的情形之外,这份书面沟通文件仅供贵公司治理层使用,我们对第三方不承担任何责任,未经我们事先书面同意,沟通文件不得被引用、提及或向其他人披露。

一、独立性问题

现就独立性问题声明如下:

(一)参与贵公司审计工作的审计项目组成员、本会计师事务所其他相关人员以及本会计师事务所按照法律法规和职业道德规范的规定保持了独立性;

（二）根据职业判断，我们认为本会计师事务所与贵公司之间不存在可能影响独立性的关系和事项；

（三）我们已经根据法律法规和职业道德规范的规定采取了必要的防护措施，以防止可能出现的对独立性的威胁。

二、重大事项

以下内容是与我们对贵公司××年度财务报表进行审计相关的、按规定应予沟通的重大事项：

1. _____。

2. _____。

……

我们已于××年×月×日就上述事项与贵公司管理层沟通并提请更正。_____

_____。

三、其他事项

……

××会计师事务所（盖章）

中国注册会计师：（签名并盖章）

××年×月×日

贵公司的意见：

_____

_____

结论：

是否同意上述本所就独立性问题所作的声明以及就上述重大事项所作的说明：_____

_____

贵公司授权代表签字：_____   日期：_____

五、取得管理层声明

（一）管理层声明的作用

管理层声明是指被审计单位管理层向注册会计师提供的关于财务报表的各项陈述。管理层声明具有以下两方面作用：一是明确管理层对财务报表的责任。被审计单位管理层在声明书中对提供给注册会计师的有关资料的真实性、合法性和完整性作出正面陈述，并明确承认对财务报表负责。二是提供审计证据。被审计单位管理层声明书把管理层对注册会计师的询问所作的答复以书面方式予以记录，可作为书面证据。

注册会计师不应以管理层声明替代能够合理预期获取的其他审计证据。如果不能获取对财务报表具有或可能具有重大影响的事项的充分、适当的审计证据，而这些证据预期是可以获取的，即使已收到管理层就这些事项作出的声明，注册会计师仍应将其视为审计范围受到限制。如果管理层的某项声明与其他审计证据相矛盾，注册会计师应当调查这种情况。必要时，重新考虑管理层作出的其他声明的可靠性。

（二）对管理层声明的记录

管理层声明包括书面声明和口头声明。书面声明作为审计证据通常比口头声明可靠。书面声明可采取下列形式：①管理层声明书；②注册会计师提供的列示其对管理层声明的理解并经管理层确认的函；③董事会及类似机构的相关会议纪要，或已签署的财务报表副本。

（三）管理层拒绝提供声明时的措施

如果管理层拒绝提供注册会计师认为必要的声明，注册会计师应当将其视为审计范围受到限制，出具保留意见或无法表示意见的审计报告。在这种情况下，注册会计师应当评价审计过程中获取的管理层其他声明的可靠性，并考虑管理层拒绝提供声明是否可能对审计报告产生其他影响。

管理层声明书的参考格式如格式 12-2 所示。

格式 12-2　　管理层声明书　　　　索引号：EJ

××会计师事务所并××注册会计师：

本公司已委托贵事务所对本公司××年×月×日的资产负债表，××年度的利润表、现金流量表和股东权益变动表以及财务报表附注进行审计，并出具审计报告。

为配合贵事务所的审计工作，本公司就已知的全部事项作出如下声明：

1.本公司承诺，按照企业会计准则的规定编制财务报表是我们的责任。

2.本公司已按照企业会计准则的规定编制××年度财务报表，财务报表的编制基础与上年度保持一致，本公司管理层对上述财务报表的真实性、合法性和完整性承担责任。

3.设计、实施和维护内部控制，保证本公司资产安全和完整，防止或发现并纠正错报，是本公司管理层的责任。

4.本公司承诺财务报表符合适用的会计准则和相关会计制度的规定，公允反映本公司的财务状况、经营成果和现金流量情况，不存在重大错报，包括漏报。贵事务所在审计过程中发现的未更正错报，无论是单独还是汇总起来，对财务报表整体均不具有重大影响。未更正错报汇总表附后。

5.本公司已向贵事务所提供了：

(1)全部财务信息和其他数据；

(2)全部重要的决议、合同、章程、纳税申报表等相关资料；

(3)全部股东会和董事会的会议记录。

6.本公司所有经济业务均已按规定入账，不存在账外资产或未计负债。

7.本公司认为所有与公允价值计量相关的重大假设是合理的，恰当地反映了本公司的意图和采取特定措施的能力；用于确定公允价值的计量方法符合企业会计准则的规定，并在使用上保持了一贯性；本公司已在财务报表中对上述事项作出恰当披露。

8.本公司不存在导致重述比较数据的任何事项。

9.本公司已提供所有与关联方和关联方交易相关的资料，并已根据企业会计准则的规定识别和披露了所有重大关联方交易。

10.本公司已提供全部或有事项的相关资料。除财务报表附注中披露的或有事项外，本公司不存在其他应披露而未披露的诉讼、赔偿、承兑、担保等或有事项。

11.除财务报表附注披露的承诺事项外，本公司不存在其他应披露而未披露的承诺事项。

12. 本公司不存在未披露的影响财务报表公允性的重大不确定事项。

13. 本公司已采取必要措施防止或发现舞弊及其他违反法规行为,未发现:

(1)涉及管理层的任何舞弊行为或舞弊嫌疑的信息;

(2)涉及对内部控制产生重大影响的员工的任何舞弊行为或舞弊嫌疑的信息;

(3)涉及对财务报表的编制具有重大影响的其他人员的任何舞弊行为或舞弊嫌疑的信息。

14. 本公司严格遵守了合同规定的条款,不存在因未履行合同而对财务报表产生重大影响的事项。

15. 本公司对资产负债表上列示的所有资产均拥有合法权利,除已披露事项外,无其他被抵押、质押资产。

16. 本公司编制财务报表所依据的持续经营假设是合理的,没有计划终止经营或破产清算。

17. 本公司已提供全部资产负债表日后事项的相关资料,除财务报表附注中披露的资产负债表日后事项外,本公司不存在其他应披露而未披露的重大资产负债表日后事项。

18. 本公司管理层确信:

(1)未收到监管机构有关调整或修改财务报表的通知;

(2)无税务纠纷。

19. 其他事项。

……

公司(盖章)

法定代表人:××(签名)

财务负责人:××(签名)

××年×月×日

六、完成质量控制复核

会计师事务所应当建立完善的审计工作底稿分级复核制度。对审计工作底稿的复核可分为两个层次:项目组内部复核和独立的项目质量控制复核。

(一)项目组内部复核

项目组内部复核又分为两个层次:

(1)审计项目经理的现场复核。审计项目经理对审计工作底稿的全面复核通常在审计现场完成,以便及时发现和解决问题,争取审计工作的主动。

(2)项目合伙人的复核。项目负责合伙人对审计工作底稿实施复核是项目组内部最高级别的复核。项目负责合伙人应当考虑项目组成员是否遵守职业道德规范,在整个审计过程中对项目组成员违反职业道德规范的迹象保持警惕,并就审计业务的独立性是否得到遵守形成结论。

(二)独立的项目质量控制复核

项目质量控制复核是指在出具报告前,对项目组作出的重大判断和在准备报告时形成的结论作出客观评价的过程。项目质量控制复核也称独立复核。独立复核有三层意义：①实施对审计工作结果的最后质量控制；②确认审计工作已达到会计师事务所的工作标准；③消除妨碍注册会计师判断的偏见。

七、召开总结会并编制审计总结

在终结审计阶段，召开项目组会议，主要是为了整体了解审计工作及其存在的问题，把整个审计中遇到的问题尤其是专业意见分歧、重大事项及其解决情况进行汇总讨论，形成解决结论。召开总结会，主要是就以下事项进行沟通：(1)审计意见的类型及审计报告的措辞；(2)账项调整分录汇总表、重分类调整分录汇总表、列报调整汇总表、未更正错报汇总表以及试算平衡草表；(3)对被审计单位持续经营能力具有重大影响的事项；(4)含有已审计财务报表的文件中的其他信息对财务报表的影响；(5)对完善内部控制的建议；(6)执行该项审计业务的审计师的独立性。沟通后，形成"总结会会议纪要"，并经双方签字认可。在此基础上，编制"审计总结"。

审计终结阶段的工作底稿除上述表 12-2 至表 12-7 之外，还包括表 12-8 至表 12-13 的工作底稿。

表 12-8　总结会会议纪要

被审计单位：＿＿＿＿＿＿＿＿＿＿	索引号：　EF＿＿＿＿＿＿＿
项目：总结会会议纪要＿＿＿＿	财务报表截止日/期间：＿＿＿＿
编制：＿＿＿＿＿＿＿＿＿＿＿	复核：＿＿＿＿＿＿＿＿＿＿
日期：＿＿＿＿＿＿＿＿＿＿＿	日期：＿＿＿＿＿＿＿＿＿＿

会议地点：
会议时间：
会议组织者：
参加会议者：
记录员：
会议议题：

表 12-9　专业意见分歧解决表

被审计单位：＿＿＿＿＿＿＿＿＿＿	索引号：　EH＿＿＿＿＿＿＿
项目：专业意见＿＿＿＿＿＿	财务报表截止日/期间：＿＿＿＿
编制：＿＿＿＿＿＿＿＿＿＿＿	复核：＿＿＿＿＿＿＿＿＿＿
日期：＿＿＿＿＿＿＿＿＿＿＿	日期：＿＿＿＿＿＿＿＿＿＿

一、存在专业意见分歧的人员及其职位

姓名	职位

二、专业意见分歧

（注：简述存在专业意见分歧的会计或审计问题）

_____

_____

三、解决方式

（注：简述为解决意见分歧采取的措施和获取的审计证据，包括查阅的专业文献和向专家咨询的意见等。如必要，记录与管理层或其他人员就该问题进行讨论的情况，包括讨论时间、讨论对象以及对方的回应等）

_____

_____

四、解决过程

（注：记录最后形成结论的过程。记录对相互矛盾的审计证据或相互矛盾的观点的考虑，以及解决过程）

_____

_____

五、结论

（注：记录最后形成的结论以及形成结论的基础）

_____

_____

最终结论批准人：_____　批准日期：_____

下列人员不同意最终形成的结论：

　　　　姓名　　　　　　　　　　　　　　日期

_____　　　_____

_____　　　_____

表 12-10　重大事项概要汇总表

被审计单位：_____　　索引号：____EI_____

项目：__重大事项概要_____　　财务报表截止日/期间：_____

编制：_____　　复核：_____

日期：_____　　日期：_____

一、引起特别风险的事项

审计目标	
重大错报风险评估结果及得出评估结果的理由	

总体方案和发现
采用_____方案（综合性或实质性方案），具体审计程序包括： …… 有关具体审计程序的详细内容，见审计工作底稿。 审计发现： ……
结论：

二、实施审计程序的结果

1.修正以前对重大错报风险的评估和针对这些风险拟采取的应对措施

对以前重大错报风险评估结果的修正及原因	
对修正后的重大错报风险评估结果的应对措施	
对进一步审计程序的总体方案的重大更改	
对拟实施的进一步审计程序的重大更改	
审计目标	

2.未更正错报汇总

三、导致难以实施必要审计程序的情形

审计目标	
导致难以实施必要审计程序的情形及其解决方法	

四、可能导致出具非标准审计报告的事项

事项及解决方法

表 12-11　审计总结

被审计单位：＿＿＿＿＿＿＿＿＿	索引号：＿＿＿EK＿＿＿＿＿
项目：审计总结＿＿＿＿＿＿＿	财务报表截止日/期间：＿＿＿＿＿
编制：＿＿＿＿＿＿＿＿＿＿＿	复核：＿＿＿＿＿＿＿＿＿＿＿
日期：＿＿＿＿＿＿＿＿＿＿＿	日期：＿＿＿＿＿＿＿＿＿＿＿

一、评估的财务报表层次的重大错报风险及总体应对措施
二、评估的特别风险及应对措施
三、对审计计划作出的修改及其原因
四、对被审计单位持续经营能力产生影响的事项及其处理
五、对期后事项的审查情况
六、重大问题处理及与客户交换意见情况
七、审计结论
八、对下年度工作的建议

表 12-12　审计工作完成情况核对表

被审计单位：＿＿＿＿＿＿＿＿＿	索引号：＿＿＿EL＿＿＿＿＿
项目：审计工作完成情况核对＿＿＿＿	财务报表截止日/期间：＿＿＿＿＿
编制：＿＿＿＿＿＿＿＿＿＿＿	复核：＿＿＿＿＿＿＿＿＿＿＿
日期：＿＿＿＿＿＿＿＿＿＿＿	日期：＿＿＿＿＿＿＿＿＿＿＿

审计工作	是/否/不适用	备注	索引号
1.是否执行业务承接或保持的相关程序？			
2.是否签订审计业务约定书？			
3.是否制定总体审计策略？			
4.审计计划制订过程中,是否了解被审计单位及其环境并评估重大错报风险,包括舞弊风险？			
5.是否召开项目组会议？			
6.审计计划是否经适当人员批准？			
7.是否与被审计单位就审计计划进行沟通？			
8.计划的审计程序是否得到较好执行,对计划的修改是否得到记录？			
9.是否已获取所有必要的来自银行、律师、债权人、债务人、持有存货的第三方等外部机构的询证函回函或确认函？			
10.所有重要实物资产是否均已实施监盘？			
11.当涉及利用其他注册会计师的工作时,对其他注册会计师的工作结果是否满意？			

续　表

审计工作	是/否/不适用	备注	索引号
12. 计划执行的各项审计程序是否全部执行完毕,未能执行的审计程序是否实施了替代审计程序?			
13. 审计范围是否受到限制?			
14. 计划确定的重大错报风险,包括舞弊导致的重大错报风险是否仍旧恰当,是否需要追加审计程序?			
15. 是否恰当应对在审计过程中识别的舞弊导致的重大错报风险?			
16. 是否审查期后事项,并考虑对财务报表的影响?			
17. 是否审查或有事项,并考虑对财务报表的影响?			
18. 是否审查关联方及关联方交易,并考虑对财务报表的影响?			
19. 是否审查对被审计单位持续经营能力具有重大影响的事项?			
20. 是否及时查阅了与已审财务报表相关的其他信息,并充分考虑了其他信息对已审计财务报表的影响?			
21. 是否已就审计中发现的重大错报及其他对财务报表产生重大影响的重大事项与适当层次的管理层或治理层沟通?			
22. 是否在审计结束时或临近结束时对财务报表进行总体复核?			
23. 是否召开项目组会议,并确定建议调整事项和试算平衡表草表?			
24. 是否编制重大事项概要,是否所有重大事项均已得到满意解决?			
25. 是否与被审计单位召开总结会,就建议调整事项进行沟通,形成总结会会议纪要,并经被审计单位确认?			
26. 是否获取被审计单位对所有调整事项的确认?			
27. 是否累计所有未更正错报,包括错误和推断差异,并评估未更正错报对财务报表的影响?			
28. 未更正错报汇总表是否经被审计单位确认?			
29. 董事会或管理层是否接受已审计财务报表?			
30. 项目负责经理是否已复核工作底稿?			
31. 项目负责合伙人是否已复核工作底稿?			
32. 是否已完成项目质量控制复核(必要时)?			
33. 是否已取得经签署的管理层声明书原件,并确定其签署日期与审计报告日期一致?			
34. 是否完成审计总结?			

表 12-13 业务复核核对表

被审计单位：_____　　索引号：_____EM_____
项目：业务复核核对_____　　财务报表截止日/期间：_____
编制：_____　　复核：_____
日期：_____　　日期：_____

一、项目负责经理复核

复核事项	是/否/不适用	备　注
1. 是否已复核已完成的审计计划,以及导致对审计计划作出重大修改的事项?		
2. 是否已复核重要的财务报表项目?		
3. 是否已复核特殊交易或事项,包括债务重组、关联方交易、非货币性交易、或有事项、期后事项、持续经营能力等?		
4. 是否已复核重要会计政策、会计估计的变更?		
5. 是否已复核重大事项概要?		
6. 是否已复核建议调整事项?		
7. 是否已复核管理层声明书,股东大会、董事会相关会议纪要,与客户的沟通记录及重要会谈记录,律师询证函复函?		
8. 是否已复核审计小结?		
9. 是否已复核已审计财务报表和拟出具的审计报告?		
10. 实施上述复核后,是否可以确定下列事项: (1)审计工作底稿提供了充分、适当的记录,作为审计报告的基础? (2)已按照中国注册会计师审计准则的规定执行了审计工作? (3)对重大错报风险的评估及采取的应对措施是恰当的,针对存在特别风险的审计领域,设计并实施了针对性的审计程序,且得出了恰当的审计结论? (4)作出的重大判断恰当合理? (5)提出的建议调整事项恰当,相关调整分录正确? (6)未更正错报无论是单独还是汇总起来对财务报表整体均不具有重大影响? (7)已审计财务报表的编制符合企业会计准则的规定,在所有重大方面公允反映了被审计单位的财务状况、经营成果和现金流量? (8)拟出具的审计报告措辞恰当,已按照中国注册会计师审计准则的规定发表了恰当的审计意见?		

签字：_____　　日期：_____

二、项目负责合伙人复核

复核事项	是/否/不适用	备 注
1. 是否已复核已完成的审计计划,以及导致对审计计划作出重大修改的事项?		
2. 是否已复核重大事项概要?		
3. 是否已复核存在特别风险的审计领域,以及项目组采取的应对措施?		
4. 是否已复核项目组作出的重大判断?		
5. 是否已复核建议调整事项?		
6. 是否已复核管理层声明书,股东大会、董事会相关会议纪要,与客户的沟通记录及重要会谈记录,律师询证函复函?		
7. 是否已复核审计小结?		
8. 是否已复核已审计财务报表和拟出具的审计报告?		
9. 实施上述复核后,是否可以确定: (1)对项目负责经理实施的复核结果满意? (2)对重大错报风险的评估及采取的应对措施是恰当的,针对存在特别风险的审计领域,设计并实施了针对性的审计程序,且得出了恰当的审计结论? (3)项目组作出的重大判断恰当合理? (4)提出的建议调整事项恰当合理,未更正错报无论是单独还是汇总起来对财务报表整体均不具有重大影响? (5)已审计财务报表的编制符合企业会计准则的规定,在所有重大方面公允反映了被审计单位的财务状况、经营成果和现金流量? (6)拟出具的审计报告措辞恰当,已按照中国注册会计师审计准则的规定发表了恰当的审计意见?		

签字:＿＿＿＿＿＿＿＿＿＿＿＿＿　　　　日期:＿＿＿＿＿＿＿＿＿＿

三、项目质量控制复核

复核事项 (由独立的项目质量控制复核人员进行复核。项目质量控制复核适用于上市公司财务报表审计或会计师事务所规定的其他类型审计业务。)	是/否/不适用	备 注
1.项目质量控制复核之前进行的复核是否均已得到满意的执行?		
2.是否已复核项目组针对本业务对本所独立性作出的评价,并认为该评价是恰当的?		
3.是否已复核项目组在审计过程中识别的特别风险以及采取的应对措施,包括项目组对舞弊风险的评估及采取的应对措施,认为项目组作出的判断和应对措施是恰当的?		
4.是否已复核项目组作出的判断,包括关于重要性和特别风险的判断,认为这些判断恰当合理?		
5.是否确定项目组已就存在的意见分歧、其他疑难问题或争议事项进行适当咨询,且咨询得出的结论是恰当的?		
6.是否已复核项目组与管理层和治理层沟通的记录以及拟与其沟通的事项,对沟通情况表示满意?		

7.是否认为所复核的审计工作底稿反映了项目组针对重大判断执行的工作,能够支持得出的结论?		
8.是否已复核已审计财务报表和拟出具的审计报告,认为已审计财务报表符合企业会计准则的规定,拟出具的审计报告已按照中国注册会计师审计准则的规定发表了恰当的审计意见?		

签字:_____　　　日期:_____

第二节　审计报告

一、审计报告的含义与作用

(一)审计报告的含义

审计报告是指注册会计师根据中国注册会计师审计准则的规定,在实施审计工作的基础上对被审计单位财务报表发表审计意见的书面文件。

审计报告是注册会计师在完成审计工作后向委托人提交的最终产品,具有以下特征:

一是注册会计师应当按照中国注册会计师审计准则(以下简称审计准则)的规定执行审计工作。审计准则是用以规范注册会计师执行审计业务的标准,包括一般原则与责任、风险评估与应对、审计证据、利用其他主体的工作、审计结论与报告以及特殊领域审计等六个方面的内容,涵盖了注册会计师执行审计业务的整个过程和各个环节。

二是注册会计师在实施审计工作的基础上才能出具审计报告。注册会计师应当实施风险评估程序,以此作为评估财务报表层次和认定层次重大错报风险的基础。风险评估程序本身并不足以为发表审计意见提供充分、适当的审计证据,注册会计师还应当实施进一步审计程序,包括实施控制测试(必要时或决定测试时)和实质性程序。注册会计师通过实施上述审计程序,获取充分、适当的审计证据,得出合理的审计结论,作为形成审计意见的基础。

三是注册会计师通过对财务报表发表意见履行业务约定书约定的责任。财务报表审计的目标是注册会计师通过执行审计工作,对财务报表的合法性和公允性发表审计意见。因此,在实施审计工作的基础上,注册会计师需要对财务报表形成审计意见,并向委托人提交审计报告。

四是注册会计师应当以书面形式出具审计报告。审计报告具有特定的要素和格式,注册会计师只有以书面形式出具报告,才能清楚表达对财务报表发表的审计意见。

注册会计师应当根据由审计证据得出的结论,清楚表达对财务报表的意见。财务报表是指对企业财务状况、经营成果和现金流量的结构化表述,至少应当包括资产负债表、利润表、所有者(股东)权益变动表、现金流量表和附注。无论是出具标准审计报告,还是非标准审计报告,注册会计师一旦在审计报告上签名并盖章,就表明对其出具的审计报告负责。

注册会计师应当将已审计的财务报表附于审计报告后。审计报告是注册会计师对财务报表发表审计意见的书面文件,因此,注册会计师应当将已审计的财务报表附于审计报告之后,以便于财务报表使用者正确理解和使用审计报告,并防止被审计单位替换、更改已审计的财务报表。

（二）审计报告的作用

注册会计师签发的审计报告，主要具有鉴证、保护和证明三方面的作用。

1.鉴证作用

注册会计师签发的审计报告，不同于政府审计和内部审计的审计报告，是以超然独立的第三者身份，对被审计单位财务报表合法性、公允性发表意见。这种意见，具有鉴证作用，得到了政府及其各部门和社会各界的普遍认可。政府有关部门，如财政部门、税务部门等了解、掌握企业的财务状况和经营成果的主要依据是企业提供的财务报表。财务报表是否合法、公允，主要依据注册会计师的审计报告作出判断。股份制企业的股东主要依据注册会计师的审计报告来判断被投资企业的财务报表是否公允地反映了财务状况和经营成果，以进行投资决策等。

2.保护作用

注册会计师通过审计，可以对被审计单位财务报表出具不同类型审计意见的审计报告，以提高或降低财务报表信息使用者对财务报表的信赖程度，能够在一定程度上对被审计单位的财产、债权人和股东的权益及企业利害关系人的利益起到保护作用。如投资者为了减少投资风险，在进行投资之前，必须要查阅被投资企业的财务报表和注册会计师的审计报告，了解被投资企业的经营情况和财务状况。投资者根据注册会计师的审计报告作出投资决策，可以降低其投资风险。

3.证明作用

审计报告是对注册会计师审计任务完成情况及其结果所作的总结，它可以表明审计工作的质量并明确注册会计师的审计责任。因此，审计报告可以对审计工作质量和注册会计师的审计责任起证明作用。通过审计报告，可以证明注册会计师在审计过程中是否实施了必要的审计程序，是否以审计工作底稿为依据发表审计意见，发表的审计意见是否与被审计单位的实际情况相一致，审计工作的质量是否符合要求。通过审计报告，可以证明注册会计师审计责任的履行情况。

二、审计意见的形成和审计报告的类型

（一）审计意见的形成

注册会计师应当就财务报表是否在所有重大方面按照适用的财务报告编制基础编制并实现公允反映形成审计意见。为了形成审计意见，针对财务报表整体是否不存在由于舞弊或错误导致的重大错报，注册会计师应当得出结论，确定是否已就此获取合理保证。

在得出结论时，注册会计师应当考虑下列方面：(1)按照《中国注册会计师审计准则第1231号——针对评估的重大错报风险采取的应对措施》的规定，是否已获取充分、适当的审计证据；(2)按照《中国注册会计师审计准则第1251号——评价审计过程中识别出的错报》的规定，未更正错报单独或汇总起来是否构成重大错报；(3)评价财务报表是否在所有重大方面按照适用的财务报告编制基础编制；(4)评价财务报表是否实现公允反映；(5)评价财务报表是否恰当提及或说明适用的财务报告编制基础。

（二）审计报告的类型

审计报告分为标准审计报告和非标准审计报告。

标准审计报告,是指不含有说明段、强调事项段、其他事项段和其他任何修饰性用语的无保留意见的审计报告。

非标准审计报告,是指带强调事项段或其他事项段的无保留意见的审计报告和非无保留意见的审计报告。非无保留意见的审计报告包括保留意见的审计报告、否定意见的审计报告和无法表示意见的审计报告。

三、审计报告的基本内容

审计报告应当包括下列要素:(1)标题;(2)收件人;(3)审计意见;(4)形成审计意见的基础;(5)管理层和治理层对财务报表的责任;(6)注册会计师对财务报表审计的责任;(7)按照相关法律法规的要求报告的事项(如适用);(8)注册会计师的签名和盖章;(9)会计师事务所的名称、地址及盖章;(10)报告日期。

(一)标题

审计报告的标题应当统一规范为"审计报告"。

(二)收件人

审计报告的收件人是指注册会计师按照业务约定书的要求致送审计报告的对象,一般是指审计业务的委托人。审计报告应当载明收件人的全称。

(三)审计意见

审计意见部分由两部分构成。第一部分指出已审计财务报表,应当包括下列方面:(1)指出被审计单位的名称;(2)说明财务报表已经审计;(3)指出构成整套财务报表的每一财务报表的名称;(4)提及财务报表附注;(5)指明构成整套财务报表的每一财务报表的日期或涵盖的期间。

第二部分应当说明注册会计师发表的审计意见。审计意见说明财务报表是否在所有重大方面按照适用的财务报告编制基础(如企业会计准则等)编制,是否公允反映了被审计单位的财务状况、经营成果和现金流量。

(四)形成审计意见的基础

这部分提供关于审计意见的重要背景,包括下列方面:(1)说明注册会计师按照审计准则的规定执行了审计工作;(2)提及审计报告中用于描述审计准则规定的注册会计师责任的部分;(3)声明注册会计师按照与审计相关的职业道德要求对被审计单位保持了独立性,并履行了职业道德方面的其他责任。声明中应当指明适用的职业道德要求,如中国注册会计师职业道德守则;(4)说明注册会计师是否相信获取的审计证据是充分的、适当的,为发表审计意见提供了基础。

(五)管理层和治理层对财务报表的责任

管理层对财务报表的责任应当说明,编制财务报表是管理层的责任,这种责任包括:(1)按照适用的财务报告编制基础编制财务报表,使其实现公允反映,并设计、执行和维护必要的内部控制,以使财务报表不存在由于舞弊或错误导致的重大错报;(2)评估被审计单位的持续经营能力和使用持续经营假设是否适当,并披露与持续经营相关的事项(如适用)。对管理层评估责任的说明应当包括描述在任何情况下使用持续经营假设是适当的。

（六）注册会计师对财务报表审计的责任

注册会计师对财务报表审计的责任应当说明下列内容：

1. 说明注册会计师的目标是对财务报表整体是否不存在由于舞弊或错误导致的重大错报获取合理保证，并出具包含审计意见的审计报告。

2. 说明合理保证是高水平的保证，但按照审计准则执行的审计并不能保证一定会发现存在的重大错报。

3. 说明错报可能由于舞弊或错误导致。在说明错报可能由于舞弊或错误导致时，注册会计师应当从下列两种做法中选取一种：

（1）描述如果合理预期错报单独或汇总起来可能影响财务报表使用者依据财务报表作出的经济决策，则通常认为错报是重大的；

（2）根据适用的财务报告编制基础，提供关于重要性的定义或描述。

注册会计师对财务报表审计的责任部分还应当包括下列内容：

1. 说明在按照审计准则执行审计工作的过程中，注册会计师运用职业判断，并保持职业怀疑。

2. 通过说明注册会计师的责任，对审计工作进行描述。这些责任包括：

（1）识别和评估由于舞弊或错误导致的财务报表重大错报风险，设计和实施审计程序以应对这些风险，并获取充分、适当的审计证据，作为发表审计意见的基础。由于舞弊可能涉及串通、伪造、故意遗漏、虚假陈述或凌驾于内部控制之上，未能发现由于舞弊导致的重大错报的风险高于未能发现由于错误导致的重大错报的风险。

（2）了解与审计相关的内部控制，以设计恰当的审计程序，但目的并非对内部控制的有效性发表意见。如果注册会计师结合财务报表审计对内部控制的有效性发表意见，应当删除"但目的并非对内部控制的有效性发表意见"的措辞。

（3）评价管理层选用会计政策的恰当性和作出会计估计及相关披露的合理性。

（4）对管理层使用持续经营假设的恰当性得出结论。同时，根据获取的审计证据，就可能导致对 ABC 公司持续经营能力产生重大疑虑的事项或情况是否存在重大不确定性得出结论。如果我们得出结论认为存在重大不确定性，审计准则要求我们在审计报告中提请报表使用者注意财务报表中的相关披露；如果披露不充分，我们应当发表非无保留意见。我们的结论基于截至审计报告日可获得的信息。然而，未来的事项或情况可能导致 ABC 公司不能持续经营。

（5）评价财务报表的总体列报、结构和内容（包括披露），并评价财务报表是否公允反映相关交易和事项。

注册会计师对财务报表审计的责任部分还应当包括下列内容：

1. 说明注册会计师与治理层就计划的审计范围、时间安排和重大审计发现等事项进行沟通，包括沟通注册会计师在审计中识别出的值得关注的内部控制缺陷。

2. 对于上市实体财务报表审计，指出注册会计师就已遵守与独立性相关的职业道德要求向治理层提供声明，并与治理层沟通可能被合理认为影响注册会计师独立性的所有关系和其他事项，以及相关的防范措施（如适用）。

3. 对于上市实体财务报表审计，以及决定按照《中国注册会计师审计准则第 1504 号——在审计报告中沟通关键审计事项》的规定沟通关键审计事项的其他情况，说明注册会计师从已与治理层沟通过的事项中确定哪些事项对本期财务报表审计最为重要,因而构成关键审计事项。注册会计师应当在审计报告中描述这些事项,除非法律法规禁止公开披露这些事项,或在极少数情形下,注册会计师合理预期在审计报告中沟通某事项造成的负面后果超过在公众利益方面产生的益处,因而决定不应在审计报告中沟通该事项。

(七)按照相关法律法规的要求报告的事项(如适用)

本部分报告的格式和内容,取决于相关法律法规对其他报告责任的规定。

(八)注册会计师的签名和盖章

审计报告应当由项目合伙人和另一名负责该项目的注册会计师签名并盖章。

注册会计师在审计报告上签名并盖章,有利于明确法律责任。

(九)会计师事务所的名称、地址及盖章

审计报告应当载明会计师事务所的名称和地址,并加盖会计师事务所公章。

(十)报告日期

审计报告应当注明报告日期。审计报告的日期不应早于注册会计师获取充分、适当的审计证据(包括管理层认可对财务报表的责任且已批准财务报表的证据),并在此基础上对财务报表形成审计意见的日期。

【例 12-1】 对上市实体财务报表出具的审计报告(标准审计报告)参考格式如下:

审计报告

ABC 股份有限公司全体股东:

一、对财务报表出具的审计报告[①]

(一)审计意见

我们审计了 ABC 股份有限公司(以下简称 ABC 公司)财务报表,包括 20×1 年 12 月 31 日的资产负债表,20×1 年度的利润表、股东权益变动表和现金流量表以及财务报表附注。

我们认为,后附的财务报表在所有重大方面按照企业会计准则的规定编制,公允反映了 ABC 公司 20×1 年 12 月 31 日的财务状况以及 20×1 年度的经营成果和现金流量。

(二)形成审计意见的基础

我们按照中国注册会计师审计准则的规定执行了审计工作。审计报告的"注册会计师对财务报表审计的责任"部分进一步阐述了我们在这些准则下的责任。按照中国注册会计师职业道德守则,我们独立于 ABC 公司,并履行了职业道德方面的其他责任。我们相信,我们获取的审计证据是充分、适当的,为发表审计意见提供了基础。

(三)关键审计事项

关键审计事项是我们根据职业判断,认为对本期财务报表审计最为重要的事项。这些事项的应对以对财务报表整体进行审计并形成审计意见为背景,我们不对这些事项单独发表意见。

---

① 如果审计报告中不包含"按照相关法律法规的要求报告的事项"部分,则不需要加入此标题。

（按照《中国注册会计师审计准则第 1504 号——在审计报告中沟通关键审计事项》的规定描述每一关键审计事项。）

（四）管理层和治理层对财务报表的责任

ABC 公司管理层（以下简称管理层）负责按照企业会计准则的规定编制财务报表，使其实现公允反映，并设计、执行和维护必要的内部控制，以使财务报表不存在由于舞弊或错误导致的重大错报。

在编制财务报表时，管理层负责评估 ABC 公司的持续经营能力，披露与持续经营相关的事项（如适用），并运用持续经营假设，除非管理层计划清算 ABC 公司、终止运营或别无其他现实的选择。

治理层负责监督 ABC 公司的财务报告过程。

（五）注册会计师对财务报表审计的责任

我们的目标是对财务报表整体是否不存在由于舞弊或错误导致的重大错报获取合理保证，并出具包含审计意见的审计报告。合理保证是高水平的保证，但并不能保证按照审计准则执行的审计在某一重大错报存在时总能发现。错报可能由于舞弊或错误导致，如果合理预期错报单独或汇总起来可能影响财务报表使用者依据财务报表作出的经济决策，则通常认为错报是重大的。

在按照审计准则执行审计工作的过程中，我们运用职业判断，并保持职业怀疑。同时，我们也执行以下工作：

（1）识别和评估由于舞弊或错误导致的财务报表重大错报风险，设计和实施审计程序以应对这些风险，并获取充分、适当的审计证据，作为发表审计意见的基础。由于舞弊可能涉及串通、伪造、故意遗漏、虚假陈述或凌驾于内部控制之上，未能发现由于舞弊导致的重大错报的风险高于未能发现由于错误导致的重大错报的风险。

（2）了解与审计相关的内部控制，以设计恰当的审计程序，但目的并非对内部控制的有效性发表意见[①]。

（3）评价管理层选用会计政策的恰当性和作出会计估计及相关披露的合理性。

（4）对管理层使用持续经营假设的恰当性得出结论。同时，根据获取的审计证据，就可能导致对 ABC 公司持续经营能力产生重大疑虑的事项或情况是否存在重大不确定性得出结论。如果我们得出结论认为存在重大不确定性，审计准则要求我们在审计报告中提请报表使用者注意财务报表中的相关披露；如果披露不充分，我们应当发表非无保留意见。我们的结论基于截至审计报告日可获得的信息。然而，未来的事项或情况可能导致 ABC 公司不能持续经营。

（5）评价财务报表的总体列报、结构和内容（包括披露），并评价财务报表是否公允反映相关交易和事项。

我们与治理层就计划的审计范围、时间安排和重大审计发现等事项进行沟通，包括沟通我们在审计中识别出的值得关注的内部控制缺陷。

我们还就已遵守与独立性相关的职业道德要求向治理层提供声明，并与治理层沟通可

---

① 　如果注册会计师结合财务报表审计对内部控制的有效性发表意见，应当删除"但目的并非对内部控制的有效性发表意见"的措辞。

能被合理认为影响我们独立性的所有关系和其他事项，以及相关的防范措施（如适用）。

从与治理层沟通过的事项中，我们确定哪些事项对本期财务报表审计最为重要，因而构成关键审计事项。我们在审计报告中描述这些事项，除非法律法规禁止公开披露这些事项，或在极少数情形下，如果合理预期在审计报告中沟通某事项造成的负面后果超过在公众利益方面产生的益处，我们确定不应在审计报告中沟通该事项。

二、按照相关法律法规的要求报告的事项

（本部分报告的格式和内容，取决于相关法律法规对其他报告责任的规定。）

××会计师事务所	中国注册会计师：×××（项目合伙人） （签名并盖章）
（盖章）	中国注册会计师：××× （签名并盖章）
中国××市	二〇×二年×月×日

四、审计意见的类型

注册会计师应当根据审计结论和被审单位对有关问题的处理情况，出具下列类型之一的审计报告：无保留意见、保留意见、否定意见和无法表示意见。

当出具非无保留意见的审计报告时，注册会计师应当在注册会计师的责任段之后、审计意见段之前增加说明段，清楚地说明导致所发表意见或无法发表意见的所有原因，并在可能情况下，指出其对财务报表的影响程度。审计报告的说明段是指审计报告中位于审计意见段之前用于描述注册会计师对财务报表发表保留意见、否定意见或无法表示意见理由的段落。

注册会计师确定恰当的非无保留意见类型，取决于下列事项：

第一，导致非无保留意见的事项的性质，是财务报表存在重大错报，还是在无法获取充分、适当的审计证据的情况下，财务报表可能存在重大错报；

第二，注册会计师就导致非无保留意见的事项对财务报表产生或可能产生影响的广泛性作出的判断。

广泛性是描述错报影响的术语，用以说明错报对财务报表的影响，或者由于无法获取充分、适当的审计证据而未发现的错报（如存在）对财务报表可能产生的影响。根据注册会计师的判断，对财务报表的影响具有广泛性的情形包括：（1）不限于对财务报表的特定要素、账户或项目产生影响；（2）虽然仅对财务报表的特定要素、账户或项目产生影响，但这些要素、账户或项目是或可能是财务报表的主要组成部分；（3）当与披露相关时，产生的影响对财务报表使用者理解财务报表至关重要。

表12-14列示了注册会计师对导致发生非无保留意见的事项的性质和这些事项对财务报表产生或可能产生影响的广泛性作出的判断，以及注册会计师的判断对审计意见类型的影响。

表 12-14

导致发生非无保留意见的事项的性质	这些事项对财务报表产生或可能产生影响的广泛性	
	重大但不具有广泛性	重大且具有广泛性
财务报表存在重大错报	保留意见	否定意见
无法获取充分、适当的审计证据	保留意见	无法表示意见

（一）无保留意见

无保留意见是指注册会计师依照《中国注册会计师审计准则》的要求，对被审单位的会计报表进行检查后无保留地表示满意。无保留意见意味着注册会计师认为会计报表的反应是公允的，能满足非特定多数的利害关系人的共同需要，并对发表的意见负责。无保留意见也是被审单位最希望获得的一种意见类型。注册会计师经过审计后，如果认为会计报表同时符合下列情形时，注册会计师应当出具无保留意见的审计报告：

1. 会计报表已经按照适用的会计准则和相关会计制度的规定编制，在所有重大方面公允反映了被审单位的财务状况、经营成果和现金流量。

2. 注册会计师已经按照中国注册会计师审计准则的规定计划和实施了审计工作，在审计过程中未受到限制。

3. 不存在应当调整或披露而被审单位未予调整或披露的重要事项。

注册会计师出具无保留意见的审计报告时，一般以"我们认为"的术语作为意见段的开头，以表明本段内容为注册会计师提出的意见，并表示承担对该审计意见的责任。并使用"在所有重大方面""公允地反映了"的术语。

标准无保留意见的审计报告格式参见本节[例 12-1]。

（二）保留意见

保留意见是指注册会计师对会计报表的反映有所保留的审计意见。一般是由于某些事项的存在，使无保留意见的条件不完全具备，影响了被审单位会计报表的表达，因而注册会计师对无保留意见加以修正，对影响事项提出保留意见，并表示对该意见负责。

当存在下列情形之一时，注册会计师应当发表保留意见：

（1）在获取充分、适当的审计证据后，注册会计师认为错报单独或汇总起来对财务报表影响更大，但不具有广泛性。

（2）注册会计师无法获取充分、适当的审计证据以作为形成审计意见的基础，但认为未发现的错报（如存在）对财务报表可能产生的影响重大，但不具有广泛性。

当出具保留意见的审计报告时，注册会计师应当在审计意见段中使用"除……的影响外"等术语。如果因审计范围受到限制，注册会计师还应当在注册会计师的责任段中提及这一情况。

【例 12-2】 由于财务报表存在重大错报而发表保留意见的审计报告格式如下：

审计报告

ABC 股份有限公司全体股东：

一、对财务报表出具的审计报告

（一）保留意见

我们审计了 ABC 股份有限公司（以下简称 ABC 公司）财务报表，包括 20×1 年 12 月 31 日的资产负债表，20×1 年度的利润表、股东权益变动表和现金流量表以及财务报表附注。

我们认为，除"形成保留意见的基础"部分所述事项产生的影响外，后附的财务报表在所有重大方面按照企业会计准则的规定编制，公允反映了 ABC 公司 20×1 年 12 月 31 日的财务状况以及 20×1 年度的经营成果和现金流量。

（二）形成保留意见的基础

ABC 公司 20×1 年 12 月 31 日资产负债表中存货的列示金额为×元。管理层根据成本对存货进行计量，而没有根据成本与可变现净值孰低的原则进行计量，这不符合企业会计准则的规定。ABC 公司的会计记录显示，如果管理层以成本与可变现净值孰低来计量存货，存货列示金额将减少×元。相应地，资产减值损失将增加×元，所得税、净利润和股东权益将分别减少×元、×元和×元。

我们按照中国注册会计师审计准则的规定执行了审计工作。审计报告的"注册会计师对财务报表审计的责任"部分进一步阐述了我们在这些准则下的责任。按照中国注册会计师职业道德守则，我们独立于 ABC 公司，并履行了职业道德方面的其他责任。我们相信，我们获取的审计证据是充分、适当的，为发表审计意见提供了基础。

（三）关键审计事项

关键审计事项是我们根据职业判断，认为对本期财务报表审计最为重要的事项。这些事项的应对以对财务报表整体进行审计并形成审计意见为背景，我们不对这些事项单独发表意见。

（按照《中国注册会计师审计准则第 1504 号——在审计报告中沟通关键审计事项》的规定描述每一关键审计事项。）

（四）管理层和治理层对财务报表的责任

（参见参考格式［例 12-1］）

（五）注册会计师对财务报表审计的责任

（参见参考格式［例 12-1］）

二、按照相关法律法规的要求报告的事项

（本部分报告的格式和内容，取决于相关法律法规对其他报告责任的规定。）

××会计师事务所	中国注册会计师：×××
	（签名并盖章）
（盖章）	中国注册会计师：×××
	（签名并盖章）
中国××市	二○×二年×月×日

（三）否定意见

在获取充分、适当的审计证据后，如果认为错报单独或汇总起来对财务报表的影响重大且具有广泛性，注册会计师应当发表否定意见。

当出具否定意见的审计报告时，注册会计师应当在审计意见段中使用"由于上述问题造成的重大影响""由于受到前段所述事项的重大影响"等术语。

【例 12-3】　由于财务报表存在重大错报而发表否定意见的审计报告格式如下：

审计报告

ABC 股份有限公司全体股东：

一、对财务报表出具的审计报告

（一）否定意见

我们审计了 ABC 股份有限公司（以下简称 ABC 公司）财务报表，包括 20×1 年 12 月 31 日的资产负债表，20×1 年度的利润表、股东权益变动表和现金流量表以及财务报表附注。

我们认为，由于"形成否定意见的基础"部分所述事项产生影响的重要性，后附的财务报表没有在所有重大方面按照企业会计准则的规定编制，未能公允反映 ABC 公司 20×1 年 12 月 31 日的财务状况以及 20×1 年度的经营成果和现金流量。

（二）形成否定意见的基础

如财务报表附注×所述，20×1 年 ABC 公司通过非同一控制下的企业合并获得对 XYZ 公司的控制权，因未能取得购买日 XYZ 公司某些重要资产和负债的公允价值，故未将 XYZ 公司纳入合并财务报表的范围，而是按成本法核算对 XYZ 公司的股权投资。ABC 公司的这项会计处理不符合企业会计准则的规定。如果 XYZ 公司纳入合并财务报表的范畴，ABC 公司合并财务报表的多个报表项目将受到重大影响。但我们无法确定未将 XYZ 公司纳入合并范围对财务报表产生的影响。

我们按照中国注册会计师审计准则的规定执行了审计工作。审计报告的"注册会计师对财务报表审计的责任"部分进一步阐述了我们在这些准则下的责任。按照中国注册会计师职业道德守则，我们独立于 ABC 公司，并履行了职业道德方面的其他责任。我们相信，我们获取的审计证据是充分、适当的，为发表审计意见提供了基础。

（三）关键审计事项

关键审计事项是我们根据职业判断，认为对本期财务报表审计最为重要的事项。这些事项的应对以对财务报表整体进行审计并形成审计意见为背景，我们不对这些事项单独发表意见。

（按照《中国注册会计师审计准则第 1504 号——在审计报告中沟通关键审计事项》的规定描述每一关键审计事项。）

（四）管理层和治理层对财务报表的责任

（参见参考格式［例 12-1］）

（五）注册会计师对财务报表审计的责任

（参见参考格式［例 12-1］）

二、按照相关法律法规的要求报告的事项

（本部分报告的格式和内容，取决于相关法律法规对其他报告责任的规定。）

××会计师事务所	中国注册会计师：×××
	（签名并盖章）
（盖章）	中国注册会计师：×××
	（签名并盖章）
中国××市	二〇×二年×月×日

（四）无法表示意见的审计报告

如果无法获取充分、适当的审计证据以作为形成审计意见的基础，但认为未发现的错报（如存在）对财务报表可能产生的影响重大且具有广泛性，注册会计师应当发表无法表示意见。在极其特殊的情况下，可能存在多个不确定事项，即使注册会计师对每个单独的不确定事项获取了充分、适当的审计证据，但由于不确定事项之间可能存在相互影响，以及可能对财务报表产生累积影响，注册会计师不可能对财务报表形成审计意见。在这种情况下，注册会计师应当发表无法表示意见。

当出具无法表示意见的审计报告时，注册会计师应当删除注册会计师的责任段，并在审计意见段中使用"由于审计范围受到限制可能产生的影响非常重大和广泛""我们无法对上述财务报表发表意见"等术语。

【例12-4】　由于注册会计师无法针对财务报表多个要素获取充分、适当的审计证据而发表无法表示意见的审计报告格式如下：

审计报告

ABC股份有限公司全体股东：

一、对财务报表出具的审计报告

（一）无法表示意见

我们审计了ABC股份有限公司（以下简称ABC公司）财务报表，包括20×1年12月31日的资产负债表，20×1年度的利润表、股东权益变动表和现金流量表以及财务报表附注。

我们不对后附的ABC公司财务报表发表审计意见。由于"形成无法表示意见的基础"部分所述事项的重要性，我们无法获取充分、适当的审计证据以作为对财务报表发表审计意见的基础。

（二）形成无法表示意见的基础

我们于20×2年1月接受ABC公司的审计委托，因而未能对ABC公司20×1年初金额为×元的存货和年末金额为×万元的存货实施监盘程序。此外，我们也无法实施替代审计程序获取充分、适当的审计证据。并且，ABC公司于20×1年9月采用新的应收账款电算化系统，由于存在系统缺陷导致应收账款出现大量错误。截止报告日，管理层仍在纠正系统缺陷并更正错误，我们也无法实施替代审计程序，以对截止至20×1年12月31日的应收账款总额×元获取充分、适当的审计证据。因此，我们无法确定是否有必要对存货、应收账款以及财务报表其他项目作出调整,也无法确定应调整的金额。

（三）管理层和治理层对财务报表的责任

（参见参考格式[例12-1]）

（四）注册会计师对财务报表审计的责任

我们的责任是按照中国注册会计师审计准则的规定,对ABC公司的财务报表执行审计工作,以出具审计报告。但由于"形成无法表示意见的基础"部分所述的事项,我们无法获取充分、适当的审计证据以作为发表审计意见的基础。

按照中国注册会计师职业道德守则,我们独立于ABC公司,并履行职业道德方面的其他责任。

二、按照相关法律法规的要求报告的事项

（本部分报告的格式和内容,取决于相关法律法规对其他报告责任的规定。）

××会计师事务所	中国注册会计师：×××
	（签名并盖章）
（盖章）	中国注册会计师：×××
	（签名并盖章）
中国××市	二○×二年×月×日

（五）带有强调事项段的审计意见

1.强调事项段的含义

审计报告的强调事项段是指审计报告中含有的一个段落,该段落提及已在财务报表中恰当列报或披露的事项,根据注册会计师的职业判断,该事项对财务报表使用者理解财务报表至关重要。

2.增加强调事项段的情形

如果认为有必要提醒财务报表使用者关注已在财务报表中列报或披露,且根据职业判断认为对财务报表使用者理解财务报表至关重要的事项,注册会计师在已获取充分、适当的审计证据证明该事项在财务报表中不存在重大错报的条件下,应当在审计报告中增加强调事项段。

注册会计师可能认为需要增加强调事项段的情形举例如下:(1)异常诉讼或监管行动的未来结果存在不确定性。(2)提前应用(在允许的情况下)对财务报表有广泛影响的新会计准则。(3)存在已经或持续对被审计单位财务状况产生重大影响的特大灾难。

强调事项段的过多使用会降低注册会计师沟通所强调事项的有效性。此外,与财务报表中的列报或披露相比,在强调事项段中包括过多的信息,可能隐含着这些事项未被恰当列报或披露。因此,强调事项段应当仅提及已在财务报表中列报或披露的信息。

3.在审计报告中增加强调事项段时注册会计师采取的措施

如果在审计报告中增加强调事项段,注册会计师应当采取下列措施:(1)将强调事项段紧接在审计意见段之后;(2)使用"强调事项"或其他适当标题;(3)明确提及被强调事项以及相关披露的位置,以便能够在财务报表中找到对该事项的详细描述;(4)指出审计意见没有因该强调事项而改变。

由于增加强调事项段是为了提醒财务报表使用者关注某些事项,并不影响注册会计师的审计意见,为了使财务报表使用者明确这一点,注册会计师应当在强调事项段中指明,该段内容仅用于提醒财务报表使用者关注,并不影响已发表的审计意见。具体讲,增加强调事项段不能代替下列情形:(1)根据审计业务的具体情况,注册会计师需要发表保留意见、否定意见或无法表示意见(参见《中国注册会计师审计准则第 1502 号——在审计报告中发表非无保留意见》);(2)适用的财务报告编制基础要求管理层在财务报表中作出的披露。

参考格式[例 12-5]列示了带强调事项段的保留意见审计报告的示例。其背景信息如下:(1)对被审计单位管理层按照企业会计准则编制的整套通用目的财务报表执行审计;(2)审计业务约定条款中说明的管理层对财务报表的责任,与《中国注册会计师审计准则第 1111 号——就审计业务约定条款达成一致意见》的规定一致;(3)异常的未决诉讼事项存在不确定性;(4)由于违反企业会计准则的规定导致发表保留意见;(5)除对财务报表执行审计外,注册会计师还承担法律法规要求的其他报告责任,且注册会计师决定在审计报告中履行其他报告责任。

【例 12-5】 由于偏离适用的财务报告编制基础的规定导致的带强调事项段的保留意见的审计报告格式如下:

审计报告

ABC 股份有限公司全体股东:

一、对财务报表出具的审计报告

(一)保留意见

我们审计了 ABC 股份有限公司(以下简称 ABC 公司)财务报表,包括 20×1 年 12 月 31 日的资产负债表,20×1 年度的利润表、股东权益变动表和现金流量表以及财务报表附注。

我们认为,除"形成保留意见的基础"部分所述事项产生的影响外,后附的财务报表在所有重大方面按照企业会计准则的规定编制,公允反映了 ABC 公司 20×1 年 12 月 31 日的财务状况以及 20×1 年度的经营成果和现金流量。

(二)形成保留意见的基础

ABC 公司 20×1 年 12 月 31 日资产负债表中列示的以公允价值计量且其变动计入当期损益的金融资产为×元,管理层对这些金融资产未能按照公允价值进行后续计量,而是按照其历史成本进行计量,这不符合企业会计准则的规定。如果按照公允价值进行后续计量,ABC 公司 20×1 年利润表中公允价值变动损益将减少×元,20×1 年 12 月 31 日资产负债表中以公允价值计量且其变动计入当期损益的金融资产将减少×元。相应地,所得税、净利润和股东权益将分别减少×元、×元和×元。

我们按照中国注册会计师审计准则的规定执行了审计工作。审计报告的"注册会计师对财务报表审计的责任"部分进一步阐述了我们在这些准则下的责任。按照中国注册会计师职业道德守则,我们独立于 ABC 公司,并履行了职业道德方面的其他责任。我们相信,我们获取的审计证据是充分、适当的,为发表审计意见提供了基础。

(三)强调事项——火灾的影响

我们提醒财务报表使用者关注,财务报表附注×描述了火灾对 ABC 公司的生产设备造成的影响。本段内容不影响已发表的审计意见。

（四）管理层和治理层对财务报表的责任

（参见参考格式[例 12-1]）

（五）注册会计师对财务报表审计的责任

（参见参考格式[例 12-1]）

二、按照相关法律法规的要求报告的事项

（本部分报告的格式和内容，取决于相关法律法规对其他报告责任的规定。）

××会计师事务所	中国注册会计师：×××
	（签名并盖章）
（盖章）	中国注册会计师：×××
	（签名并盖章）
中国××市	二○×二年×月×日

（六）审计报告的其他事项段

1.其他事项段的含义

其他事项段是指审计报告中含有的一个段落，该段落提及未在财务报表中列报或披露的事项，根据注册会计师的职业判断，该事项与财务报表使用者理解审计工作、注册会计师的责任或审计报告相关。

2.需要增加其他事项段的情形

对于未在财务报表中列报或披露，但根据职业判断认为与财务报表使用者理解审计工作、注册会计师的责任或审计报告相关且未被法律法规禁止的事项，如果认为有必要沟通，注册会计师应当在审计报告中增加其他事项段，并使用"其他事项"或其他适当标题。注册会计师应当将其他事项段紧接在审计意见段和强调事项段（如有）之后。如果其他事项段的内容与其他报告责任部分相关，这一段落也可以置于审计报告的其他位置。

具体讲，需要在审计报告中增加其他事项段的情形包括：

（1）与使用者理解审计工作相关的情形。

在极其特殊的情况下，即使由于管理层对审计范围施加的限制导致无法获取充分、适当的审计证据可能产生的影响具有广泛性，注册会计师也不能解除业务约定。在这种情况下，注册会计师可能认为有必要在审计报告中增加其他事项段，解释为何不能解除业务约定。

（2）与使用者理解注册会计师的责任或审计报告相关的情形。

法律法规或得到广泛认可的惯例可能要求或允许注册会计师详细说明某些事项，以进一步解释注册会计师在财务报表审计中的责任或审计报告。在这种情况下，注册会计师可以使用一个或多个子标题来描述其他事项段的内容。

但增加其他事项段不涉及以下两种情形：①除根据审计准则的规定有责任对财务报表出具审计报告外，注册会计师还有其他报告责任；②注册会计师可能被要求实施额外的规定的程序并予以报告，或对特定事项发表意见。

（3）对两套以上财务报表出具审计报告的情形。

被审计单位可能按照通用目的编制基础（如×国财务报告编制基础）编制一套财务报表，且按照另一个通用目的编制基础（如国际财务报告准则）编制另一套财务报表，并委托注册会计师同时对两套财务报表出具审计报告。如果注册会计师已确定两个财务报告编制基础在各自情形下是可接受的，可以在审计报告中增加其他事项段，说明该被审计单位根据另一个通用目的的编制基础(如国际财务报告准则)编制了另一套财务报表以及注册会计师对这些财务报表出具了审计报告。

（4）限制审计报告分发和使用的情形。

为特定目的编制的财务报表可能按照通用目的编制基础编制，因为财务报表预期使用者已确定这种通用目的财务报表能够满足他们对财务信息的需求。由于审计报告旨在提供给特定使用者，注册会计师可能认为在这种情况下需要增加其他事项段，说明审计报告只是提供给财务报表预期使用者，不应被分发给其他机构或人员或者被其他机构或人员使用。

需要注意的是，其他事项段的内容明确反映了未被要求在财务报表中列报或披露的其他事项。其他事项段不包括法律法规或其他职业准则(如中国注册会计师职业道德守则中与信息保密相关的规定)禁止注册会计师提供的信息。其他事项段也不包括要求管理层提供的信息。

此外，其他事项段放置的位置取决于拟沟通信息的性质。当增加其他事项段旨在提醒使用者关注与其理解与财务报表审计相关的事项时，该段落需要紧接在审计意见段和强调事项段之后；当增加其他事项段旨在提醒使用者关注与审计报告中提及的其他报告责任相关的事项时，该段落可以置于"按照相关法律法规的要求报告的事项"的部分内；当其他事项段与注册会计师的责任或使用者理解审计报告相关时，可以单独作为一部分，置于"对财务报表出具的审计报告"和"按照相关法律法规的要求报告的事项"之后。

3.与治理层的沟通

如果拟在审计报告中增加强调事项段或其他事项段，注册会计师应当就该事项和拟使用的措辞与治理层沟通。

与治理层的沟通能使治理层了解注册会计师拟在审计报告中所强调的特定事项的性质，并在必要时为治理层提供向注册会计师作出进一步澄清的机会。当然，当审计报告中针对某一特定事项增加其他事项段在连续审计业务中重复出现时，注册会计师可能认为没有必要在每次审计业务中重复沟通。

☞ 相关案例

基本案情：（1）A公司是一家生产经营炸药的公司，因危险性较高，保险公司不愿为其财产进行担保，而该公司未在会计报表附注中加以揭示。该公司财产可能被一次爆炸事件损坏无余，但该公司管理非常有效，从未出现爆炸损失。（2）B公司已审后的会计报表中反映出其当年亏损1200万元，净资产已成—200万元，管理当局尚无具体改善措施，但已在会计报表附注中作了充分披露。（3）注册会计师是第一次对C公司进行审计，在审计过程中，被审计单位不同意注册会计师对期初余额进行审计。审计完毕后，注册会计师认为本期财务报表的编制符合《企业会计准则》的要求，也公允反映了被审单位的财务状况、经营成果和现金流量。（4）D公司在审计期间的一笔250万元的销售在审计报告日以后会计报表公布日之前被退回，注册会计师提请被审单位修订会计报表，被审单位予以拒绝。

分析要点：你作为注册会计师，在下列相互独立的四种情况下，应出具何种审计意见？

答案提示:(1)出具无保留意见的审计报告。通常保险公司不愿意承担财产保险的可能损失,"未保险"不需在会计报表附注中揭示。(2)被审单位存在对持续经营能力产生重大影响的情况,注册会计师应出具无保留意见的审计报告,并且增加以"与持续经营相关的重大不确定性"为标题的单独部份。(3)由于注册会计师的审计范围受到限制。注册会计师可视期初余额对本期财务报告的影响大小发表保留意见或拒绝表示意见的审计报告。(4)该事项属于需调整的期后事项,注册会计师应提请被审单位调整会计报表,若被审单位拒绝调整,注册会计师应出具保留意见的审计报告。

本章小结

1. 注册会计师在按业务循环完成各财务报表项目的审计测试和一些特殊项目的审计工作后,应汇总审计测试结果,进行更具综合性的审计工作,如编制审计差异调整表和试算平衡表,获取管理层声明和律师声明,撰写审计工作总结以及完成审计工作底稿的复核等。在此基础上,评价审计结果,在与被审计单位管理层和治理层沟通以后,确定应出具审计报告的意见类型和措辞,进而编制并致送审计报告,终结审计工作。

2. 审计报告是审计工作的最终成果,具有法定证明效力,主要具有鉴证、保护、证明三方面的作用。审计报告按照其性质可分为标准审计报告和非标准审计报告。

3. 审计报告应当包括下列基本内容:标题、收件人、审计意见、形成审计意见的基础、管理层和治理层对财务报表的责任、注册会计师对财务报表审计的责任、注册会计师签章、会计师事务所的名称、地址及盖章、报告日期。审计报告意见类型包括无保留意见、保留意见、否定意见和无法表示意见。

思考题

1. 审计终结阶段的流程包括哪些步骤?

2. 试说明标准审计报告与非标准审计报告之间的区别及联系有哪些?

3. 审计报告的基本要素包括哪些?

4. 审计报告的基本类型包括哪些?

5. 发表无保留意见审计报告时应具备哪些条件?

6. 带强调事项段的审计报告有哪些适用条件? 其基本内容包括哪些?

7. 拒绝表示意见的审计报告常用哪些术语?

案例分析

案例资料:

四明会计师事务所的注册会计师王××于 2016 年 1 月 12 日接受 A 股份有限公司股东委托,对该公司 2015 年度会计报表进行审计,注册会计师于 2016 年 3 月 18 日完成了审计工作,按审计业务约定书的要求,应于 2016 年 4 月 9 日提交审计报告。公司审计前会计报表反映的资产总额为 5000 万元,该年度的利润总额为 100 万元,现假定存在以下几种情况：

（1）A 公司在被审计年度将发出存货的计价方法由原来的先进先出法改为移动加权平均法，并在会计报表附注中作了充分披露。注册会计师认为这种变更是合理的。

（2）在某诉讼案中，A 公司被起诉侵权，原告要求赔偿 75 万元。至被审计年度的资产负债表日胜负仍难以预料。诉讼案和可能的影响均已列示在会计报表附注中。

（3）注册会计师得知公司 2015 年涉及的诉讼案于 2016 年 3 月 20 日判决。A 公司败诉，应向原告赔偿 45 万元，公司对判决结果没有提出异议，并在会计报表附注 5 中进行了披露。注册会计师在 3 月 26 日完成了对该事项的实地审计工作，提请公司调整 2015 年度会计报表，被公司拒绝。

（4）公司 2015 年 7 月取得交易性金融资产，成本为 112 万元，2015 年 12 月 31 日公允价值为 80 万元。公司仅在会计报表附注中揭示了该公允价值。

（5）公司在 2015 年 11 月份购入一台设备，当月投入使用，2015 年未提折旧。该设备原始价值 50 万元，月折旧率 2%。

（6）对应收账款项目进行函证时，其中对余额为 16 万元的客户 B 公司的函证未收到回函，注册会计师运用其他程序进行了验证。

（7）公司利润总额中的 70% 是由其境外子公司提供的，注册会计师无法赴国外对子公司的会计报表进行审查，也无法通过其他审计程序加以验证。

案例要求：

1. 如以资产总额和利润额为判断基础，采用固定比率法，请计算确定 A 公司 2015 年度会计报表层的重要性水平。假定资产总额和利润额的固定百分比分别为 0.5% 和 10%。

2. 假定公司不接受注册会计师提出的调整意见，分别针对上述七种情况，说明注册会计师应当出具何种意见的审计报告，并简要说明理由。

3. 假定只存在上述 3、4 两种情况，且公司不接受注册会计师提出的调整意见，说明注册会计师应当出具何种意见的审计报告，简要说明理由，并代注册会计师撰写一份审计报告。

实训项目

实训目的：

通过学生亲自从报纸、网络上收集上市公司年报情况，选择一家最近两年连续出具非标准意见的上市公司，分析其财务报告与审计报告；走访一家会计师事务所，就不同情况下审计意见类型、审计意见的选择、如何编制审计报告咨询注册会计师。

实训内容与要求：

1. 收集该上市公司年报信息。

2. 讨论为什么该上市公司连续两年被出具非标准意见。

3. 阅读财务报告以及审计报告，讨论不同情况下审计意见的选择。

4. 讨论审计报告的形式和内容是否适当。

5. 讨论如何编制一份审计报告，应当注意什么。

6. 走访一家会计师事务所，咨询注册会计师审计报告的编制流程。

阅读平台

- ## 阅读书目

  1. 中国注册会计师协会. 审计[M]. 第 18 章、第 19 章, 北京: 经济科学出版社, 2017.
  2. 宋常. 审计学(第 7 版)[M]. 第 14 章、第 15 章, 北京: 中国人民大学出版社, 2014.
  3. 秦荣生、卢春泉. 审计学(第 9 版)[M]. 第 14 章, 北京: 中国人民大学出版社, 2017.
  4. 中华人民共和国财政部. 中国注册会计师执业准则(2017)[M]. 北京: 中国财政经济出版社, 2017.
  5. 中国注册会计师协会. 中国注册会计师执业准则应用指南(2017)[M]. 北京: 中国财政经济出版社, 2017.

- ## 阅读资料

  1. 谭菊芳、李若山. 能否对上市公司的会计信息说声"不"——由渝钛白事件看规范中国证券市场[J]. 财务与会计, 1999 年第 6 期.
  2. 唐建华. 国际审计与鉴证准则理事会审计报告改革评析[J]. 审计研究, 2015 年第 1 期.
  3. 阙京华. 国际审计与鉴证准则理事会审计报告模式变革特征及启示析[J]. 南京审计大学学报, 2017 年第 3 期.
  4. 陈波、田芝华. 新准则下应如何编制详式审计报告——以罗尔斯—罗伊斯公司 2013 年和 2014 年审计报告为例[J]. 会计之友, 2017 年第 3 期.
  5. 王凯. 中注协盘点上市公司年报审计报告情况[N]. 中国会计报, 2017-06-02(002).

参考文献

1.中华人民共和国财政部.中国注册会计师执业准则(2017)[M].北京:中国财政经济出版社,2017.

2.中国注册会计师协会.中国注册会计师执业准则应用指南(2017)[M].北京:中国财政经济出版社,2017.

3.中华人民共和国财政部.企业会计准则(2015年版)[M].上海:立信会计出版社,2015.

4.中华人民共和国财政部.企业会计准则应用指南(2017年版)[M].上海:立信会计出版社,2017.

5.刘家义.中国特色社会主义审计制度研究[M].北京:中国时代经济出版社,2016.

6.郑石桥.审计理论研究——审计主题视角[M].北京:红旗出版社,2017.

7.中华人民共和国财政部.企业内部控制规范[M].北京:中国财政经济出版社,2010.

8.编写组.企业内部控制规范配套指引[M].上海:立信会计出版社,2010.

9.中国注册会计师协会.审计[M].北京:经济科学出版社,2017.

10.宋常.审计学(第7版)[M].北京:中国人民大学出版社,2014.

11.秦荣生、卢春泉.审计学(第9版)[M].北京:中国人民大学出版社,2017.

12.刘明辉.审计(第5版)[M].大连:东北财经大学出版社,2015.

13.陈汉文.审计[M].北京:中国人民大学出版社,2016.

14.李晓慧.审计学:实务与案例(第2版)[M].北京:中国人民大学出版社,2015.

15.叶陈刚.审计学[M].北京:机械工业出版社,2015.

16.刘静.审计案例与模拟实验[M].北京:经济科学出版社,2014.

17.何秀英.审计学[M].大连:东北财经大学出版社,2015.

18.袁小勇、陈郡[M].审计学.北京:首都经济贸易大学出版社,2016.

19.王英姿、朱荣恩.审计学[M].北京:高等教育出版社,2017.

20.李若山、刘大贤.审计学——案例与教学[M].北京:经济科学出版社,2010.

21.吴秋生.审计学[M].上海:上海财经大学出版社,2016.

22.冯均科、陈淑芳.审计学[M].西安:西安交通大学出版社,2015.

23.王会金.审计学[M].北京:中国时代经济出版社,2014.

24.[美]卡迈克尔.审计概念与方法[M].刘明辉等译,中文1版,大连:东北财经大学出版社,1999.

25.[美]阿尔文·A.阿伦斯、詹姆斯·K.洛布贝克.审计学——整合方法研究[M].石爱中等译,中文1版,北京:中国审计出版社,2001.

26.[美]C.W.尚德尔.审计理论[M].汤云为译,中文1版,北京,中国财经经济出版社,1992.

27.〔美〕罗伯特·K.莫茨、〔埃〕侯赛因·A.夏拉夫.审计理论结构〔M〕.文硕、尚泽忠等译,中文1版,北京:中国商业出版社,1990.

28.〔美〕蒙哥马利.蒙哥马利审计学〔M〕.陈信元、汤云为、周为熙译,北京:中国商业出版社,1989.

29.〔美〕里克·海斯(Rick Hayes),〔荷兰〕罗杰·达森(Roger Dassen),阿诺德·席尔德(Amold Schilder).审计学——基于国际审计准则的视角〔M〕.来明敏等译,北京:机械工业出版社,2006.

30.〔美〕文森特·M·奥赖利等·蒙哥马利审计学〔M〕.刘霄仑、陈关亭译,北京:中信出版社,2007.

31.〔美〕阿尔文·A.阿伦斯等.审计学——一种整合方法〔M〕.雷光勇改编,英文第12版,北京:中国人民大学出版社,2009.